U0503905

2018

马克思恩格斯哲学思想研究

主　编◎任　平　曹典顺

中国社会科学出版社

图书在版编目（CIP）数据

马克思恩格斯哲学思想研究．2018／任平，曹典顺主编．—北京：中国社会科学出版社，2019．10

ISBN 978－7－5203－5111－9

Ⅰ．①马…　Ⅱ．①任…②曹…　Ⅲ．①马克思（Marx，Karl 1818－1883）—哲学思想—思想研究②恩格斯（Engels，Friedrich 1820－1895）—哲学思想—研究　Ⅳ．①A811．63

中国版本图书馆 CIP 数据核字（2019）第 209310 号

出 版 人　赵剑英
责任编辑　田　文
特约编辑　刘殿利
责任校对　杨　林
责任印制　王　超

出　　版　中国社会科学出版社
社　　址　北京鼓楼西大街甲 158 号
邮　　编　100720
网　　址　http://www.csspw.cn
发 行 部　010－84083685
门 市 部　010－84029450
经　　销　新华书店及其他书店

印　　刷　北京君升印刷有限公司
装　　订　廊坊市广阳区广增装订厂
版　　次　2019 年 10 月第 1 版
印　　次　2019 年 10 月第 1 次印刷

开　　本　710×1000　1/16
印　　张　24．25
字　　数　377 千字
定　　价　118．00 元

《马克思恩格斯哲学思想研究》

论《共产党宣言》与中国道路

——《马克思恩格斯哲学思想研究 2018》序

任　平

本刊作为中国马哲史学会马恩哲学思想研究分会换届后的第一集年刊，承担着分会研究事业承上启下、继往开来的重要使命。马恩哲学思想是整个马哲史参天大树之根本，当代中国特色社会主义发展万里长河之源头。承担着马恩哲学思想研究的重责，分会当然地成为中国马哲史学会的第一分会，其研究事业的根本性、基础性、全局性意义毋庸多言。作为年刊，记录、反映和汇集着我们分会同仁一年来的研究成果，呈现出丰富的研究路径，有文本文献学深度解读，有对基本原理的创新领悟和理解，有对其思想的当代意义的把握，有与国外马克思主义就对马恩哲学思想的理解研究这一主题展开的对话，更有对当代中国道路的研究和探索等。四个栏目尽显芳华，其根也必深，其叶也必茂。它不仅表达着当代中国马克思主义哲学同仁们对马恩哲学思想发展那一段的研究思绪，更重要的是这一研究对于而后的马哲史，特别是中国特色社会主义的思想发展产生思想理解的源头性、基础性和全局性的重要影响。当代中国马克思主义哲学在意识形态领域指导地位的安全性、发展 21 世纪马克思主义哲学的创新性和发展性，都首先依赖于我们与学界同仁对马恩哲学思想研究的水平。作为新一届会长兼本刊主编，我真诚地希望在总会、分会全体同仁和社会各界支持下将本刊办成能够体现当代中国马克思主义学术标杆的名刊。

2018 年是马克思诞辰 200 周年，也是《共产党宣言》这一部标志着马克思恩格斯新世界观和科学社会主义思想公开问世的经典著作发表170周年。分会借换届之际，汇集全国学者在江苏师范大学举办“《共产党宣言》与中国道路”高层论坛，来自中国社会科学院、大学、党校和其他学术部门共80多位专家学者与会，就会议主题发表了看法，充满真知灼见，见解发人深思。会议主题直接将170年两端的重大事件紧密关联起来，贯通起来，成为一脉相承又不断创新发展的完整历史，同时彰显出研究马恩哲学原初思想对当代中国道路的重大意义，更凸显了中国道路的实践探索对于创新发展马恩哲学思想的理论价值。限于篇幅，将之作为一个整体来历史地考察两者关联无疑受到限制，但是若干关系全局的关联点依然需要我们去作总体的深刻的把握。

一　回到《宣言》、走入当代的方法论问题

对170年来《宣言》与当代中国道路两者既一脉相承又创新发展的关系仅仅用简单的一句口号来表达是远远不够的。在深度理解之时，我们不能不上升到方法论自觉的高度，面对和审视两者关联的方法论问题。这不仅因为在版本学上，正义者同盟的原初纲领、魏特林的著作、《共产主义信条（草案）》、《共产主义原理》与1848年2月24日第一版问世的《共产党宣言》关系需要疏正，而且还在于马克思恩格斯对第一版问世后的版次不断修订和完善——从原初薄薄的24页小册子扩充为一本内容丰富的著作，其《宣言》的思想也在与时俱进地不断发展和完善等——也需要我们在文本—文献学意义上或者在更深层次的出场学意义上加以考察，而且更因为在目前学界关于《共产党宣言》（以下简称《宣言》）与中国道路两者的关联方式的多种理解上，以及由此呈现出对应的多种立场和态度上，值得我们深思。究竟我们回到何种《宣言》版本的原初思想，以及让何种版本的《宣言》思想走入当代，这关联的两大问题，实际上在决定着我们对马克思主义本真意义的理解和对主题之问的解答。概括起来，目前学界既存在着坚执两者同一性立场，又存在着宣称断裂性和否定性的立场，而在这两种对立的立场上又各自分为两种态度，因而呈现四种态度。第一种为经典方式，站在《宣言》原典立场来对应阐释中

国道路所具有的一脉相承的同质性意义。持这一立场的学者正确地将中国道路看作《宣言》思想的当代继续，对于深度挖掘和重读《宣言》思想作为今天中国道路指南作了大量研究，但是欠缺的是“历史间距”意识，导致理解的自我遗忘，对于当代的中国道路与当年的《宣言》在时空差异语境中造就的理论的变化性认识不足，因而更不可能深度探索中国道路如何创新和发展《宣言》思想。第二种则是站在中国道路的历史方位上回溯阐释《宣言》思想的当代意义，将两者跨时空地直接对接起来，以中国道路的实践为尺度，寻找马克思恩格斯在《宣言》中阐释的、至今仍有重大指导意义的“基本原理”。这一跨时空寻找和对接的优长明显，就是让人们直观地感悟到中国道路实践探索并没有疏离经典马克思主义原理，相反，具有原典根据，并且催生人们根据中国道路的实践创新去重新发现原典中以往所没有被关注的地方。如当代全球化之于原典中所说的“世界历史进程”等。这一简单对接虽然简明扼要，却舍却了许多原典作家思想变化的历史环节，因而将一个在历史中变化了的开放发展的思想变成所谓超时空“基本原理”，即一经出场就永恒在场的形而上学。主张断裂性和否定性的学者也分为两种态度。因而第三种是“回到马克思”的原初立场，以《宣言》为原则尺度来不断丈量、评价中国道路，固守原典结论而否定中国道路，认为中国道路“偏离了”或“忘却了”原典精神。这一思绪首先见诸20 世纪末国外新左派，然而近年来在国内学界也有某些声音。他们对改革开放以来的中国道路存在的问题有颇多批评，但是这些批评大多不是建设性的，相反是颠覆性的。他们忽而强调《宣言》中的“两个决裂”的思想，或者抽象出《宣言》中关于“共产党人可以把自己的理论概括为一句话：消灭私有制”的口号作为指点中国道路的行动纲领。产生这一倾向的客观原因是虽然改革开放 40 年来我们取得了举世瞩目的重大成就，但是社会转型、体制性变迁也造成不少环节缺失、制度真空和导向游移，中国特色社会主义制度在创制进程中还不完善，因而造成基尼系数过大、大量官员腐败、资本逻辑肆虐、封建余毒猖獗等问题，导致某些下层民众不满情绪增加、民粹主义泛滥；主观原因则是我们在改革开放中强调“大胆试大胆闯”，但相对忽略对经典思想资源的重新解读对于实践探索的指导意义。而更深的社会存在根源则是随着市场化的推进，我们正在进入社会相对分层、分化的差异性社会，在这一社会中，我们的基本经济制度是以公有制为主体、多种经济成分并存共同发展的制度，一方面在主体的公有制条件下人民在根本利益、全局利益、整体利益和长远利益趋向于一致，对“全面小康”、“现代化强国”、人民富裕、民族复兴、国家富强有“最大公约数”的共同利益和价值观基础；但是另一方面，在局部利益、眼前利益、阶级、阶层利益上存在着越来越明显的差异性。这是客观事实。这一差异性导致社会中不同阶级、阶层和利益群体的利益差异性诉求将会渗透到一切方面，有差异性的经济表达、政治表达、社会表达、文化表达和生态表达，因而在中国道路的选择上则呈现不同的主张，因而对《宣言》思想的态度和立场也就相应不同。但是，原教旨主义、教条主义地看待原典，进而割裂与中国道路关系的立场是不可取的。正如在《宣言》的序言中马克思恩格斯所强调的，原理的运用要随时随地根据条件为转移。真理始终是具体的和历史的。场域、历史和条件始终是真理构成的要件。第四种则是站在对当代中国道路辩护的立场上，宣称既然这一实践探索是“前无古人的事业”，不可能从包括《宣言》在内的马克思恩格斯原典中找到现成结论，就没有必要坚持《宣言》所持的原则立场和观点而陷入“教条主义”。

超越上述各种立场和态度，科学地关联两者最为恰当的方式就是在历史场域变迁中加以把握，完整阐释两者关系的同一性与差异性等于阐述170年的全部历史，这是逻辑地、理论地把握两者关系的最为重要的基础。坚持历史与逻辑的统一，把两者关系看作一个与时俱进的历史进程和效果史加以阐释——这正是马哲史学会的看家本领。

坚持历史与逻辑统一的方法，就是要用历史的眼光去科学地理解《宣言》思想，与时俱进地发展《宣言》思想。马克思恩格斯曾经将历史眼光提到唯一原则来加以阐释的高度：“我们仅仅知道一门唯一的科学，即历史科学。”马克思反对没有历史维度的抽象思维，他认为要达到对资本主义生产方式的理解，就等于对资本主义生产方式历史逻辑的整体叙事。他晚年坚决反对将“仅限于西欧”的结论变成“超历史的一般历史哲学”。而历史的原则必然是开放的和与时俱进的，因而必然反对盲目地对原典思想教条的原教旨式崇拜；历史的原则也必然要求对历史长河源头的尊重和坚持长河所指的必然性流向，更反对任意否定马克思本真精神原则的历史虚无主义和无原则的实用主义。

二　关于资本创新逻辑的当代历史趋势问题

《宣言》所宣告的在欧洲徘徊的“共产主义的幽灵”，是在对资本逻辑历史批判和超越的思想产物。没有对资本批判，就没有共产主义；没有对资本的科学批判，也就没有科学共产主义，也就没有《宣言》。资本批判是《宣言》全部思想的历史和逻辑的出发点，也是其贯穿始终的原则。《宣言》的第一个含义正是对资本逻辑的科学历史批判书。系统分析资本逻辑从当年到当代的变迁史及其规律性趋势，是我们今天重新解读《宣言》、坚持和发展中国道路所必然面对的第一个重大的基本问题。

《宣言》对资本批判的立场当然与资本立场、神圣同盟的立场完全对立。无论是当年还是当代，也无论是旧神圣同盟还是新自由主义的神圣同盟，都是站在彻底否定《宣言》的立场上。

《宣言》对资本逻辑的科学批判超越以往一切空想社会主义的地方，在于它立足于唯物史观。这一历史、辩证的批判分为两个方面。一方面，马克思恩格斯从历史必然性的角度对资本开辟人类文明新纪元的现代性世界历史作用给予了肯定性的“最高褒奖”（德里达语），将资本看作一个前此以往生产方式和社会演化结果的最高产物，是造就现代社会的主要动因，因此对资本创造现代社会、推动世界历史进步的伟大文明作用作了全方位的肯定的描述：创造比前此以往总和还要多得多的巨大生产力；不断变革传统生产关系、经济关系和社会关系；打破乡村中心，造就使乡村从属于城市、农业从属于工业的产业和空间格局；变革人们的观念和文化；打破地域限制、使民族工业变成世界工业、民族文学变成世界文学，推动历史向世界历史转变的全球化进程，造就东方从属于西方的全球化霸权体系。另一方面，马克思恩格斯同样立足于辩证的历史观，对于资本内在本性、基本矛盾和必然灭亡的命运加以深刻揭示，资本由于贪婪的本性和生产的社会化与生产资料的资本主义私人占有之间的矛盾，不仅必然表现为商业和市场的危机，更表现为竞争促使资本的有机构成不断提高而导致利润率不断下降的规律性趋势，资本最终因为无法获利而导致退场，从而得出结论："资产阶级的灭亡和无产阶级的胜利是同样不可避免的。"这一结论在而后的《资本论》中进一步被表述为"剥夺者要被剥夺"、"丧钟敲响了"、"外壳要炸毁了"，经典地揭示了资本统治最终覆灭、让位于后资本社会的必然前景。

然而，170 年过去了，预言中"被剥夺"、"丧钟敲响"、"炸毁外壳"的资本依然在场，而且还继承扮演着宰制世界历史的角色。苏东剧变，福山甚至宣称资本主义取得了最后的胜利，而"马克思主义、共产主义灰飞烟灭了"。似乎资本打破必然退场的魔咒、成为"最终的人"。然而时隔不久，历史在此又呈现出辩证法：全球金融危机爆发，资本逻辑再一次遭遇重创，《宣言》的当代意义在全球高调热捧中被重新确认。资本幽灵出场、退场、再出场、再退场的历史逻辑就是《宣言》指明的逻辑。资本逻辑在危机中依然具有自我修复、自我调适的空间。那么，究竟资本逻辑为何依然在场还宰制着全球历史进程？资本逻辑的自我修复和调适本质上意味着什么？这就是我一直在关注和研究的"资本创新逻辑"。正如我一再指出的：从 21 世纪马克思主义经济学—哲学批判观点看，当年马克思所宣告的"被剥夺"、"被炸毁"、"被敲响丧钟"的资本依然"持续在场"的根本原因，在于"资本创新逻辑"。具体而言，关于资本创新逻辑，我们需要把握以下几个关键点：

第一，何谓"资本创新"及其根源。正如我一再指出的："所谓资本创新，就是指资本为了摆脱危机，打破利润率不断下降的趋势，获取更多的利润，就不断地、拼命地发明创造新技术、新管理、新产品、新销售、新市场、新空间、新产业，最终实现资本形态和功能的创新发展，驱动资本形态从当年马克思所主要面对的大工业资本主导的旧全球化形态向后工业资本主导的新全球化形态转变。"究其根源，资本创新源于资本既要追求利润最大化又要摆脱（哪怕暂时性地摆脱）危机的"趋利避害"的本性需要。只要创新能够给资本带来更大更多的利润“蛋糕”，资本就会疯狂地去追求；只要创新能够帮助资本摆脱（暂时摆脱）危机困局，资本就会义无反顾地去实现。正是在这一意义上，资本具有创新的内生动力。资本的演化史表明：在资本的任何一个固定形态和固定阶段，它的固有外壳都会因为自己内在的基本矛盾和转化矛盾而被炸毁。如果没有创新，资本早就退场。只有通过创新行动，资本才能被暂时拯救，才能持续在场。即是说，只有通过不断的周期性毁灭和创新，资本的持续在场才能“凤凰涅槃”般地实现。

第二，资本创新的路径选择。就资本演化史而言，从19世纪到21世纪，为了摆脱危机、追逐更大更多的剩余价值，资本创新的路径选择是多样、多元的，主要表现为：其一，从主要依赖绝对剩余价值生产转向手段越来越先进的相对剩余价值生产。如熊彼特所说：在原产业领域内通过生产工艺和销售方式的不断改进而实现的创新，例如通过技术更新、设备更新、生产流程再造、管理创新、销售模式和市场开拓方式等，实现新的创新。当资本在原来的生产技术、原来的设备设施、原来的管理、原来的产品、原来的销售模式和市场不能满足资本追逐更多利润需要并造就周期性的经济危机时，资本就必然强制性地在产业内部实现各种创新活动，以新要素和新方式来实现“供给侧结构性变革”，力图摆脱危机，实现超额利润。其二，当一个有限空间不能满足资本的生产和销售需要而爆发危机时，为了摆脱危机，资本就采取如列宁、卢森堡、哈维所说的通过新空间拓展（领域的逻辑）来实现暂时摆脱危机的目的。也就是说，当资本在原一国或一域市场空间中受到限制、资本频繁爆发危机、再也无法扩大获利时，殖民主义、帝国主义就成为实现资本拓展空间的创新形式。其三，主导产业领域创新。资本抓住任何一个可能使资本焕发青春活力、获得更大的利润空间的要素，上升为主导产业要素，进而改变整个社会的资本供给侧结构、需求—消费结构和资本形态，构造新的资本社会，于是就实现了创新资本主导的社会形态。资本“追求劳动部门的无限多样化，也就是追求生产内容的全面性”。为了逐利最大化，只要有可能、有条件，资本就必然将一切要素对象资本化，并将其中一切能够带来最大利润的要素对象领域变成产业的主导形态。因此，在后工业资本时代，金融资本、文化资本、知识资本等要素领域以及虚拟资本各个业态之所以能够迅速成为主导产业，都源于此因。

第三，资本创新逻辑推动的资本主导形态发生的深刻变化，表现为从马克思时代的大工业资本主导形态转向后工业资本主导形态。马克思时代面对的大工业资本主导形态，在马克思之后的周期性危机大浪筛淘和推动下，经过银行资本向工业资本的渗透、控制和参与，最终导致工业资本与银行资本的结合形成金融资本，形成垄断利润和金融资本全球化世界。垄断竞争更加剧烈而残酷，极大地阻碍科技进步和知识创新，因而具有腐朽性；因为全球空间掠夺，因而具有寄生性。进而，金融资本作为虚拟资本手段进一步向一切社会要素渗透和控制，使之变成一个又一个新的资本品，形成知识资本和文化资本，扩展为社会资本、人力资本、消费品资本、生态资本，从实体资本转向虚拟资本等，不断变革，转变形态。一切都在资本中，资本在一切中。"一的一切"和"一切的一"结合，使资本最大限度地普遍化，使日常生活最大限度资本化。与一般产业内部技术创新不同，资本主导产业的每一次大更迭，不仅是经济结构表象的变革，而且几乎都伴随着历史场景的转换。21 世纪，资本创新逻辑全面更换了资本全球化的场景机制和作用装置，借助于互联网和智能化、生物工程和材料科技等新科技革命手段，使"消费社会"取代"生产主义社会"，使后福特主义小众化"弹性生产"机构取代福特制刚性的大规模标准化生产装置，使债券化等金融手段取代一切实体经济过程，使符号化、虚拟化经济取代实体经济作为主导要素，使文化创意产业取代钢铁工业成为引领性产业，使后现代取代经典现代性社会，使离散化、个性化、网络化的日常生活取代集中化的控制，因而造就出一幅当代资本主义的全球图景。

第四，资本创新也依然遵循着马克思历史观对于资本创新本性阐释的轨迹，但是带有 21 世纪的特点。正如经济创新概念倡导者熊彼特所客观指出的那样，马克思是资本创新的最早观察者和研究者。马克思在《宣言》中指出："资产阶级在历史上曾经起过非常革命的作用"，"资产阶级除非对生产工具，从而对生产关系，从而对全部社会关系不断地进行革命，否则就不能生存下去"，这被德里达看作对资本的“最高褒奖”。在《资本论》中，马克思在研究资本的绝对剩余价值生产向相对剩余价值生产的时候，就特别仔细考察了资本存在的具体方法和方式的创新变革。如资本如何用机器生产来代替手工工业；如何由延长雇佣劳动者的绝对劳动时间而获取绝对剩余价值，到用不断改进技术的手段，“将科学并入生产过程”、用先进大机器进行生产，缩短生产时间和降低成本来创造相对剩余价值，这一过程就是资本创新过程。马克思还特别仔细地研究了资本的职能分工对于资本更多榨取剩余价值的促进作用，如最初由产业资本家直接包揽生产和流通全过程，到资本领域职能的相对分化，商业资本与工业资本各司其职，专业化分工促进了剩余价值总量的迅速提升，这也是资本总体结构的创新。在恩格斯整理的《资本论》第三卷中，马克思还集中分析了从实体资本到银行资本、虚拟资本的创新转换形态中的表象形式（如银行资本 G—G′）和本质关系等等。可以说，马克思不仅深刻揭示了资本创新的本性，而且也具体分析了当时资本创新的几乎所有形式和方式。限于历史条件，马克思主要分析了大工业为主导形态的资本结构和资本矛盾，准确地预见到大工业资本即将崩溃、外壳被炸毁的前景。然而，马克思对于后工业社会资本的若干新的趋势，尚未加以系统展开研究。因此，对于 21 世纪马克思主义而言，一个重大课题就是要“接着讲”，在 21 世纪续写《资本论》，科学解答资本创新逻辑，进而成为 21 世纪的马克思主义。

第五，资本创新史同时就是旧外壳炸毁史。从 21 世纪资本创新逻辑批判反观资本出场史，我们必然得出结论：资本外壳在历次重大危机中不断被炸毁。工业资本外壳遭遇周期性危机被炸毁，换上了金融垄断资本主义外壳后又进一步被新的矛盾所炸毁，逐步换上后工业资本主导的形态外壳，而它们又在全球金融危机中被炸毁。资本每一次重大创新和大转换，都意味着对原先主导形态外壳的炸毁。不炸毁旧的外壳，资本创新就不能实现，旧的危机就无法结束。然而，资本外壳的每一次炸毁，并不等于资本所有外壳被彻底摧毁。资本在拼命地寻找创新机遇中实现持续在场，因而不断焕发内在创新冲动，从而外在地释放出推动历史进步的杠杆作用。但是资本的持续在场是以外壳不断被炸毁为代价的。资本的幽灵出场、在场、退场、再出场，以不断毁灭来结束旧的在场，而以不断创新出场来秉持在场。

第六，资本创新逻辑表明：资本并不是完全在同一种形态中周而复始地经历危机、萧条、复苏、繁荣和高涨、再陷入危机，或者说，不是在一种生产形态层级上简单循环的危机，而是在创新跃迁层级中经历上述周期性危机，因而也是一种辩证的、螺旋上升的死亡之旅。其中连续地交替着创新与危机。每一次创新炸毁原有躯壳，资本就可能在新的空间中暂时摆脱旧躯壳的危机形态，因而造就一个时期的增长和繁荣，然而又在基本矛盾的铁律限制下最后陷入新形态的、更深刻的危机，从而逼迫资本再窥测方向、聚力创新以求一成。资本创新逻辑变换外壳的任务从来就只能是在历史条件制约下历史地提出和历史地实现的。资本幽灵仿佛是一个吸血鬼，只有靠不断榨干旧躯壳、不断寻找新躯壳来逐利和存活。但是最终只能跌入更深刻、更剧烈的危机。

第七，资本创新逻辑仅仅是资本的一般逻辑，但并非每一微观资本都有如此的幸运，都愿意或能够实现创新，炸毁原有躯壳，实现“凤凰涅槃”。事实上，创新成功的永远是少数，而有无数资本因循守旧而崩溃，无数个体资本创新失败而归于消亡。这仿佛是一次大规模优胜劣汰的物种迁移。凡是现存的，都是闯过无数次创新逻辑考验的幸运儿。创新成功也是暂时的，分周期、层级的。无论如何，资本都难以逃脱最终死亡的命运。螺旋上升的死亡之旅是资本创新逻辑所展现的独特的辩证法。它既不同于在同一层级上循环的“否定的辩证法”或“瓦解的逻辑”，也不同于发展的螺旋上升的辩证法。它的每一次创新上升同时就是否定，就是旧躯壳的炸毁和死亡。危机爆发依然是每一个资本创新周期终结走向死亡的外在标志。资本创新逻辑螺旋上升的终结目标依然是死亡。

上述七点关于资本创新逻辑新特点、新规律的批判性发现，可能是站在21世纪马克思主义的资本批判理论制高点上对于《宣言》第一章内容的最新注解。当然，全面揭示资本创新逻辑和21世纪资本创新图景以及必然陷入的深刻危机趋势，还需要经过系统的政治经济学—哲学批判，在这一领域还有很长的路要走，这必然成为致力于在当代发展《宣言》思想的21世纪马克思主义的当代使命。

更需要我们反思的是在当代中国道路开拓中的资本创新逻辑。自五四运动以来百年史特别是改革开放的40年探索史表明：低于资本的世界历史水平的民族国家，仍然可以利用好资本逻辑为经济社会发展服务。中国的资本之间由于本土原因分裂为敌对的两方：帝国主义的国际垄断资本和本国的官僚资本为一方，压迫本土的中小民族资本。发展民族资本、完成现代性、复兴中华在“三座大山”压迫下绝无可能。因此，民族资本与无产阶级和农民阶级、城市小资产阶级一起构成人民，即新民主主义革命的阶级主体，来推翻与封建势力勾结的全球垄断资本和官僚资本的统治。问题在于：我国的新民主主义革命虽然为中国的新现代性道路扫清了“三座大山”，但是我们仍然需要解决现代性问题，我们在将发展作为主题时必然面对资本问题，然而在如何对待资本的历史作用却经历了反复。在小农汪洋大海中的不发达民族国家环境中，无产阶级和民族资产阶级人数少、力量弱，我们的革命主体是农民，一个农民革命摧毁的是帝国主义、官僚资本和地主经济的统治制度，但是绝不能说我们摧毁了整个封建社会关系。因为农村的原初社会共同体、整个社会关系需要经历市场化和商品化才能真正加以改造，这是在加速发生的市场化和城市化进程的今天我们周围每天看到的事实。改革开放以来5亿农民工及其家属进城，根据市场原则被随机分配到一个新环境，从原初乡村的熟人社会、人的血族群体的相对依赖关系中解放出来，离散插入城市空间中构为陌生人社会的原子，社会关系才发生真正的根本性改变。如果说，这是经历现代性所遭遇的必然过程甚至是代价，那么最终我们认识到：正如马克思所说：异化和扬弃异化走的是同一条道路。发展是硬道理，商品经济是一个不可逾越的必然历史过程。对资本的科学社会主义批判，与民粹主义式空想地超越资本是根本不同的。中国特色社会主义道路探索的一个重大理论贡献，就是将马克思对资本批判的辩证的历史的视野重新根据中国道路的需要而作科学的实践把握。一方面，在坚持中国共产党领导、依法治国和人民当家作主的政治制度和以公有制为主体的基本经济制度的前提下，充分利用资本的伟大的文明作用来推动中国的经济建设、城乡建设、社会建设和生态建设，推动全球化发展与治理，但是另一方面却又不断限制和遏制资本的消极作用，因而无论在理论上还是实践上都是一个时代的新课题和新挑战。我们取得了举世瞩目的成就，我们不断完善社会主义市场经济和扩大开放，继续发展和利用好资本的积极力量，不断限制和消解资本的消极作用，进而不断为最终战胜资本和消灭资本奠定基础。同样，在全球治理进程中，我们与以美国为首的西方世界之间的竞争最终取决于发展的成效，也同样面临如何辩证地、历史地把握作为世界历史力量的全球资本的问题。我们用贯彻和平发展、合作共赢新原则的人类命运共同体进程来开辟新全球化时代，与西方资本主导的经典全球化的旧秩序告别，这是一个新的资本批判原则。需要我们在坚持《宣言》基本立场的同时去努力结合新时代的新特点开辟新未来。

三　关于无产阶级的历史地位与时代使命问题

本刊讨论的又一个重大问题是：资本逻辑的崩溃究竟是自然必然性的纯客观“消亡”过程呢？还是必须要介入无产阶级的主体革命条件而被“灭亡”的呢？如果说，认为资本崩溃仅仅是因为客观的经济逻辑，如商业危机和利润率下降的规律所导致的自动消亡，与无产阶级的政治革命无涉，那么，这就是带有纯粹经济性质的资本自动“消亡”论的见解；而如果认为资本不甘心其崩溃命运，还不惜将整个社会和人类拖入毁灭性灾难，强制性的国家和军队权力拼命维护其统治，不打不倒，那么为了推翻资本统治，需要无产阶级作为自觉自为的阶级进行政治革命，这就是宣告资本“灭亡”的革命逻辑的“灭亡”论主张。“消亡”论和“灭亡”论两者观点的差别，涉及资本崩溃的逻辑本性以及无产阶级的历史地位和时代使命问题。

作为创造资本逻辑的活劳动的背负者和掘墓人，无产阶级的历史地位与时代使命一直是《宣言》关注的焦点。在《宣言》中，有两个身份一直是人们关注的焦点。一是无产阶级是资本逻辑的背负者身份，它更多地显示无产阶级与资本之间的同一性；二是无产阶级是资本逻辑的掘墓人，更多地强调无产阶级与资本之间的不同一性、对抗性、异质性和断裂性，因而成为革命和阶级意识的根据。前者是历史的消极存在方式，是资本作为主动方、劳动力作为被动方而在场的。

后者是历史的积极自为的存在，无产阶级是作为真正自主自觉的历史开创者而在场的。究竟资本主义的必然灭亡仅仅是由于自身经济的客观逻辑使然——经济危机爆发和必然“消亡”，还是必然通过异质性的无产阶级的主体性政治革命实践才能导致“灭亡”——正是在这一重大问题上，百年来争论的焦点正在于两者之间的关系。本刊登载的汪行福的“《共产党宣言》的‘政治的马克思主义’解读”、邢媛的“论《共产党宣言》的同一性思维及其方法论意义”、孙亮的“‘劳动逻辑’的重构与政治地解读《共产党宣言》”等文，也集中地论述了这一问题。第二国际的理论家们根据他们对马克思《资本论》“铁的历史必然性”和资本家不过是“资本人格化”的深刻见解的解读，以及关于商业危机和“利润率下降趋势”的必然规律性见解的理解，似乎资本逻辑自己在自身规律性驱使下自己走向毁灭，因而他们把这一“历史的自然必然性”过程更多地理解为“经济唯物主义”观点，将马克思恩格斯在《宣言》和《资本论》中的观点表述为一个无产阶级就这一词的本义来说就是一无所有，既没有生产资料也没有可供持续生活的生活资料，只能依靠出卖自己“自由的劳动力”给整个资本家阶级而生活，因而作为资本主义生产主体条件的活劳动的提供者，作为被资本剥削、压榨的对象。雇佣劳动力作为资本剥削的基本对象和资本存在的基础性和本质性条件，不变资本依靠不断吸纳活劳动创造剩余价值才能变成资本。因而投入提供活劳动的劳动力价值和价格的资本就因为能够榨取剩余价值而成为可变资本。劳动者即无产阶级因而作为资本逻辑的背负者，承担着资本生产和不断扩大再生产的使命。不断扩大再生产而获得越来越多的剩余价值，原初是资本逻辑的本性使然，现在却转化成为活劳动供给者无产阶级的现实使命。无产阶级每一次的资本逻辑与活劳动的“同一性”就是资本的全面扩张和占有过程。

所有资本逻辑都千方百计地维护这一同一性格局，用经济、政治、军事和文化的各种方式固化这一同一性体系，这就是资本主义社会结构和社会体系。只要无产阶级一天作为资本逻辑的背负者，资本主义就一天成为在世之在。在承认和维护这一同一性格局的前提下，资本逻辑甚至可以容忍和承认无产阶级的一切要求，用合作制、工团主义、实行八小时工作制、男女同工同酬、奖金制度和福特制的大蛋糕政策（在努力将生产力提升发展的同时，也给无产阶级分润）、人民资本主义（用社会化的股份部分稀释资本以将人民大众捆绑在资本的战车上）、福利国家（消灭资本生产逻辑，只用改变某些分配、用高工资、高福利来发展社会民主主义）、民主制度（让大众参与民主政治）和多元协商共治（与非政府组织协商共治）、后福特制、智能化以及数据资本主义等等，既千方百计让无产阶级利益与现行资本制度一体化，使之得到有限的不断的“解放”，与资本一起开辟一个又一个创利领域和劳动领域，甚至让劳动者不断远离繁重的体力一线生产现场，转为以脑力劳动和数据处理为主要劳动内容的“白领工人”，设置“从摇篮到坟墓”的福利体系，用以满足无产阶级几代人为之奋斗的某些梦想，但是有一个底线，就是不破坏“同一性”或共处在一个同一体中。

同一性是历史的产物，甚至曾经是非常进步和革命的产物。无产阶级作为自由雇佣劳动力与资本逻辑的同一性的建立，当然是在打破封建的人身依附关系、使无产阶级成为自由的劳动者并与资本家签订劳动合同时就开始了。但是，在推翻封建专制的民主革命的浪潮中，在“自由、平等、博爱、民主”价值观号召下，雇佣劳动者和从过去依附于封建势力状态下解放出来的小农或农奴，成为资产阶级革命的同盟，这是资产阶级在历史上起到的非常革命和伟大文明作用的功绩之一。在一切落后于资本全球水准的发展中国家和民族，这一“解放”与“革命”的活剧甚至每天依然在上演着。资本作为先进生产方式的代表，超越以往任何生产方式，无产阶级从一贫如洗的破产乡村逃脱出来进了城市，作为自由的劳动力受雇于资本逻辑，不但自由地摆脱了长达千年的人身奴役和依附关系的束缚，大多数人更在收入和生活上有一定的改善。越是发达国家的工人阶级，生活的改善、教育的投入和福利保障水平的提升越明显。站在资本逻辑的立场上，如何维系、巩固和发展劳资同一性体系，使雇佣劳动者始终“坚定地”成为资本逻辑的背负者，这是资本逻辑面对的重大和关键课题。资本创新逻辑不断创造出新的语境，使自己在获取更高利润率的同时，也“不忘”同步创造条件用以改善劳动者的生活和工作状况，甚至资本逻辑可以允许欧洲民主社会主义上台执政，用不根本改变所有制结构（也倡导和推行所谓混合所有制）而致力于所谓“分配的正义”的纲领。这是在西方一切发达资本主义国家中每天都在出现的场景。

随着资本创新逻辑的推进，西方从大工业资本为主导转向后工业资本主导期，雇佣劳动者本身都在发生深刻的变化。西方的雇佣劳动者阶级状况从工场手工业阶段的手艺人群体转向福特制的机器大工业阶段的大规模工人阶级队伍，再到后福特制度条件下的蓝领工人占比急剧下降成为少数而白领工人占据大多数，智能化迅速推进正在出现“无人工厂”的状况。大量的产业工人正在从生产一线中退出，在西方福利制度保障下，成为社会的边缘人，与生产资料和生产过程完全脱钩，仅仅成为日常生活领域的存在者。丹尼尔贝尔《后工业社会的来临》、托夫勒《第三次浪潮》等都给我们描述过这一类趋势。

作为资本逻辑全程的背负者，无产阶级与资本逻辑的同一性曾经使许多马克思主义革命者担忧。许多革命理论家看到同一性对于无产阶级解放运动的深层危害，主张不能依赖“同一性”去等待资本逻辑的自动消亡，而是要依靠无产阶级的觉悟，以异质性、断裂性和非同一性的理论指导无产阶级革命来推翻资本的统治，用无产阶级积极自为的历史革命去消灭资本统治，使之“灭亡”。这就涉及无产阶级是否是旧制度的掘墓人的历史地位问题。列宁与卢森堡就工人阶级的自发性问题的争论，其实核心问题就在于此。列宁强调“自发的工人运动仅仅限于经济斗争”只会产生“工团主义”和“无政府主义”，而不会上升到政治斗争的高度，因此先进的思想只能依靠知识分子的“灌输”。但是，20 世纪西方马克思主义对于无产阶级是否还是旧制度的掘墓人这一关键问题表示了怀疑。葛兰西《狱中札记》也提出：“有机知识分子”的理论宣传和积极掌握文化领导权，才能够使无产阶级走上革命道路。卢卡奇《历史与阶级意识》阐释了同一个思想：第二国际的理论家们认为资本逻辑的崩溃仅仅是一个经济学意义上的自然历史过程这是错误的。无产阶级如果缺乏阶级意识，那么即便有了革命的客观条件也无济于事。法兰克福学派甚至指认无产阶级已经与资本逻辑在制度、认识和文化上“一体化”了，认为革命只有依靠与资本逻辑在文化一意义上发生断裂的知识分子的所主张的“文化批判”和对资本意识形态的“总拒绝”，才能成功。当然，主张“政治的无产阶级革命”的理论家们层出不穷。本刊推出的论文，就是关于这一主题的集中探索。

其实，第二国际与西方马克思主义之间在无产阶级历史地位和时代使命问题上的看法两者之间看起来是对立的，实际上却是基于同一个逻辑。第二国际固然仅仅诉诸经济学同一性的资本必然消亡的实证逻辑，但是西方马克思主义者葛兰西、卢卡奇和法兰克福学派同样认定无产阶级已经被资本逻辑同一化，因而要到无产阶级之外去寻找革命的动力。因此，这是革命动力的外置论。这同样否定了无产阶级作为资本逻辑掘墓人的历史使命。此外，主张政治革命的马克思主义者诸公，将政治经济学批判意义的“资本逻辑崩溃论”与政治学意义上的无产阶级革命论对立起来，用一个取代一个，造成马克思主义的政治学维度和经济学维度内在的分裂，是不妥的。其实，马克思关于资本主义的危机和崩溃即便在经济学意义上，也是与无产阶级作为资本逻辑的掘墓人这一使命相关的。因为马克思对资本生产逻辑分析作为一个交往实践观的构型，包括三个层次而不是一个层次。第一个层次是“生理学”分析，即马克思分析资本生产造就的财富的不断扩大、生产关系的不断复制和扩展、意识形态不断占据社会的统治地位，形成了一个不断扩展的全球化体系，成为一个占统治地位的社会存在体系，这就是“同一性”体系。第二个层次是“病理学”分析，这一体系内在地存在着剥削、商业性危机和利润率下降趋势，因而必然在打破这种同一性，走向它自身的反面。资本生产的实体性同一性体系内在包含着相互对立的意义体系，即资本生产的结果对于不同的主体而言不仅不是同质的而是异质的，更是对立和对抗的。对于资本家来说，资本生产得越多，则越是财富的积累；而对于无产阶级来说，资本生产的结果越多，他们所得份额则越少，越显得贫困。同一个（同一性）生产过程源源不断地造就两极分化的异质性、对立性和对抗性意义体系，这就是无产阶级作为这一体系否定性主体的根本原因。虽然资本逻辑千方百计通过调节分配结果的方法缓和这一矛盾，但是根本对立的性质是不容改变的。任何改良和调节分配的措施都可能暂时缓和矛盾，但不能从根本上消除矛盾。当欧洲民主社会主义福利国家政策在顺利的时候可能达到令人羡慕的成就，但是，一旦在全球危机来临时（如全球金融危机来临导致欧债危机），则立刻被打回原形。总之，同一性内在包括异质性，而不是将异质性去取代同一性。第三个层次分析则是辩证分析，既然同一性是肯定，而异质性是否定，那么两者就构成必然的辩证运动（肯定—否定、否定—肯定），因而就是历史辩证法。

意大利马克思主义者奈格里和哈特在《新帝国主义》中则重新阐释了无产阶级作为历史推动者的主体地位，因而被人们称为“无产阶级主体论的马克思主义”。他们分析资本创新逻辑的演化中每一次重大跃迁，不仅仅是资本逻辑自身的调适，恰好是因为资本危机中的工人阶级展开的阶级斗争推动的结果。随着资本创新逻辑的演化，工人阶级形态经历了“工场手工业工人”“机器大生产工人”和“社会的工人”三个阶段。资本逻辑为了打破工场手工业时期工人阶级作为手艺人对于手艺的垄断和专有，发明利用大机器生产，用福特制流水线，使工人成为机器流程的某个环节的片段操作工，因而使工人阶级依附于机器体系，从而瓦解了单个工人对原初手艺工序掌握的完整性和技巧性对于资本逻辑的威胁。但是这造成了产业工人阶级队伍的急剧增加，因而造成了工人阶级大规模反抗资本剥削和压迫的阶级斗争。为了瓦解这一大规模的阶级反抗，后福特制度普遍用智能化、订单制和精准线小型生产体系，从而大批工人阶级被迫退出生产一线而回到日常生活领域，靠社会福利体系生活，现在正在日常生活领域抵御资本逻辑的渗透，成为“社会的工人”。可以想见，21 世纪将是全球智能化全面替代人力和简单脑力生产的世纪。资本创新逻辑将在自己的创新领域借助于科学技术的进步而获得全面统治。在资本创新逻辑支配下，科学技术进步将敌视人。历史唯物主义的生产力发展原理将第一次与工人阶级无涉。理性的物质生产发展与主体性权利之间将发生世纪的大分裂。占人口大多数的人将失去他们劳动的权利。在这一境遇中，无产阶级的历史地位和时代使命究竟如何，我们需要站在新的时代高度展望未来进一步加以深度研究。

四　关于无产阶级的纲领和策略

马克思恩格斯在《宣言》1872年德文版序言中曾说过，由于时代环境的变迁，《宣言》第二章末尾所主张的大多数革命策略可能都已经过时。但是《宣言》原则是正确的。"这些原理的实际运用，正如《宣言》中所说的，随时随地都要以当时的历史条件为转移。"

今天，就全球而言，无产阶级与资本逻辑之间、社会主义与资本主义之间谁战胜谁的问题依然是这一个时代最重要、最根本的问题，是决定一切的关键。就中国而言，这一问题同样没有过时。任何否认、抛弃这一根本问题的理论家，都在某种程度上背离了《宣言》的根本原则。然而，与《宣言》时代相比，解决这一问题的根本策略和样态却发生了历史性的变化。这一对抗和斗争的主要路径，除了军事的和暴力对抗、对峙的路径之外，却采取了或转换为一个发展竞争和全球治理的路径。

之所以如此，当然首先是斗争激烈地采取两次世界大战的惨烈形式和战后冷战形式都没有从根本上消灭对方而不得不采取的全球战略均衡。和平与发展时代并不是无条件的，而是战略均衡的产物。继而，人类面对许多生死存亡的共同困境，战争武器超出人类世界所能承受的范围，现代性导致的全球生态危机、人类生存危机和南北差异困境等，或者说"四大赤字"，呼唤人类建立新的全球治理体系。中华民族的伟大复兴需要一个发展的和平的环境。西方也意识到单纯的军事和帝国主义侵略已经无法立足。以美国为首的西方国家起初通过发展来打压对方，最终通过天鹅绒革命来搞垮对方、使之"大失败"，似乎成为西方主张文化和意识形态革命更有效的方式。然而2008年爆发的全球金融危机不仅是西方经济霸权的危机，也是新自由主义文化的危机。危机后美国最终又走上保守的民粹主义道路。危机表明：即便按照"同一性"体系，西方资本逻辑也无法使自己安然地存在。马克思主义在发展中也面临挑战。以苏东剧变为标志，20世纪的社会主义遭受的挫折，也需要其他社会主义国家在战略上进行盘整。这同样说明中国特色社会主义道路取得世界瞩目的发展成就，使这一发展竞争和全球治理路径更加得到证明。

我们不能安然地认为发展竞争就能解决一切，幻想在发展中强大起来的中国或社会主义体系能够再一次用价值制高点和压倒性力量方式迫使资本逻辑消亡，从而不战而胜。举一个例子，随着基因编辑、医疗、卫生、食品、保健、养育、养老等生命技术被资本逻辑操控，生物资本主义利用生物技术大规模侵入，渗透人的生命存在的每个环节，以控制人的生命进程，丧心病狂地以人类生命为载体榨取利润，布展资本权力，这就是“资本创新逻辑”，是为了摆脱传统危机、不断借尸还魂、抛弃一切伦理的和人类学底线、不惜绑架整个人类生命为代价也要大肆搜刮利润的疯狂举动。资本的政治代表即国家总是出台有利于科技创新和资本发展的公共政策鼓励、支持和保护这一行动。我们在与全球资本和国家同盟主导的这一生物资本主义作以生命为代价的赛跑，不是资本最终控制整个人类生命基因、进而不惜绑架人类来维系自己的在场权力，就是我们在最终意义上战胜资本的这一企图。因此，看似平静的发展竞争背后是惨烈的无硝烟的大战。现在是否太晚？我真不知道。我们今天面临的使命和任务，无论是中华民族伟大复兴还是全球治理，最终都必将面临与资本逻辑争夺时间控制权的竞争。但愿我们的理论界能够警醒。

是为序。

2019 年 4 月 29 日

目　　录

一　《共产党宣言》思想研究

二　马克思恩格斯哲学思想史综合研究

三 马克思恩格斯哲学思想中国化研究

四 国外马克思恩格斯哲学思想研究

一　《共产党宣言》思想研究

《共产党宣言》的“政治的马克思主义”解读

汪行福[*]

一 “政治的马克思主义”

“政治的马克思主义”（Political Marxism，PM）被学界用来指称美国史学家罗伯特·布洛纳（Robert Brenner）和加拿大政治学家艾伦·M. 伍德（Ellen Meiksins Wood）等人在资本主义起源问题上持有的立场和方法。一般把资本主义起源理解为市场深化和贸易规模扩大的结果，而PM则强调社会主体和阶级冲突的作用，“在这个背景下，布洛纳和艾伦·M. 伍德意味着一种把马克思主义理论方案再历史化和再政治化的方式。它是一种远离结构主义和无时间性解释而趋向把历史的特定物理解为斗争过程和活的实践”。“政治的马克思主义”一词出现于20世纪70年代末，当时美国加州大学洛杉矶分校的布洛纳教授掀起一场史称“布洛纳争论”（Brenner Debate）的争论，争论的焦点是如何解释欧洲封建主义向资本主义的转变。布洛纳在其代表性论文《前工业欧洲的农村阶级结构与经济发展》（1976）中提出，资本主义起源的主要因素是欧洲特别是英国农业生产结构的改变，而不是国际贸易的兴起，这一观点被称为“布洛纳命题”（Brenner thesis）。“政治的马克思主义”并非布洛纳的自我命名，而是由法国马

* 汪行福（1962— ），男，复旦大学哲学学院教授，博士生导师，复旦大学当代国外马克思主义研究中心研究员。

克思主义历史学家居伊·博伊斯（Guy Bois）所创，他在“布洛纳之争”中把布洛纳的观点称为“政治的马克思主义”，以区别于更为流行的“经济的马克思主义”。

“政治的马克思主义”的奠基者除布洛纳外，还有加拿大约克大学教授、著名马克思主义理论家艾伦·M. 伍德。在其1999年出版的《资本主义起源》一书中，她提出资本主义起源的关键是1450—1800年英国农村发生的“圈地运动”，而不是世界贸易和市场。正是这场运动把农民从自己的土地上赶走，迫使贫困农民进入劳动市场，让他们除了出卖劳动力外无计可施。后来她把这一解释方法也运用到政治思想史和美国新帝国主义的解释。需要注意的是，“Political Marxism”的称号并不太被布洛纳、伍德认可，因为在他们看来，他们的理论并非要否定经济的作用，而是强调仅仅依靠经济因素并不能解释历史的变迁。

PM不像许多西方马克思主义流派那样离经叛道，它完全是从经典马克思主义传统中“化”出来的。但不可否认，PM确实对马克思主义理论的重心进行了位移。恩格斯在《反杜林论》中所说："一切社会变迁和政治变革的终极原因，不应当到人们的头脑中，到人们对永恒真理和正义的日益增长的认识中去寻找，而应当到生产方式和交换方式的变更中去寻找；不应当到该时代的哲学，而应该到该时代的经济中去寻找。”类似的表述在马克思恩格斯文本中有很多。正统马克思主义是一种偏爱社会结构决定论和经济力量作用的历史解释理论，这种理论有其强大的解释力，但也存在着自身的局限性。在某种意义上，PM是对正统马克思主义的修正，历史的解释既需要考虑社会客观结构决定的历史趋势，又要考虑社会阶级行动所塑造的历史格局；既要考虑到经济因素的作用，也要考虑到政治因素的作用。我认为，这一研究方法特别适用于《共产党宣言》的解读。

二 超越历史哲学

《共产党宣言》的主要贡献是什么？有的学者把它概括为“两

个必然”：“资产阶级生存和统治的根本条件，是财富在私人手里的积累，是资本的形成和增殖；资本的条件是雇佣劳动。雇佣劳动完全是建立在工人的自相竞争之上的。资产阶级无意中造成而又无力抵抗的工业进步，使工人通过结社而达到的革命联合代替了他们由于竞争而造成的分散状态。于是，随着大工业的发展，资产阶级赖以生产和占有产品的基础本身也就从它的脚下被挖掉了。它首先生产的是它自身的掘墓人。资产阶级的灭亡和无产阶级的胜利是同样不可避免的。”① 这两个必然《资本论》称为两次否定：“从资本主义生产方式产生的资本主义占有方式，从而资本主义的私有制，是对个人的、以自己劳动为基础的私有制的第一个否定。但资本主义生产由于自然过程的必然性，造成了对自身的否定。这是否定的否定。”因为资本积累的基本趋势是资本的集中和垄断，“随着那些掠夺和垄断这一转化过程的全部利益的资本巨头不断减少，贫困、压迫、奴役、退化和剥削的程度不断加深，而日益壮大的、由资本主义生产过程本身的机制所训练、联合和组织起来的工人阶级的反抗也不断增长。资本的垄断成了与这种垄断一起并在这种垄断之下繁盛起来的生产方式的桎梏。生产资料的集中和劳动的社会化，达到了同它们的资本主义外壳不能相容的地步。这个外壳就要炸毁了。资本主义私有制的丧钟就要响了。剥夺者就要被剥夺了”②。因而，人们很容易把《宣言》视为一种关于历史必然性的历史哲学。然而，这与马克思的哲学立场是矛盾的。

在《给〈祖国纪事〉杂志编辑部的信》中，马克思提醒人们注意，《资本论》中“关于原始积累的那一章只不过想描述西欧的资本主义经济制度从封建主义经济制度内部产生出来的途径”③。在《资本论》法文版中，马克思说：“对正在形成的资本家阶级起过推动作用的一切变革，**都是历史上划时代的事情**（——黑体为笔者所加）；尤其是那些剥夺大量人手中的传统的生产资料和生存资料并把他们突

① 《马克思恩格斯文集》第2卷，人民出版社2009年版，第43页。
② 《马克思恩格斯文集》第5卷，人民出版社2009年版，第874页。
③ 《马克思恩格斯文集》第3卷，人民出版社2009年版，第465页。

然抛向劳动市场的变革。……这种剥夺只是在英国才彻底完成了。"[①]在给查苏里奇的信中马克思再次强调："我明确地把这一运动的'历史必然性'限制在西欧各国的范围内。"[②] 并把"西欧各国"用黑体加以强调。这都表明马克思反对把他在一定的历史范围内和一定的经验基础上形成的理论推断不加限制地运用到所有社会，当作普遍有效的规律。

确实，马克思有时强调，历史是受无情的规律支配的，但历史规律在他那里往往指特定社会形态产生的必要条件，而非历史起源过程的必然性；是指特定生产方式的相应社会后果的必然性，而非它作为人类历史变迁过程的阶段的必然性。马克思下述论断就包含着这两层含义："假如俄国想要遵照西欧各国的先例成为一个资本主义国家……它不先把很大一部分农民变成无产者就达不到这个目的；而它一旦倒进资本主义制度的怀抱，它就会和尘世间的其他民族一样地受那些铁面无情的规律的支配。事情就是这样。"[③] 马克思的历史理论与黑格尔式的历史哲学有根本的区别，它既反对历史目的论也反对历史本身的实体论。马克思说："历史不外是各个世代的依次交替。每一代都利用以前各代遗留下来的材料、资金和生产力；由于这个缘故，每一代一方面在完全改变了的环境下继续从事所继承的活动，另一方面又通过完全改变了的活动来变更旧的环境。然而，事情被思辨地扭曲成这样：好像后期历史是前期历史的目的，例如，好像美洲的发现的根本目的就是要促使法国大革命的爆发……其实，前期历史的'使命'、'目的'、'萌芽'、'观念'等词所表示的东西，终究不过是从后期历史中得出的抽象，不过是从前期历史对后期历史发生的积极影响中得出的抽象。"[④] 显然，马克思拒绝对历史的目的论理解。

马克思不仅拒绝特殊的历史哲学，甚至拒绝一般的历史哲学。马克思批评俄国民粹派米海洛夫斯基说："他一定要把我关于西欧资本

---

① ［德］马克思：《资本论》，中共中央马克思恩格斯列宁斯大林著作编译局译，中国社会科学出版社1983年版，第770页。

② 《马克思恩格斯文集》第3卷，人民出版社2009年版，第570页。

③ 同上书，第466页。

④ 《马克思恩格斯选集》第1卷，人民出版社2012年版，第168页。

主义起源的历史概述彻底变成一般发展道路的历史哲学理论，一切民族，不管它们所处的历史环境如何，都注定要走这条道路……（他这样做，会给我过多的荣誉，同时也会给我过多的侮辱。）”① 并以历史的经验解释自己的观点。在罗马时代，小农经济的解体产生了无产者，却没有产生资本主义生产方式，这表明，“极为相似的事变发生在不同的历史环境中就引起了完全不同的结果”②。马克思明确地说：“使用一般历史哲学理论这一把万能钥匙，那是永远达不到这种目的的，这种历史哲学理论的最大长处就在于它是超历史的。”③“历史哲学是超历史的”这个命题表明，无论是资本主义的起源还是资本主义的灭亡，都应该理解为经验的历史的命题，而不是形而上学的思辨命题。

什么是马克思主义理论？我倾向于把它理解为一种带着解放意图的社会理论，它既不同于传统的思辨哲学，也不同于价值中立的社会科学，而是一种以人类解放为实践目的的现代性诊断和批判的社会理论。如果我们这样来理解，无论是《宣言》还是《资本论》对“两个必然”论述中，要关注的不是其结论，而是支撑其结论的社会条件。在《宣言》中，马克思强调，无产阶级胜利的条件是雇佣工人从自相竞争过渡到通过结社而达到的革命联合，显然，这是一个可以诉诸经验检验的观点。同样，在《资本论》中，解放的条件被理解为两个方面：一是资本主义体系的经济和社会后果和它引起的工人反抗；二是大工业生产机制给工人阶级组织和政治能力发展提供的机会条件，这也是可以进行社会学考察的内容。在这个意义上，“两个必然”不应理解为形而上学信念，而要理解为马克思在工业资本主义条件下的对人类解放的实践筹划。

三 《共产党宣言》的贡献和未尽问题

霍布斯鲍姆是马克思主义历史学家一代宗师，他在《如何改变世

---

① 《马克思恩格斯文集》第3卷，人民出版社2009年版，第466页。

② 同上。

③ 同上书，第467页。

界》一书中把《宣言》放在宏大的历史视野中考察，既肯定其巨大的理论贡献，也指出其某些思想面临的困难，特别重要的是，霍氏还指出《宣言》给21世纪的我们留下了重大问题。霍氏自认为是“稀有动物”、一个老派的共产主义者，但是，他对马克思主义的理解完全是非教条主义的。在他看来，19世纪是漫长的，20世纪是短暂的。为了漫长的19世纪，他写了《革命的时代》《资本的时代》和《帝国的时代》三部曲。为了短暂的20世纪，他写了《极端的时代：1914—1991》，马克思的历史跨越了漫长的19世纪和短暂的20世纪，现在正以特殊的方式进入21世纪。

霍布斯鲍姆把《宣言》视为马克思主义最主要的著作，也是最有影响的著作。他坚信，只要马克思分析和批判的全球化和资本主义仍然存在，他的核心思想就仍然有效，就如诺贝尔经济学奖得主约翰·希克斯（Hohn Hicks）所说：“任何希望置身普遍历史进程的人都要运用马克思主义范畴，或它们的某些变体，因为除此之外，极少有其他的选择。”在给《宣言》2012年英文版所写的“前言”中，霍布斯鲍姆对《宣言》作了两个判断：（1）“这本小册子是继法国大革命《人权与公民权宣言》之后最有影响力的政论性文章。”它不仅是马克思主义的经典，而且是整个政治学的经典。（2）《宣言》中有些内容已经过时，但是，“在21世纪《宣言》还有许多东西可以向我们说”。我认为，这两个判断是正确的。

关于《宣言》在思想史上的地位，霍氏赞其是一部极具思想和文学魅力的作品，“任何一个初次读到《宣言》的人几乎很难以不被它的充满激情的信念、极其精练的简洁、睿智而又别具风格的力量所打动”。其精心雕琢又浑然天成的格言世代流传，如“一个幽灵，共产主义的幽灵，在欧洲游荡”，“无产者失去的只是他们的锁链，而他们赢得的却是整个世界”等等。在他看来，就政治修辞方面的成就，《宣言》可与《圣经》媲美，不仅如此，它在西方思想史上开创了一种新的文体，即宣言体，这种文体先是被先锋派艺术家所使用，如《未来主义宣言》《超现实主义宣言》，后来又广泛地被政党和各种社会运动所使用，使政治找到了自己特殊的语言。

当然，《宣言》吸引人之处不是其修辞学魅力，而是其思想魅力，其中最重要的是它对资本主义未来的历史洞察力。霍氏认为，《宣言》在资本主义还处在幼苗时就仿佛看到它长成参天大树的样子，《宣言》与其被视为马克思对其时的描述，不如说是对资本主义未来的预测。1840 年，工业资本主义在某种意义上只是世界的一个小小角落，世界钢产量不超过 71000 吨，铁路不超过 24000 英里，即使是工业革命发源地的英国还未成为一个工业化国家，甚至连城市化的国家都算不上。《宣言》真正让人叹服的是，资本主义处在萌芽阶段《宣言》就看出了它的巨大的世界历史影响，正是在此意义上，伯尔曼把《宣言》视为一部现代主义宣言。《宣言》对现代世界的趋势和特征作了三个重要的判断。

在社会阶级关系上，“在过去的各个历史时代，我们几乎到处都可以看到社会完全划分为各个不同的等级，看到社会地位分成多种多样的层次。在古罗马，有贵族、骑士、平民、奴隶，在中世纪，有封建主、臣仆、行会师傅、帮工、农奴，而且几乎在每一个阶级内部又有一些特殊的阶层”。资本主义使社会阶级关系简单化，马克思说：“我们的时代，资产阶级时代，却有一个特点：它使阶级对立简单化了。整个社会日益分裂为两大敌对的阵营，分裂为两大相互直接对立的阶级：资产阶级与无产阶级。”①

在文化上表现为普遍的世俗化：“资产阶级在它已经取得了统治的地方把一切封建的、宗法的和田园诗般的关系都破坏了。它无情地斩断了把人们束缚于天然尊长的形形色色的封建羁绊，它使人和人之间除了赤裸裸的利害关系，除了冷酷无情的‘现金交易’，就再也没有任何别的联系了。”②

在人与我的交往联系上，马克思看到一种由资本主义生产和交换关系主导的全球化现象的出现。“资产阶级，由于开拓了世界市场，使一切国家的生产和消费都成为世界性的了。……过去那种地方的和民族的自给自足和闭关自守状态，被各民族的各方面的互相往来和各

① 《马克思恩格斯文集》第 2 卷，人民出版社 2009 年版，第 32 页。
② 同上书，第 33—34 页。

方面的互相依赖所代替了。”①

总之，马克思预见到一种新的资产阶级文明和社会形态正在取代旧的宗教和封建社会。这一切都是马克思基于欧洲社会变化特别是英国社会的观察得出的。这种敏锐的观察和历史洞察力使马克思成为现代性的先知和预言家，也奠定了马克思在人类历史上的不朽地位。

今天如何看待《宣言》？可以说三句话：一是我们的世界没有实现马克思的预言；二是我们生活在《宣言》的效果历史之中；三是今天人类面临着比马克思时代更严峻的问题。在霍布斯鲍姆看来，《宣言》的历史预言没有实现，重要的原因是以下两个判断存在着问题，一是工人阶级注定是资本主义的掘墓人，二是无产阶级革命一定导向无阶级的共产主义社会。马克思正确地看到资本主义生产方式将所有的谋生者变成被雇佣者，但他没有预测到雇佣劳动阶级结构和政治意识的变化，今天，领薪水的技术雇员和高级经理与其说是无产阶级，不如说是“工薪资产阶级”。同样的生产技术和组织形式的变化，产业无产阶级并没有随着资本主义的发展越来越壮大，与此同时，工会和工人阶级政党也越来越被归化为民主政治游戏的参与者，而不是现实制度的颠覆者。就此而言，“无产阶级是资产阶级掘墓人”不再成立。同时，无产阶级革命一定导向共产主义的命题，更多的是“一种哲学推论而不是观察的结果”。

霍布斯鲍姆特别强调，马克思理论中存在两个相互关联却不能统一的思想线索。一方面他强调资本主义灭亡的必然性，另一方面他又从黑格尔哲学那里继承来的对历史目的的充满激情的预言。“在马克思自己的思想发展中，第二个方面是先于第一个方面，它不能在理智上从第一个方面推论出来。换言之，两个判断之间存在着质的差别：一个判断是，资本主义根据其本性而产生的不可克服的矛盾，而一旦‘生产资料和劳动的社会化达到与资本主义发展不相融的时候’，这种矛盾必然不可避免地产生出它被取代的条件，另一判断是后资本主义将导致人类异化的终结，所有‘个体’的人

① 《马克思恩格斯文集》第2卷，人民出版社2009年版，第35页。

类机能的全面发展。它们属于两个不同形式的话语，虽然两者需要被证明为真实的。”① 在霍布斯鲍姆看来，“从对资本主义发展的本质分析中无法推导出资本主义发展必然导致一个在本质上具有革命性的无产阶级的出现。这是资本主义发展的一种可能结果，但不是唯一的可能结果”。“它只是一个有关选择（choices），政治可能性（possibilities），甚至连或然性（probabilities）都算不上，更谈不上确定性了。”在这个意义上，《宣言》的贡献是对现代社会特别是资本主义社会的批判，而不是关于无产阶级革命性及其共产主义目标实现的可能性的展望。

四　今天马克思仍然有话要说

《宣言》对无产阶级革命和革命必将导向共产主义的预言并没有被历史证明，然而，这并不意味着《宣言》对我们时代已经变得没有意义。关于马克思理论的当代性，霍布斯鲍姆有句广为流传的名言：“马克思仍然有话要说。”在《如何改变世界》的第一篇文章中，霍氏说：“我们并不预见21世纪世界面临的问题的解决方案，但如果这些解决方案要获得成功机会的话，它们必须追问马克思的问题，即使它们并不接受马克思各种信徒的答案。”② 因为我们没有走出马克思的时代，“我们求助于马克思，不是因为他毫无错误之处，而是因为我们无法回避他。每个想从事马克思所开创的研究的人都会发现，马克思永远在他的前面，因此，他必须认同或反驳、扩展或抛弃、说明或辩解马克思遗留下来的思想”③。在该书最后一篇文章中，霍氏说：“市场并没有回答人类21世纪面临的问题：以追求不可持续的利润而展开的无限制的、日益强化的高技术经济增长产生着全球的财富，但牺牲了无法弥补的生产和人类劳动的因素和全球资源。经济的

① Eric Hobsbawm, *How to Change the World: Reflections on Marx and Marxism*, New Haven and London: Yale University Press, 2011, p. 379.

② Ibid., p. 15.

③ ［美］罗伯特·L. 海尔布隆纳：《马克思主义：赞成与反对》，马林梅译，东方出版社2016年版，第1页。

和政治的自由主义，不论是单独地还是结合在一起，都不能为21世纪问题提供答案。也许正是需要再一次认真对待马克思的时候了。”①在这个意义上，马克思和我们是同时代人。

霍布斯鲍姆近年来反复强调，马克思是全球化理论大师，他在资本主义还处在萌芽和初级阶段就预见了今天的全球化的现实。马克思是现代社会理论的奠基者，他与杜克海姆、韦伯一起提供了分析现代社会的理论。马克思是改变人类理智世界的大师，他通过利益、阶级等概念改变了人们对社会关系的看法。马克思“是对资本主义和那些没有认识到资本主义全球化的经济学家的批判”，他揭示了资本主义是历史的一个阶段，并非历史的终结。总之，马克思理论仍然给我们很多启示。但他认为，马克思没有给我们提供应对21世纪问题的良方。

《宣言》一开头，马克思就指出，“至今一切社会的历史都是阶级斗争的历史”，但是，阶级斗争的结果是不可预测的，“自由民和奴隶、贵族和平民、领主和农奴、行会师傅和帮工，一句话，压迫者和被压迫者，始终处于相互对立的地位，进行不断的、有时隐蔽有时公开的斗争，而每一次斗争的结局都是整个社会受到革命改造或者斗争的各阶级同归于尽”。基于此，霍布斯鲍姆认为，《宣言》给他的时代提供了一个“警示录”，“它希望资本主义发展的结果是‘一场革命性的大规模社会重建’，但是正如我们所见，它没有排除这样的选择：‘共同毁灭’”②。今天政治地解读马克思主义，需要双重视角，一是无产阶级解放的视角，二是人类自我拯救的视角。为了避免各阶级“同归于尽”，我们首先需要避免地球上人类“同归于尽”。在这里，我们首先要抛弃命定论。吉登斯说：“今天的批判理论必须拒绝命定论（providentialism）——认为‘历史’既给人类造成许多问题，同时也为这些问题的解决产生方法……命定论意味着……每一个问题总有解决之道。”③这一论断也适用于马克思主义。更为重要

① Eric Hobsbawm, *How to Change the World: Reflections on Marx and Marxism*, New Haven and London: Yale University Press, 2011, pp. 417 - 418.

② Ibid., p. 120.

③ Anthony Giddens, *A Contemporary Critique of Historical Materialism*, Stanford University, 1995, p. x.

的是，我们要特别地倾听本雅明的警告。《宣言》说：“资产阶级在它的不到一百年的阶级统治中所创造的生产力，比过去一切世代创造的全部生产力还要多，还要大。”[①] 这一盛赞仍然有效。但是，今天西方发达国家的生产力不仅超越了资本主义生产方式的控制，而且在一定意义上超出了人类能力的控制。基因工程突破了人类的生物限制，核技术和其他技术不断突破以往物理学、化学的限制，进入到一个对风险越来越无知的境地。特别是民族国家的竞争使核毁灭力量日益扩散，人类面临着灭绝的危险，更不要说经济危机和金融危机之类的灾难。马克思曾设想，人类的普遍交往将给人类文明保存和发展提供得天独厚的条件。马克思说：“某一个地域创造出来的生产力，特别是发明，在往后的发展中是否会失传，完全取决于交往扩展的情况。”“只有当交往成为世界交往并且以大工业为基础的时候，只有当一切民族都卷入竞争斗争的时候，保持已创造出来的生产力才有了保障。”[②] 然而，在全球化和民族国家普遍交往的今天，人类的前景越来越暧昧不明。对《宣言》的当代解读不仅要考虑对社会的革命改造，以避免斗争的各阶级同归于尽，而且要考虑对自然的保护，以避免人类同归于尽。本雅明告诫我们，不仅人类的进步是不确定的，人类的毁灭也是不确定的，“要阻止爆炸，就必须在火花碰到炸药之前将燃烧着的导火线切断”[③]。因为“对于个体如同群体蒙受的苦难一样只有一个临界点存在，超越了它‘事情就不会再这样继续下去了’，这个临界点就是毁灭”[④]。

今天的马克思主义者需要一种特殊的思想品质，即理智的悲观主义和意志的乐观主义（intellectual pessimism，willful optimism），否则就容易陷入盲目的乐观主义和悲观的犬儒主义。

---

① 《马克思恩格斯选集》第1卷，人民出版社2012年版，第405页。

② 同上书，第187—188页。

③ ［德］瓦尔特·本雅明：《单行道》，王才勇译，江苏人民出版社2006年版，第91页。

④ 同上书，第26页。

论《共产党宣言》的同一性思维及其方法论意义

邢 媛*

既不同于黑格尔《精神现象学》的“自我确证”的喜剧式的同一性逻辑论证，也不同于柏拉图《理想国》的“恶”的悲剧同一性意识，马克思恩格斯撰写的《共产党宣言》，基于科学理性的同一性方法论思维方式，在改造世界的意义上，形成了科学理性的同一性思想，凝练出人类走向美好理想社会的第一个无产阶级革命和共产主义实践的纲领。《共产党宣言》揭示了资本主义社会发展的本质，指明了人类社会追求美好理想的实践方向，取得了科学认识人类社会历史发展规律的巨大成功，对于指导现实的人类实践活动，有着重要的认识论和方法论意义。正如习近平总书记在纪念马克思诞辰200周年大会上的重要讲话中指出的那样，“《共产党宣言》发表170年来，马克思主义在世界上得到广泛传播。在人类思想史上，没有一种思想理论像马克思主义那样对人类产生了如此广泛而深刻的影响”。“前进道路上，我们要继续高扬马克思主义伟大旗帜，让马克思、恩格斯设想的人类社会美好前景不断在中国大地上生动展现出来!”《共产党宣言》如此强大的生命力，与马克思恩格斯对同一性思维方法的科学运用密不可分。本文的旨趣即在于系统阐释马克思恩格斯科学同一性思维方法的内涵与精神实质，

---

* 邢媛（1963— ），女，山西大学哲学社会学教授，哲学博士，主要从事马克思主义哲学研究。

借此深化对马克思主义哲学思想的理性认识，提升我们改造世界的实践能力。

一 本体论的事实同一性思维

《共产党宣言》（以下简称《宣言》）是1848年2月正式出版的。1872年，马克思恩格斯在德文版序言中指出，不管最近25年来的情况发生了多大的变化，这个《宣言》中所阐述的一般原理整个说来直到现在还是完全正确的。[①] 一个世纪以后，新马克思主义思想家大卫·哈维认为，《宣言》的绝大部分是那样深刻、清晰有力，以至其当代相关性令人震惊。[②] 170年以后，习近平总书记在中共中央政治局第五次集体学习时指出："《共产党宣言》是第一次全面阐述科学社会主义原理的伟大著作。"事实表明，无论是马克思恩格斯自己关于《宣言》正确性的论断，还是后人的评价，都深刻地反映了《宣言》的科学性、革命性，以及强大的与时俱进的时代生命力。

马克思恩格斯之所以能够简洁明了地科学地揭示出资本主义社会发展的规律并预示出科学社会主义发展的方向，从思想上说，在于唯物史观的引领作用；从哲学方法论上来说，在于娴熟地运用了已经较为成熟的科学与哲学的同一性思维方法，在本体论、认识论和方法论上作出了根本性的哲学思维创新，从而为人类解放和自由追求建立了科学的社会发展理论，也为今天发展马克思主义哲学提供了科学的思想认识基础与方法论原则。

1847年前后，马克思恩格斯积极参与共产主义者同盟的工作，并受委托为其起草一个"准备公布的完备的理论和实践的党纲"[③]，用于指导无产阶级的革命斗争，即我们今天所知道的《共产党宣言》，以应对当时复杂的现实状况。

---

① 《马克思恩格斯文集》第2卷，人民出版社2009年版，第5页。

② ［英］大卫·哈维：《希望的空间》，胡大平译，南京大学出版社2006年版，第21页。

③ 《马克思恩格斯文集》第2卷，人民出版社2009年版，第11页。

马克思和恩格斯是彻底的唯物主义者，是科学理性的坚定拥护者，从现实的事实和事物实际存在的状况入手研究和认识对象，是他们基本的哲学立场、思想品格和思维方式；在叙述方法上，按照科学的方式来进行表达，是他们基本的思想阐释原则。正如马克思在《资本论》第一卷第一版“序言”中所说的那样，“物理学家是在自然过程表现得最确实、最少受干扰的地方观察自然过程的，或者，如有可能，是在保证过程以其纯粹形态进行的条件下从事实验的。我要在本书研究的，是资本主义生产方式以及和它相适应的生产关系和交换关系。到现在为止，这种生产方式的典型地点是英国。因此，我在理论阐述上主要用英国作为例证”①。马克思在为《资本论》第一卷第二版写的“跋”中指出，“当然，在形式上，叙述方法必须与研究方法不同。研究必须充分地占有材料，分析它的各种发展形式，探寻这些形式的内在联系。只有这项工作完成以后，现实的运动才能适当地叙述出来。这点一旦做到，材料的生命一旦在观念上反映出来，呈现在我们面前的就好像是一个先验的结构了”②。马克思关于《资本论》的研究方法与叙述方法同样也适用于《宣言》，充分地占有材料进行研究，像科学那样纯化对象，按照一个看上去具有先验结构的同一性存在及其展开过程的发展规律来叙述思想，这正是马克思的科学研究方法。

《宣言》之所以能够达到真正科学的高度，正是科学的同一性方法精巧运用的结果。马克思恩格斯在《宣言》的撰写过程中，首先从大量事实材料和客观对象存在的现实状况出发，在本体论上完成了纯化对象的科学工作。按照恩格斯的说法，他们决定从经济生产和“社会结构”入手来分析和解决问题。因为在他们看来，“每一历史时代的经济生产以及必然由此产生的社会结构，是该时代政治的和精神的历史的基础”③。这就是说，对现实的时代政治和精神特征形成

① 《马克思恩格斯文集》第5卷，人民出版社2009年版，第8页。
② 同上书，第21—22页。
③ 《马克思恩格斯文集》第2卷，人民出版社2009年版，第9页。

正确的认识并借此指导革命实践，必须在经济生产和社会结构这个现实的客观存在的基础之上。

诚如所知，共产主义者同盟，起初纯粹是德国工人团体，尽管后来成为国际工人团体，但主要力量存在于欧洲，尤其是《宣言》写作的时代。这样，马克思恩格斯就必然要把研究的对象划定在欧洲。于是，就有了《宣言》的第一句话："一个幽灵，共产主义的幽灵，在欧洲游荡。为了对这个幽灵进行神圣的围剿，旧欧洲的一切势力，教皇和沙皇、梅特涅和基佐、法国的激进派和德国的警察，都联合起来了。"① 如果说马克思恩格斯要从经济生产和社会结构入手来研究问题，那么，如何理解当时的"欧洲"呢？欧洲并不是一个国家，而是由很多个独立的国家和民族构成的，各个国家和民族的经济发展和生产力水平、社会结构状况、意识形态、制度形式、民族矛盾以及文化传统等，差别很大，乍看上去，似乎只存在着差异性，并没有同一性，因此，很难找到阐释思想的同一性社会结构。

正是在这一研究的起点上，马克思恩格斯运用了在理论自然科学和哲学研究中已经相对成熟的"理想化"和同一性思维方法，把"欧洲"这个地域的存在抽取出来，使之"理想化"，赋予其思维范式的意义，暂时撇开其内在差异，形成了一个客观存在的"欧洲"的本体论预设，为科学分析确立了特殊的社会存在对象，从而把握其精神的和物质的存在状况。所谓同一性思维，在哲学上，具有两种阐述，其一解释成跨时间的单一性，其二解释成差异中的同样性。② 马克思恩格斯显然是在差异中的同样性的意义上来思考《宣言》中的问题的。他们用"幽灵"这个词指称共产主义的精神或意识，"欧洲"是一个被"理想化"了的存在形式，"游荡"是指共产主义思想意识的运动和传播，"旧欧洲的一切势力，教皇和沙皇、梅特涅和基佐、法国的激进派和德国的警察"是指维护当时社会统治的一种主体

---

① 《马克思恩格斯文集》第 2 卷，人民出版社 2009 年版，第 30 页。

② ［英］尼古拉斯·布宁、余纪元编著：《西方哲学英汉对照辞典》，人民出版社 2001 年版，第 466 页。

力量，尽管这些势力很不相同，但在“围剿”共产主义力量这一方面，他们联合起来并形成了一种统一的阶级力量。就这样，两个具有各不相同的同一性特征的社会主体即资产阶级和无产阶级跃然纸上，他们各自作为特殊且具在的社会存在形式，具有完全不同的价值理念、利益诉求和活动目的，这就使马克思恩格斯能够在“属”的同一性的意义上（即两事物属于同一种）[①] 来分别把握无产阶级和资产阶级的本质区别。

两种社会主体力量的对立和斗争，既是当时欧洲社会的一种现实的社会结构存在形式，是真实的事实，也是一种抽象的理论概括，是同一性思维方法运用的典范。马克思恩格斯认为：“从这一事实中可以得出两个结论：共产主义已经被欧洲的一切势力公认为一种势力；现在是共产党人向全世界公开说明自己的观点、自己的目的、自己的意图并且拿党自己的宣言来反驳关于共产主义幽灵的神话的时候了。为了这个目的，各国共产党人集会于伦敦，拟定了如下的宣言，用英文、法文、德文、意大利文、佛拉芒文和丹麦文公布于世。”[②]《宣言》的主题、目的、意图，就这样在同一性哲学思维方法的运用中被引导出来。

运用同一性思维方法的基本原则来回溯历史并与现实的社会状况相衔接，马克思恩格斯作出了人类历史上从来没有过的论断，即甚至从原始土地公有制解体以来，人类的全部历史都是阶级斗争的历史。[③] 在社会发展的不同历史阶段，始终存在着被统治阶级和统治阶级、被剥削阶级和剥削阶级之间的斗争。这种斗争发展到 1848 年的时候，社会历史发展到一个新的阶段，“即被剥削被压迫的阶级（无产阶级），如果不同时使整个社会永远摆脱剥削、压迫和阶级斗争，就不再能使自己从剥削它压迫它的那个阶级（资产阶级）下解放出来”[④]。这里所引用的《宣言》的一段话，其实是它的一个最基本结论，但

---

① ［英］尼古拉斯·布宁、余纪元编著：《西方哲学英汉对照辞典》，人民出版社 2001 年版，第 467 页。

② 《马克思恩格斯文集》第 2 卷，人民出版社 2009 年版，第 30 页。

③ 参见《马克思恩格斯文集》第 2 卷，人民出版社 2009 年版，第 31 页。

④ 《马克思恩格斯文集》第 2 卷，人民出版社 2009 年版，第 9 页。

它却是以事实的形式摆在人们的面前，看上去好像是一个先验的结构存在，但却以具有内在同一性的形式得到表述，从而使得“《宣言》所说的人类的全部历史都是阶级斗争的历史这句话的真实含义”得到鲜明的阐释。[①]

作为被理想化了的“欧洲”，包含着从根本上对立的资产阶级和无产阶级两大阵营，显然，这里的“资产阶级”和“无产阶级”也是两个被纯化了的但包含着内在诸多差异内涵的概念，欧洲各国资产阶级或无产阶级在事实上存在很大的不同，但在根本特征上却是相同的。恩格斯在1888年《宣言》英文版上用加注的方式指出：“资产阶级是指占有社会生产资料并使用雇佣劳动的现代资本家阶级。无产阶级是指没有自己的生产资料，因而不得不靠出卖劳动力来维持生活的现代雇佣工人阶级。”[②] 运用这一关于资产阶级和无产阶级的核心特征的同一性思维的提炼方式，马克思恩格斯看到，“在过去的各个历史时代，我们几乎到处都可以看到社会完全划分为各个不同的等级，看到社会地位分成多种多样的层次。在古罗马，有贵族、骑士、平民、奴隶，在中世纪，有封建主、臣仆、行会师傅、帮工、农奴，而且几乎在每一个阶级内部又有一些特殊的阶层”，[③] 并看到了阶级压迫、阶级对立和斗争、社会变迁以及新形式对旧形式的代替。可见，资产阶级和无产阶级这两个重要概念内涵的确定，是科学运用同一性思维方法的结果，是由于纯化了对象而得到的关于事实存在的阐释，是舍弃了欧洲各国当时不同阶级本身所包含的一些对于界定概念来说是非本质的和次要的因素而得到的，从而提炼出它们共有的本质内涵。

我们看到，在本体论的事实存在的意义上，马克思恩格斯运用同样的同一性思维方法，提炼了一组对于表达思想来说极其重要的关于社会结构的基本概念，并运用这些概念来统摄事实，反映社会结构存在的总体状况，把握其内在的客观情形和构造机制。在《宣言》中，

---

① 参见［英］特里·伊格尔顿《马克思为什么是对的》，李杨、任文科、郑义译，新星出版社2011年版，第40页。

② 《马克思恩格斯文集》第2卷，人民出版社2009年版，第31页。

③ 同上书，第31—32页。

作为物质力量的社会生产力概念是另一个体现同一性思维的重要概括。我们知道，1848 年的欧洲，各个国家的生产力发展水平差别很大，就马克思恩格斯在《宣言》中所提到的英国、法国、德国、比利时、荷兰、意大利、西班牙、俄国、希腊等国家来说，基本都是西欧国家，因此，所言的“欧洲”，其实主要是西欧。当时，英国和法国处在工业革命的中心，尽管各国的工业都有了长足的进步，但事实上却不在一个发展水平上，无论生产规模、工人阶级队伍、工厂管理形式、产品数量和品质、商业市场和流通方式，差别都很大。然而，这些国家的社会生产方式基本上是一致的，那就是资本主义的生产方式，以市场导向和赢取利润为目的的社会生产。从制度层面来看，这些国家也有很大的不同，英国采用议会制度，法国采用共和制度，德国则采用联邦制度，尽管有这些不同，但从同一性思维来总结，都表现为资本主义制度。此外，马克思恩格斯运用同一性思维方法，还从社会统治形式、雇佣劳动、经济关系、人的社会活动能力、生产关系和社会关系变革、世界市场、生产工具的改进和工业革命、城市化过程、人口迁移和社会管理以及科学技术的创新与使用等多方面，描述和分析了当时欧洲的资本主义现实，它所取得的成就以及面临的根本困境，充分展示了同一性思维方法在描述和把握资本主义社会现实整体中的创造性作用。

二　认识论的本质同一性思维

恩格斯认为，无产阶级战胜资产阶级，共产主义取代资本主义；《共产党宣言》的思想对历史学必定会起到像达尔文学说对生物学所起的那样的作用。[①] 恩格斯对《宣言》所含思想精髓的这两点基本论断，实际上讲了两个重要的认识论论断，即《宣言》首先是对资本主义社会乃至对整个人类社会的历史发展过程及其规律的科学认识，能够经得起实践的检验，是科学的社会认识的真理。事实表明，《宣言》经受住了实践的检验，它如同达尔文的生物进化

① 参见《马克思恩格斯文集》第 2 卷，人民出版社 2009 年版，第 14 页。

论思想构成现代生物学的核心纲领一样，《宣言》的基本思想已经成为社会认识的科学思想基础。恩格斯关于《宣言》的这两点正确的认识论评价，准确地揭示了《宣言》的科学内涵和基本的核心思想，即任何历史时代所拥有的主要的经济生产方式、交换方式和社会结构，不仅构成这一时代社会的政治及精神意识的坚实基础，而且唯有从这一基础出发，才能对社会历史给出科学的解释，才能获得真理性认识。

《宣言》无可置疑的真理性表明，面对纷繁芜杂的现实历史状况，马克思恩格斯在问题研究、思想凝练、话语表述以及作出结论等方面，采用了科学的研究方法和思想表述方式，在本体论上准确把握资本主义社会的事实同一性，为他们的科学认识提供了翔实的基础，而在认识论上凝练、抽象概括并形成关于人类社会发展的本质的同一性思想，则是同一性思维方法运用的逻辑手段。正是认识论上的本质同一性的研究和思想表述，科学地解决了“现代资产阶级所有制必然灭亡”的根本任务。

我们认为，马克思恩格斯在认识论上把握资本主义和共产主义根本不同的同一性思想，是通过凝练二者在社会结构中相对应的那些主要存在要素的本质不同而实现的。如前所言，马克思恩格斯运用同一性思维方法，把社会结构的基本构成要素凝练为社会主体、生产力水平、社会制度、社会统治形式、劳动关系和经济关系、人的社会活动能力、生产关系和社会关系变革、世界市场、生产工具的改进和工业革命、城市化过程以及人口迁移和社会管理等，借此比较资本主义和共产主义的根本差异性，寻求资本主义和共产主义各自本质的同一性。如下，我们基于马克思恩格斯的论述，就他们所说的社会结构所含主要要素及其内涵进行了分析，以一览表的形式作了概括性总结。从此一览表，可以很清晰地看到二者本质的不同：

社会结构的基本构成要素	资本主义社会结构要素的内涵	科学的社会主义和共产主义社会结构要素的内涵
社会主体	社会从整体上被分化，自然形成了资产阶级和无产阶级两大阶级	全体人民；人们的社会存在形式、意识、生活条件和社会关系，都得到了改造；同传统实行最彻底的决裂
生产力水平	创造了巨大的生产力；科学技术在工农业生产中得到广泛使用，自然力被征服；广泛采用机器；交通运输业得到长足发展；大量土地得到开垦	继承了巨大的生产力；生产工具集中在国家手里；尽可能快地增加生产力的总量；科学技术得到更高水平的运用和发展
社会制度	建立在阶级对立、人剥削人以及对产品生产和占有的资产阶级私有制	消灭了私有制，建立起社会主义和共产主义的公有制；丰富了为直接生命再生产使用的劳动产品的个人占有；同传统的所有制关系实行最彻底的决裂；公共权力失去政治性质
社会统治形式	资产阶级的全面统治；公开的、无耻的、直接的、露骨的剥削；资产阶级获得了巨大的利润和资本	无产阶级专政，民主的统治形式；工人阶级得到了全国性和世界性的联合；各国人民之间的民族分隔和对立日益消失；各文明国家的联合的行动，成为无产阶级获得解放的首要条件之一
劳动关系和经济关系	雇佣劳动关系；工人阶级只是劳动工具；人与人的关系是金钱关系，是资本家与工人之间的利益关系；财富集中在私人手里，资本的形成、积累和增殖使资本家越来越富有，工人日益贫穷，社会极其不平等，两极分化严重	普遍的劳动义务制；人对人的剥削被彻底消灭；强调和坚持整个无产阶级共同的不分民族的利益、人类的利益；国家把资本变为公共的、属于社会全体成员的财产，但并不是把个人财产变为社会财产，财产失掉其阶级性质。劳动只是扩大、丰富和提高工人生活水平的一种手段，社会越来越平等和正义
人的社会活动能力	创造了经济发展的奇迹	创造了社会和经济发展的奇迹；实行公共的和免费的教育，把教育同物质生产结合起来；每个人的自由发展成为一切人的自由发展的条件

续表

社会结构的基本构成要素	资本主义社会结构要素的内涵	科学的社会主义和共产主义社会结构要素的内涵
生产关系和社会关系变革	生产关系得到不断变革；社会动荡；只为少数人谋利益	一切归国家所有，对所有权和生产关系实行强制性干涉；阶级对立完全消失；全部生产集中在联合起来的个人手里；为绝大多数人谋利益
世界市场	开拓了世界市场，所有国家的生产和消费都具有世界性；强化了各民族和国家的互相往来和互相依赖；物质生产和精神生产都具有世界性	贸易自由得到真正实现；世界市场真正建立起来
生产工具的改进和工业革命	资产阶级把一切民族都卷到所谓的文明中来，用自己的枪炮迫使一切民族采用资产阶级的生产方式，迫使他们变成资产者和雇佣工人。按照自己的面貌为自己创造出一个世界	按照共同的计划增加工厂；生产工具归国家所有；开垦荒地和改良土壤；促进工业革命的进一步完善和发展
城市化过程、人口迁移和社会管理	创立了巨大的城市，使农村屈服于城市的统治。消灭生产资料、财产和人口的分散状态，使城市人口大大增加和密集起来；财产聚集在少数人的手里；政治集中在资产阶级手中	继承了资本主义遗留下的巨大的城市，把农业和工业结合起来，促使城乡对立逐步消灭，生活条件趋于一致

仔细分析上面列表，可以得到如下几点认识论的本质同一性结论：

马克思恩格斯运用同一性思维方法对资本主义和共产主义各自同一性特征的凝练和概括，促使人们对二者的承接关系和本质差异，有了十分明晰的认识和理解，也使马克思恩格斯能够对资本主义社会的现实和未来共产主义的发展状况，作出了一系列令人信服的众所周知的科学论断，为指导无产阶级革命和未来共产主义的发展，指明了方向。

马克思恩格斯对资本主义给予高度评价，认为资本主义曾经是一种积极的革命的力量，对于推进人类文明的发展，作出了积极的甚至是伟大的贡献。但由于它的剥削的非正义的社会本性，由于资产阶级公开的、无耻的、直接的、露骨的剥削和为少数人谋利益的全面统治已经完全暴露了其腐朽本性，因此，生产关系和社会关系的变革已经成为不可阻挡的潮流，资产阶级按照自己的面貌为自己创造出的那个世界必然被无产阶级所推翻。

无产阶级的革命斗争，由于它是同传统的观念实行最彻底决裂的共产主义事业的革命，基于社会物质财富的巨大增长，无产阶级队伍的日益壮大，它同传统的所有制关系实行了最彻底的决裂，它所进行的革命是彻底铲除人对人的剥削并强调和坚持整个无产阶级共同的不分民族的利益和人类的利益，它把资本变为公共的、属于社会全体成员的财产和社会的财产，它把劳动只是作为扩大、丰富和提高工人生活的一种手段，因而它使每个人的自由发展成为一切人自由发展的条件，由于它对所有权和生产关系实行强制性的干涉并彻底消除了阶级差别，积极地贯彻了公平正义原则并建设一个人人平等的社会，因此，共产主义的事业必然会得到人民的支持，必然会取得成功。

马克思恩格斯在《宣言》中阐述的这些科学思想，充分体现出社会本体论的同一性本质，使我们对社会存在的认识有了同一性的科学视域，蕴含了马克思主义强大的创造力和生命力。

三　方法论的实践同一性思维

马克思恩格斯在《宣言》中通过运用科学的同一性思维方法，形成了对资本主义现实和社会主义未来的一系列科学认识，得出无产阶级必然战胜资产阶级、共产主义必然取代资本主义的两个“必然”结论。在《宣言》中，马克思恩格斯并没有止步于此，而是要实现更根本的目的，完成更重要的任务，即基于科学认识来指导无产阶级革命实践，取得无产阶级革命的成功，进而实现自由人联合体的理想社会形态。在这一点上，马克思恩格斯同样巧妙地运用了同一性思维方法来探索和形成无产阶级革命的方略，找到指导各国无产阶级进行革命的宏观战略和微观斗争方法。

第一，强化无产阶级同资产阶级的对立和实际的斗争是革命实践的基本策略。马克思恩格斯是实践唯物主义者，改造世界是他们哲学的根本特点，因此，他们首先关注的是革命实践和行动的现状。他们从同一性思维的视角出发看到，遍布于“欧洲”各国的工人同资本家的斗争是现实的普遍存在的社会行动。无论工业相对发达的国家像英国、法国和德国，还是工业相对落后的国家，如波兰、俄国等，工人们都具有强烈的反抗和斗争意识，为了生存同资本家展开斗争是不可避免的，并正在积极行动起来，参与汇集到无产阶级革命斗争的洪流中。从最初的单个的工人、某一工厂的工人、某一地方的工人，到工人的大规模集结，自己联合起来进行斗争，无产阶级的队伍正在壮大。[①] 因此，强化工人同资本家的有组织的主动性的斗争实践是首要任务。

第二，提升无产阶级同资产阶级斗争的阶级意识。马克思恩格斯认为，革命的实践离不开理论的指导，离不开正确的思想观念的能动性作用。在他们看来，尽管欧洲各国工人的实际生存状况存在差别，但普遍具有同资产阶级斗争的阶级意识，这种意识是难能可贵的，但它还只是自发的而不是自觉的，要形成强大的无产阶级推翻资产阶级的革命力量，“一分钟也不忽略教育工人尽可能明确地意识到资产阶级和无产阶级的敌对的对立”[②]，通过教育使无产阶级能够自觉地利用现实的社会条件和政治条件反对资产阶级，使无产阶级的自觉意识转化为推翻资产阶级统治的革命力量。

第三，要在政治斗争的高度，发挥共产党的领导作用，使其成为组织和发展无产阶级的革命力量。马克思恩格斯认为，一切阶级斗争都是政治斗争，这就需要把分散在各国的无产阶级联合起来，凝聚成真正强大的革命力量，充分发挥无产阶级作为革命主体的能动作用。[③]

① 参见《马克思恩格斯文集》第 2 卷，人民出版社 2009 年版，第 39— 40 页。

② 《马克思恩格斯文集》第 2 卷，人民出版社 2009 年版，第 66 页。

③ 参见《马克思恩格斯文集》第 2 卷，人民出版社 2009 年版，第 40 页。

在这样一个如何形成统一的强大革命力量的关键问题上，同一性思维又一次起到至关重要的作用。在马克思恩格斯看来，看上去各国的无产阶级十分分散，似乎形不成统一的力量，然而，随着无产阶级人数的增加，结合成更大的集体性的反对资产者的同盟、团体和起义是可行的，能够把许多性质相同的地方性的斗争汇合成全国性的斗争，汇合成阶级斗争。这需要把无产者组织成为阶级，从而组织成为政党，利用资产阶级内部的分裂，促进无产阶级的发展。[①] 只有无产阶级才是真正革命的阶级，它为绝大多数人谋利益；共产党没有任何同整个无产阶级的利益不同的利益，它不提出任何特殊的原则用以塑造无产阶级的运动。“在无产阶级和资产阶级的斗争所经历的各个发展阶段上，共产党人始终代表整个运动的利益。”[②] 因此，唯有在共产党的领导下，才有可能用暴力推翻资产阶级而建立自己的统治。[③]

第四，坚持无产阶级夺取政权的目的就是要改变现有的所有制，建立共产主义制度。马克思恩格斯认为，从国家权力配置和改变经济关系等方面推进新的社会制度的发展，这对于欧洲各国来说都是同样的。“共产主义的特征并不是要废除一般的所有制，而是要废除资产阶级的所有制。”[④] 要同传统的所有制关系实行最彻底的决裂，要同传统的观念实行最彻底的决裂，“彻底消灭私有制”，[⑤] 建立起民主的没有剥削、压迫和阶级的共产主义社会，使每个人的自由发展成为一切人自由发展的条件。[⑥]

马克思恩格斯还利用同一性思维在微观层面提出了在欧洲各国推进共产主义制度发展的策略，在途径上作了深入的思考，诸如剥夺地产用于国家支出、征收高额累进税、废除继承权、没收一切流亡分子和叛乱分子的财产等 10 多个方面，[⑦] 用于指导无产阶级夺取政权以后

---

① 参见《马克思恩格斯文集》第 2 卷，人民出版社 2009 年版，第 40—41 页。

② 同上书，第 44 页。

③ 同上书，第 42 页。

④ 《马克思恩格斯文集》第 2 卷，人民出版社 2009 年版，第 45 页。

⑤ 参见《马克思恩格斯文集》第 2 卷，人民出版社 2009 年版，第 46 页。

⑥ 同上书，第 53 页。

⑦ 同上书，第 52—53 页。

的制度建设工作。

如上分析表明，在革命实践的策略同一性与多样性相统一的高度，马克思恩格斯关于革命实践的方法论思想，仍然是同一性思维方法的结晶。

结语

恩格斯指出，《宣言》的任务是宣告现代资产阶级所有制必然灭亡。[①] 通过同一性思维方法在文本中的全面贯彻，马克思恩格斯通过三个基本论断，即文本导言起始的第一句话："一个幽灵，共产主义的幽灵，在欧洲游荡"；文本正文铺成的第一句话："至今一切社会的历史都是阶级斗争的历史"；文本落脚的最后一句话："全世界无产者，联合起来"，表明通过全世界无产者的联合行动，进行推翻资产阶级的革命斗争，共产主义就一定能够实现，从而使马克思主义的根本的"观点"整体地展现了出来，也使《宣言》成为"马克思主义的一份决定性文献"。[②]

在《宣言》中，马克思恩格斯通过同一性思维方法的全面运用，强有力地把事实、认识和实践作为一个整体，首先在事实存在的客观基础上表明了无产阶级与资产阶级的对立，进而在科学认识层面揭示了资本主义乃至人类社会发展的规律，昭示出无产阶级通过什么样的革命实践，才能真正实现它的目标，清晰明了地阐述了他们的"目的"。

同样清楚的是，马克思恩格斯在《宣言》中，通过同一性思维方法的全面运用，把人类的历史、现实与未来贯通在一个整体的解释范式中，科学地说明了人类历史的发展趋向，即从原始社会到共产主义社会的历史发展的必然性，明确回答了实现共产主义既是人类社会发展的客观必然，也是人类自我解放的必然选择，进一步彰显了《宣言》"意图"的科学合理性。

---

① 参见《马克思恩格斯文集》第 2 卷，人民出版社 2009 年版，第 8 页。

② ［英］埃里克·霍布斯鲍姆：《如何改变世界：马克思和马克思主义的传奇》，吕增奎译，中央编译局出版社 2014 年版，第 103 页。

共产主义的实现，要在共产党的领导下才能最终完成，因为共产党并没有自己的任何私利，而是一切为了人民，这是马克思恩格斯的基本观点。共产党的目标和目的是与个人、民族国家乃至整个人类的利益完全一致的。马克思恩格斯在《宣言》中，同样通过同一性思维方法的全面运用，把共产党的目的与个人、民族国家和人类目的的一致性科学地揭示出来，从而“反驳”了关于共产主义幽灵的神话和一切不实之词。

恩格斯说：“辩证法的规律是从自然界的历史和人类社会的历史中抽象出来的。”[①]《宣言》思想内容的巨大力量与其从复杂社会存在中抽象出同一性的本质认识密不可分，而同一性的认识是本体论的同一性思考和实践意义上的同一性方略的关键点，故此，我们甚至可以说，《宣言》的同一性思维与方法，在本体论、认识论和实践论的意义上，为我们很好地呈现了一个马克思主义的科学方法论运用的经典案例。《宣言》以事实的方式向我们宣告了方法论的科学性、思想的先进性与生命力的内在统一性，充分说明马克思主义方法论原则灵活科学的运用就是其生命力的不竭源泉。

① 《马克思恩格斯文集》第 9 卷，人民出版社 2009 年版，第 463 页。

论《共产党宣言》早期译本中的三类术语

姜海波*

在新中国成立以前，《共产党宣言》共有六个早期中文译本，其中有代表性的是陈望道译自日文、华岗译自英文、成仿吾和徐冰译自德文、博古译自俄文等四个典型中译本。《共产党宣言》早期译本中的术语按照是否与现行一致、含义是否一致的标准加以区分，大致可以分为以下三类：第一类是与当前通行术语一致，且基本含义一致的术语；第二类是与当前术语差别较大，但可以“望文生义”的术语；第三类是与当前术语不一致且含义差异较大的术语。这三类术语含蓄地折射出马克思主义中国化的契机、阶段和过程，呈现了马克思主义基本术语的主要来源，这对于理解《共产党宣言》中的主旨思想，对于厘清马克思主义发展史，特别是对于马克思主义的时代化和大众化都具有特殊的意义。

一

在对《共产党宣言》早期译本中的译文进行解析之前，我们必须先确定“底本”。众所周知，诸如《论语》《孟子》和《道德经》等中国传统经典在被引用和注释时一般不标明版本，它代表了中国文献

* 姜海波（1972—　），男，黑龙江哈尔滨人，黑龙江大学哲学学院教授，博士生导师，主要从事马克思主义哲学史研究。

考据千余年来积淀的成果，经“甲骨”“鼎”“简”“帛”等判读后的经典文字已经毋庸置疑，人们可以对其进行多种多样的诠释，但是不能“改经”，西方世界的古籍也是如此，《圣经》的内容也毋庸置疑。然而，20 世纪以来，印刷术的发展使文本流传的谱系变得多元化，即不同出版机构刊行有多种“版本”，这些文本距今的年代不算久远，而且大多存世。当对照这些马克思主义在中国的早期传播过程中的同类文本时，人们会发现大量的“异文”。为了确定考证和研究的起点或基础，就需要确定同一文献的不同版本的“底本”，因此，本文使用“译本”以区别“版本”。

“底本”概念在中国古典文献学中与在英文或希腊文文献中的含义不同，1950 年，格雷格在《底本原理》这一著名论文中批判性地反思了西方校勘学（*textual criticism*）的基本理念，并提出“应以初版作为底本”的原理。[①] 这里所谓“底本”指的是马克思主义经典著作在中国传播过程中所产生的第一个完整译本的第一版第一印，即完整译出原著正文内容的文本可称之为“译本”，包括收录于各种文集和单行本形式。

1920 年陈望道译本的首次排印将书名错印为“共党产宣言”，因而很快刊印了第二版，两版的正文并无差异。陈望道译本经历了“1848 年德文版→1888 年英文版→1906 年日文版→1920 年中文版”的曲折转译过程，不能保证译文的准确性。有研究者认为，陈望道译本是依照日文译本翻译的，很难找到其中参照了陈独秀提供的英文译本的痕迹。[②] 1930 年华岗译本依照的是 1888 年赛米尔·穆尔翻译的最权威、影响最大的英译本，恩格斯亲自校阅并作序，还为该版增加了许多注释，以及为了便于英语读者阅读的补充修改。初版的华岗译本采取了伪装本的形式，书名为《宣言》，没有“共产党”，首次收录了 1872 年、1883 年和 1890 年三篇德文版序言，而陈望道译本并未译出“序言”。1930 年 3 月，华岗编辑了《马克思主义的基础》，署

① 苏杰编译：《西方校勘学论著选》，上海人民出版社 2009 年版，第 172 页。

② 参见［日］石川祯浩《关于陈望道译〈共产党宣言〉》，赵英译，《鲁迅研究月刊》1994 年第 3 期。

名“潘鸿文编”，他将《宣言》更名为《一八四七年共产主义宣言》。直到1934年2月，华岗译本在苏区再次出版时，书名才改回《共产党宣言》，这几版正文内容基本一致。成仿吾、徐冰译本初版系1938年，这一年中宣部得到了《共产党宣言》的一个德文版，让他们翻译，它是首次根据德文原文译出的新译本，更准确地传达了《共产党宣言》的思想。博古译本1943年8月在延安解放社首次出版，但并未交代翻译的“底本”，即参照的外文原版。可以推测，博古使用的是俄文版《共产党宣言》。第一，博古留学期间曾购买了俄文版的《共产党宣言》。第二，博古增译了一篇1882年俄文版序言。第三，博古将俄文版《共产党宣言》编者加的注释译成中文，即首次将俄文版编译者加的18条注释编入新的译本。

由此，我们可以确定，《共产党宣言》早期中文译本中的术语来源于以上“底本”，或者进一步而言，马克思主义中国化的早期阶段有着丰富和多样的思想来源，对马克思主义基本原理的理解也就难免带有西欧、日本和苏俄的印记，对这些思想资源的消化和吸收的过程，同时也是马克思主义理论中国化的过程。

可以说，《共产党宣言》的早期译本代表了正在形成的中国化马克思主义的话语体系的一个发展阶段，20世纪40年代以前的译本中或多或少还带有中国古代文言文的特点，译文力求简洁明了。举例来说，华岗译本中的“并倒”，成仿吾和徐冰译本中的“一齐没落”，博古译本中的“共同灭亡”，在最近的《马克思恩格斯文集》中被译为“同归于尽”①，“巨影”“怪物”就是目前众所周知的“幽灵”，“醇朴的”今译为“田园诗般的”②，“新兴者”今译为“暴发户”。可以说，几种不同译法的含义是较为接近的，后者更明确，更符合当代的语言习惯。在早期译本中，类似这样的差异比比皆是，在此无法一一呈现，所以只能选取其中直接关涉到理解马克思思想的关键术语加以诠释。至于“传统的”还是“流传下来的”，“消灭”“废除”还是“扬弃”等措辞之争，本文也不讨论。

① 《马克思恩格斯文集》第2卷，人民出版社2009年版，第31页。
② 同上书，第34页。

二

《共产党宣言》中有大量的术语与当前的通行术语一致，例如，在《共产党宣言》成仿吾、徐冰译本与博古译本中，第二章的标题为“无产者与共产党人”，这一译法沿用至今。

除此之外，“生产力”“生产关系”“生产工具”“雇佣劳动”“奴隶”“农奴”“资产阶级”“上层建筑”“交换价值”“殖民”等术语也与现行术语保持一致。

其中特别要提到并加以说明的是：“生产力”和“生产关系”这两个重要的唯物史观的术语，在《共产党宣言》各个译本的前后文中保持一致，并与同时代的其他经典著作译本保持一致，也与当前的通行译法一致。例如：

> 几十年来的工业和商业的历史，只不过是现代生产力反抗现代生产关系、反抗作为资产阶级及其统治的存在条件的所有制关系的历史。①

生产力概念是马克思从国民经济学家的著作中借鉴而来，并在《德意志意识形态》中广泛运用。生产关系是马克思的独创，是马克思主义理论中的特有术语。这个术语在《德意志意识形态》中还是用“交往形式”概念来表述，在《哲学的贫困》中，马克思第一次科学地论述了“生产力决定生产关系”的基本原理。经比对，《共产党宣言》早期译本中的上述术语与目前通行术语一致。

为什么在《共产党宣言》各个早期译本中会存在大量与现行一致的术语，而且这些术语也与同时期的其他马克思主义经典著作早期译本中的术语高度一致呢？

不容置疑的是，西学东渐给当时的中国带来了新思想，其最明显的特征就是中国人必须要在自己的传统语言中寻找或创造出新的术语

---

① 《马克思恩格斯文集》第2卷，人民出版社2009年版，第37页。

来指称那些新思想。在这个过程中，思想和语言的关系密不可分，人们必须理性地去思考，并运用中国社会的现实对象，对其进行抽象、凝练，从而形成思维的基本要素，即术语。术语的不断变化表征着接受、吸收和消化西方思想的程度与水平。中国历史上两次较大的外来思想输入，一次是佛教传入中国，引发中文中出现了大量的新词汇；另一次就是19世纪下半叶至20世纪初的西学东渐，欧洲多种语言中的科学、政治和经济理论中的术语需转化为中文，这是一个长期和持续的过程，时至今日仍在持续。

那么，对于马克思主义经典著作的术语来说，情形如何呢？许多国内外学者都曾提到，日本在明治维新后，是最先走向现代化的亚洲国家，同时伴随着思想领域的西方化。1862年，日本就出版了第一本《英和对译袖珍辞书》，经过40余年的积累和沉淀，到20世纪初已经较为完备和成熟。日本也是翻译和研究马克思主义最早的亚洲国家，是经济、政治、军事、教育、法律等方面率先接受西方思想的亚洲国家。甲午海战的失利使中国人意识到，日本已经比中国向着现代化的方向超前了一大步，于是开始向日本学习。从地理位置上，日本距中国较近，日本的日常生活费用远低于欧洲国家，日本尊崇儒家文化，日语的书面语言中有大量的汉字，容易学习和掌握。梁启超曾在《论学日本文之益》一文中说，“学日本语者一年可成。作日本文者半年可成，学日本文者数日小成，数月大成”①。张之洞也曾说：“西书甚繁。凡西学不切要者东人已删节而酌改之”，因而“取径于东洋力省效速”②。这在当时的中国已是共识。同理，翻译马克思主义的经典著作，如果能借助日语，可以极大简化工作的过程，凡遇到尚未引入中文的马克思主义基本术语时，就可以把日语中汉字字形借用到中文中，随后，借助日译词汇蔚然成风。

1903年，赵必振翻译了福井准造的《近世社会主义》一书，罗大为翻译了日本社会主义研究会会长村井知至的《社会主义》一书，中国达识译社翻译了幸德秋水的《社会主义神髓》一书，这三本书

① 《梁启超全集》第一册，北京出版社1999年版，第324页。
② 张之洞：《劝学篇》，中州古籍出版社1998年版，第117页。

都是介绍马克思主义理论的专著，提到了《共产党宣言》《哲学的贫困》《政治经济学批判》《资本论》和《社会主义从空想到科学》等经典著作，虽然介绍还属零散的，在理论上过分强调历史观中的决定论，轻视阶级斗争作为社会革命的手段，但是，马克思主义理论中的基本术语已经基本呈现在这三部著述中。“生产力”概念在日文中是汉语字形，可以直接移到中文中。1919 年 5 月，李大钊在《新青年》“马克思号”专辑中发表了《我的马克思主义观（上）》这一长篇论文。李大钊在文中不仅第一次系统介绍了马克思的学说，而且还通过日本学者河上肇的译文，集中展现了马克思表述唯物史观的主要著作，并且直接引用了《共产党宣言》《哲学的贫困》中的论述，生产力概念此时已经基本被接受。这就是“生产力”概念在《共产党宣言》的几种译本中，在《社会主义从空想到科学》《哲学的贫困》中均保持一致的直接原因。可以说，这一类术语都明显带有转译自日语的特征。

三

马克思主义术语最初来自日本可以被看作一个基本的事实。陈望道译本中就保留了许多与日译本基本一致的术语，或称来自日文的汉字词汇，如共产主义、神圣同盟、急进党、在野的政党、在朝的政敌、共产党员、农奴、特许市民、殖民地、贸易、工厂组织、近世产业、国民解放、制造家、中等阶级、自治团体、交换机关、财产关系、劳动阶级、革命阶级、制造工业、权力阶级，等等，同时，陈望道译本中也有部分译词不同于日译本，如“同业组合、被雇职人”都被替换为简短的“行东、佣工”，“生产机关、社会组织、农业的革命”等抽象的译词在中译本中变为“生产工具、社会的状况、土地革命”等，因而产生出另外一类术语。

第二类是指与当前术语差别较大，但可以“望文生义”的术语。《共产党宣言》中出现了大量人名、地名和书名均属此类。一般而言，在 1949 年以前的竖排版本中，对于这类术语，一方面译者要在排版上设计固定的格式，即将文中出现的人名、地名、著作名用左侧画线或圆点的方式标出；另一方面，为了避免误解，一般都会标注原文，时至今日的许多译本中，标注原文的规则仍保持着。除成仿吾、徐冰译本对此未作标注外，其他译本具有相应的一些标注，总之，这些术语可以“望文生义”。

除人名、地名和著作名等专门术语之外，还有许多术语与现行术语不一致，但是这些术语的含义可以很容易被读者理解，不妨碍读者领会马克思原著中的理论观点及其论证过程。例如，“现代”在几个早期译本中被译为“近代”，这是当时的表述习惯，是一个通识性概念。“宗法制度”被译为“家长制度”，“工业阶级”被译为“产业阶级”，“落户”被译为“停居”，“行会师傅”被译为“行东”，“行业组织”被译为“协业”，“生活资料”被译为“生活资财”，“工资”被译为“工钱”，“产品”被译为“生产物”等，这些术语的共同特点是都带有中国传统文化的印记。

其中，最具代表性的就是第一章的译名，今译作“资产者和无产者”。陈望道、华岗、成仿吾和徐冰译本均译作“有产者及无产者”。对此，恩格斯在1888年英文版上加了一个注释，即“资产阶级是指占有社会生产资料并使用雇佣劳动的现代资本家阶级。无产阶级是指没有自己的生产资料，因而不得不靠出卖劳动力来维持生活的现代雇佣工人阶级”①。为此，陈望道也作了说明，他没有采用日本版的文尾注形式，而是直接置于文中，即“有产者就是有财产的人，资本家，财主。原文 Bourgeois。无产者就是没有财产的劳动家。原文 Proletarians”②。陈望道依据的日文译本将第一章译作“绅士和平民”，保留英文原词并音译成片假名的翻译策略符合日本文化传统，即“富豪”“豪族”“老爷”“绅商”等含义，我国古代的绅士却是指地方上有势力的地主或退职官僚，与 Bourgeois 的差异较大，因而并未搬用日本译词，而是选择了“有产者”。事实上，当时中国的资本主义生产方式并不发达，洋务运动以来的实业家并未被理解为资本家或资产阶级，因而只是用“有产者”来表示积累了

---

① 《马克思恩格斯文集》第2卷，人民出版社2009年版，第31页。

② 陈望道：《陈望道译文集》，复旦大学出版社2009年版，第6页。

一定数量财富的人。

再来看《宣言》中出现较多的“阶级斗争”一词。

> 阶级斗争越发展和越具有确定的形式，这种超乎阶级斗争的幻想，这种反对阶级斗争的幻想，就越失去任何实践意义和任何理论根据。[①]

陈望道译本中一直使用的都是“阶级争斗”一词，1930年华岗译本之后均译作“阶级斗争”，日译本也译作“阶级斗争”。如果进一步追溯《共产党宣言》在中国的译介历程还会发现，这一术语实际经历了从最初的“阶级竞争”到陈望道译本中的“阶级争斗”再到后来的“阶级斗争”的变迁。具体而言，梁启超反对暴力革命，他对马克思主义的译介则选用“阶级竞争”来顺应改良主义路线；孙中山、朱执信旨在揭露资本主义的弊端，同时证明中国与欧美资本主义的本质差异，而“阶级争斗”恰恰体现出补缀的策略。中国共产党明确“阶级斗争”主题，主张通过革命的手段建立共产主义的新中国。因此，该术语形象地折射出中国人民走向并选择社会主义道路的曲折过程。

思想传播始于核心概念的译介，它直接关系到思想翻译的效果和影响力。译者对概念的理解和翻译不是从源文到译文的文字层面的转换，而是在概念的意义重构中渗透和融入了本土思想文化内涵，以及对形势和策略的基本把握。核心概念的译介是思想翻译与传播的前提和基础，或者说，关键术语的阐释方式从根本上决定了思想传播的重构模式。

四

与现行术语不一致，且存在较大差异，妨碍读者理解的术语可陈列如下：

---

① 《马克思恩格斯文集》第2卷，人民出版社2009年版，第64页。

> 我们可以看出近代资产阶级本身是一种长久的发展过程底产物，是生产方法与交通方法的多次变革底产物。①

经比对现行权威版本，此处“生产方法”应为“生产方式”，后者是马克思主义理论中的重要术语，表示生产力和生产关系的统一，而今在政治经济学中被广泛应用。成仿吾、徐冰译本将其译为“生产方法”，则改变了马克思和恩格斯的原意，会导致读者理解错误。引文中的“交通方法”今译为“交换方式”，在当时，“交换”“交往”等术语均被译为“交通”，成仿吾、徐冰译本中也有“交换手段”和“交通手段”的译法，二者经常混用，这些概念含义差别较大，“交通”的译法目前已经被废弃了。

> 资产阶级一步一步地把生产手段，财产与人口的四散状态消灭了。②

引文中的“生产手段”是马克思主义术语的早期形式，该术语在现行的版本中被译为“生产资料”，指的是劳动者进行生产时所需要使用的资源或工具，一般包括土地、厂房、机器设备、工具、原料等。生产资料是生产过程中的劳动资料和劳动对象的总和，它是生产所必备的物质条件。时至今日，生产资料也可称为生产手段，但是前者更符合当代马克思主义话语体系的要求。因为我们常用“生产资料所有制”这一术语组合形式，如果改为“生产手段所有制”就无所取义了。

“人的本质”是马克思主义理论中的重要概念之一，这里仍以译自德文的成仿吾、徐冰译本为参照，该术语在其中被译为“人性”，并且三次出现：

---

① ［德］马克思、恩格斯：《共产党宣言》，成仿吾、徐冰译，中国出版社 1949 年版，第 16 页。

② 同上书，第 19 页。

> 它们只能表现为关于真正社会和关于现实人性等等之无聊的冥想。
>
> 他们却写上了什么“人性的抛弃”。
>
> 自以为代表了人性的与一般人的利益来代替无产阶级底利益，这种一般的人，不属于任何阶级。[①]

这里，马克思主义的专门术语“das menschliche wesen”在最近的通行译本中都已经改为“人的本质”，这里是马克思和恩格斯批判德国的所谓“真正的社会主义者”把社会发展的必然性表现为关于社会和实现人的本质的抽象思辨过程，将市民社会中的生产、分工、交换和货币等经济现象表述为“人的本质的外化”，并且无视阶级和阶级利益的存在，抽象地谈论一般人和人的本质。1978 年，成仿吾在他的新译本中均改译作“人的本质”。这一事实本身说明，中国接受马克思主义的术语和理解、运用马克思主义理论，特别是哲学理论经历一个消化或吸收的过程。当“das menschliche wesen”概念进入中国文化系统之后，人们首先找到中国古代典籍中的“人性”概念与其对应，因中国古代对“性”的理解与“本质”具有极大的相通性，均是指人类与生俱来的各种“本性”，包括人的自然本性和社会本性。陈望道译本和华岗译本在这几处的译法是一致的，其中第一处没有译出，第二处译为“人情离散”，第三处译为“人类本性”，与成仿吾、徐冰译本相比，显然还不成熟，属于译介的早期阶段。成仿吾、徐冰译本的首译和修改过程则表现为一种“优化”，译作“人的本质”则是长期比较和选择的结果，是一种创造性的译法，它译出了中国传统文化的视域。

五

马克思主义在人类思想史上的地位是毋庸置疑的，甚至没有其他

---

① ［德］马克思、恩格斯：《共产党宣言》，成仿吾、徐冰译，中国出版社 1949 年版，第 46—47 页。

哲学或思想体系能够和马克思主义相媲美，不理解马克思主义甚至无法把握20世纪的历史进程，它从根本上影响和支配全世界近半数人口和几代人的命运。马克思主义在中国的传播也充满了契机和阶段，李大钊、陈独秀等早期马克思主义者在借助日文译本或解说的基础上理解马克思主义，这是中国救亡的时代主题下的不二选择，它直接催生了马克思主义经典著作中译本的产生。

厘定和甄别《共产党宣言》中文译本的种类，梳理其版本源流是诠释马克思主义理论在我国传播、发展的重要前提，但是，研究的意旨和归宿是思想研究，对这些思想的理解和把握不能离开对具体文本写作过程、刊布情形和版本源流等方面所进行的考察和梳理，不能离开对构成文本的各个具体章节所进行的翔实的剖析和解读，特别是对于马克思主义基本专业术语的解析。关注并辨明马克思主义经典著作早期译本中的重要术语，有助于厘清马克思主义基本理论在中国生成和建构的逻辑，有助于明晰马克思主义中国化阐释的具体路径。

从译文内容来看，马克思主义的术语主要有三个来源：一是经日语转译。诸如“生产力”“生产关系”等许多术语在1949年以前的各个经典著作的译本中均保持高度一致，经考证可以确定来自日本的译著。二是从欧洲语言直译而来，表现为“音译”和“意译”并存，这些带有浓厚欧洲思想传统的术语在当时的中国曾引起很多的争论，关于中国社会主义道路的选择、关于中国社会的性质、关于中国的政治制度与体制等问题，均和译介马克思主义的经典著作紧密相关。三是在运用中文词汇，尤其是在中国传统典籍中寻找对应马克思主义理论的术语，之前，梁启超、朱执信、陈独秀等人都曾作过艰辛的探索。这些术语在反复斟酌和修改过程中，才逐步确定下来，它在《共产党宣言》的早期译本中也有体现，即中国传统文化在马克思主义早期传播过程中无疑起到了桥梁和纽带的作用。当然，在俄国十月革命胜利以后，苏联的各种译本，以及研究和解读马克思主义理论的著作也对我国产生了极大的影响，《共产党宣言》博古译本就是典型代表。

可见，只有细致地去考释马克思主义的早期译本，才能微观地呈现马克思主义话语体系形成的过程，话语体系的起源、演变和发展始终与更为广泛的社会文化形式紧密联系在一起。或者说，马克思主义的中国化，首先是用中国语言准确地表述马克思主义的基本观点，形成马克思主义的中国话语体系。若澄明我们在马克思主义中国化的道路上走了多远，就要知道我们是从哪里出发的，这一点在今天尤其重要。

《共产党宣言》的文本解读与新时代中国特色社会主义思想的传承与创新*

赵宬斐**

被世人评为“千年思想家”之一的马克思，同时也被喻为经典社会学中“三圣”① 之一。19 世纪 40 年代马克思恩格斯携手共同完成的《共产党宣言》，不仅是对当时欧洲无产阶级反对资产阶级的革命斗争经验的系统总结，而且也是无产阶级同形形色色的非社会主义思潮进行坚决斗争所取得的重要成果。迄今，全球已经用 200 多种语言出版了《共产党宣言》，而且有 1100 多种不同的版本。《共产党宣言》也因此被人们广泛赞誉为“传播最广的社会政治文献”。

《共产党宣言》发表 170 年来，一直不停地为人们的政治社会生活提供着伟大的理论指导；人们也通过实践活动获得源源不断的新鲜经验，不停地补充到对这部经典文献的深刻理解之中，使后来的人们总能从中获得思想启迪与革命动力。《共产党宣言》是马克思恩格斯选取了资本主义现代性固有的矛盾这一顽疾入手，表达了马克思恩格斯对资本主义现代性的独特视角与体验，直至今天，它仍然具有强大的真理性与科学性，尤其是对新时代中国特色社会主义思想具有重大的指导意义。重温《共产党宣言》文本依然会获得很多启示。

---

* 本文是浙江省高校重大人文社科攻关项目，“中国共产党党内政治生态研究”（2016GH002）成果。

** 赵宬斐（1968— ），男，杭州师范大学社会建设和社会治理研究中心教授。研究方向：政党政治与现代性。

① 即西方社会学界对迪尔凯姆、马克思和韦伯的尊称。

一 《共产党宣言》的背景介绍

（一）《共产党宣言》文本写作的背景介绍

1847 年，恩格斯接受正义者同盟邀请，出席其在英国伦敦召开的第一次代表大会，并为这次同盟大会起草写了《共产主义信条草案》。从 1847 年 10 月底至 11 月初，恩格斯在充分征求同盟盟员意见的基础上，对信条草案作了进一步修改和补充，完成了《共产主义原理》一文。在共产主义者同盟第二次代表大会上，马克思恩格斯受邀并接受大会委托，起草大会宣言。1848 年 2 月，马克思恩格斯联手在《共产主义信条草案》和《共产主义原理》这两稿的基础上，用时一个月，完成了《共产党宣言》经典文本。在 1872 年至 1893 年，马克思恩格斯先后为《共产党宣言》写了七篇序言。这七篇序言同样成为《共产党宣言》不可分割的重要组成部分，也是后人研读《共产党宣言》的重要支撑材料。

（二）中国国内对《共产党宣言》文本的介绍与传播

在中国，英国人李提摩太传教士可能是将马克思和恩格斯的名字以及《共产党宣言》相关资料介绍给中国的第一人。当时，上海《万国公报》（1899 年 2 月）曾经登载了一些流行于欧美的社会改良主义流派和社会主义思潮与学说，其中就包括对马克思的《共产党宣言》的相关介绍。

第一个正式接触《共产党宣言》的中国人，应当是伟大的革命先行者孙中山。1896 年之际，孙中山在伦敦遭遇困境后曾到英国大英博物馆专门找出一些关于欧洲社会主义运动与思潮的相关文献进行了解与研究。《共产党宣言》对孙中山的三民主义思想产生了一定的影响。在孙中山先生的影响下，“1903 年 2 月 15 日，由日本东京的中国留学生主办的杂志《译书汇编》第 2 卷第 11 号上，发表了革命派马君武的《社会主义与进化论比较》一文"[①]。孙中山先生在1905年创办同盟会后，朱执信就在孙中山先生亲自鼓励下写了《德意志革命家小传》，并发表在1906年年初的《民报》第2号上。朱执信在文中对马克思和恩格斯生平以及《共产党宣言》的写作背景、中心思想和历史意义作了一些简单介绍，并摘译了《共产党宣言》其中的五段文字和十条措施的全文。

《共产党宣言》的最早中译本，据推断是登载于1908年1月3日上海《天义报》第十五期和第十六至十七卷合刊上，译者叫民鸣。译者主要是根据1905年日本《社会主义研究》创刊号上登载的译本翻译出的。当时，中国先进知识分子的杰出代表李大钊和陈独秀等人也开始关注《共产党宣言》。有学者认为："1918年，李大钊和陈独秀一起创办《每周评论》，在第16号发表了《共产党宣言》第二章的最后几段文字，包括十大纲领全文，标题是《共产党宣言》，译者是成舍我（署名舍）。"[②]

第一个完整翻译并出版《共产党宣言》的人是浙江人陈望道。陈望道，字任重，浙江义乌人，早年东渡日本留学。1920年4月，陈望道采取意译方式翻译完《共产党宣言》全文，译文再经陈独秀与李汉俊二人校阅，于1920年8月在上海首次出版印刷。至今，在全国发现的该版本《共产党宣言》只有11本。其中，北京3本，主要分布在中国国家图书馆、中国国家博物馆和北京市文物局；上海4本，主要分布在上海图书馆、上海党的一大会址纪念馆、上海鲁迅纪念馆和上海档案馆这四大馆中；浙江2本藏于浙江上虞市档案馆、温州图书馆；陕西1本在延安革命纪念馆；山东1本在山东东营历史博物馆。

第一个把英文版的《共产党宣言》译成中文的是著名学者华岗。1930年华岗把英文版的《共产党宣言》译成中文编辑在《马克思主义的基础》一书，以"上海社会科学研究社"的名义出版，此书未

---

① 杨金海：《〈共产党宣言〉与中华民族的百年命运》，《光明日报》2008年7月3日第10版。

② 同上。

署译者真名而是署名“潘鸿文编”（为华岗的化名）。《马克思主义的基础》一书包括《共产党宣言》和三篇德文版序言，以及恩格斯的《共产主义原理》和马克思的《雇佣劳动与资本》两篇文章。该译本在北京图书馆、中国革命博物馆、中央编译局图书馆等各大图书馆博物馆有收藏，但初版并不多。

把《共产党宣言》（德文版）翻译成中文的首创者是成仿吾与徐冰。1938 年，成仿吾与徐冰联手翻译了《共产党宣言》。该译本在共产党领导的解放区内获得大量发行。徐冰当时为《解放日报》编辑，成仿吾则是陕北公学校长，通晓五种外文，尤其擅长英文。该译本是第一次根据德文原文直接翻译的，比较客观、直观表达出《共产党宣言》的基本概念与思想。

中国共产党的理论思想家博古是第一个把俄文版的《共产党宣言》翻译成中文的。博古根据俄文版的《共产党宣言》进行翻译，并把 1882 年俄文版的《共产党宣言》序言也翻译成中文。博古的《共产党宣言》译本，被中共中央指定为“五本”① 干部必读书之一。博古版的译文成为中华人民共和国成立前影响最大的中译本，也应当是中华人民共和国成立之前印刷最多、流传最广和影响最大的一个版本。

把《共产党宣言》（英文版）翻译成中文的首推陈瘦石。陈瘦石翻译和出版《共产党宣言》的时间大约是 1943 年 9 月。他主要是根据美国人洛克斯和霍德合著的《比较经济制度》一书中所附的《共产党宣言》的全文进行翻译的，由商务印书馆印行，该书成为当时在国民党统治区唯一的合法出版的版本。

杨金海先生认为在中华人民共和国成立前，在中国有六个比较完整的中文译本问世。第一个是陈望道译本（1920 年），第二个是华岗译本（1930 年），第三个是成徐译本（1938 年），第四个是陈瘦石译本（1943 年），第五个是博古译本（1943 年），第六个是莫斯科译本（1948 年）。上述是比较具有代表性的版本。中华人民共和国成立后，

---

① 中央指定的五本干部必读书：《共产党宣言》《社会主义从空想到科学的发展》《左派幼稚病》《两个策略》《国家与革命》。

也有代表性的六个新译本先后问世。[①]

二 《共产党宣言》的主要内容与观点

完整的《共产党宣言》（以下简称《宣言》）是由引言、正文四章和七篇序言构成。尤其是这七篇序言对后人进一步加深领会《宣言》的内涵与意义起到了很好的补充与完善作用。

《宣言》的序言简要说明了文本的基本观点以及在国际共产主义运动中所起的重要作用，根据当时无产阶级同资产阶级斗争的实际状况与经验得失，对《宣言》中若干内容与段落，结合当时实际状况进行了一定的调整与补充。《宣言》的引文说明了文本产生所处的历史环境及其目标与任务。《宣言》的正文主要由以下几部分内容构成：一是“资产者和无产者”；二是“无产者和共产党人”；三是“社会主义和共产主义的文献”；四是“共产党人对各种反对党派的态度”。这四部分内容系统、严密和完整地论述了马克思主义的世界观、理论观和价值观，同时揭示了资本主义发展、灭亡和无产阶级必然走向伟大胜利的客观趋势。

《宣言》的主要观点为：（1）阶级斗争是阶级社会发展的直接动力，一般规律；（2）无产阶级的历史使命；（3）资本建立世界市场并在全球扩张；（4）资产阶级的灭亡和无产阶级的胜利同样不可避免；（5）消灭私有制是共产党人的长期任务；（6）无产阶级革命和无产阶级专政，是无产阶级实现历史使命的道路；（7）共产党是实现无产阶级历史使命的领导力量。此外，“全书还阐发了马克思主义的其他一些基本观点，如生产力生产关系之间的辩证关系、资产阶级的历史作用、批判拜金主义、资本主义制度掘墓人、自由观、雇佣劳动、教育、家庭观、国家观、社会主义民主、发展生产力等思想”[②]。最后，全文以“全世界无产者，联合起来!”的战斗口号作为结语。

---

① 参见杨金海《〈共产党宣言〉与中华民族的百年命运》，《光明日报》2008 年 7 月 3 日第 10 版。

② 郝贵生：《如何认识〈共产党宣言〉的核心思想》，《马克思主义研究》2013 年第 11 期。

《宣言》主要表达以下四个主要方面的内容：一是根据当时社会结构与阶级分化状况，认为阶级斗争必定是推动阶级社会演进发展的主要动力；二是深刻揭示了人类社会演进的轨迹与特点，资本主义时代的生产力与生产方式的内在逻辑关联以及资本主义必然灭亡和共产主义必然胜利的发展规律；三是对当时资本主义社会各个阶级状况的科学分析，认为无产阶级必将担负伟大的历史使命，成为资本主义的掘墓人；四是指出无产阶级要在反对资产阶级的斗争获得胜利，不但要坚持无产阶级政党的领导，还要加强无产阶级的国际联合，才能彻底埋葬资本主义制度。

三 《共产党宣言》对新时代中国特色社会主义思想及发展的启示

《宣言》作为指导无产阶级革命和世界社会主义运动的纲领性文件，历经 170 年的历史发展与变动，依然以其强大的生命力和真理性的认识指导着一代又一代革命者，为共产主义而奋斗；《宣言》同样是中国特色社会主义的历史源头和思想源头，无论经历怎样的风雨变幻，一直能够以其基本的原则和理论指导着中国特色社会主义的伟大实践。

1. 《宣言》"自由人联合体"启示：以人民为中心的发展思想

马克思在《宣言》中指出："代替那存在着阶级和阶级对立的资产阶级旧社会的，将是这样一个联合体，在那里，每个人的自由发展是一切人的自由发展的条件。"[①] 这也是对人类社会发展前景给予的崇高规划。《宣言》中提到人的"自由发展"和"全面发展"，是指人的个性、特征、人格、知识与能力最大限度地得到解放与支持，是基于"自由发展"前提下的"全面发展"，不仅指人的个体与能力的协调一致发展，也是人的个体品质、社会属性、思想意志和精神涵养一同提升，尤其是人的各项社会、政治、经济和文化权利的最充分体现。

---

① 《马克思恩格斯选集》第 1 卷，人民出版社 2012 年版，第 422 页。

党的十九大提出："必须坚持以人民为中心的发展思想，不断促进人的全面发展、全体人民共同富裕。"① 这也是新时代中国特色社会主义一以贯之的思想、理念与价值目标。"以人民为中心"正是马克思主义的"自由人联合体"在当代中国具体体现和真实写照。中国共产党一直秉承马克思主义关于人的全面发展的指导，把人民对美好生活追求作为奋斗的伟大目标。党的十九大报告判断："人民日益增长的美好生活需要和不平衡不充分的发展之间的矛盾。"② 这个重大判断也充分表明新时代我国社会矛盾的转化明确指向了人的全面发展与社会的全面进步。进入新时代，我们党着力解决发展"不平衡不充分"问题，会进一步更加注重公平和谐与可持续的发展，进一步促进改革发展成果惠及广大民众，确保广大民众在中国特色社会主义建设实践中能够切身获得更多的幸福、满意、安全与认同。随着时代的进步与中国特色社会主义的深入发展，人民的"获得感"与"幸福感"不仅是来自物质层面的硬需求，更多体现为对政治、文化、社会、生态等方面的软需求。把人民利益摆到至高无上的地位，将国家、社会、个人发展的进程协调一致，将国家的强盛、民族的复兴与个人的命运高度统一，正是中国共产党在新时代下对《宣言》关于人的自由全面发展理论的传承、深化、拓展与创新。

2.《宣言》"两个必然"启示：始终坚持"四个自信"

《宣言》指出："资产阶级的灭亡和无产阶级的胜利是同样不可避免的。"③ 这里的"不可避免"是马克思恩格斯经典作家对资本主义发展趋势作出的客观预测与正确判断。《宣言》指出资本主义必然灭亡和社会主义必然胜利是不以人的意志为转移的客观规律。可以说，马克思主义的基本原则与理论历经近两个世纪历史发展与深刻变动，依然能够为世界社会主义发展提供理论指导。这也为我们进一步

---

① 习近平：《决胜全面建成小康社会　夺取新时代中国特色社会主义伟大胜利——在中国共产党第十九次全国代表大会上的报告》，《人民日报》2017 年 10 月 28 日第 1 版。

② 同上。

③ 《马克思恩格斯选集》第 1 卷，人民出版社 2012 年版，第 413 页。

“坚定道路自信、理论自信、制度自信、文化自信”① 提供了强大的理论武装与精神支持。

《宣言》中的关于社会主义基本原理、原则以及“两个必然”结论坚定了我们的道路自信。20 世纪初期，中国一批先进的知识分子在马克思主义指导下成立了中国共产党；从此中华民族在中国共产党领导下，在半封建半殖民社会条件下开辟了由农村包围城市，以武装夺取政权的革命道路，经过艰苦卓绝的伟大斗争，最终实现了中华民族重新屹立于世界民族之林和新中国的建构，开启了中国特色社会主义道路的伟大征程。

伟大的中华民族在中国共产党领导下胜利地探索出一条中国特色社会主义康庄大道，这是作为科学性与真理性的马克思主义指导中国革命与建设的结果，这也表明了中国人民在中国共产党领导下对马克思主义的坚定信仰，以及在马克思主义指导下走中国特色社会主义道路的伟大决心、毅力与自豪，由此形成了中华民族坚定走社会主义道路的自信心；《宣言》中的关于社会主义基本原理、原则以及“两个必然”结论坚定了我们的理论自信。正如《宣言》中 1872 年序言所表述的：“不管最近 25 年来的情况发生了多大变化，这个《宣言》中所阐述的一般原理整个说来直到现在还是完全正确的。”②《宣言》发表至今已经有 170 年，其间，世界社会主义运动生生不息，焕发出强大的生命力，以无可辩驳的事实证明了马克思主义的真理性与科学性；《宣言》中的关于社会主义基本原理、原则以及“两个必然”结论坚定了我们的制度自信。《宣言》对资本主义和社会主义发展的“两个必然”结论，坚定了我们走中国特色社会主义的制度自信。从法国巴黎公社革命、俄国十月革命一直到中国的新民主主义革命，科学社会主义制度在长期革命斗争中不断完善与发展，特别是中国特色社会主义制度的建立，不仅为中国特色社会主义实践发展提供了强大的制度支持，同时也为全球治理中的制度选择提供了中国经验与中国

---

① 习近平：《决胜全面建成小康社会　夺取新时代中国特色社会主义伟大胜利——在中国共产党第十九次全国代表大会上的报告》，《人民日报》2017 年 10 月 28 日第 1 版。

② 《马克思恩格斯选集》第 1 卷，人民出版社 2012 年版，第 386 页。

方案，也进一步彰显出社会主义制度的强大生命力和巨大优越性，形成了我们的制度自信；《宣言》中的关于社会主义基本原理、原则以及“两个必然”结论坚定了我们的文化自信。对道路自信、理论自信和制度自信是与时代文化紧密联系在一起的。这份自信也是源自对中国优秀传统文化的传承、对马克思主义的坚定信仰和对社会主义核心价值观的践行。可以说文化自信是道路、理论自信与制度自信的源泉与基础，是马克思主义文化观的真实体现。新时代需要通过文化自信弘扬与凸显时代精神、时代风范与时代价值和信仰。新时代中国特色社会主义所取得的伟大成就，正是坚信《宣言》中的“两个必然”，始终坚持“四个自信”的结果。

3.《宣言》“世界历史”理论启示：构建人类命运共同体的世界性意义

《宣言》根据当时资本主义发展趋势，指出随着生产力的进步、社会分工的交往，世界各民族的“历史”日益转向“世界历史”，并发生着深刻的变动。《宣言》关于“世界历史”理论的表述，是对世界历史发展基本矛盾及其合理解决方法的深刻把握。“世界历史”的深刻变动也深刻表明了人类的生存与发展和中国共产党提出的人类命运共同体思想存在内在的逻辑一致性，也进一步凸显了在当今全球化时代，如何携手共同面对各种风险与问题，促进全球治理，建构人类共同命运等问题的重要性。正是《宣言》揭示出的这一世界历史发展趋势，人类社会不仅会面临越来越多的广泛的共同利益、价值共识与生活交往的方式；同时也面对着更多生态、战争、发展与民族等风险与困境，如何相互结成命运共同体，按照共商共建共享观，秉承亲诚惠容友善理念，休戚与共，携手共同应对，是当今全世界理应思考的根本性人类政治问题。中国共产党始终坚持认为“世界好，中国才能好；中国好，世界才更好”,[①] 以此为契机为全球治理提供“中国智慧”“中国经验”与“中国方案”，正是在构建人类命运共同体的理论和实践中，世界历史理论的当代价值得以彰显。

① 习近平：《共同构建人类命运共同体——在联合国日内瓦总部的演讲》，《人民日报》2017年1月20日第2版。

从马克思主义发展史来看，构建人类命运共同体思想是对《宣言》中的世界历史理论的继承与发展。构建人类命运共同体是对世界历史发展的阶段性特征的深刻把握，是对当前资本主义发展形成的世界体系的自觉扬弃，是对如何为人类社会发展建构新的世界体系的创造性探索，具有十分重要的世界历史性意义。中国共产党提出的人类命运共同体思想以新观点、新理念和新思想给予创造性的回答，坚持以原创性的贡献不仅为科学社会主义思想注入新的生机与活力，同时也不断拓展马克思主义中国化的“世界维度”和“国际视野”，更为引领塑造人类社会发展指明了方向与未来。我们相信中国特色社会主义道路发展与实践，必然会为人类如何探索更适合生存与发展的道路与制度提供中国方案与中国支持。

4.《宣言》以“历史条件为转移”启示：中国特色社会主义的探索与创新永不停息

“这些原理的实际运用”，“随时随地都要以当时的历史条件为转移”[①] 是《宣言》中十分重要的内容与观点，体现出《宣言》与时俱进的思想与品格。《宣言》宣称对资本主义发展规律和人类社会历史趋势的基本判断是“完全正确的”，但也认为《宣言》中有些论断与观点“已经过时了”，需要时刻根据人类社会发展面临的新问题新情况不断调整、创新与发展，只有这样才能始终引领与推动人类社会发展。

从《宣言》发表至今已经 170 年，这期间世界形势变化的复杂、广度和深度，是马克思恩格斯当年无论如何也想象不到的，我们更不能指望他们为今天的事情提供现成的指导与建议。当前和今后一个时期，世界正处于百年不遇之大变局与大调整中，新的时代课题需要中国共产党人去面对、去思考、去解答。从《宣言》以来的世界社会主义运动的深刻变局与发展趋势来看，我们今天建设中国特色社会主义依然在马克思科学社会主义理论指导下前进，处于马克思主义所指明的共产主义历史方位中。

在全球化格局的瞬息万变条件下，新时代中国特色社会主义思想

---

① 《马克思恩格斯选集》第 1 卷，人民出版社 2012 年版，第 386 页。

既贯彻了马克思主义的基本立场、原则和方法与马克思主义保持一致性和同源性；同时又坚持与新时代中国社会发展的实际状况密切结合起来，提出了一系列新思想、新观点与新理念，尤其是“八个明确”和“十四个方面”的提出有力开辟了中国特色社会主义理论体系的新境界，开辟了马克思主义发展的新境界。

可以说，新时代中国特色社会主义是《宣言》在中国问题的延伸与创新。中国特色的社会主义在内容上与《宣言》有着高度的契合性与一致性，是对《宣言》的传承与创新，是马克思主义解决中国社会主义问题上的当代体现。新时代中国特色社会主义既传承了马克思主义与时俱进的品格，又孕育着科学社会主义创新发展的品格，具有强大的生命力、指导力和创造力。新时代中国特色社会主义不但改变和影响着世界社会主义运动的格局，还将引领和推进世界社会主义不断地开辟崭新境界，用历史进程和伟大实践雄辩地证明了科学社会主义依然具有的强大生命力和历史发展的必然性。

“劳动逻辑”的重构与政治地解读《共产党宣言》*

孙 亮**

170 年过去，今天人们要纪念《共产党宣言》（以下简称《宣言》），到底在纪念什么？就现有的纪念文章来看，似乎《宣言》要给予人们的答案是固定的，只要按照这一答案继续前行即可。这一观点在 1883 年德文版一直到 1893 年的意大利文版的序言中，均从恩格斯的文字中得以佐证。在 1883 年马克思去世的同一年，恩格斯在德文版再版的序言中写道，“宣言一贯的基本思想是，每一个历史时期的经济生产以及产生于它的社会的结构（Gesellschaftliche Gliederung），是这一时代政治和智性的历史（Intellektuelle Geschichte）基础，依此，（自从古代共同占有‘Gemeinbesitzes’解体以来），全部历史都是阶级斗争的历史，剥削阶级与被剥削阶级之间（Ausgebeuteten und ausbeutenden）、统治阶级与被统治阶级（Beherrschten und herrschenden Klassen）之间的斗争”。① 但是，马克思在世时所写的 1872 年序言、1882 年序言的整体笔调并非是澄明《宣言》这一看似固定不变的法则，而是一再强调“今天的情况完

* 本文为国家社会科学基金项目“约翰·霍洛威的‘开放马克思主义’文献翻译与研究”（17BZX032）成果。

** 孙亮，华东师范大学哲学系教授、博士生导师，德国耶拿大学哲学系访问学者（2015—2016）。

① http：//gutenberg. spiegel. de/buch/manifest-der-kommunistischen-partei-4975/2.

全不同"（Wie ganz anders heute）。[①] 并且在1872年的序言中表明，从发表以来的25年间，这个纲领在有些地方已经过时（Veraltet），提出的革命措施根本没有特别的意义了。那么，在170年之后，我们除了领会恩格斯的那种必然性的历史规律的论断之外，马克思这里所表明的是要根据历史随时随地（überall und jederzeit von den geschichtlich）修订那些过时的东西，从而思考解放的可能性路径，同样值得学术界加以深思。毫无疑问，在现时代，无论是资本逻辑的表现形式、斗争主体的变化、革命理念的重新规划在西方激进左翼的思想图景中都给予了一一梳理，这些话语不断地倒逼我们再次返回《宣言》的解放的可能性这一政治维度，而这种重读不仅是迎接西方激进左翼的各种挑战，更重要的是，它着实成为我们思考人之解放事业再出发的起点。

一 资本逻辑的"同一性"与革命的"非同一性"方向

恩格斯上述关于历史规律的强调所造成的影响，在奈格里看来，它使得"大量普通的马克思主义者不懂马克思，这些理论问题至少使我们为马克思主义思想中的客观主义（经济）立场和主观主义（政治）立场分裂感到遗憾，之后也使我们的批判缺少一个适当的足够政治的维度"[②]。按照现有的文献来看，持以客观主义的方式诠释《宣言》的学者会认为，马克思在这里给人类社会发展描述了一个铁一般的规律，随着资本主义"大工业的发展，资产阶级依赖的生产和占有产品（die Produkte sich aneignet）的基础自身也就从其脚下被挖走了，它生产其自身的掘墓人（Totengräber），它们的毁灭与无产者的胜利是同样不可避免的（Ihr Untergang und der Sieg des Proletariats sind gleich unver-

① http：//gutenberg. spiegel. de/buch/manifest-der-kommunistischen-partei-4975/2.

② ［意］奈格里：《大纲：超越马克思的马克思》，张梧等译，北京师范大学出版社2011年版，第175—176页。

meidlich)"[①]。因而，在以往的传统马克思主义的理解中，整个的"马克思的解读"被引向了一种目的（Zweck）、一种确定性，当然，还有更多的文本来支撑起这个观念，从而使得这一观念被强化与流传开来。"乍一看"（Auf den ersten Blick）（这是马克思喜欢的用词），整个《宣言》呈现出来的意思的确如此。诸如马克思在这里明确地说，"现代的工人不是随着工业的进步而提升，反而是越来越降落到其阶级的生存条件之下，工人变成了一文不值的人（Pauper），贫困化（Pauperismus）超过了人口与财富的增长速度，由此，很明显，资产阶级已经没有能力再长久地保持它的统治阶级了"[②]。

但是，就在这句话的后半句，马克思却认为资产阶级统治的失效是因为，"它也再不能将自己的阶级的生存条件强加于（Aufzuzwingen）社会，并成为社会的一切统治法则了"[③]。这里很清楚地展现了只要"资产阶级的生存条件"失效，人类将自然地从资本主义的生存现状中出走。资产阶级的生存所依赖的条件是什么呢？它不过是依赖于社会财富在私人手里的积累，依赖于"资本的形成与增值"。正是从这种"条件论"出发，《宣言》给予了更为详尽的"说明"，它是分为两个层次来展开的，一方面叙述了资本形成与增值的历史，也就是"资产阶级的生存条件"的确立史，也可以看作资本取得"同一性"主宰地位的过程。所谓资本的"同一性"，即是说，资本正在成为各个领域的真正主宰者，从而也成为现代世界展开的真正历史缘由。如马克思自己表达的，现代资产阶级自身是一个长期发展的产物，以及生产与交换方式的一系列变革的产物，单纯地从历史的描述来讲，随着新兴资产阶级对商业贸易需要的增加，必然促使原先的生产方式的瓦解。更重要的是，与这一确立过程相伴而生的是，原先那种只有依靠等级来完成财富分配的权力结构被慢慢摧毁，在它获得统治地位的领域，它"把所有的封建的、宗法的和田园诗般的关系都破坏了，并无情地将人们受其束缚的天然的各色封建纽带切断，它将人

---

① Karl Marx/Friedrich Engels, MEW, Band 4, Auflage 1972, Dietz Verlag, Berlin. S. 474.

② Ibid. , S. 473.

③ Ibid. .

与人之间的链接除了赤裸裸的利益关系，除了冷酷无情的'露骨交易'（Bare Zahlung），就什么也没有了"[①]。甚至连人类最尊崇的价值都逃脱不了资本的"同一性"，资本不断地开疆拓土，似乎毫无阻挡。"它将人的尊严变成了交换价值，用一种没有良心的贸易自由代替了无数特许的和依靠自己挣来的自由，总而言之，它用公开的、无耻的、直接的、露骨的剥削代替了由宗教与政治幻想掩盖着的剥削"[②]。按照马克思在后来《资本论》中对"拜物教"的分析来看，资本荡涤一切，意图将一切领域都收编在其门下，让资本成为人与人行为关系的基本组织形式，"一切神圣的东西都被亵渎了"。但是，人们已经对此"习以为常"，仿佛这个世界离开了资本对生活的全面收编，世界将失去了基本的动力。正因为如此，当我们在重温《宣言》时，面对恩格斯如下观点要特别注意：资本所建构的生产方式与交换方式会对人们的经济生活、文化观念生活起着决定影响，并从而进一步认为，政治与精神生活只有返回到前者才能加以说明，唯其如此，历史方能加以理解。恩格斯在这里的意图仅仅是要表达，这一观点呈现出了资本主义展开的历史，是资本"同一性"的结果，但这个资本展开的逻辑仅仅是资本主义的发生学，如果我们的思考起点是想着解放，想着走出资本逻辑，走出资本的"同一性"，我们绝不能自相矛盾地又从资本"同一性"的结果出发，将资本"同一化"作为思考这个世界的起点。

另一方面，马克思也对如何消除上述"条件论"陈述了"另一种可能"。如上所说，我们不能再从这种"同一性"出发，从对人的否定的资本逻辑出发，而是从一开始就沿着"非同一性"、沿着对资本作否定的人自身来思考解放。按照马克思的文本来看，对"条件论"的思考，实质上就是对破解资本逻辑同一性的思考，即去追问资本"同一性"形成的根源是什么？只有在根源上找寻到构成与"同一性"相反方向道路的可能空间，才能算是找到解放的逻辑所在。这

① Karl Marx/Friedrich Engels, MEW, Band 4, Auflage 1972, Dietz Verlag, Berlin. S. 464.

② Ibid., S. 465.

一点，马克思在《宣言》中分析现代资产阶级的私有财产时说，“可是雇佣劳动、无产者的劳动创造自己的财产（Eigentum）吗？完全不是，它创造（Schafft）资本，这意味着剥削雇佣劳动的财产，只有不断增加新的雇佣劳动的条件下，才能增加新的剥削（Auszubeuten)”。[①] 很显然，马克思在这里讲得很清楚，资本不过是无产者的劳动所创造的，资本“同一性”在向全部世界延展的时候，我们需要从一种“非同一性”入手的话，这种可能就蕴含在制造资本的劳动本身之中。依照阿多诺的分析，“同一性”的外表是思想自身，思想的纯粹形式是内在固有的，思维就意味着一定要有同一性，换句话说，这是人以思维的方式面对资本主义世界，并作出归纳的必然结果。但是，这不是真实世界，真实的世界恰恰存在这种同一性所不能容纳的部分，存在着非同一性、存在着拒不同一的力量，[②] 本着这一基本的非同一性方向，再回过头来看劳动时，马克思明确地说，只有人们的“劳动不再能变为资本、货币、地租，一句话，不再能变为可以垄断的社会力量的时候起，就是说，从个人财产不再能变为资产阶级财产的时候起”，资本逻辑才算真正得以被瓦解。这里，显然马克思就是从劳动成为摆脱“资本同一性”更根本的根源上来谈论解放的，但是这一维度依然重视不足。一旦懂得资本只是劳动的结果，但是，它却对人的劳动构成了否定。我们便会明白，在资本逻辑的视野中，创造性活动的劳动被视为“不可见的”，人们看到资本这种死劳动，却看不到创造资本的活劳动，两者逐渐分离开来，资本的积累就是这样一种劳动与劳动结果无情的分离过程。无疑，在《宣言》170年后的今天，我们面对的世界已经比马克思时代物化得更为厉害了，这种行为与行为结果已经延伸到生活的方方面面，劳动臣服于资本的力量更加强大了，人们可能更是以拜物教的方式认定资本逻辑所展现出来的决定力量，将其看作永恒性的存在。由此，《宣言》实质上已经提示人们，走出资本逻辑，重启人类文明新形态，必须回到一个新

---

① Karl Marx/Friedrich Engels, MEW, Band 4, Auflage 1972, Dietz Verlag, Berlin. S. 475.

② Theodor W. Adorno, Negative Dialektik, Fankfurt, Suhrkamp, 2015. S. 17.

的"非同一性"的起点上去，立足劳动本身才是革命的崭新方向。

二 "支持一切革命运动"与劳动主体的反抗方式

依照上述讨论，《宣言》的政治路径其实除了从外部消除"资本逻辑"之外，还存在着从资本内部的"条件论"上，即从"劳动"这一根源上消除"资本逻辑"的方案。前者的消除已经在以往的革命传统中出现过，诚如开放马克思主义者约翰·霍洛威的判断"传统马克思主义是一种建立在抽象劳动基础上的劳工运动理论，对于拜物教和劳动二重性的问题则是视而不见的"，[1] 由此，他将这一判断进一步延展为，"资本主义危机并非经济层面的，而是它表现为经济危机，危机表达的是资本主义社会关系结构的不稳定性"[2]。之所以如此理解，当然是其基于对资本逻辑"无可奈何"的现状。对于《宣言》的继承者来讲，当按照"经济基础决定上层建筑"，并进而反复重申"共产党人鄙视（Verschmähen）有意隐瞒自己的观点和目的，他们公开宣布，他们的目的只有通过暴力（gewaltsamen）颠覆（Umsturz）迄今为止的所有社会制度方能够取得"的时候，[3] 还应该看到资本同一性推进中，人们所遭遇到的种种现状依旧逼迫人们喘不过气来，"我们看到、感受到我们所有周围的资本主义的不公正：甚至在最富有的城市也有睡在大街的人，数百万人生活在饥饿的边缘上直到他们死去。我们看到我们的社会系统对自然世界的影响：巨大的垃圾堆积，可能没有补救措施的全球变暖。我们看到电视上那些强大的人，并想向他们呐喊。并且一直在说：我们能做什么，我们能做什么，我们能做什么?"[4] 因而，在一些人的观念中，资本的强大使得我们个体什么也做不了，除了被资本同一化之外，别无选择，沃林·

---

① John Holloway, Cracks and the Crisis of Abstract Labour, Antipode, 2010, p. 4.

② Bonefeld, W., Gunn, R. and Psychopedis, K. (eds), Open Marxism Vol. Ⅱ: Theory and Practice, 1992, p. 159.

③ Karl Marx/Friedrich Engels, MEW, Band 4, Auflage 1972, Dietz Verlag, Berlin. S. 493.

④ John Holloway, Crack Capitalism, Plutopress, 2010, p. 10.

怀特忧虑地表达了这种困境，“在不久以前，不管是资本主义的批评者还是拥护者看来，‘另一个世界是可能的’，一般都将它称之为共产主义，右派会谴责这一主义违背了私有财产，同时释放出鬼魅般的国家压迫，但在左派一方则认为，它能展开一系列新的发展时代，引导人们进入社会平等、真实的自由，以及人的自由潜能得以发挥的未来，至少都相信对资本主义的替代选项是存在的”，[①] 但是，在今天随着改变资本主义的可能性日益显得力量微弱的时候，“大多数人——特别是在那些经济已然开发的区域的人——不再相信替代的可能了，对他们来讲，资本主义成为自然秩序的一部分，悲观主义已经替换了葛兰西所讲述的如果改变世界则需要乐观主义”[②]。

那么，怎么办？马克思说得很清楚，在暴力之外，“共产党人到处都支持每一个（Jede）反对现有的社会和政治状况（Zustände）的革命运动”[③]。在更重要的方面，马克思在所有的革命运动支持中，也存在一个基本的条件，那就是“对所有制问题（Eigentumsfrage）的强调”。但是，什么样的解放道路才能说是触及所有制问题呢？我们知道，所有制是指生产过程中人与人之间在生产资料占有方面的经济关系，而之所以会产生这种结构性的关系，其前提条件正是资本的一方获得了强大的“控制权”之后，所实施的资本占有的产权关系而已。因而，从劳动出发，不仅是思考消除资本的方向，也同样是消除所有制的方向。因而，从劳动设想“非同一性”绝不是纯粹哲学的想象，而是在社会存在论的意义上，也符合马克思所说的触及所有制问题。在此种意义上讲，开放马克思主义代表人物约翰·霍洛威的瓦解资本“同一性”逻辑的方案尤其值得重新被重视起来。在他看来，资本对劳动的“同一性”力量自身是一种“控制权”，同时它也呈现为资本对世界的权力。当我们越来越处于悲观的情绪笼罩之中时，设想的不过就是资本权力成为一个独立于人的力量，人无法操纵罢了。这也是马克思在《宣言》以及后来在《资本论》中反复重申

① Erik Olin Wright, Envisioning Eeal Utopias, Verso, 2010, p. 1.

② Ibid..

③ Karl Marx/Friedrich Engels, MEW, Band 4, Auflage 1972, Dietz Verlag, Berlin. S. 493.

的一个观念。与我们上面对资本与劳动关系的重新颠倒一样，霍洛威认为，要颠覆资本这种权力，就得明白资本家依赖创造他的资本的工人。工人第一步需要反对这种资本的"同一性"的过程，那就是"拒绝"资本所实施的同一性。当然，这种拒绝不能够被理解为一种对同一性的直接否定，然后，我们只是将我们的手臂交叉，停止去做一切，那样的话，我们很快就会面临饥饿问题。停止做事，如果它不导致一种其他的活动，另一种可代替的活动，那就很容易地转化为一个奴役的条件。[①] 很明显，这不是要让人们在资本的面前停止自身的全部劳动。而是要将这一停止看作一个不同于朝向资本的劳动的起点，拒绝本身就是朝向其他方向劳动的起点，诚如马克思在《宣言》中对劳动的描述，"在资产阶级的社会里，活劳动（Lebendige Arbeit）只是积累起来的劳动增值的一种手段，在共产主义社会里，劳动则是工人生命过程（Lebensprozeβ）扩展、充实与提升"[②]。

这意味着，一方面，人们停止朝向资本增值的方向进行劳动；另一方面，它要求人们的不是停止劳动，而只是改变劳动的着眼点，将劳动朝向工人自身的生命，使其充实、丰富的方向，这一方向需要持续地用力，这是资本主义真正的断裂之处。我们应该明白，共产主义自身不是终点，而是一种运动。这种运动具体来讲，正是要求劳动一方面在被资本"同一化"时，另一方面又需要我们对其进行反对，并开始进行另一种劳动，它创造一种不同的逻辑和不同的语言的相反的世界，成为我们通向另一个全新世界的门槛。此时的劳动，使得我们试图以人作为人的本身，而不是客体对象化的方式去打开我们自己的生活。按照霍洛威的说法，这也将是我们获得自身生活"制定权"的起点，我们改变了资本对我们的"控制权"，从而，我们拥有决定我们应该做什么的权力，无论是与我们的朋友聊天、与我们的孩子一起玩，以不同的方式去从事劳动，这些都是我们自己掌控自己的生活，掌握了我们自己的时间，我们的时间不再是一味地成为资本榨取

---

① John Holloway, Crack Capitalism, Plutopress, 2010, p. 17.

② Karl Marx/Friedrich Engels, MEW, Band 4, Auflage 1972, Dietz Verlag, Berlin. S. 476.

的时间，转而是另一个生活的起点。对此，他认为，也正是在这一刻，我们才找到资本的危机、资本主义的裂缝。由此，劳动有了另外的方向，人们开始拒绝让资本的逻辑塑造他们自身的劳动，决心把时间和空间掌握在自己的手中，按自己的决定来塑造生活。“朋友们形成一个合唱团，因为他们喜欢唱歌；真的试图帮助她的病人的护士；花尽可能多的时间在他的被制定的汽车上的工人。当资本的规则是整个社会组织系统时，我们称之为资本主义的管理系统的核心：在这种情况下，拒绝让金钱决定我们的劳动是一种有意识的排斥资本主义部分的表现，并且被理解为反对资本主义的斗争的一部分。”① 如果仅仅强调拒绝，并开启不同的人类劳动的选择方向，显然还过于抽象，甚至说是假象，实质上，这必然涉及的一个核心问题是，劳动在朝向生命的过程中之所以可能的原因在于：在资本主义社会里，劳动被资本统治直接改变的一个重要内容是劳动结合方式，它使得人与人的关系展现为物与物之间的关系，它不是人的世界的真正展开，而共产主义便是要去除这一“物与物之间关系”的中介，实现人与人之间的全新的结合方式。为此，霍洛威所说的全新方式也涉及这一点，自我拒绝资本是不现实的，这一点霍洛威也十分清楚，在他看来，越来越多的人被迫失业或发现他们没有办法被雇佣，或者，即使有工作，那也只是在一个临时和不稳定的基础之上的。“他们不得不以其他的方式来谋生，失业救济和社会救助的国家系统也在不断扩大就业的训练，甚至对于失业者来说，是使失业者真正作为一个产业后备军，但这个世界上超出系统之外的大多数失业者必须在临时雇佣、小额交易或服务（例如，卖口香糖或在交通灯旁清洁汽车挡风玻璃）的结合，以及发展家庭成员、朋友或邻居之间的团结形式的基础上寻找一种生存方式。”②

更进一步地说，突破资本，而使自身能够摆脱失业所导致的无法生存的困境，或者实现我们所谓的基本生存的条件。为此，霍洛威设想了不同的劳动组织方式、社会的结合方式的存在，从而可以克服这

---

① John Holloway, Crack Capitalism, Plutopress, 2010, p. 21.

② Ibid., pp. 23 – 24.

样的困难。“在这种情况下，货币和商品的力量仍然是巨大的，但社会团结的形式往往会产生违背了资本的逻辑的生活和组织的方式。如果世界上很大一部分人每天在不到一美元的日子里生存，那通常是因为他们已经建立了相互的团结和支持的形式，这在世界的更为发达的地方并不存在。”① 为了对这种抽象的说法提供更为直接的经验基础，我们可以借助沃林·怀特的“维基百科”与“蒙德拉贡工人合作社”来理解。我们知道，“维基百科”是一个开源系统，上面的词条是由未付酬劳动的人员编辑而成，世界各地无论是贫穷还是富有，都可以在网络上免费使用，每个人都可以不断地对词条进行完善，全球共享，这打破了私有制的占有方式。“维基百科是一种从骨子里反对资本主义的生产与传播知识的方式，它们是基于‘各取所需、各尽所能’的原则进行的生产，做编辑的人不拿钱，不收查阅人的任何费用，它是平等主义的，建立在互惠的而非垂直的基础上。”② 与霍洛威一样，它们都将资本主义不仅仅看作一种经济剥削的生产方式，更是一种“控制权”与“制宪权”的权力架构的重新选择，诸如维基百科真正将权力交还给每个人，而并非是资本的一方独占，这里的互惠、非垂直就是对人们劳动的结合方式的一种变革。再比如蒙德拉贡的工人合作社，怀特向我们讲述了此种结合方式重组的例子，蒙德拉贡位于西班牙巴斯克地区，如今已经成为西班牙第七大产业集团，工人会员超过四万人，集团自身又由大约二百五十个独立的合作单位组成，每一个家庭都属于受雇者，所有者都是工人，生产范围涉及各种商品及劳动，“最上层的管理者同样由工人选举出来，公司的主要决策要通过代表会员的全体大会来决定”③。除此，他还举了其他的例子，总之，超越了资本对劳动的同一性，设想了与资本逻辑不同的生活和组织方式，蕴含了全新的政治维度，同样也构成为马克思《宣言》中所支持的“革命运动”，由此形成人类解放新的路径。

---

① John Holloway, Crack Capitalism, Plutopress, 2010, p. 24.

② Erik Olin Wright, Envisioning Eeal Utopias, Verso, 2010, p. 4.

③ Ibid. .

三 “特殊替代普遍”的颠倒与共产主义观念的内涵

资本裹挟的劳动只是人的行为的一部分，后者作为“普遍”不能完全被当作前者的“特殊”来对待，重新塑造劳动的逻辑，从一定意义上说，就是再申明共产主义所追求的是普遍性，诸如共产主义劳动便是“劳动作为劳动本身”而存在的。为了理解此种共产主义特质，我们需要进一步分析。当马克思在《宣言》中说，“共产主义的突出特征不是要废除一般的（überhaupt）的所有制（Eigentums），而是要废除资产阶级的所有制（bürgerlichen Eigentums）”①。要理解这句话，我们得先从马克思后期特别重视的“拜物教批判”的方法论原则谈起。在《资本论》第一章的“商品的拜物教性质及其秘密”一节中，马克思讨论商品形式的拜物教奥秘时说，“商品形式在人们面前把人们本身劳动的社会性质反映成劳动产品本身的物的性质，反映成这些物的天然的社会属性，从而把生产者同总劳动的社会关系反映成存在于生产者之外的物与物之间的社会关系”②。这里至少给我们理解上述关于所有制废除问题提供了三个方法论的基础。第一，资本主义将人们本身劳动的社会性质被颠倒为物的性质；第二，物的性质反而成了天然的社会属性，已经颠倒的世界具有了客观真实性；第三，人与人的社会关系也呈现为物与物之间的关系。当然，马克思认为，这种拜物教神秘特质是可以克服的，因为，只有“对于历史上一定的社会生产方式即商品生产的生产关系来说”，劳动者“把他们的私人劳动的社会有用性，反映成劳动产品必须有用，而且是对别人有用的形式中；把不同的劳动的相等这种社会性质，反映在这些在物质上不同的物即劳动产品具有共同的价值性质的形式中”这样的拜物教才能够成立。一旦知道这样的条件，马克思便指明，“一旦我们逃到其他的生产形式中，商品世界的全部神秘性，在商品生产的基础上笼

---

① Karl Marx/Friedrich Engels, MEW, Band 4, Auflage 1972, Dietz Verlag, Berlin. S. 475.

② Karl Marx, Das Kapital, Erster Band, Dietz, 2008, S. 86.

罩着劳动产品的一切魔法妖术，就立刻消失了”①。

依据马克思拜物教批判的思考，资产阶级的所有制只是人类所有形式（一般所有制）在特定社会形式中的“表现”，它由人亲手缔造，并非社会本身的天然属性。但是，由于人们将“特殊当作普遍”，从而认为资产阶级的所有制，即私人所有制形式是超越历史的。在这里人与人之间的关系以少数人利益损害多数人的利益，整个社会分裂为两个部分，一部分人凌驾于另一部分人之上，因此，“整个历史运动都集中在资产阶级手里，在这样的状况下，赢得的每一个胜利都是资产阶级的胜利”。那么，共产主义的革命绝对要避免的就是这种拜物教的“特殊当作普遍”运作方式。“过去的一切运动都是少数人的或者为少数人谋利益的运动。无产阶级的运动是庞大的多数人的，为庞大的多数人谋取利益的自主的（Selbständige）运动”②，这是与以往不同的革命运动，“所有先前的阶级，在取得统治地位之后，总是使社会总体从属于（unterwarfen）它们的获益的（Erwerbs）条件，试图巩固它们已经获得的生活地位”，无产者只有“废除全部现存的占有方式（Aneignungsweise），才能控制（erobern）社会的生产力”③。

之所以提及拜物教式的共产主义及其马克思的批判性的预先作答，是因为在当代激进左翼政治哲学中，存在着一些对共产主义运动的误解。依据拉克劳、墨菲的“后马克思主义”的观念来看，谁能够承担起进行各种革命话语连接的主体依然是最艰难的任务，他们回顾了共产主义革命史，认为，“从列宁到葛兰西，一直主张领导权力量的根本核心由基本的阶级构成。领导与被领导力量之间的差别作为本体论上所有结构层面上的差别被提出来”，但是，拉克劳与墨菲正是要否定这种差别，“很清楚，这不能作为我们的答案，因为正是那

① Karl Marx, Das Kapital, Erster Band, Dietz, 2008, S. 90.

② Karl Marx/Friedrich Engels, MEW, Band 4, Auflage 1972, Dietz Verlag, Berlin. S. 472.

③ Ibid. .

个层面上的差别是我们先前所有的分析力图要瓦解的”。[①] 这是什么意思呢？也就是说，既然共产主义的革命是要实现人的解放，但是，如果我们在革命的时候就存在领导与被领导之间的差别，而且这种差别被限定为本体论层次不可消除的差别，解放与差别将形成鲜明的悖论。对此，拉克劳与墨菲极力批判这是传统左派的观点的主要局限，“它试图先验地决定变革的代表、社会领域中有效性的层面、断裂因素和特权化的点”[②]。这种挑战也同样来自约翰·霍洛威。依照他的看法，要坚持人类解放的革命理想，唯一的办法就是提高赌注。传统革命观的问题不在于目标太高，而在于目标太低。在一些阐述中，这种革命被理解为庸俗的夺权观，不管是管理权还是分散的社会权力，都忽视了革命目标是要解构权力关系，构建一个相互承认彼此尊严的社会。但是，革命观在其看来还是被误解了，革命就意味着为了消除权力而夺权。现在我们需要提上议程的革命观应当直接抨击权力关系。现在我们能够想象的革命不是征服权力而是解构权力。[③] 由此看来，在革命的领导权上，他们拒绝了共产党人的领导权。这当然是对马克思所论述的“共产党人与全体无产者之间的关系是怎样的”错误理解所致。之所以如此，乃在于他们认为，在商品拜物教作为一种既定事实（重点是现代资本主义中无孔不入的拜物教）的情况下，唯一的反拜物教的可能来源是在普通人之外的——不论是党派（卢卡奇），还是特权知识分子（霍克海默和阿多诺），还是“处于底层的无家可归的人和局外人”（马尔库塞）。但是，一方面，拜物教支配了一般的日常生活；另一方面，反拜物教的意识则产生于这些领域之外的边缘地带，两者之间是分离的。[④] 这是对无产阶级意识领导权的质疑。实质上，问题仅仅在于共产党人或者说无产阶级领导权意识是否只是一部分人的利益意识呢？如前面所述，共产主义对资本主义及以往一切社会形态的超越，在于它不再以“特殊替代普遍”，而是始

---

① ［英］拉克劳、墨菲：《领导权与社会主义的策略》，黑龙江人民出版社2003年版，第152页。

② 同上书，第201页。

③ John Holloway, Chang the World Without Taking Power, Plutopress, 2010, p. 20.

④ Ibid., p. 88.

终意识到对特殊性的消除。"共产党人的理论结论绝不是根据这个或那个空想的社会改良家（Weltverbesserer）创造或发明的"，它是其自身革命运动的真实关系的表达，"他们没有与整个无产阶级利益相分离（getrennnten）的利益，他们没有提出特殊性的原则，以塑造无产阶级的运动"①。

由此，《宣言》中的"共产主义"可以更为明确地理解为，这一革命性的运动并非是无产阶级根据自己的个人利益去统治、占有资本，以继续实行资本同一化的过程，也不是将无产者与资产者的统治关系颠倒过来，这只是对共产主义的表面理解。从内在的角度来讲，共产主义的革命是对于社会本身的占有，它不再以任何特殊性原则为自身的革命起点与方向，也不再需要以任何"表现形式"为中介的社会，社会就是作为社会而存在。但是，资本主义的社会完全是表现性的，正如德波所说，"在现代生产条件无处不在的社会中，生活自身表现为（Presents）景象（Spectacles）的庞大堆积"②。用《资本论》的第一句话来讲，"资本主义生产方式占统治地位的社会的财富，表现为（Erscheint）'庞大的商品堆积'"，③ 显然，在资本主义这种社会形态中，财富表现为商品堆积，社会也被表现为资本主义社会，社会正是通过商品生产被建构为虚幻的共同体，"在商品生产者的社会里，一般的社会生产关系是这样的：生产者将他们的产品当作商品，从而当作价值来对待，而且通过这种物的形式，把他们的私人劳动看作为相等同的人类劳动来相互发生关系"④。当然，这只不过是一种"表现的社会""非社会的社会"。只有资本主义社会形态将自身作为其存在基础的条件消除，即对自身特殊性的消除，才是共产主义的开启。后来在《资本论》中，马克思更进一步地表明了这一点，"只有当社会生活过程的形态（Gestalt），即物质生产过程的形态，作为自由联合的人的产物，处于人的有意识有计划的控制之下的

---

① Karl Marx/Friedrich Engels, MEW, Band 4, Auflage 1972, Dietz Verlag, Berlin. S. 474.

② Guy Debord, Society of the Spectacle, Zone Books, 1994, p. 12.

③ Karl Marx, Das Kapital, Erster Band, Dietz, 2008, S. 49.

④ Ibid., S. 93.

时候，它才会把自己的神秘的纱幕揭掉”[①]。170年后，重读《宣言》，特别需要激活这一理念，在此理念下，无产阶级的解放也是消除自身特殊性的过程，如果无产者始终将无产作为自己的身份与追求，它就无所谓解放，解放就是丢掉无产者这一特殊的身份，就是从劳动逻辑的重构去找寻普遍性。因而，拒绝“特殊替代普遍”的拜物教，是共产主义的应有之义。

（已在《马克思主义与现实》2018年第5期发表）

① Karl Marx, Das Kapital, Erster Band, Dietz, 2008, S. 93 - 94.

论工艺学语境中的《共产党宣言》及其理论意义

张福公*

在传统学科视域中，我们通常是从古典政治经济学、德国古典哲学和空想社会主义的思想史语境中发掘《共产党宣言》的思想精髓和理论意义。然而，长期以来，受文献资料的制约，我们往往忽视了马克思对工艺学的研究与利用。实际上，马克思从《布鲁塞尔笔记》时期开始就已经对拜比吉、尤尔等人的工艺学著作做了大量摘录，并在随后的思想实验中反复加以利用。而工艺学从直接生产领域对资本主义生产方式的历史发展与本质特征的描述，特别是对机器大工业之双重社会效应的具体展现，为马克思逐步推进对生产力与生产关系的内在矛盾的理解以及由此探寻人类自由解放之路提供了重要的理论支撑。因此基于工艺学的思想史语境来重新思考《共产党宣言》的思想源泉和形成过程，将有助于我们更加深入准确地把握《共产党宣言》的理论地位和重要意义。

一　问题的提出

众所周知，《共产党宣言》（以下简称《宣言》）作为马克思主义的纲领性文献，是马克思恩格斯的历史唯物主义与工人阶级革命运动相

* 张福公（1990—　），男，山东滨州人，南京师范大学公共管理学院讲师。研究方向：马克思主义哲学史、国外马克思主义。

结合的光辉篇章，也是全部社会主义文献中传播最广和最具国际性的著作。而《宣言》之所以能够产生如此深远的影响力，在很大程度上得益于马克思恩格斯从历史唯物主义视域出发对当时资本主义机器大工业的历史地位与内在矛盾的深入分析以及由此对资产阶级必然灭亡、无产阶级必然胜利的科学论证。因此，此时马克思对资本主义机器大工业的认知程度就成为马克思准确把握资本主义生产方式的内在矛盾、探索人类自由解放之路的关键所在。由此便引出一系列重要问题：此时马克思理解资本主义机器大工业的理论支援背景来自哪里？这种理论支援背景对马克思深入剖析资产阶级的历史作用和资本主义生产方式的内在矛盾，特别是由此论证无产阶级革命的历史必然性发挥了怎样的作用？从马克思思想发展历程的角度来看，马克思基于这种理论支撑所建构的资本主义矛盾观和阶级斗争史观在整个马克思思想发展过程中居于怎样的理论地位？这些都是值得我们进一步思考的。

在过去的研究中，我们通常将马克思眼中的机器大工业图景的理论来源归结为李嘉图及李嘉图派的社会主义者（如汤普逊、布雷、格雷等人）。因为李嘉图基于工业革命的历史现实从分配关系角度深刻认识到资本主义社会中资产阶级、地主阶级和无产阶级之间的直接的利益对抗关系，从而撕碎了斯密在《国富论》中基于分工和交换逻辑所展现的自由平等和普遍丰裕的社会图景。正是在这个意义上，马克思称赞李嘉图几乎站在了阶级斗争的门槛上。而李嘉图派的社会主义者则在李嘉图理论的基础上，结合资本主义机器大工业的现实发展状况，进一步详细揭露和抨击了资产阶级社会的种种社会弊端。客观来看，李嘉图及李嘉图派社会主义者的确在不同层面上向马克思展现了资本主义机器大工业的某些方面。但是，无论李嘉图还是李嘉图派社会主义者，由于他们在总体上是从经济学的视域出发来谈论现代资产阶级社会的生产、交换、分配与消费，还没有深入到资本主义的直接生产领域，而且李嘉图只是处于机器大工业发展的早期发展阶段，尚未真正认识机器大工业逐步暴露出来的内在矛盾。这就导致李嘉图对机器大工业的认识和描述具有客观的历史局限性，譬如，他直到1821年的《赋税原理》第三版中才增加了“论机器”一章，并承认机器对工人阶级的危害。因此，仅仅将马克思对机器大工业的理解归结为李嘉图及其追随者是不完整的，马克思对机器大工业的认识显然远远超过李嘉图及其追随者所言说的主题。实际上，造成这一结果的重要原因之一是因为长期以来，由于文献资料的制约，我们严重忽视了马克思早期对工艺学的深入研究和融合利用。具体来说，马克思在《布鲁塞尔笔记》中对查理·拜比吉、安德鲁·尤尔等人的工艺学著作做了大量摘录笔记，并在之后的《评李斯特》《德意志意识形态》《哲学的贫困》中直接或间接地利用了这些材料。拜比吉、尤尔等从不同层面对机器大工业的基本原则和双重社会效应的准确描述为马克思理解生产力与生产关系（交往形式）的内在矛盾表征和探寻无产阶级革命胜利的现实路径提供了重要的理论参照。而要深入这一点，我们必须回到马克思在工艺学语境中对机器大工业及其内在矛盾的理解过程。

二　工艺学语境中的机器大工业及其内在矛盾图景：从《布鲁塞尔笔记》到《哲学的贫困》

马克思在 1845 年 2—7 月写下了六本《布鲁塞尔笔记》。除了继续摘录大量经济学著作，马克思还专门研究了“机器问题”(Maschinenfrage)，这就是在笔记本 5 中对奥古斯特·德·加斯帕兰(Auguste de Gasparin)[①] 的《论机器》（1835 年巴黎版）[②]、查理·拜

---

① 奥古斯特·德·加斯帕兰（Auguste de Gasparin，1787—1857）：法国农学家、政治家。1830 年七月革命后，当选他的家乡奥朗日（Orange）的市长。1837—1842 年，担任法国众议院议员。代表性著作：《论机器》（1834 年里昂版）、《斜面与大农业机器》（*Du plan incliné comme grande machine agricole*，1835 年巴黎版）等。

② 值得注意的是，对于此处马克思所摘录的人名及其著作，最早的资料应该是阿姆斯特丹国际社会史研究所（IISH）德国组组长沃纳·布鲁门伯格（Werner Blumenberg）编辑的马克思恩格斯的手稿和马克思的读书笔记目录［Marx-Engels Inventar（ALT）］。1965 年日本学者川锅正敏将这一目录抄回，发表于《立教经济学研究》1966 年第二十卷第三号。1980 年中国人民大学马列主义发展史研究所李光谟等学者根据川锅正敏的抄录版译为中文，以《马克思手稿和读书笔记目的（荷兰阿姆斯特丹国际社会史研究所收藏）》为题发表在《马克思主义研究参考资料》1981 年第 30 期上，在其第 21 页上写的是“艾·德·日拉丹：《科学丛书》第 1 卷：机器。1 页笔记”。而在随后的相关研究中，国内学者普遍使用的是“埃·吉拉丹的《科学丛书》第 1 卷《机器》”，例如，聂锦芳：《清理与超越：重读马克思文本的意旨、基础与方法》，北京大学出版社 2005 年版，第 63 页。但笔者发现，在 1998 年出版的 MEGA2 第四部分第 3 卷中，编者指认此处摘录的是奥古斯特·德·加斯帕兰（转下页）

比吉的《论机器和工厂的节约》（1833 年巴黎版）和安德鲁·尤尔的《工厂哲学》（1836 年巴黎版）的摘录。MEGA2 编者指认："这是马克思第一次致力于研究生产过程中的机器应用问题。"[①] 马克思集中关注了加斯帕兰的《论机器》的三个方面：第一，人类的真正自由来自人类发挥智力、借助机器利用自然力的物质生产中，即"建立在事实和幸福之上的自由就是人类通过发明机器，发挥自己的智力……利用自然力所获得的自由"[②]。第二，"人类的解放正由工业机器的轰鸣声所宣告着"[③]。人的智力和科学努力只有运用于机器发明和工业生产才能迸发出巨大力量，推动人类解放的实现。因此，人的智慧就不再是德国思想家所偏爱的纯粹精神观念，而是扎根并服务于现实物质生产的人的创造性能力。可以说，加斯帕兰深刻揭示了在生产领域中主观的人类主体能力与客观的物质生产的真实统一，或者说，人的能力发展与客观物质生产的内在关联。而这为马克思重新思考工业（生产力）和人类解放问题提供了重要启示。第三，"机器—人（machine-homme）将会取代人—机器（l'homme-machine）"[④]。这是当时工业革命进程中正在发生的事实，但马克思还无法接受，因此批评和质疑为"机器的绝对崇拜者"（Unbedingter Huldiger der Maschinen）[⑤]。紧接着，马克思摘录了拜比吉的《论机器和工厂的节约》一书，主要包括以下内容：第一，分工倍数原则是机器大生产的主导原则，即分工不仅决定着机器的发明，而且导致工业的大规模生产与工人劳动

（接上页）（Auguste de Gasparin）的《论机器》（*Considérations sur les machines*）。但在 IISH 官网上公布的马克思恩格斯原始手稿的笔记目录（编号为 B33）中，第一条书目依然是"Emile de Girardin，... machines，...（埃米尔·德·吉拉丹：《机器》）"，其原始编号为 B30。这表明，当初布鲁门伯格对此处的判读有误，而现在 IISH 仍然沿用了布鲁门伯格的错误判读，而没有及时借鉴 MEGA2 编者的最新判读结果。参见 IISH，Karl Marx-Friedrich Engels Papers. B33。

① Marx-Engels-Gesamtausgabe（MEGA2），Abt. 4：Exzerpte，Notizen，Marginalien，Bd. 3，Karl Marx：Exzerpte und Notizen Sommer 1844 bis Anfang 1847，Berlin：Akademie Verlag 1998，S. 713.

② MEGA2 IV/3，S. 322.

③ Ibid..

④ Ibid..

⑤ Ibid..

强度的增加。第二，科学技术的工业应用、机器的发明应用对于总体生产力（pouvoir total de production）的提高产生巨大影响。第三，拜比吉也承认机器排斥工人所造成的不利影响，不过他认为随着需求的增加，失业工人会被重新吸收进生产过程。接下来，马克思在对尤尔的摘录中看到了另一幅机器大工业图景。第一，以自动机器体系为基础的现代工厂制度。马克思摘录了尤尔对现代工厂的定义："在工艺学（technologie）上，英语中的工厂制度（factory système）这个术语是指，各种工人即成年工人和未成年工人的协作（coopération），这些工人熟练地、勤勉地看管着由一个中心动力不断推动的、进行生产的机器体系（système de mécaniques）……这个术语的准确意思使人想到一个由无数机械的和智能的器官（organes mécaniques et intellectuels）组成的庞大的自动机，这些器官为了生产同一个物品而协调地不间断地活动，并且它们都受一个自行发动的动力的支配。"[①] 第一次揭示了现代工厂中机器体系对人的绝对统治关系，这为劳动对资本的实际从属奠定了物质技术基础。因此，加斯帕兰所勾勒的"机器—人取代人—机器"图景在尤尔这里更细致而冰冷地展现在马克思的面前。第二，资本招募科学对劳动的贬斥与规训。"棉纺厂中的'铁人'证明，'当资本招募科学为它服务时，工人总会学会温顺'"[②]，"现代工厂主的最大目标，就是通过科学和资本的结合，将工人的作用降低到仅仅使用他们的注意力和灵活性"[③]。这里，尤尔无意中透露了现代工厂中资本、科学（机器）和劳动的现实权力关系。第三，以机器体系废除分工为标志的生产方式变革。尤尔站在机器大工业的立场上，准确阐述了斯密分工原则的本质特征，深刻指认了从手工工场分工到机器体系生产所发生的深刻变革，即"按照工人的不同熟练程度来分工的死板教

① MEGA2 IV/3, S. 348.

② Ibid., S. 343.

③ Ibid., S. 349.

条，终于被我们开明的厂主们利用（exploité）[①] 了”[②]。这是马克思第一次从工艺学角度体认到机器大工业所带来的巨大变革。总之，加斯帕兰、拜比吉和尤尔从不同层面向马克思集中展现了工艺学视域下机器大生产的重要特征、巨大优势和阶级对立。显然，马克思的关注焦点是资本主义机器大工业所造成的双重社会效应和尖锐矛盾，而恰恰构成他进一步体认资产阶级社会的历史意义和内在矛盾以及无产阶级革命策略的重要材料。

在随后的《评李斯特》中，马克思基于这一时期的经济学和工艺学研究在对机器大工业的认识问题上获得重要推进。第一，马克思深刻认识到社会物质活动即“劳动”是废除私有制的唯一途径，现实的“劳动组织”表现为一种矛盾。[③] 第二，马克思试图从不同于“肮脏的买卖利益”视角的人类历史的角度来重新审视大工业，即“工业可以被看作是大作坊，在这里人第一次占有他自己的和自然的力量，使自己对象化，为自己创造人的生活的条件”[④]。工业不再是统治人的枷锁，而是人发挥自身才能、占有自然力、为自身发展创造条件的场域。因此，工业生产力代表着人类能力的历史性发展，它不仅是一种缔造现实社会的创造性力量，而且是一种革命性理论，即“工业意识不到的并违反工业的意志而存在于工业中的力量，这种力量消灭工业并为人的生存奠定基础”[⑤]。第三，基于历史性的人的能力发展视域批判李斯特对现实生产力的美化。为了证明现实生产力对工人的奴役，马克思说道，“我们让英国工厂制度的品得，尤尔先生来回答这个问题：‘实际上，机器体系的每一项改进的经常目的和倾向，就是使人的劳动成为完全多余的，或者以这

---

① 在《工厂哲学》英文原版中是“exploded（推翻或抛弃）”，而在法文版中则被译为“exploité（运用、利用）”。后来马克思在《1861—1863年经济学手稿》中注意到这一变化，并称之为“绝妙的双关语”。参见《马克思恩格斯全集》第47卷，人民出版社1979年版，第539页。

② MEGA2 IV/3，S. 351.

③ 参见《马克思恩格斯全集》第42卷，人民出版社1979年版，第255页。

④ 《马克思恩格斯全集》第42卷，人民出版社1979年版，第257页。

⑤ 同上。

种方式降低它的价格'"[①]。在马克思看来，尤尔的描述有力地证明了"工业的统治造成的对大多数人的奴役"[②]。而从上述确立的历史性的人的能力发展角度来看，这种奴役正是现代私有制下生产力对人的能力发展的破坏，这成为理解"劳动组织（自由竞争）是一种矛盾"的入口，也成为马克思后来建构生产力与交往形式之矛盾的生长点。

经过《关于费尔巴哈的提纲》中对于科学实践观和"人的本质在其现实性上是一切社会关系的总和"的阐述，马克思在《德意志意识形态》中初步创立了历史唯物主义科学世界观。过去我们通常在哲学和经济学的语境中构建其理论渊源与运思过程，其实，在许多理论质点上马克思的工艺学研究同样发挥了重要的隐性作用。第一，关于机器大工业之基本特征的首次正面描述。马克思在阐述现代私有制的最高发展阶段时集中描述了机器大工业的基本特征，从中可以看到拜比吉、尤尔等人对他的潜在影响。具体来说，1. 首次概述了大工业的一般特征，即"把自然力用于工业目的，采用机器生产以及实行最广泛的分工"[③]。其中，自然力的工业应用在加斯帕兰、拜比吉和尤尔那里都可以找到直接表述。对于机器生产，马克思则明确指出："它的［……］是自动体系。"[④] 显然这是尤尔笔下以自动机器体系为基础的机器大生产。而"最广泛的分工"则体现出马克思的泛分工思路：一方面是各个生产部门和行业的发展壮大，即社会分工的普遍化；另一方面是手工工场和现代工厂内部分工的细化发展，对此，拜比吉的分工原则及其广泛应用提供了最好范例。2. "理论力学的创立"为英国工业革命提供了重要智力支撑。这一点在加斯帕兰、拜比吉和尤尔那里都可以看到。但同时，大工业"使自然科学从属于资本，并使分工丧失了自己自然形成的性质的最后一点假象"[⑤]。这里，马克思既可能受了尤尔的"资本招募科学镇压劳动"和"机器体系

---

① 《马克思恩格斯全集》第42卷，人民出版社1979年版，第262页。

② 同上书，第239页。

③ 《马克思恩格斯文集》第1卷，人民出版社2009年版，第565页。

④ 同上书，第566页。

⑤ 同上。

废除分工”的影响，也可能从拜比吉的“以利益最大化为目的的分工原则”中获得灵感，因为科学的应用是以攫取资本利润为目的，因而在资本座架下的分工便失去了纯粹的自然性质，沦为资本牟利的手段。由此马克思才批判道：“大工业在劳动范围内尽可能把所有自然形成的关系消灭掉，并把所有自然形成的关系变成金钱关系。”[①] 3. 大工业“迫使所有个人的全部精力处于高度紧张状态”[②]。这种状态在直接生产领域就表现为工人劳动强度的不断加强，而拜比吉的按分工原则对工人劳动时间的全面占有和尤尔的工厂工人完全从属于机器体系的节奏都是这种现象的根源。在马克思看来，这些既展现了大工业所具有的巨大生产力，也表明资本主义私有制对生产力的钳制和对人的能力发展的破坏，这成为马克思建构生产力与交往形式之内在矛盾的现实依据。

第二，生产力的双重维度及其与交往形式的内在矛盾。马克思指出，一切历史冲突的根源就在于生产力与交往形式的矛盾，即一定的交往形式不再同一定的生产力相适应，而是成为生产力发展的桎梏。过去我们通常以马克思后来所说的生产过剩和经济危机作为这种矛盾的客观表征，并以此来理解《形态》中的“矛盾”。然而，在《形态》中，每当马克思指认生产力与交往形式的矛盾时，他都未提及生产过剩和经济危机[③]。这表明过去的思路是不确当的。那么，该如何理解此时马克思所说的“矛盾”呢？我想，这需要从他对生产力的双重理解入手。他指出：“生产力（Produktivkraft）在其发展的过程中达到这样的阶段，在这个阶段上产生出来的生产力（Produktionsk-

① ［日］广松涉编注：《文献学语境中的〈德意志意识形态〉》，彭曦译，南京大学出版社 2005 年版，第 112 页。

② 同上。

③ 实际上，马克思在《曼彻斯特笔记》中就已经通过图克和威德等人研究了生产过剩和经济危机问题，但在《德意志意识形态》中马克思并未加以利用，而只是在第二卷中着手批判格律恩的“生产和消费相同一”的观点时提到了生产过剩和危机问题。参见《马克思和恩格斯的〈曼彻斯特笔记〉的科学价值——〈马克思恩格斯全集〉历史考证版第 4 部分第 4 卷前言》，载于武锡申主编：《马克思主义研究资料（第 3 卷）：经济学笔记研究 I》，中央编译出版社 2013 年版，第 207—251 页。《马克思恩格斯全集》第 3 卷，人民出版社 1956 年版，第 610—613 页。

raft）和交往手段在现存关系下只能带来灾难，这种生产力（Produktionskraft）已经不是生产的力量，而是破坏的力量（机器和货币）。"[①] 这里，马克思有意区分了两种生产力，并采用了两种不同的写法：形容词性的Produktivkraft是指从社会历史发展角度在物质生产中蕴含的创造性、革命性力量——马克思基于工艺学语境中大工业的变革性面向而确立的生产力维度。而"名词性的Produktionskraft则是指在特定历史条件下与一定的交往形式相矛盾的、阻碍人的能力发展的生产力"[②]——拜比吉和尤尔笔下分工和机器生产对无产阶级的迫害为马克思提供了重要材料。这种矛盾具体表现在"这些生产力在私有制的统治下，只获得了片面的发展，对大多数人来说成了破坏的力量，而许多这样的生产力在私有制下根本得不到利用"[③]。大工业使劳资关系和劳动本身"成为工人所不堪忍受的东西"[④]。由此可见，此时马克思所理解的生产力与交往形式的矛盾并不是生产过剩和经济危机，而是资本主义私有制下生产力对大多数人的生存和发展的破坏，而这正是马克思科学世界观的根本关切点。可见，此前的工艺学研究所展现的机器大工业的双重社会效应成为马克思理解生产力及其与交往形式的矛盾的重要资源。

第三，大工业为无产阶级革命和人类解放创造了物质基础和阶级主体。一方面，大工业创造了推翻资产阶级统治的世界性革命主体即无产阶级；另一方面，大工业为无产阶级革命提供了物质基础和现实手段，使共产主义运动获得世界历史性的意义。1. 无产阶级革命必须以生产力的巨大增长和高度发展亦即物质财富的极大丰裕为前提，否则会重新陷入"贫穷的普遍化"和恶性循环。2. 生产力的普遍发展建立起人类的普遍交往或世界交往，使共产主义运动成为"占统治

---

① ［日］广松涉编注：《文献学语境中的〈德意志意识形态〉》，彭曦译，南京大学出版社2005年版，第44页。

② 张福公：《青年马克思的生产力概念及其哲学意义再探》，《哲学动态》2016年第5期。

③ ［日］广松涉编注：《文献学语境中的〈德意志意识形态〉》，彭曦译，南京大学出版社2005年版，第114页。

④ 同上。

地位的各民族'一下子'而且同时发生的行动"[①]。总之，拜比吉、尤尔等人从工艺学角度所描述的资本主义机器大工业图景为马克思把握资产阶级社会的历史意义和深刻矛盾提供了最丰富最鲜明的理论资源。一方面，机器大工业所具有的生产方式变革和巨大生产力发展，使马克思认识到生产力是一种标志着人类能力发展的创造性和革命性力量；另一方面，资本主义大工业对大多数人造成的贫困和奴役状况，使马克思认识到资本主义私有制对工业生产力的桎梏就表现在资本主义大工业对大多数人的能力发展的破坏以及由此导致的对人类创造性力量的扼杀，这构成了机器大工业阶段生产力与交往形式之矛盾的现实内涵。当然，马克思是从历史辩证法视域出发来阐述上述观点的，从而在方法论上超越了工艺学视域。在此基础上，他阐述了无产阶级革命在机器大工业基础上的现实道路，为人类解放之路提供了科学的理论指导，打破了资产阶级理论家的意识形态话语。

如果在《形态》中，马克思对拜比吉和尤尔的工艺学资源的利用还处于潜在状态，那么在随后的《哲学的贫困》中，马克思在批判蒲鲁东的抽象经济范畴体系过程中则直接利用了他们的工艺学观点，并沿着生产力与生产关系的内在矛盾线索对唯物史观和阶级斗争观点作出进一步推进。第一，生产力是基于阶级对抗的规律而发展起来的。这是马克思在批判蒲鲁东的构成价值论时提出的观点。从直接的言说语境来看，马克思是借鉴李嘉图的不平等分配观点来论证这一观点的，即"当文明一开始的时候，生产就开始建立在级别、等级和阶级的对抗上，最后建立在积累的劳动和直接的劳动的对抗上。没有对抗就没有进步。这是文明直到今天所遵循的规律。到目前为止，生产力就是由于这种阶级对抗的规律而发展起来的"[②]。如果联系马克思借鉴尤尔关于工人阶级对抗资产阶级而促进机器的发明应用的观点，这一结论就更加淋漓尽致地体现出来。马克思指出："自 1825 年起，一切新发明几乎都是工人同千方百计地力求贬低工人特长的企业主发

① ［日］广松涉编注：《文献学语境中的〈德意志意识形态〉》，彭曦译，南京大学出版社 2005 年版，第 39 页。

② 《马克思恩格斯全集》第 4 卷，人民出版社 1958 年版，第 104 页。

生冲突的结果。在每一次多少有一点重要性的新罢工之后，总要出现一种新机器……在18世纪，工人曾经长期地反抗过正在确立的自动装置的统治。"① 第二，机器是劳动工具的集合，而非诸种劳动的组合。针对蒲鲁东基于对机器是分工的反题的抽象理解而认为机器是分工下各种单一劳动的结合，马克思借用拜比吉的机器定义从工艺学的角度正确指认了机器与工具的关系，并简要勾勒了从简单工具到自动机器体系的发展进程。在理解机器问题上，马克思基于拜比吉所做的这种机器与劳动的分离既是对现实情况的真正切近，又为他进一步理解机器大生产的历史意义提供了前提。第三，自动工厂对分工的超越与人的自由发展的可能性路径。马克思借助尤尔对自动工厂生产的描述认识到，机器一方面"加剧了社会内部的分工，简化了作坊内部工人的职能，集结了资本，使人进一步被分割"②；另一方面，自动工厂中的分工消除了劳动的专业性和固定性，"当一切专门发展一旦停止，个人对普遍性的要求以及全面发展的趋势就开始显露出来。自动工厂消除着专业和职业的痴呆"③。尽管在某种程度上，马克思轻信了尤尔所描绘的自动工厂促进人的全面发展的美好前景。但马克思的确从历史唯物主义的视域出发努力探寻基于物质生产方式本身的发展所实现的人类自由发展与解放之路。而这既是对《形态》中相关思路的延续，也将在《共产党宣言》中得到更加明显的体现。

三 《共产党宣言》中的大工业图景与内在矛盾观

《共产党宣言》是马克思恩格斯的历史唯物主义世界观与无产阶级革命运动相结合的第一次公开展示。在这一文本中，马克思恩格斯从历史唯物主义视域出发对资产阶级社会的历史起源、历史作用和内在矛盾作了客观科学的分析。

首先，马克思恩格斯从生产力与生产关系的矛盾运动的角度，对

① 《马克思恩格斯文集》第1卷，人民出版社2009年版，第627—628页。

② 同上书，第628页。

③ 同上书，第630页。

原始土地公有制瓦解以来的全部社会历史都是阶级斗争的历史的观点进行了详细阐述。在他们看来，阶级斗争虽然属于政治上层建筑领域，它在根本上却扎根于一定的经济基础。因此，在过去的各个时代中，一定的生产方式和交换方式造就了自由民和奴隶、贵族和平民、行会师傅和帮工等不同阶级之间的对立和斗争。资产阶级和无产阶级的对立同样是生产方式和交换方式发生变革的产物。具体来说，工商业的发展促使工场手工业取代了封建行会，工业中间等级取代行会师傅；而随着工业革命的发展，现代大工业代替了工场手工业，现代资产阶级代替了工业中间等级，于是资产阶级获得不断发展。因此，"现代资产阶级本身是一个长期发展过程的产物，是生产方式和交换方式的一系列变革的产物"①。而无产阶级同样也是资本主义生产方式变革的产物。

其次，资产阶级在历史上曾起过非常革命的作用。这主要体现在生产力和生产关系的变革两个方面。就生产力来说，"资产阶级在它的不到一百年的阶级统治中所创造的生产力，比过去一切世代创造的全部生产力还要多，还要大。自然力的征服，机器的采用，化学在工业和农业中的应用，轮船的行驶，铁路的通行，电报的使用，整个整个大陆的开垦，河川的通航，仿佛用法术从地下呼唤出来的大量人口，——过去哪一个世纪料想到在社会劳动里蕴藏有这样的生产力呢?"② 显然，马克思这里对资本主义生产力的速描在很大程度上是拜比吉和尤尔展现的机器大工业图景所提供的。而就生产关系而言，生产力的发展所带来的生产方式的变革带来了社会关系的各个方面的变革。譬如，前资本主义社会中的封建的、宗法的、伦理的和田园诗般的社会关系都被人与人之间的赤裸裸的金钱关系所取代，"一切等级的和固定的东西都烟消云散了，一切神圣的东西都被亵渎了"③。不仅如此，基于现代生产方式的世界市场和全球化浪潮把一切民族甚至最野蛮的民族也卷入文明之中，使农村屈服于城市，使未开化和半

① 《马克思恩格斯文集》第2卷，人民出版社2009年版，第33页。
② 同上书，第36页。
③ 同上书，第34—35页。

开化的国家屈从于文明的国家，使东方屈从于西方。这些变革不仅属于经济学领域，而且在工艺学所关注的直接生产领域都有着更加直观的体现。

最后，资产阶级社会中生产力与生产关系的内在矛盾。资产阶级用法术召唤出来的巨大生产力已经变成置自身于死地的武器，成为它自己无法支配和驾驭的魔鬼。因为以生产过剩为表征的商业危机已经“在周期性的重复中越来越危及整个资产阶级社会生存”①，这表明，生产力已经强大到资本主义生产关系不能适应的地步，而且已经受到这种关系的阻碍。同时，资产阶级还造就了运用这种武器的现代无产阶级。在现代大工业中，无产阶级的处境越来越糟糕。这不仅表现在机器大生产中工人的劳动由于机器和分工的推广而丧失了任何独立的性质，变为机器的单纯附属品，只从事极其简单枯燥的操作，因而不得不忍受工资的不断减少；而且表现在工厂制度下工人成为时刻都要受到机器和监工监视的奴隶。这些正是对《形态》中大工业对工人的破坏性影响的具体展开。因而只有在工艺学的语境中才能更加清楚地把握其中的内涵。但同《形态》有所不同的是，在《宣言》中，马克思恩格斯对资本主义生产力与生产关系的内在矛盾的理解更多的是落脚于商业危机和生产过剩。这一差异表明了马克思恩格斯对于资本主义生产力与生产关系之内在矛盾的理解发生了重要变化。

四　重新理解《共产党宣言》的思想史地位

我们知道，基于生产力与生产关系之内在矛盾规律来论证资产阶级必然灭亡、无产阶级必然胜利是历史唯物主义的根本意蕴和终极目的。而在马克思的思想发展历程中，他对于资产阶级社会的生产力与生产关系的内在矛盾的理解并不是一以贯之的，而是存在一个不断深化发展的过程。而这也成为我们从马克思主义发展史的角度正确认识《共产党宣言》的理论地位的重要切入口。

---

① 《马克思恩格斯文集》第2卷，人民出版社2009年版，第37页。

如前所述，马克思恩格斯在《形态》中基于工艺学语境中的机器大工业图景对于资本主义生产力与交往形式之内在矛盾的理解主要落脚于资本主义私有制下大工业对于人的主体能力的破坏性影响，即大工业的双重社会效应以人的能力发展为尺度的现实表征。因此，此时马克思对生产力与交往形式的内在矛盾的理解更倾向于历史发展的主体向度。

而在《宣言》中，马克思恩格斯对内在矛盾的理解发生重要变化。这种内在矛盾更多地表现为作为客观社会经济现象的商业危机和生产过剩，而且这种危机会像社会瘟疫一样使原本繁荣的社会历史进程退回"一时的野蛮状态"，"仿佛是一次饥荒、一场普遍的毁灭性战争，使社会失去了全部生活资料；仿佛是工业和商业全被毁灭了"。这表明生产力已经被生产关系所严重束缚和阻碍，但如果"它一着手克服这种障碍，就使整个资产阶级社会陷入混乱，就使资产阶级所有制的存在受到威胁"。而且，资产阶级的种种克服危机的办法只会带来更全面更猛烈的危机。这就意味着，在此时的马克思恩格斯看来，商业危机就像资产阶级社会机体的癌症一样虽然暂时无法使资产阶级社会马上灭亡，但终究会越来越严重，直至灭亡。而这种从病理性危机的视角出发对资产阶级社会的诊断显然是受了1848年革命浪潮的影响。但是，随着1848年革命最终以失败而告终，这也宣告了马克思恩格斯在内在矛盾的外在表征和根本性质上的判断是存在局限性的。

到了《资本论》及其手稿中，马克思通过借助经济学和工艺学资源对资本主义生产方式的深入细致分析发现，资本主义经济危机并不是一种病理性危机，而是一种生理性危机。这意味经济危机是资本主义社会有机体的正常"生理现象"，并不会直接带来资本主义的灭亡。但资本主义生产方式本身蕴含着更根本性的绝对限制，那就是一般利润率趋于下降的规律。马克思深刻指出，随着资本主义生产力的迅速发展，可变资本同不变资本和总资本的比率将不断下降，这就导致"在劳动剥削程度不变甚至提高的情况下，剩余价值率会表现为一个不断下降的一般利润率"[①]。我们知道，利润率是资本主义生产的根本动力，如果生产无法获得利润，那么资本主义生产将会彻底停顿。而受资本关系的影响，"资本主义生产方式包含着绝对发展生产力的趋势"[②]，因此，一般利润率下降将是资本主义生产的必然趋势，因此资本主义再生产必然会遭遇不可克服的绝对边界和危机，因而资本主义制度最终必然走向灭亡。这里，马克思从资本主义生产方式内部发现了生产力与生产关系永远无法克服的内在矛盾。这一认识显然要比《宣言》中以病理性的商业危机为表征的内在矛盾观更加深刻和科学。

综上所述，透过马克思的思想发展历程，我们会发现，《宣言》作为科学社会主义的第一个文献，是马克思的一定思想发展阶段的产物，其中关于资本主义机器大工业的历史意义与内在矛盾的认识在很大程度上得益于马克思早期对拜比吉、尤尔等人的工艺学著作的研究与利用。而马克思在不同时期对工艺学的接受程度和利用水平有着重大差异。在《评李斯特》中，马克思受人本主义异化逻辑残余的影响，主要是从否定意义上利用尤尔的机器大生产描述。到了《形态》中，马克思主要是基于工艺学所展现的大工业的双重效应、从人的主体能力发展角度来理解生产力与交往形式的内在矛盾，因而还主要停留在历史唯物主义的主体向度层面。而在《宣言》中，马克思更加充分地利用了工艺学资源，并更深入地认识到工业生产力的巨大发展所导致的生产过剩与商业危机成为资本主义生产的内在矛盾症结，实现对内在矛盾的理解转向客体向度。然而，这种内在矛盾观仍然没有抓住问题的本质，直到《资本论》及其手稿中马克思才通过对资本主义生产方式和一般利润率下降趋势的科学而真正揭示了资本主义社会内在矛盾的根本秘密。因此，《宣言》构成了马克思恩格斯的历史唯物主义和资本主义批判理论发展的重要转折点。

---

① 《马克思恩格斯文集》第7卷，人民出版社2009年版，第237页。

② 《马克思恩格斯全集》第46卷，人民出版社2003年版，第278页。

《共产党宣言》文本阅读及其中国实践的方法论启示

——基于20世纪30年代叶青与艾思奇论战的思考

覃世艳*

一　20世纪30年代叶青与艾思奇的哲学论战

20世纪30年代发生了一场声势浩大的哲学论战，一般称之为唯物辩证法论战，它是中国现代哲学史上的一个重大事件，也是马克思主义哲学在中国传播与发展历史进程中的一个重大事件。其议题极为丰富，比如，唯物辩证法的实质和作用、哲学能否消灭、科学与哲学的关系、宇宙观、认识论、历史观与人生观等。这场论战最终演变为关于中国社会性质以及中国道路向何处去的广泛讨论，产生了以叶青（1896—1990）为代表的"外铄论"和以艾思奇（1910—1966）为代表的"自主论"两派鲜明的不同立场。非常有意思的是，他们都寻求《共产党宣言》的文本支持，不过却形成了对《共产党宣言》的不同解读。不同的解读方式自然会形成对中国社会性质和中国发展道路的不同判断和结论。可见，科学解读《共产党宣言》至关重要。艾思奇等人通过辩证解读《共产党宣言》，结合中国国情，最早有力地抨击了中国道路的"外铄论"，提出了中国发展的"自主论"。

---

* 覃世艳（1978—　），女，湖北荆州人，哲学博士，西南交通大学马克思主义学院副教授，主要研究方向：马克思主义哲学。

1.《共产党宣言》与中国社会性质的判断："一般性"与"特殊性"的分歧

《共产党宣言》第一部分花了大量篇幅阐述了世界历史的一般形成过程，特别是阶级社会以来，资本的逻辑一定会在全球生根、开花、结果，哪里有廉价的劳动力、哪里有廉价的资源，资本的力量就一定会渗透到哪里，最后的必然结果是：农村从属于城市、不发达国家从属于发达国家、农民阶级从属于资产阶级、东方从属于西方。不过，物极必反，资产阶级的壮大同时也诞生了自己的掘墓人——无产阶级，正像资产阶级的全球扩张不可避免一样，无产阶级作为资产阶级的伴随物、衍生物也是不可避免的。然而，基于社会发展动力学说和人民性的价值立场，资本主义的灭亡和共产主义的到来一定是必然的。

这是我们现在极为熟知的《共产党宣言》第一部分的内容。除此之外，还有其余三部分的内容。字面意义是一回事，而文本原意却有待于我们进一步挖掘。《共产党宣言》探讨了自资产阶级产生以来资本全球化的世界历史的一般性进程。原理的一般性是否适合各国的特殊性呢？是一般性蕴含着特殊性，还是特殊性蕴含着一般性呢？叶青与艾思奇产生了分歧。

可能是受到马克思主义社会发展五形态说的影响，叶青认为中国告别封建社会形态之后，就自然过渡到资本主义社会了，辛亥革命终结了中国的封建社会，从那以后中国就正式进入了资本主义社会，"中国近几十年底历史处于由封建到资本的阶段"①。"到辛亥，王权遇着革命有如落叶遇着秋风一般，很容易地坠落了。"② 于是，叶青便认为自己对社会性质的把握是最准确的，便批评起"半封建社会"的中国社会性质论来："不看重新的近代商工业之兴起以中国经济为半封建的人，更不能把握现实。"③ 既然中国社会性质是资本主义的，要受到马克思主义全球化辩证逻辑的影响，必须要主动地融入全球化

① 叶青：《中国历史之要求》，《抗战的根本问题》，民族出版社1937年版，第2页。
② 同上书，第3页。
③ 同上书，第5页。

体系之中，所以判断中国社会性质要符合马克思在《共产党宣言》中的一般性论述。艾思奇则认为中国的社会性质并非是资本主义的，而是“半殖民地半封建的”，这是中国社会性质的特殊性，故而并不适合《共产党宣言》的一般性原理，但是《共产党宣言》所阐述的社会主义社会性质、共产主义理想、无产阶级政党先行执政等思想是中国道路的目标。

表面上，叶青与艾思奇一样，重视《共产党宣言》文本，特别关注《共产党宣言》的第一部分“资产者和无产者”，重视《共产党宣言》对于中国社会性质的判断极为重要。但是，实际上，前者运用《共产党宣言》的字面意义来佐证自己的论点，无视中国社会的特殊性，将马克思的一般性结论生硬照搬到中国社会，继而得出中国只能等待资本主义社会，等待阶级革命；后者读出了《共产党宣言》的“言外之意”，结合中国国情，创造性抓住了文本原意，继而对中国社会性质及其变化能作出正确的判断。

2.《共产党宣言》与中国道路的选择：“外铄论”与“自主论”的分野

叶青认为中国道路是受外力（因）决定的，因为从中国封建文化不能产生近代文化，所以中国走什么路、如何走，都是要受外力决定的，此即“外铄论”。他说：“从前一个社会史家（马克思——引注）在鸦片之役后六年说：欧洲市民以廉价的生产品作大炮，把中国一切城垣都打穿了，便顽强地抵抗外国人的野蛮人投降。他用死底处罚使他们输入所谓文明，即采用他的生产方式。他把他们牵入于文明底进程之中。他依照他底那样法鼓铸世界。”[①] 叶青一直拿这句话作为论证中国社会是“外铄”造成的根据。叶青还认为马克思恩格斯“新物质论底两个创立者，深知道这一点。所以他们对于落后国、对于东洋、对于中国之走到近代文化，就采取外力影响说”[②]。所以，“中国底资本主义是外烁的，从欧洲输入”[③]。

---

① 叶青：《中国历史之要求》，《抗战的根本问题》，民族出版社1937年版，第2页。

② 叶青：《反读经论中的问题》，钟离蒙、杨凤麟主编《中国现代哲学史资料汇编·中国文化问题论战上》，辽宁大学哲学系1982年版，第133页。

③ 叶青：《中国历史之要求》，《抗战的根本问题》，民族出版社1937年版，第2页。

艾思奇认为，“‘外烁论’对于中国社会的发展有歪曲的见解……它认为中国近代社会的发展全然是受‘外力’即帝国主义势力的左右”[①]；外烁论提出者的目的是提倡大家与敌人忍让和妥协，“是认为要解决中国的问题，只有在世界的问题解决之后，中国在现在只有等待和忍受而已”[②]。艾思奇不同意叶青的观点，他以日本的明治维新为例，说明不能把外力的刺激看成决定性因素，因为“没有内部的矛盾，换一句话，在封建社会若没有资本主义的根苗，外力的刺激是唤不起什么维新运动的”[③]。故而，中国发展道路不可以受制于外国或者外力，而应该从中国特殊国情出发，选择自主性道路，才能有出路。

显然，面对同一个文本，叶青与艾思奇运用了不一样的解读方法，前者是本本主义的，后者是联系中国国情、创造性解读的，自然会得出不同的结论。

3.《共产党宣言》与中国实践：照抄照搬式运用还是创造性运用?

表面上看，叶青非常“忠实”于《共产党宣言》文本，他“赞同”马克思主义的资本全球化逻辑，认为依照这一逻辑，中国近代社会是受外力作用的结果，而不是中国社会性质内在性变化的结果，故而中国只能遵照《共产党宣言》的设计方案，让资本主义（帝国主义）来拯救中国。不仅如此，叶青还认为应该学习西方新的东西，“我们所有的哲学、科学、文学堆满了书店和流行于学校的，都从外国来，纯属采用性质。为什么我们要去采用外国的呢？因为我们不采用时，那些国家便用大炮来打我们。就是比我们先采用的国家，也要来向我们进攻。从雅〈鸦——引注〉片战争到甲午战争和‘拳匪’战争，连最顽固的贵族也打怕起来了。于是我们一天一天

① 艾思奇：《目前中国文化界的动向（1936.8）》，《艾思奇全书》第1卷，人民出版社2006年版，第741页。

② 艾思奇：《思想方法论（1936.11）》，《艾思奇全书》第2卷，人民出版社2006年版，第125页。

③ 艾思奇：《历史的内因论的具体问题——答陶明渊君（1936.9）》，《艾思奇全书》第1卷，人民出版社2006年版，第765页。

地学它们。‘洋务’运动是皮毛的模仿，不够的，必须来一个‘五四’运动，澈底否定自己，澈底采用人家。欧洲底哲学、科学、文学遂大量地输入起来。……那么我们所有的新东西，就不是从旧东西中产生出来的了！”[①] 看来，《共产党宣言》也只是叶青拿来论证自己论点的权宜之计，他更看重的是西方“所有的新东西”，由于没有共产主义信仰和中国必胜的信念，他悲观地认为，中国道路，只能由外国设计，而中国不可以有任何自主性。这样看来，也难怪叶青“照抄照搬式运用”《共产党宣言》原理了。立场决定方法，看来一点也不假。

由于叶青其实被认为是“中国唯一的马克思学徒了……在国内真正唯物辩证论的敌人中，没有另外的人更能象他那样，用煌煌然系统理论的姿态取得读者相信”[②]。所以，叶青的论点具有很大欺骗性，影响极坏。艾思奇在《哲学与生活·关于内因论与外因论——答韦尚白君（1936.6）》一文中指出：“我们再说《宣言》上的话。这里我们要指出，对于过去的文献，我们应该抓住它的真义，不能断章摘句地依着自己的意思来曲解。卡尔的话，是就整个世界资本主义的发展而言的，他的意思，是指资本主义的发展，将冲破一切的国界，而把全世界一切国家形成一个整个的体系。这是资本主义的发展一般动向。这动向虽然在一切国家都不能例外，但各个国家究竟怎样具体地合流到这一般的动向里去呢？那实在要依着各国的自身内部矛盾而有着不同的特殊表现的。这一点，卡尔的《宣言》不曾提到，因为《宣言》的任务本来只能论到一般的倾向。”[③] “叶青虽然到处在引用

---

① 叶青：《叶青先生的意见》，《教育杂志》1935 年第 3 期；另见李文海主编《民国时期社会调查丛编·文教事业卷》，福建教育出版社 2014 年版，第 557 页。

② 彭世福：《任卓宣生平述略》，《心秋岁月》2004 年第 4 期；据丁守和、马勇、左玉河等主编的《抗战时期期刊介绍》（社会科学文献出版社 2009 年版）中关于《大声》杂志的介绍，的确有艾思奇发表过的《哲学论争的回顾》一文，是在复刊号第 9 期刊登的。《大声》周刊创刊于 1937 年 1 月，停刊于 1937 年 4 月。1937 年 11 月复刊于成都，由车耀先主编，成都《大声》周刊出版发表。1938 年 8 月停刊。见《抗战时期期刊介绍》第 785—786 页。

③ 艾思奇：《哲学与生活·关于内因论与外因论——答韦尚白君（1936.6）》，《艾思奇全书》第 2 卷，人民出版社 2006 年版，第 331—332 页。

‘文献’，却到处在曲解了文献的精神。把《宣言》上的关于资本主义发展的一般动向的文句，当做中国的特殊表现的充足的说明。叶青自己虽然说到‘一般之中有特殊’，其实在这时他才是全然不懂得特殊的表现的真义。”①

二 《共产党宣言》“文本意义”的多重解读以及对论战的评判

一千个读者，就有一千个哈姆雷特。同理，一千个读者，就有一千种对《共产党宣言》的解读方法。故而，对于叶青与艾思奇对《共产党宣言》的解读分歧，我们似乎不足为奇。然而纵使存在不同的阅读视野，我们仍然要注意正确解读。

1. 解释的视角

阿尔都塞曾在《读资本论》中提出过两种不同的解读方法，其一为“有罪的阅读”，其二为“无辜的阅读”。他认为阅读都是带有“前理解”的，这是一种阅读的常态，是一种“有罪的阅读”，不存在“无辜的阅读”。所以，同样阅读《共产党宣言》，作为共产党员的阅读心得与作为非共产党员的阅读心得也是不一样的。艾思奇是共产党员，而叶青不是，立场决定方法，自然二者的阅读体验也是不一样的。基于这一解释学事实，我们能接受叶青与艾思奇读《共产党宣言》的差别，但反对叶青的本本主义阅读方法。

我们应该尽量充实我们的前理解，包括树立马克思主义信仰、掌握马克思主义基本原理和方法，才能走进《共产党宣言》的文本意义。

2. 解释学的视角

文本意义具有面向作者的封闭性与面向读者的开放性两种特性。从解释学的意义上看，《共产党宣言》一经完成，就具有相对独立性，马克思和恩格斯的写作使命已完成，二人的解读（包括各

① 艾思奇：《哲学与生活·关于内因论与外因论——答韦尚白君（1936.6）》，《艾思奇全书》第2卷，人民出版社2006年版，第332页。

种版本序言）都只是解读，二人不能垄断对文本的解释权。这说明文本一经完成，《共产党宣言》的文本原意是固定的，它表达了怎样的思想、观点、肩负了怎样的写作任务都已经宣告结束。不过，经典之为经典，就在于它总是在不断的重读中能给予我们全新的启示和价值感。《共产党宣言》在社会主义运动的历史长河的检验中，能够历久弥新，也在于其面向不同时代不同读者，总具有阅读意义的开放性。中国社会主义革命和建设的任务各异，文本总是能够给予我们力量和不同的方法论启迪，以及前进方向的针对性指引。这里面，既有不同时代不同受众所理解到的《共产党宣言》文本意义的差异性，更有不同时代不同受众所理解到的《共产党宣言》文本意义的共通性，不然的话，沟通将无法产生，共识将无法达成，这是解释学视角层面，《共产党宣言》文本意义的封闭性与开放性的辩证法。

一方面，面向作者，《共产党宣言》文本及其意义是确定的，它是马克思恩格斯世界历史理论、全球化理论，以及现代性理论、政党理论等的集中呈现。文本一经完成，作者即已死亡。写作完成之后的马克思恩格斯再阅读《共产党宣言》，他们的身份将从作者转变成读者，如果有了修改，将产生新的文本，而不再是旧有的文本。对此，恩格斯在《共产党宣言》的1872年德文版和1888年英文版序言中都曾经表达了这样的思想，“但是《宣言》是一个历史文件，我们已没有权利来加以修改”[①]。

另一方面，面向读者，《共产党宣言》文本及其意义又具有不确定性，因为读者的阅读总是带有自己的先入之见的，带有时代感（或时代任务）的，故而不同时代不同读者所把握到的《共产党宣言》文本意义具有差异性。不过，这种差异性并非完全异质性的，总是对马克思主义真精神的某种程度的“走近”或“走进”。这是《共产党宣言》文本意义的封闭性与开放性的辩证法。

叶青没有意识到《共产党宣言》文本意义的开放性，却死守着文本的字词意义，自然不可能正确理解文本。

---

① 《马克思恩格斯选集》第1卷，人民出版社2012年版，第387页。

3. 认识论的视角

恩格斯在1872年《共产党宣言》的德文版序言中曾经这样说，“不管最近25年来的情况发生了多大的变化，这个《宣言》中所阐述的一般原理整个说来直到现在还是完全正确的。某些地方本来可以作一些修改……第二章末尾提出的那些革命措施根本没有特别的意义。如果是在今天，这一段在许多方面都会有不同的写法了……这个纲领现在有些地方已经过时了”①。这是文本的作者恩格斯在文本完成25年之后，根据变化了的情况，作出的实事求是的自我评价。恩格斯的这番话体现了理论与现实的时代辩证法。现实总是发展变化的，而作为历史精神的思想理论却往往会具有滞后性。马克思恩格斯曾在不少著作中对资本主义的“永恒论”进行过猛烈批判，他们对于自己的理论也是持批判态度的，并不认为马克思主义放之四海而皆准，而应以时间、地点和条件为转移，这是马克思主义真精神和唯一不变的方法。

马克思主义从来不是教条，不是放在抽屉里的现成的烤松鸡，它是对一时一地（资本主义上升时期西欧发达国家）全球化的论述。从认识论的视角来看，思想是对社会现实的反映，思想一旦形成，就固化了，而社会现实仍然在不断的矛盾涌现、变化发展中。所以，马克思经常感慨，我只知道我自己不是马克思主义者，这是他针对一种将其思想固化危险的及时反应。既然马克思主义不是教条、不是现成的结论，那么各国的社会主义革命和建设就应该植根于本国国情，而有的放矢。这并非本本主义。只有对《共产党宣言》持创新性接受的态度，才能通达马克思主义真精神，这是符合思维与存在的关系的辩证法的。

叶青的错误在于割裂了思想与时代的辩证法，不能立足于变化了的情况去把握理论的真正内涵，也违背了马克思主义真精神。

4. 价值论的视角

马克思曾经说过，“一切已死先辈们的传统会像梦魔一样纠缠着活人的头脑”。今天的现实只有在延续历史的意义上才有价值

① 《马克思恩格斯选集》第1卷，人民出版社2012年版，第376—377页。

感。经典文本在当代的价值究竟几何？这既涉及经典（思想）的魅力，也涉及我们对当今时代的判断能力。《共产党宣言》所论证的资本全球化逻辑和世界一体化的历史进程仍然在进行中，所以我们认为《共产党宣言》仍然具有时代价值，马克思还是我们的同路人。

从价值论的视角把握《共产党宣言》文本，要求我们基于马克思主义真精神，做到"回到文本"和"让马克思主义与时俱进"的辩证统一。马克思主义并非《共产党宣言》或其他文本的字词意思，我们应基于整体论的视角，把握完整的马克思主义，同时基于新时代新情况新的问题意识，挖掘《共产党宣言》的新的内涵和价值，不断丰富和发展马克思主义。

叶青的错误在于不能用发展着的马克思主义认识中国实践，看不到《共产党宣言》"与时俱进"的时代价值。

5. 思想史的视角

马克思主义并非某一文本、某一字句或某一视角，我们应该从整体论的视角去把握马克思主义思想。《共产党宣言》与马克思主义理论之间的关系是部分与整体的关系。把握《共产党宣言》单一文本，还应结合马克思主义理论整体；反之，把握马克思主义理论的整体性，也要落实到文本载体之上。这既是整体论的视角，也是思想史的视角。

如果只看到文本，不通晓整体，很有可能"只见树木不见森林"，会犯以偏概全和断章取义的错误；如果只泛泛谈及马克思主义的整体性，却不能落实到具体文本的解读上，也可能会导致理论的空洞无物和不知所云。

叶青的错误在于照抄照搬《共产党宣言》部分段落，并违背马克思主义整体性，佐证其所谓的"外铄论"，正是犯了以偏概全、断章取义、望文生义的错误。

6. 实践论的视角

文本的价值究竟如何？实践是最好的试金石。无论我们承认也好，否认也罢，我们其实都是带着某种时代任务进入到经典阅读视界中的，"研究哲学的人，不能不注意到他的时代的任务，不是研究哲学而要为民族解放做一点事的人，也得要注意到正确的哲学，使得自己的思想方法不至于犯着错误”[①]。所以，实践论的视角也是我们阅读《共产党宣言》极为重要的视角。艾思奇等马克思主义者正是出于极强的时代使命感，对《共产党宣言》基本原理进行了创造性解读，从而为中国道路找寻到正确方向。今天的社会主义实践也证明了艾思奇等人的阅读方法和远见卓识。而叶青由于缺乏共产主义信仰，后来去了台湾，也没能亲身参与中国大陆的社会主义实践，故而从实践论把握《共产党宣言》的视角是缺失的。

实际上，《共产党宣言》提出的共产主义信仰、一直是我党革命和建设事业不懈的奋斗目标。保罗·利科曾在《解释的冲突》一书中，这样说：“任何传统都因受惠于解释而得以存在；传统正是以此为代价而得以持续并保持生气。”《共产党宣言》这一经典文本之所以备受马克思主义者推崇，就在于它常读常新，并总是能够指导社会主义革命和建设事业走向成功。《共产党宣言》是毛泽东一生中读过遍数最多的书，邓小平曾经深情地说他的入门老师是《共产党宣言》等书籍，习近平也认为学习马克思主义基本理论是共产党人的必修课，要“提高全党运用马克思主义基本原理解决当代中国实际问题的能力和水平，把《共产党宣言》蕴含的科学原理和科学精神运用到统揽伟大斗争、伟大工程、伟大事业、伟大梦想的实践中去，不断谱写新时代坚持和发展中国特色社会主义新篇章”。也正是源于对《共产党宣言》的不断创造性解读，中国共产党人不断地找寻到适合本国国情的中国革命道路和建设道路。

三　《共产党宣言》文本解读的中国方法论

中国是坚定走马克思主义道路的国家，马克思主义是我党的指导

---

① 艾思奇：《民族解放和哲学（1936.4）》，《艾思奇全书》第1卷，人民出版社2006年版，第641页。

思想和意识形态。马克思主义文本是我党常读常新的经典，《共产党宣言》是其中之一。我们不应该像叶青那样断章取义，只从字面意义去解读《共产党宣言》，而应该像艾思奇那样坚持从文本原意出发，结合中国国情，创造性解读《共产党宣言》，把握马克思主义的真精神、真方法。正是这种创造性解读，为我国革命和建设找寻到了科学的中国方法。具体而言，《共产党宣言》文本实践历程对于新时代中国特色社会主义现代化强国建设具有怎样的方法论意义呢？

1. 立场决定方法，阅读时应坚定共产主义信仰，坚持马克思主义立场，坚定“四个自信”

叶青的立场决定着他看待马克思主义文本的态度。叶青曾是中共党员，相信马克思主义，可是在残酷的革命斗争中，被捕过一次，而且执行枪决，只是万幸活了下来。之后，他总认为自己已经献了一次生命给共产党，接下来要追求新生，追求新的生命，追求新的生活，不想再过那种担惊受怕的日子了。站在人性的角度，似乎是情有可原的；可是站在马克思主义角度，站在政治的角度，站在共产党员的角度，他并没有经受住考验，并不是坚定的马克思主义者。这一立场也使得他的言论具有折中性、不彻底性，他并没有真正接受马克思主义唯物辩证法。这也使得他变节，基于叛变后的立场，他自然要千方百计地去抹杀马克思主义，抹杀《共产党宣言》所蕴含的革命性、真理性和价值性。

这样看来，叶青采取本本主义的态度对待《共产党宣言》，用字面意义取代文本原意，提出中国发展道路的“外铄论”，是跟其立场蜕变有关的。他变节后的立场遮蔽了他对于《共产党宣言》的科学解读。

所以在谈论《共产党宣言》文本价值以及如何进行文本实践之前，不妨先拷问自己的立场，是否是坚定的马克思主义者，是否有坚定的共产主义信仰，是否坚持“四个自信”。

2. 基于“中国问题”视野，阅读《共产党宣言》

“真理的味道有点甜”，这是1920年《共产党宣言》的早期翻译者陈望道曾经不由自主说出的话。[①]《共产党宣言》的文本魅力就在

---

① 参见《真理的味道如此甘甜》（习近平讲故事），《人民日报海外版》2017年11月2日第5版。

于它能根据变化了的中国情况，给予中国革命和建设以针对性的指导。《共产党宣言》的中国实践说明，应基于中国问题意识，将马克思主义基本原理辩证地运用到中国具体革命和建设中。这就要求我们在阅读《共产党宣言》时，坚持常读常新，坚持理论联系实际，坚持回到马克思主义与发展马克思主义并重，坚持用发展着的马克思主义指导中国实践。

3. 阅读时应坚持“一般性”与“特殊性”、“源”与“流”的辩证法，坚持中国现代性的自主性，坚定“四个自信”

马克思主义的方法论告诉我们，一切以时间、地点、条件为转移。这也是马克思主义的真精神，在运用马克思主义一般性原理时，应注意具体问题具体分析。马克思主义的基本原理是建立在对西欧发达资本主义国家现代化考察的基础之上得出的。较之于西欧发达国家，中国革命和建设很显然具有极强的差异性。运用马克思主义一般性原理应注意结合中国的特殊性国情。唯物辩证法告诉我们：“特殊性”体现“一般性”，“特殊性”也能充实丰富“一般性”。所以，我们在阅读《共产党宣言》时应注意把握“一般性”与“特殊性”、“源”与“流”的辩证法，坚持中国现代性的自主性，坚定“四个自信”，只有这样，才能丰富和充实马克思主义理论。

4. 阅读时还应警惕假的、伪的马克思主义者对思想的扰乱

《共产党宣言》因其思想性、革命性、真理性、价值性、方法论、文字的优美性等，一直备受读者欢迎。据说《共产党宣言》也是美国中学生的阅读书物。一般说来，基于不同立场，会形成不同的阅读体验。习近平指出，目前的意识形态领域斗争依然复杂。我们在阅读时还要警惕假的、伪的马克思主义者对《共产党宣言》文本价值的否定、歪曲甚至诋毁。

二　马克思恩格斯哲学思想史综合研究

马克思主义理论研究中存在的四个时间节点、重大历史性事件及其问题真相
——写在马克思诞辰200周年、《共产党宣言》发表170周年与真理标准问题讨论40周年之际

李惠斌*

党的十九大报告指出："实践没有止境，理论创新也没有止境。世界每时每刻都在发生变化，中国也每时每刻都在发生变化，我们必须在理论上跟上时代，不断认识规律，不断推进理论创新、实践创新、制度创新、文化创新，以及其他各方面创新。"作为马克思主义理论的研究者，我们必须在理论上跟上时代。

新时代需要新的理论。虽然我国目前仍然处于并将长期处于社会主义的初级阶段，但是，由于40年的改革开放和社会主义市场经济建设，我国已经走出社会主义的贫穷阶段，正在向一个富强与公平的社会主义新阶段过渡。新时代有新的问题，需要新的理论。所以，中国的马克思主义理论需要再次创新。

"走俄国人的路。"这曾经是中国老一辈革命家的共同选择。"十月革命一声炮响，给中国送来了马克思列宁主义。"这是马克思主义在中国传播的开端和基本特征。列宁根据在东方落后国家进行革命的特殊情况，以无产阶级革命家的胆略和智慧，修改和发展了马克思主义创始人依据西方发达国家的实际情况建立起来的基本理论，创立了列宁主义。在这种理论的指导下，包括中国在内的东方落后国家一度成功地进行了社会主义革命和建设的伟大实践。40年前，这种理论

* 李惠斌（1954— ），男，中央编译局马克思主义研究部原副主任，中央编译局马克思主义与中国现实问题研究中心主任。主要研究领域：马克思主义哲学、政治经济学。

和实践中的问题和不足开始得到各种形式的纠正，中国在其中成功地选择了社会主义市场经济的改革开放道路。正如党的十九大报告所说，40 年的发展，我国已经进入了一个新的时代。

在这种情况下，我们是否有必要重新回望一下那个没有被修改过的马克思主义创始人依据发达国家的情况建立起来的有关未来社会的基本理论？敬畏一下马克思和恩格斯这两位马克思主义的创始人，看看他们当时面对那个发达的西方社会提出的革命理论和所思所想，然后再考虑我们今天的理论创新，或许会有意想不到的理论收获。

在这个研究中，笔者没有试图建立新的理论，也不可能建立新的理论，所以使用了“真相”两个字。并不是说别人故意掩盖了某种东西，而是因为时代的原因，有些浮尘是需要打扫的。恩格斯晚年说过，他与马克思“曾被某些人当作革命叛徒革出教门”。我们今天大概不会再有这种现象了。

我们这里按照四个时间节点和四个历史事件，分别给出马克思主义理论发展过程中的四个问题真相的资料，以便于读者自己加以分辨。

第一个时间节点：1839 年；历史事件：马克思写作《伊壁鸠鲁哲学笔记》与《博士论文》；问题真相：创立新唯物论，不是唯心主义。

1907 年弗兰茨·梅林（1846—1919）写道：“马克思所走过的从《共产党宣言》到《资本论》的这一段路，对我们来说是非常清楚的，但是，他的一生的最初那很长一段时间，即他从黑格尔的忠实学生变为《共产党宣言》的作者的那段时间，长期以来却无人知道，直到现在也还很不容易搞清楚。”①

在这几篇论文中，马克思还完全站在黑格尔主义者的立场上。诚然，他已经是一个极想从虚幻世界走向现实世界的激进的黑格尔主义者，但毕竟还是一个从纯粹唯心主义的前提引出结论的黑格尔主

① ［苏］拉宾：《论西方对青年马克思思想的研究》，马哲译，人民出版社 1981 年版，第12 页。

义者。[①]

马克思在1839年冬季写的《伊壁鸠鲁哲学笔记二》中有一段话，他写道："主体性在它的直接承担者身上表现为他的生活和他的实践活动，表现为这样一种形式，通过这种形式他把单纯的个人从实体性的规定性引到自身中的规定；如果撇开这种实践活动，那么它的哲学内容就仅仅是善的抽象规定。他的哲学就是，他促使实体上存在着的表象、差别等转化为自身的规定。"[②] 这就是马克思在几年后写的《关于费尔巴哈的提纲》中讲的新唯物论的基本特点[③]，或者说，这是马克思赖以批判费尔巴哈的基本观点，即他的新唯物论的基本观点。主体性或主观性有一个直接的承担者，在他身上主体性或主观性则表现为他的生存活动和实践活动；它把实体性的或客体的规定性转引为自身的规定，即把实体中存在着的表象和差别等转化为自身的规定。这就是马克思讲的从主体方面去理解现实、感性和客体的意思。哲学中的对象、现实和感性存在物是人的实践的产物，正是这种实践活动赋予了它们主体的规定性。

第二个时间节点：1850—1895年；历史事件：马克思《1848—1850年法兰西阶级斗争》与恩格斯1895年写的序言；问题真相：放弃"旧式的起义"（街头暴力活动），选择以普选为主的民主社会主义道路。

马克思恩格斯在写完《共产党宣言》后不久，思想发生了重大转变，放弃暴力革命理论，转向民主社会主义。时间持续了50年。这个真相是由恩格斯晚年揭示出来的。

马克思恩格斯的思想转变问题（1850秋季）《1848—1850年法兰西阶级斗争》（第19卷）以及恩格斯1850年写的导言（第22卷）。

---

① ［德］费·梅林：《德国社会民主党史》第1卷，青载繁译，生活·读书·新知三联书店1963年版，第145—146页。

② 《马克思恩格斯全集》第40卷，人民出版社1982年版，第69页。请注意！这里笔者把中译本中的"主观性"修改为"主体性"。

③ 马克思在这里写道："从前的一切唯物主义——包括费尔巴哈的唯物主义——的主要缺点：对对象、现实、感性，只是从客体的或者直观的形式去理解，而不是把它们当做人的感性活动，当做实践去理解，不是从主体方面去理解。"《马克思恩格斯选集》第1卷，人民出版社2012年版，第133页。

由马克思和我1850年秋季出版的最后一期合刊号（5—10月）所写的那篇《时评》就已经永远抛弃了这种幻想，那里指出：“（在这种普遍繁荣的情况下，即在资产阶级社会的生产力正以在整个资产阶级范围内所能达到的速度蓬勃发展的时候，也就谈不到什么真正的革命。只有在现代生产力和资产阶级生产方式这两个要素互相矛盾的时候，这种革命才有可能……）新的革命，只有在新的危机之后才可能发生。但新的革命正如新的危机一样肯定会来临。”然而这是我们所必须作的唯一重大修改。①

……

我们却早在1850秋季就已经宣布，至少革命时期的第一阶段已告结束，而在新的世界经济危机爆发以前什么也等待不到。因为这个缘故，我们当时曾被某些人当作革命叛徒革出教门。可是这些人后来只要受到俾斯麦的拉拢，就几乎毫无例外地跟俾斯麦和解了。②

但是，历史表明我们也曾经错了，暴露出我们当时的看法只是一个幻想。历史走得更远：它不仅打破了我们当时的错误看法，而且还完全改变了无产阶级进行斗争的条件。1848年的斗争方法，今天在一切方面都已经过时了，这一点值得在这里比较仔细地加以探讨。

……

历史表明，我们以及所有和我们有同样想法的人，都是不对的。历史清楚地表明，当时欧洲大陆经济发展的状况还远没有成熟到可以铲除资本主义生产的程度；历史用经济革命证明了这一点，从1848年起经济革命席卷了整个欧洲大陆……③

……

正如马克思所预言的，1870—1871年的战争和公社的失败，暂时使欧洲工人运动的重心从法国移到了德国。④

---

① 《马克思恩格斯文集》第4卷，人民出版社2009年版，第536页。

② 同上书，第538页。

③ 同上书，第540页。

④ 同上书，第543页。

……

德国工人仅仅以自己作为最强有力、最守纪律并且增长最快的社会主义政党的存在，就已经对工人阶级事业作出了头一个重大贡献，而除此以外，他们还对这个事业作出了第二个重大贡献。他们给了世界各国的同志们一件新的武器——最锐利的武器中的一件武器，向他们表明了应该怎样使用普选权。①

……

这里斗争的条件毕竟已经发生了根本的变化。旧式的起义，在1848年以前到处都起过决定作用的筑垒巷战，现在大大过时了。

我们对此不应抱什么幻想，因为在巷战中起义者对军队的真正胜利，像两支军队之间的那种胜利，是极其罕见的。而起义者指望获得这样的胜利，也是同样罕见的。②

……

不言而喻，我们的外国同志们没有放弃自己的革命权。须知革命权是唯一的真正“历史权利”。③

第三个时间节点：1871年；历史事件：巴黎公社；问题真相：无产阶级专政是民主自治的表述，而不是阶级镇压。

1871年的巴黎公社创造了一种新的政权形式，这就是无产阶级专政。所以，研究巴黎公社的学者的第一句话一般都会说，巴黎公社“创立了人类历史上第一个无产阶级专政的国家形式”。但是，这种说法是不正确的。因为在马克思的思想中，国家和无产阶级专政完全不是一回事。

马克思在总结巴黎公社的经验时对无产阶级专政这个概念进行了系统的论述。马克思所理解的无产阶级专政指的是一个没有职业军队，没有职业警察，没有职业官吏，甚至没有职业法官和审判官，是一种以人民自治为主要内容的社会治理方式。马克思在这里首先对国

---

① 《马克思恩格斯文集》第4卷，人民出版社2009年版，第544页。

② 同上书，第546页。

③ 同上书，第550—551页。

家机器进行了批判，认为国家机器是一个凌驾于社会之上、要由社会供养的一个多余的赘瘤，在由无产阶级掌握政权之后它将自行消亡。取代它的是一个只具有管理或服务职能的“廉价政府”或“社会的代表”，从而“给共和国奠定了真正民主制度的基础”。马克思写道：“公社体制会把靠社会供养而又阻碍社会自由发展的国家这个寄生赘瘤迄今所夺去的一切力量，归还给社会机体。”① 马克思在强调国家这个寄生赘瘤的自行消亡的同时，充分肯定了公社所实行的公职人员普选制度。马克思写道：“法官和审判官，也如其他一切公务人员一样，今后均由选举产生，对选民负责，并且可以罢免。”② 这就是说，马克思认为一切公务人员，包括法官和审判官，都要通过选举的方式产生，对选民负责，并且可以罢免。

恩格斯在总结了这两个方面的内容之后告诉他的读者：“你们想知道无产阶级专政是什么样子吗？请看巴黎公社。这就是无产阶级专政。”③ 在这里，不管是马克思还是恩格斯，都只是讲了两个内容，一个是国家消亡，一个是公务员普选。现在我们再来更完整地看恩格斯的上面那句话：

> 实际上，国家无非是一个阶级镇压另一个阶级的机器，而且在这一点上民主共和国并不亚于君主国。国家再好也不过是在争取统治的斗争中获胜的无产阶级所继承下来的一个祸害；胜利了的无产阶级也将同公社一样，不得不尽量立刻除去这个祸害的最坏方面，直到在新的社会条件下成长起来的一代有能力把这国家废物全部抛掉。④

恩格斯这里的话非常清楚地告诉我们，国家和无产阶级专政不是一回事。国家是阶级镇压的机器，是一个祸害，而无产阶级专政不是。不仅如此，无产阶级获胜后要“同公社一样”，“尽量立刻除去

① 《马克思恩格斯文集》第3卷，人民出版社2009年版，第157页。
② 同上书，第155页。
③ 同上书，第111—112页。
④ 《马克思恩格斯选集》第3卷，人民出版社2012年版，第55页。

这个祸害的最坏方面”，直到新的一代“把这国家废物全部抛掉”。在这里，无产阶级专政是公社的原则，它的内容是尽量立刻除去国家这个祸害的最坏方面，以至把这国家废物全部抛掉。

第四个时间节点：1881 年；历史事件：马克思和稍后恩格斯给查苏利奇的信；问题真相：东方社会发展道路问题上放弃跨越说。

俄国革命问题（东方社会发展道路问题）1881 年马克思给查苏利奇的信写了四稿。

俄国革命家查苏利奇于 1881 年 2 月 16 日写信给马克思，告诉他俄国有人自称是马克思主义和马克思的“真正的学生”，他们根据马克思的理论得出了俄国“农村公社注定要灭亡”的结论。查苏利奇在信中表示：“如果你能说明你对我国农村公社的命运以及关于世界各国由于历史的必然性都应经过资本主义生产各阶段的理论的看法，那么，这将使我们获得极大的帮助。”收到这封信之后，马克思对这个问题进行了非常认真的和谨慎的研究，他得出的主要结论是：（1）《资本论》中关于农村公社注定灭亡的历史必然性的论述只是“限制在欧洲各国的范围内”，而俄国的情况完全不同，因此，不能教条主义地照抄《资本论》中的某些结论。（2）由于俄国公社是和资本主义生产同时存在的，而且，它已经具备了集体劳动的一切条件，因此，“它有可能不通过资本主义制度的卡夫丁峡谷，而占有资本主义制度所创造的一切积极的成果。”①（3）只是由于经济上的事实和规律，“公社的现状不能继续维持下去了，并且纯粹由于事物的必然性，现在的剥削人民的方式已经过时了。因此，必须有点新东西，而这种新东西，虽然表现为各种不同的形式，但总不外是：消灭公有制，创造一个由比较富裕的少数农民组成的农村中等阶级，并把大多数农民干脆都变为无产者”。马克思在这里不仅明确地指出了农村公社注定要解体和灭亡的历史必然性，而且给出了解决问题的方法。对此，马克思甚至指出：“不能再浪费时间。必须结束这一切。必须创造一个由比较富裕的少数农民组成的农村中等阶级，并把大多数农民干脆都变成无产者。”马克思这里讲的，正是上面恩格斯讲的使“工人阶级

① 《马克思恩格斯文集》第 3 卷，人民出版社 2009 年版，第 702 页。

和资本家阶级之间的斗争能够先具有普遍的性质”的一种具体手段。不过，马克思在正式回信中只是强调了这里说的第一点，其他两项内容（当然还包括我没有提到的其他内容）只是归结为一句话：“在《资本论》中所作的分析，既没有提供肯定俄国农村公社有生命力的论据，也没有提供否定农村公社有生命力的论据，但是，我根据自己找到的原始材料对此进行的专门研究使我深信：这种农村公社是俄国社会新生的支点”。这就是说，马克思的整个回信只给出了一句肯定的话，即“这种农村公社是俄国社会新生的支点”。不过，马克思给这句话加了两个限定条件，“首先必须排除从各方面向它袭来的破坏性影响，然后保证它具备自然发展的正常条件”。而这两个条件在马克思看来，肯定是不可能具备的。

1885 年 4 月 23 日，恩格斯给这位女公民写信。[①]

> 据我看来，最重要的是：在俄国能有一种推动力，能爆发革命。至于是这一派还是那一派发出信号，是在这面旗帜下还是那面旗帜下发生，我认为是无关紧要的。如果这是一场宫廷革命，那它在第二天就会被一扫而光。在这个国家里，形势这样紧张，革命的因素积累到这样的程度，广大人民群众的经济状况日益变得无法忍受，社会发展的各个阶段——从原始公社到现代大工业和金融巨头——都有其代表，所有这一切矛盾都被举世无双的专制制度用强力禁锢着，这种专制制度日益使那些体现了民族智慧和民族尊严的青年们忍无可忍了，——在这样的国家里，如果 1789 年一开始，1793 年很快就会跟着到来……[②]

① 《马克思恩格斯文集》第 10 卷，人民出版社 2009 年版，第 534 页。

② 1789 年法国大革命开始，1793—1794 年恐怖统治产生，罗伯斯庇尔和雅各宾派倒台后，督政府于 1795 年开始掌权，1799 年拿破仑上台。

康德哥白尼式革命的认识论陷阱与马克思哲学的实践论革命[*]

吕世荣[**]

马克思哲学革命与德国古典哲学的关系一直是学术界关注的基础问题之一。其中关于马克思和黑格尔、费尔巴哈哲学关系的研究比较深入，而关于马克思与康德哲学的关系的研究则不是很深入。目前，这一问题的讨论已逐步呈现。事实上，对这一问题的研究很有必要，这种必要性在于可以从另一个方面呈现马克思哲学革命的实质和意义。而关于马克思与康德哲学的关系问题的研究，正确认识和评价康德哲学哥白尼式革命的实质、意义，是理解二者关系以及理解马克思哲学变革的基础问题，而关于这一问题，学术界的观点不完全一致。其中最主要的观点，是把康德的哲学革命划归认识论领域①，认为康德的哥白尼式革命悬搁了本体论问题的争论，颠覆了传统认识论中主观符合客观的思维方式，确立了以主体为中心的哲学体系和主体论思维方式。同时，还有学者认为康德的哲学革命不只是认识论领域的革命，还在本体论领域、道德领域实现了革命②。但是很少有学者去寻

---

* 本文为国家社科基金项目“马克思主义意识形态思想的演进与发展研究”（17BKS009）的阶段性成果。

** 吕世荣（1954— ），女，河南泌阳人，从事马克思主义哲学研究，河南大学哲学与公共管理学院教授，博士生导师。

① 张慎主编：《西方哲学史·德国古典哲学》，凤凰出版社、江苏人民出版社 2005 年版，第 124 页。

② 参见王治河《康德的“哥白尼革命”与形而上学的重建》，《求是学刊》1990 年第 2 期；张志伟《伦理学中的“哥白尼革命”——兼论康德的道德世界观》，《中国人民大学学报》1993 年第 1 期。

求康德哲学的本体论维度和认识论维度的内在关联性。实际上，康德哲学的革命具有认识论和本体论的双重意义。只有从这个角度才能更好地理解马克思哲学革命与康德哲学的关系以及马克思哲学革命的实质和意义。本文认为：马克思哲学吸取了康德哲学直面现实的批判精神，回答了康德提出的重要哲学问题，同时从根本上破解了康德哲学哥白尼式革命的疑难，即把康德哲学的“理性批判”转化成了“改变世界”的实践批判。

一 康德哥白尼式革命的问题意识和实质

康德哲学革命的实质及其意义是从他面对的问题以及解决问题的过程中体现出来的。

（一）康德哥白尼式革命的问题意识

澄清康德面临和所要解决的问题，是理解康德哲学思想的前提。从哲学史上看，康德哲学是在西方传统形而上学困境和近代哲学认识论困境的背景下产生的，是西方哲学历史发展的结果，是世界近代社会启蒙与传统矛盾的反映。传统形而上学发展到近代出现了认识论转向，这一转向既有哲学自身的原因，也有社会和时代的原因。就哲学自身的原因而言，它主要是指传统形而上学出现了危机，同时包括哲学的认识论研究本身陷入了困境。在康德看来，形而上学危机的实质是人类的理性能力和人类理性的本性所提出的要求产生了矛盾。[①] 一方面，人类理性本性总要穷根究底力求把握认识一切存在物的最后根据，以建立绝对完整的知识体系；另一方面，特定阶段上人类的理性能力是不可能真正实现这一任务的。于是理性能力本身的绝对性、无限性与其受特定条件制约的有限性和相对性之间就产生了矛盾。所谓认识论的危机是指近代哲学关于普遍性知识的来源及其如何和客体的实在性相统一的问题。实际上，深层危机是主体和对象的连接的桥梁

① ［德］康德：《纯粹理性批判》，邓晓芒译，人民出版社 2017 年版，“第一版序”，第 1 页。

的问题，作为认识的主体，通过什么如何和对象接触并获得认识的问题。实际上形而上学的危机和认识论的危机是统一的。形而上学的问题不仅是认识的对象问题，还是需要通过人类的认识不断获得的证明问题。康德认为，解决形而上学独断论的危机，需要考察人的认识能力有多大，而解决普遍性知识的来源性问题，也和考察人的认识能力有关。因此，康德把这两个问题的解决概括为先天综合判断何以可能的问题。围绕这一问题最终形成了唯理论和经验论两大流派。唯理论认为，认识的普遍必然性来自天赋的理性直观，有限的经验不可能产生普遍必然性的知识。经验论则认为认识来源于感觉经验，任何离开感觉经验的知识都是不可靠的，其知识的普遍必然性需由外部事物的客观实在性所保证。以笛卡儿为代表的唯理论者深刻地触及了问题的根本。他以“我思”的绝对主体性肯定了对象的实在性，坚持了思维与存在的同一性。然而，他并没有真正揭示出对“我思”（主体）和“存在”（对象）之间的内在联系，即没能够阐明主体能动地认识对象而确立必然性知识的根据和途径。在笛卡儿这里，主体和对象之间的同一关系被既定为一种纯粹的逻辑联结，关于二者统一的桥梁或中介问题被漠然置之，最后又不得不诉诸上帝。作为经验论者的休谟，则从另一个方面将近代哲学的认识论研究推向了极致。而他将“经验”绝对化的结果也没有能够解决问题，反而是走向了怀疑论，以至于消解了必然性知识的可能性，实则否定了人们理性能力的实在性及其获得真理的必然性。这样一来，无论是经验论还是唯理论，二者都没有真正解决认识的普遍必然性的真理性问题，也没有真正找到思维和存在统一的根据问题，最终陷入了主客二元对立的形而上学迷误。

进而言之，康德面临的哲学问题不仅有传统和启蒙的问题，还有理性与自由的矛盾问题。康德哲学本质上也是“时代精神的精华”。他力图解决的哲学问题是近代西方社会面临的时代课题在哲学领域的升华和聚焦。自然科学的发展一方面动摇了传统形而上学的根基，另一方面又使得科学理性和科学主义流行开来，罢黜了哲学之作为理性化身的地位，限制甚至消解了人的自由。这样一来，如何协调理性与自由的矛盾就成了时代向哲学提出的突出问题。因此康德所发动的哥白尼式革命的直接动机是破解近代哲学陷入其中的认识论困境，其根本动力则是对当时所遭遇的突出现实问题和时代课题进行形而上求解。所以，康德对“纯粹理性”的批判既具有形而上学体制内的理论针对性，也更有其基于哲学高度关注社会发展的现实指向性。本质而言，它不仅是对近代西方社会发展状况和人们的生存状况的哲学思考，更是德国资产阶级对封建制度及其意识形态的斗争。

（二）康德哥白尼式革命的实质

关于康德哥白尼式革命的实质，学术界普遍认为：“这一‘革命’的实质，在于转换了认识的参照系，即一种认识的客观、必然与否，不在于认识是否符合对象，而在于我们有关对象的认识是否遵循了我们在纯粹知性概念（范畴）中所具有的内在、先天的思维法则。”[①] 这种认识是有其合理性所在的。因为康德本人也在《纯粹理性批判》中明确指出：“……这里的情况与哥白尼的最初的观点是同样的，哥白尼在假定全部星体围绕观测者旋转时，对天体运动的解释已无法顺利进行下去了，于是他试着让观测者自己旋转，反倒让星体停留在静止之中，看看这样是否有可能取得更好的成绩。现在，在形而上学中，当涉及到对象的直观时，我们也能够以类似的方式来试验一下。”[②] 康德的这段自白为人们理解其哥白尼式革命提供了直接依据。然而，许多研究者往往只是囿于这样的引述并习惯于在传统的认识论范围来理解问题，以至于直接将这一革命等同为认识论变革，甚至进一步将之简化为“不是知识依照对象，而是对象依照知识”“这里不再是认识依据对象而转移，而是对象依据我们的认识而转移”[③] 这样的命题。

不可否认，康德哥白尼式革命确实具有认识论变革的维度。但如

---

① 张慎主编：《西方哲学史·德国古典哲学》，凤凰出版社、江苏人民出版社 2005 年版，第 124 页。

② ［德］康德：《纯粹理性批判》，邓晓芒译，人民出版社 2017 年版，“第二版序”，第 12 页。

③ ［德］奥特弗里德·赫费：《康德：生平、著作与影响》，郑伊倩译，人民出版社 2007 年版，第 43 页。

果我们把这场哲学变革仅仅限于认识论领域，就无疑缩小了康德哲学变革的意义。第一，康德不是不探讨形而上学问题，而是认为以往对形而上学问题的探讨出现了危机，即人类的认识本性与主体的认识能力发生了矛盾，其局限性在于未经考察人类的认识能力而意图独断地获得关于事物的终极认识。而康德以考察人类的认识能力为基础去论证人类知识的可靠性，这实际上是以认识论为根据考察解决形而上学问题的。所以康德说："我不得不悬置知识，以便给信仰腾出位置"①，"我们在我们的知识之外毕竟没有任何我们可以置于这个知识的对面与之相应的东西"②，而这里所谓的与知识的对面相应的"东西"就是"物自体"这个概念。这样一个"物自体"的设定本身就具有本体论的意向性，实则是康德从前提上对认识的本体问题所作的先验筹划。第二，康德悬搁知识为信仰留下位置的深层含义是要确保人的自由。人作为自由的存在，不在于能够像上帝那样全知全能，而是具有一种由未知求索真知的理性能力；理性的"自由"和自由的"理性"构成人之本质的重要规定。因此，当康德把知识限制在经验范围内，同时又着力于揭示其探索真知的理性能力的本质时，他也就为人的自由提供了一种深刻的先验论证。《实践理性批判》对此作了深入分析："自由的概念，一旦其实在性通过实践理性的一条无可置疑的规律而被证明了，它现在就构成了纯粹理性的、甚至思辨理性的体系的整个大厦的拱顶石，而一切其他的、作为一些单纯理念在思辨理性中始终没有支撑的概念（上帝和不朽的概念），现在就与这个概念相联结，同它一起并通过它而得到了持存及客观实在性，就是说，它们的可能性由于自由是现实的而得到了证明；因为这个理念通过道德律而启示出来了。"③

正是如此，对于康德而言，"通过对理性本身，即人类先天认识能力的批判考察，确定它有哪些先天的即具有普遍性和必然性的要素，以及这些要素的来源、功能、条件、范围和界限，从而确定它能

① ［德］康德：《纯粹理性批判》，邓晓芒译，人民出版社2017年版，"第二版序"，第17页。

② ［德］康德：《纯粹理性批判》，邓晓芒译，人民出版社2004年版，第118页。

③ ［德］康德：《实践理性批判》，邓晓芒译，人民出版社2003年版，第2页。

认识什么和不能认识什么，在这基础上对形而上学的命运和前途作出最终的判决和规定”[①]。这一认识论的诉求固然重要，但是，他的真切意图并不能仅仅局限于认识论的维度。我们看到，康德不仅以很大的精力去解决“我们按照什么样的方式或者什么途径来知道什么”这一问题，并以哥白尼式革命的方式强调“我们关于物先天地认识到的只是我们自己放进它里面去的东西”[②]，更为甚者，他还进一步地强调“我毕竟可以思维自由，就是说，自由的表象至少并不包含矛盾……自由举出我们理性中那些本源的实践原理作为自己的先天证据”[③]。康德的这些举措表明：在认识论的外衣下面，其哲学思想蕴含着不易为人们所察觉的东西，他只是企图借助于认识论何以具有普遍的意义论证人自由的根据。反过来说，也正是康德哲学一再地强调了这种“我们自己放进它里面的东西”的“知识”普遍性，因而主体性也就因之成为康德哲学的主题，拥有主体性的人不仅成为一切活动的核心，也成为一切活动的目的。所以《康德传》的作者阿尔森·古留加不无合理地指出：“在《纯粹理性批判》的基本问题——先天综合判断为什么是可能的——背后，回响着另一个对康德来说更为重要的问题——人的自由为什么是可能的。自由是有的，但它在哪里？我们不能在‘现象’界中发现它，人只有在‘自在之物’的世界中才是自由的。”[④]

由此可见，康德哥白尼式革命的实质，首先在于他确立了主体、理性在哲学中的位置。虽然他表面上悬搁了传统哲学梦寐以求的绝对的本体的研究，实际上他却使得拥有主体性的人成为哲学的根基和最高目的，在特定的历史条件下以特定的方式按照自己假设的前提在逻辑的层面解决了自由与必然的二律背反问题，为近代的启蒙运动提供

---

① ［德］康德：《纯粹理性批判》，邓晓芒译，人民出版社 2004 年版，“中译本序”，第 2 页。

② ［德］康德：《纯粹理性批判》，邓晓芒译，人民出版社 2004 年版，“第二版序”，第 14 页。

③ 同上书，第 21 页。

④ ［苏］阿尔森·古留加：《康德传》，贾泽林等译，商务印书馆 1992 年版，第 125—126 页。

了有力的哲学支撑。正是如此，他才能够以“要有勇气运用你自己的理智”[①]的呐喊而使得我们可以有所保留地“把康德的哲学看成是法国革命的德国理论”[②]，并被海涅誉为“砍掉了自然神论头颅的大刀”[③]。其次，康德哥白尼式革命在认识论领域确实颠覆了传统认识论主体符合客体的被动反映论。把主体能动性原则引入到主客观关系中来，作为解决主客观矛盾、论证主客观统一的先决条件和根本前提，他强调：“知识不是被动的，而是主体建构的。”在康德看来，认识的“对象”不是“自在之物”本身，而是“自在之物”作用于感官经过主体能力加工而形成的对象。知识是先天所具有的认知形式对感觉经验的整理综合才获得的。这就把主体和对象的内在关联性向前推进了一步。康德基于对“纯粹理性”的解剖，确立了人为自然“立法”的主体地位。他虽然并未否弃近代哲学所主张的“符合论”，却对主客体二者何以符合亦即统一的根据作了先验的论证，这就颠覆了传统认识论的逻辑架构。同时，康德基于对“纯粹理性”的“批判”认为：我们关于对象的知识只是看起来用我们的观念去与对象“符合”，但之所以能够发生这种符合，实质上却是由于这个对象先与我们的观念（时空及范畴）相符合。就是说，认识的对象不是客观自在进入人的大脑的，而是“自在之物”的刺激，经过主体的统觉能力建构的。康德的这场哲学变革极其深刻而又十分重要。它破除了近代哲学“符合论”的认识论公式的独断性，凸显了主体能动性在认识过程中的作用，试图用对象的被建构性去解决近代哲学的认识论困境，实现了对传统认识论的颠倒。将康德的这一颠倒比作“哥白尼式的革命”可谓十分恰当。就其革新西方哲学的认识论模式而言，它无疑可与当年哥白尼把托勒密的“地心说”颠倒为“日心说”相媲美。

---

① ［德］康德：《历史理性批判文集》，何兆武译，商务印书馆1997年版，第22页。

② 《马克思恩格斯全集》第1卷，人民出版社1965年版，第100页。

③ ［德］海涅：《论德国宗教和哲学的历史》，海安译，商务印书馆1972年版，第101页。

二 康德哥白尼式革命的贡献和局限

一方面，康德发动的这场哥白尼式革命无疑具有重大变革意义，不仅在一定程度上克服了近代哲学陷入的独断论迷误，而且也更深地蕴含着对整个传统哲学的某种颠覆性的效应；但另一方面，我们也要清醒地看到康德这一哥白尼式革命本身固有的局限性，即康德对问题解决的不彻底性及其陷入的困境。

（一）康德哥白尼式革命的贡献及其意义

我们强调康德哥白尼式革命这两方面的实质，并不是说康德哲学没有认识论方面的贡献与意义，而是强调我们不能只局限于认识论视角去理解康德哲学革命的意义，否则就无法把握住康德哥白尼式革命的全部意义。事实上，如果我们认真地思考康德，那么，我们就会发现，康德对于哲学的贡献具有认识论和本体论的双重意义。

其一，康德从世界观高度确立了理念和主体的本体地位。虽然不论是对于人自身的关注还是主体概念的提出都不是从康德开始的，但是，“西方哲学史上，真正以主体为中心而建立起来的哲学体系和主体论思维方式，是在以康德为先导的德国古典哲学中才得以确立的”[①]。“只是从康德开始，主体和主体性才成为哲学思考的中心范畴”，才真正自觉地把人作为主体来专门研究，正是从这种思维方式出发，康德才确立了人是一个理性的自由主体的观念，推动了哲学由单纯的重视客体的本原地位转向对人的主体地位及其能动性的探索，并进而明确地将理性区分为在现象界的范围内展开的“思辨理性”和在本体界的范围内展开的“实践理性”。这样，康德虽然提出人的知性为自然立法的观点，但是人类在现象界要受必然性规律的制约，同时也强调了在实践理性中追求并实现自己的自由问题，从而在特定的历史条件下以特定的方式按照自己假设的前提在逻辑的层面解决了自由与必然的二律背反问题。

---

① 欧阳康：《哲学研究方法论》，武汉大学出版社 1998 年版，第 224 页。

其二，从认识论视角来看，康德显然以特定的方式触及了认识主体与认识客体的内在相关性问题。如上所述，近代哲学的认识论困境在于哲学家们无法搭建主体和对象联通的桥梁或中介。马克思曾经指出："对象如何对他说来成为他的对象，这取决于对象的性质以及与之相适应的本质力量的性质。"[①] 18 世纪的旧唯物主义哲学着眼于客体，强调从外部世界来认识外部世界，这显然涉及了"对象的性质"，固然有其积极的一面，但是，由于这种解决问题的方式和思路忽视了"与之相适应的本质力量的性质"，自然也就不能完全解决对外部世界的认识问题，更无所谓对于现实世界的改变。所以，当康德在把外部世界确定为认识对象并提出"这个时代不能再被虚假的知识拖后腿了，它是对理性的吁求，要求它重新接过它的一切任务中最困难的那件任务，即自我认识的任务，并委任一个法庭，这个法庭能够受理理性的合法性保障的请求"[②] 的时候，并强调认识对象是被主体建构的时候。他实际上不仅较之于 18 世纪的旧唯物主义哲学已经更好地以特定的方式触及了认识主体与认识客体的内在相关性问题，已经以关注"本质力量的性质以及与之相适应对象的性质"的方式关注了"对象的性质以及与之相适应的本质力量的性质"，更主要的是这种对于"本质力量"的关注背后显然仍然离不开其对于"人"的自由的关注。而也正是在这个意义上，康德哲学不仅规范了人的认识理路，也极其充分地显示了人自身的力量；而也唯其如此，康德哲学不仅真正成为新兴的资产阶级的思想武器，成为人们追求人的自由和新的社会秩序的依据，而且也开启了一个推动西方哲学发展的新的理路，成为新的哲学思想得以产生的一个重要源泉。但是他用理性建构对象去解决这一问题的思路显然是不彻底的。

其三，康德在《纯粹理性批判》中还系统论述了感性、知性和理性三种认识能力和认识的发展阶段并对思维辩证法进行了一定的探索，这对于认识论的发展，显然具有不可磨灭的意义。但是，事实上，康德正是通过这些问题的澄清才使得"德性的学说保持了自己的

---

① 《马克思恩格斯全集》第 42 卷，人民出版社 1979 年版，第 125 页。

② ［德］康德：《纯粹理性批判》，邓晓芒译，人民出版社 2004 年版，"第一版序"，第 3 页。

位置，自然学说也将保有自己的位置"①，并不断地求证了"形而上学何以可能"的问题，而形而上学的可能与实现归根到底其实仍然是人的自由何以可能与实现的问题。正是如此，康德才批判了那种把"按照自然概念的实践和按照自由概念的实践等同起来"②的观点，提出："那些完全建立在自由的概念之上，同时完全排除意志由自然而来的规定根据的道德上实践的规范，则构成了规范的一种完全特殊的方式：它们也像自然所服从的那些规则一样，不折不扣地叫作规律，但不是像后者那样基于感性的条件，而是基于某种超感性的原则，并且和哲学的理论部分并列而完全独立地为自己要求一个另外的部分，名叫实践哲学。"③所以，康德哲学的中心问题，显然并不仅仅是要解决"人能认识什么"的问题，而且，更重要的是解决"人应当作什么"和"人怎样生活才更幸福"的问题，而这些问题的解决，不仅要在其根本上追问"人是什么"的问题，而且，还必然要追问"人向何处去"的问题。而正是这种根本价值取向的追求，不仅决定了康德哲学革命的认识论意义和本体论意义，而且，也必然从对于现实世界的实然性问题的探索发出对于未来世界的应然性探索。当然，对于未来世界应然性的探索显然并不是康德哲学的发明，而是自柏拉图《理想国》以来一切能够称之为哲学，可以为哲学史的发展和人的发展起到推动作用的哲学都必然应该关注的根本性问题，但是，这一问题能够和人的主体性联系起来，能够更加符合逻辑地得到系统化的论证，无疑是康德哲学的贡献和功劳。

其四，康德哥白尼式革命不仅为近代的启蒙思想提供了哲学支撑，同时又为限制理性的滥用提供了界限。随着资本主义的发展和资本力量的强大，当初的价值理性就逐渐地被工具理性所替代。启蒙理性的弊端也充分暴露出来。当启蒙学者看到科学和技术及其理性的巨大作用时，就由此滋生出理性中心主义和理性万能论，特别是当科学技术和资本互为支撑时，他们仍然依靠理性去设计社会制度，由此就

---

① ［德］康德：《纯粹理性批判》，邓晓芒译，人民出版社2004年版，第22页。

② ［德］康德：《判断力批判》，邓晓芒译，人民出版社2002年版，第5页。

③ 同上书，第7页。

必然造成社会中的人与人的异化状态以及人与自然的异化状态，并成为造成人类生态危机的主要哲学根源。所以，康德哲学一方面高扬理性、高扬人的主体性，为启蒙运动提供了哲学支撑；另一方面他又通过对人的理性能力的划界，强调人只能认识现象界，不能认识“自在之物”；这种做法虽然不可避免地陷入了怀疑论的泥沼，但又有其积极性的作用，不仅在实质上为反对理性万能论提出了依据，而且由此而引发的哲学问题无疑也成为后世哲学得以形成新的理论突破的基础。

总而言之，康德哲学的意义，不在于他解决了多少哲学问题，而在于他提出了什么样的哲学问题，这些问题对后人有什么样的影响。

（二）康德哥白尼式革命的局限

康德哲学作为自己时代精神的精华，在他的那个时代确实已经达到了自己能够达到的顶峰。但是，由于形而上学思维方式的影响和时代的局限，康德既没有摆脱传统的本体论的干扰，同时，其借助的认识论的内容显然也就离不开这种基于认识对象的本原性、恒定性与唯一性的假设。这样的结果，加之对于并非认识论问题的认识论解释，不仅使得康德哲学陷入了自身无法克服的认识论陷阱从而影响到问题的解决，使得康德哥白尼式革命呈现出特定历史条件下特定的局限与不足，也使得后来的研究者往往局限于其认识论的意义去界定康德的哲学思想。例如，文德尔班对康德哥白尼式革命局限性的看法：“认识能力摇摆于主体的难以理解的 X 与客体的同样难以理解的 X 之间。感性在自身之后什么也没有，知性在自身之前什么也没有。……批判的理性之为理性纯为无事忙，即只为自身而忙碌。因此，批判主义如果不愿沦为虚无主义或绝对怀疑主义，则这位先验的唯心主义者必然有胆量主张‘最激烈的’唯心主义；他必然宣称，只有现象存在。”① 这一评判的确从认识论维度戳中了康德哥白尼式革命的问题所在，然而事实上，这一评判本身也同样

① ［德］文德尔班：《哲学史教程》（下卷），罗达仁译，商务印书馆1996年版，第792页。

陷入了认识论陷阱，它也无法在更为本质的层面上揭示康德哥白尼式革命的局限与不足。

第一，康德并未真正解决思维与存在统一的根据及人的自由的实现问题。如前所述，康德哥白尼式革命的实质在于它使得哲学悬搁了传统哲学梦寐以求的绝对的本体，使得拥有主体性的人和人的理性成了哲学的根基和最高目的。但是，也唯其如此，当他自己假设的这些前提也被进一步追问的时候，康德哲学自然就暴露出了自己难以克服的问题。

当康德强调"如果我们还要拯救自由，那么就只剩下一种方法，即把一物的就其在时间中能被规定而言的存有，因而也把按照自然必然性的法则的因果性只是赋予现象，而把自由赋予作为自在之物本身的同一个存在者"① 时，整个问题的另一个前提不过是把自然理解为"自然就是物的存在，这是就存在这一词的意思是指按照普遍法则所规定的东西来说的"② 的时候，对于康德而言，最大的局限已经根本不是认识的问题，而是由于没有脱离传统本体论对于知识本身的普遍性、恒定性的追求，使他不得不把自然理解为来自主观理性的普遍法则所规定的"客体"。同时，也正因为康德对于经验的强调，他又不得不创造了一个不可认识的自在之物来反证自然正是他自己所谓的能够由经验证实的合乎法则性的对象。这样，一方面他把先天的理性作为认识与对象统一的根据，另一方面又在理论上否定了思维与存在的同一性。其局限性在于既没有考虑到知识与对象都存在的一个不断变化与生成的问题，更不可能考虑到思想自己根本不能真正地解决现实的问题，才在事实上导致了"主体的难以理解的 X 与客体的同样难以理解的 X"。而也唯其如此，一方面，康德强调了自由在经验领域只能是预设，只有在实践领域自由才获得了积极的意义。但是，另一方面，也正是这种理论上的人为的划分，加之所谓的"自在之物"虽然可以被思考却不可被认识，这种理路不仅直接使得康德哲学一下

① ［德］康德：《实践理性批判》，邓晓芒译，人民出版社 2003 年版，第 130 页。

② ［德］康德：《任何一种能够作为科学出现的未来形而上学导论》，庞景仁译，商务印书馆 1978 年版，第 57 页。

子陷入了不可知论的泥沼，而且，也使得他自己不得不去“思考不可认识”的东西，一下子使得他自己的哲学思考走到了尽头。因而，不仅康德所谓的“人的自由”事实上也就只是具有精神层面的意义，只有其作为乌托邦的理想意义——它虽然是如此充满了精神的诱惑，却既无法改变现实，也无法变成现实；而且，他企图用来被证明的“理性”试图作为理论理性和实践理性统一的根据，由于“理性”能力本身就是预设的而陷入了更加尴尬的境地。而这样的结果，显然既不可能真正解决主体和对象的统一的问题，也不能真正解决形而上学的危机问题。当然这也是康德本人始料未及却又必然要发生的问题。

第二，康德并未解决“理性”能力的来源及根据问题。对于“纯粹理性”，康德的不足已经远远不是“认识能力摇摆于主体的难以理解的 X 与客体的同样难以理解的 X 之间”的问题，而恰恰是在“没有一个形而上学的问题在这里没有得到解决，或至少为其解决提供了钥匙”[①] 的自诩中，却没有解决“纯粹理性”是怎么来的、“纯粹理性”何以具有了“我们关于物先天地认识到的只是我们自己放进它里面的东西”这样的“非形而上学”问题。正是如此，“纯粹理性”在康德那里就不能不表现为一种“既没有被思考”，也不能被认识而却只是被不断地赋予各种需要的内容而作为论证的前提的东西。正是如此，康德在形式上看来好像已经解决了苏格拉底以来的“认识你自己”的问题，但这只是在形式上看来符合逻辑而实际上并不符合事实，最主要的是这里的“理性自身”也是一个“只是我们自己放进它里面的东西”，只是一个假定出来的先天的存在着的“纯粹”的自己——而且这种自己恰恰是一个对于外界充满了能动作用自己却恰恰并不“能动”的自我意识或自我意志。

正是如此，纯粹理性这一“形式”只是康德先天地赋予人脑的东西。就本质而言，他所谓的这种“纯粹理性”不过是一种只能被通过外部刺激而得以产生的逻辑。所以，事实上，虽然人类知识的形成确实离不开人脑之中已经存在着的形式，那种外在的客观事物的经验确实是通过感性的渠道进入人脑，由人脑中已经

---

① ［德］康德：《纯粹理性批判》，邓晓芒译，人民出版社 2004 年版，“第一版序”，第 4 页。

存在着的形式——逻辑思维及其过程——或者康德所谓的纯粹理性来构造成新的知识。但是，这不仅不是外在经验对于形式的符合，而且，即便对于形式的符合，确实可以形成对于已有知识的补充，也可以产生一些新的知识。但是，按照康德的形式却未必能够产生真理性的知识，更不能对客观事物获得完全的认识。这样的结果，加上康德对于纯粹理性能力的限制，对于康德普遍性知识的何以可能、更重要的是对于康德的形而上学何以可能问题的解决显然并无裨益。

第三，也正是如此，康德哲学一面被誉为“砍掉自然神头颅的大刀”，一面却不得不深情地呼唤上帝。康德不仅仅要解决先天综合判断何以可能的问题，他还有更深远的意图，即“如果意志自由，如果有上帝和来世，那么应该做什么。既然这涉及到我们与最高目的的相关的行为，那么，明智地为我们着想的大自然在安排我们的理性时，其最后意图本来就只放在道德上的。”① 由此，作为“道德领域内的思想巨人”②，他虽然以“要有勇气运用你自己的理智”③ 的呐喊而使得我们可以有所保留地“把康德的哲学看成是法国革命的德国理论”④，但是，他在“我要悬置知识，为信仰留出地盘”⑤ 的束缚下所能够祭起的“头上的星空”与“心中的道德律”⑥ 的两大原则，在此岸世界与彼岸世界分离的基础上企图确立“未来形而上学”的意图，难免使得他的一切努力都不能不成为幻想。他所建立在理性基础上的形而上学的大厦，虽然是那样的富丽堂皇，却不得不陷入他一次又一次地提到的那种传统哲学的大厦的矛盾中去。⑦

第四，康德哥白尼式革命最终在认识论领域仍然调和了唯理论和经验论的矛盾。近代哲学的认识论转向中，解决的突出问题是普遍性

① ［德］康德：《纯粹理性批判》，邓晓芒译，人民出版社 2004 年版，第 609 页。
② 《马克思恩格斯全集》第 1 卷，人民出版社 1995 年版，第 119 页。
③ ［德］康德：《历史理性批判文集》，何兆武译，商务印书馆 1997 年版，第22 页。
④ 《马克思恩格斯全集》第 1 卷，人民出版社 1995 年版，第 233 页。
⑤ 邓晓芒：《康德哲学讲演录》，广西师范大学出版社 2005 年版，第 156 页。
⑥ ［德］康德：《实践理性批判》，邓晓芒译，人民出版社 2003 年版，第 220 页。
⑦ ［德］康德：《纯粹理性批判》，邓晓芒译，人民出版社 2004 年版，“导言”，第 6—7 页。

知识的来源。

就主体和对象的关系问题，康德哲学就是力图解决这一问题的，由于他把现象和物自身分开，导致他既没有解决主体的先天能力本身的合法性问题，没有给出保证知识普遍必然性成立的先验统觉的来源和根据问题，也没能最终解决知识的普遍必然性的可靠性问题，而最终走向了不可知论。虽然他从经验论和唯理论两种立场来解决认识论问题：一方面诉诸“经验的实在性”原则亦即强调感性经验对于先天综合判断得以成立的前提重要性；另一方面诉诸“范畴的先验性”即强调先天的综合形式使经验知识及经验的综合判断成为可能。但在这种认识论的调和中所认识的对象，仅仅是作为“现象”的对象，即被纳入认识主体的先天综合形式的经验对象。所以，超越主观经验和现象的范围，一切有关自在之物的知识既不可能具有经验的实在性，更不可能具有先天的普遍必然性。因此，在康德那里，我们所能真正认识的无非就是我们的理性、主体加到经验对象上的东西。康德提出的先天综合判断所实现的哥白尼式革命，本来是为了反对怀疑论和独断论的，结果却成了经验和先验的结合体，具有不可知论和先验论的特点。本来是想解决唯理论和经验论的矛盾，结果却用“物自体”的不可知调和了二者的矛盾。列宁对此看得非常透彻：“康德哲学的基本特征是调和唯物主义和唯心主义，使二者妥协，使不同的相互对立的哲学派别结合在一个体系中。”①

总而言之，康德哲学作为时代的产物具有进步作用，又不可避免地有着自身的历史局限。就哲学问题而言无论对形而上学问题的解决，还是认识论问题的解决，由于现象和自在之物对立的二元论思维方式解决的都不彻底。面对传统和封建主义的意识形态，他无疑是批判的和进步的。但是，他的这种批判精神只能是理论上的，而未触动现实基础本身。因此，正如马克思所说：“在康德那里，我们又发现了以现实的阶级利益为基础的法国自由主义在德国所采取的特有形式。”② 又说：“康德只谈‘善良意志’，哪怕这个善良意志毫无效果

① 《列宁选集》第2卷，人民出版社2012年版，第161页。

② 《马克思恩格斯全集》第3卷，人民出版社1960年版，第213页。

他也心安理得，他把这个善良意志的实现以及它与个人的需要和欲望之间的协调都推到彼岸世界。"[①] 马克思一语中的，深刻地切中了康德哲学的问题和局限。

三 马克思哲学对于康德哥白尼式革命的革命

以上我们通过对康德哲学大厦的根基和这座大厦根基的实际应用的考察，探讨了康德哥白尼式革命的实质、贡献与局限。马克思的哲学革命继承了康德哲学直面现实问题的哲学批判精神，更重要的是他沿着哲学、沿着其价值取向进一步深入到了现实的层面，他不仅克服了康德的哲学革命的不彻底性，而且在更高的层面上解决了康德哲学想解决而未解决的问题，实现了形而上学研究方向的逆转和认识论问题的解决。揭示了形而上学问题与认识论之间的内在关联性，在更为根本的意义上实现了将哲学改造成为"改变世界"的思想武器，即找到了一条能够将"批判的武器"和"武器的批判"相结合的道路，从而把对于哲学上关于"人的自由"的追求升华为对于"一切人的自由发展"的追求。

（一）颠覆康德把"理性"作为哲学根基的局限，确立实践在其哲学中的基础地位，实现了本体论研究方向的根本逆转

由上所知，康德哥白尼式革命的"认识论"陷阱，是强调其哲学革命不仅具有认识论意义，还具有本体论意义。即他不是要从根本上瓦解、否定传统形而上学的根基，而是要进一步修复形而上学的根基。尽管当时的柏拉图的"理念"，中世纪的"上帝"作为世界的本源已被早期的启蒙思想家和当时科学知识的普遍必然性的存在提出了质疑和挑战。而康德是以考察"理性"能力的方式，不仅确立了以"理性"构建知识的认识论根基，而且运用纯粹理性去协调理论理性和实践理性的矛盾，力图实现自由和必然的统一。因此，他的理性也具有形而上学根基的意义。但是由于康德的"理

① 《马克思恩格斯全集》第3卷，人民出版社1960年版，第211—212页。

性”即主体的能力不仅是先验的、预设的，还是考察一切事物的基础和前提。这样，瓦解康德的理性就成为超越康德哲学的关键一步。

马克思在大学期间就吸取了康德哲学的批判精神，用应有批判现有去构建法哲学体系，当然，更多的是执着于康德哲学的价值追求。由于这种追求而最终领会到哲学“回归地上”的必要性，因而，马克思以与康德看似完全相反的方式来面对康德哲学并没有解决的问题，不仅从天国回到地上，最终实现了对康德哥白尼式革命的一次逆转，从“理性”回到了“现实”，“回到了实践”。当然这是一个漫长的过程。这期间受到了黑格尔和费尔巴哈思想的影响，吸取了费尔巴哈的直观性和黑格尔的对象性的思想，但更重要的是他对现实问题的研究，确立了实践活动的基础地位以及对实践活动的科学理解，最终破解了康德的“理性”的绝对统治地位以及以往一切传统形而上学先验预设的观念根基的局限。《莱茵报》的实践，使马克思认识到包括理念在内的一切观念的东西都不是决定现实存在的原因，也不是最终决定社会存在和社会发展的根据，只有现实的人与人的物质利益关系才是决定观念存在的基础。人类要想生存就必须从事物质生产劳动。“任何一个民族，如果停止劳动，不用说一年，就是几个星期，也要灭亡。”[①] 马克思因此就从人类生存发展的必要性角度论证了物质生产活动是人类社会存在和发展的根基。不仅如此，马克思还强调“环境的改变和人的活动或自我改变的一致”[②]，强调一切所谓的道德、宗教形而上学和其他的意识形态，“它们没有历史，没有发展，而发展着自己的物质生产和物质交往的人们，在改变自己的这个现实的同时也改变着自己的思维和思维的产物”[③]。可见，马克思不是用意识解释存在，而是用社会存在解释社会意识了。这样，不仅康德的理性而且就连一切传统哲学的观念决定论的根基都统统瓦解了。而且，马克思的实践概念既不是指纯抽象的精神活

① 《马克思恩格斯全集》第32卷，人民出版社1974年版，第541页。

② 《马克思恩格斯文集》第1卷，人民出版社2009年版，第500页。

③ 同上书，第525页。

动，也不是仅指人们日常生活的实践，而是指对现实的人改造现实世界活动的抽象，是指人类为了自己的需要通过人与自然之间的物质、能量、信息的变换活动，以主体的活动不断地否定现存世界，使其向“应该世界不断变化的活动”。这是一种体现历史必然性的社会的、历史的批判的活动，这种活动构成了人类社会的普遍基础和永恒意义。因此，马克思的实践概念就不仅具有认识论的意义，还具有本体论和价值观的意义，是马克思哲学的基础和核心。马克思并不是抽象地研究传统哲学中的本体论问题，不是抽象地以思维去把握世界的本源问题，而是从人类实践活动出发，研究现实人的生存和发展的问题，由此不仅实现了对包括康德哲学在内的传统本体论研究问题域的逆转，而且克服了这些哲学家们纯粹地停留于先验玄思层面的局限性。

（二）马克思实践理论彻底解决了康德哥白尼式革命提出的认识论问题

马克思的实践理论不仅瓦解了康德哲学的理性的形而上学基础，还解决了康德哲学的认识论问题，实现了认识论上的革命变革。与康德从纯粹理性出发不同，马克思是从实践活动出发来解决认识论问题的，实现了对康德哥白尼式革命的超越。正是基于这种根本性的颠覆，马克思不仅拒斥“仅仅把理论的活动看做是真正人的活动”[①]的“解释世界”的做法，而且拒斥借助于这种“解释”来承认现存事物的“解释世界”的旧哲学。与之截然相反，马克思以“人的思维是否具有客观的真理性，这不是一个理论的问题，而是一个实践的问题”[②]的论断指明了人类认识的实践基础，在根本上与康德哲学的认识路径区别开来。“人应该在实践中证明自己思维的真理性，即自己思维的现实性和力量，自己思维的此岸性。”[③]这里，其实不过是通过对康德的表达方式的反用。不仅以“四两拨千斤”的手法

---

① 《马克思恩格斯文集》第1卷，人民出版社2009年版，第499页。

② 同上书，第500页。

③ 同上。

说明了人们可以在实践中获得真理，而且进一步强调了真理的本质内涵，即真理就是在改变世界的过程中体现出来的思维的力量。在此基础上，着重说明了真理或者理论的来源问题与理论的作用问题，也强调了理论通过实践改变世界的意义。也正是如此，这就不仅充分说明了“实践”作为一种体现了思维——亦即人类获得认识的现实性和力量的手段，而且强调了其真正的现实性所体现的则是通过思维来实现对于改变着的世界的有目的的改变，亦即通过实践来源于客观世界的认识——或者说是理论、意识、精神——在改变世界的过程中必然体现出其本身的现实意义。就其本质意义而言，马克思的“实践”理论颠覆了康德哥白尼式革命的认识论基础，实现了认识论领域的革命。

其一，马克思的实践理论科学地解决了主体和对象的内在统一问题。

恩格斯深刻地将近代哲学的形而上学危机和认识论危机归结为“思维和存在的关系问题”，并将之界定为只有在近代才获得了其全部意义的“哲学的基本问题”。这是因为由于资产阶级利益的需要，一方面他们为反对封建主义和中世纪宗教统治寻找思考武器，另一方面要确立与工业和自然科学发展相符合的科学的认识论和方法论。因此，在近代哲学中，哲学世界观的基本问题和哲学认识论基本问题融合为一。人类认识的目的在于获得具有普遍性与必然性的知识，不断地为资本主义社会的发展提供科学支撑；而认识论研究的根本任务是研究这类知识获得和证明的哲学依据，即普遍性知识与客观对象的实在性何以一致符合以及二者一致符合的基础和条件的问题，即思维和存在统一的根据和条件问题。从表面上看，他们回避了思维与存在何为第一性的问题，实际上是他们并未从理论上打通哲学基本问题的两方面的内在联系。这种做法的症结是不理解实践活动的真实地位和意义，抹杀了实践对认识活动的决定作用去抽象地探讨主体和对象的关系。实际上哲学基本问题的两个方面具有内在的统一性。世界的本体既是人类认识的对象，又要靠人类认识不断地获得和证明。正像后来列宁明确提出的两条认识路线一样，两个方面被内在地结合起来了。如前所述，康德哲学的贡献是明确提出了形而上学危机和认识危机的问题并深刻地触及了主体和对象的内在关系，并力图通过“纯粹理性批判”的方式对之进行先验求解。马克思超越康德的根本维度就是强调实践活动是联结主体和对象之间的桥梁，明确将实践活动界定为人类全部社会生活和精神生活的物质基础。人类正是在改造世界的实践活动过程中，一方面确立了自然界的优先地位，另一方面又确立了人在改变世界过程中的主体地位。人的认识正是在实践活动的基础上，不断地使自在的自然转化为人化自然的过程，不断地使主体客体化和客体主体化相互作用的过程。这样不仅解决了主体把握对象的问题，而且还为形而上学的本源向往和认识问题后的解决奠定了根据。同时，在马克思哲学看来，知识的普遍性来源于实践的普遍性。由于任何实践都是具体的和历史的，因而任何知识的普遍性都是相对的、有条件的，绝对的普遍性是不存在的。恩格斯明确地将这种普遍性知识的产生和证明看作一个过程。他强调单纯观察所得的经验，是绝不能证明必然性的……“必然性的证明寓于人的活动中，寓于实验中，寓于劳动中”①。正如马克思所说：“全部社会生活在本质上是实践的。凡是把理论引向神秘主义的神秘东西，都能在人的实践中以及对这种实践的理解中得到合理的解决。”② 这就在实践活动的基础上解决了思维和存在对立统一的问题。

其二，马克思在实践活动的基础上解决了主体统觉能力的来源及其根据问题，为人类的认识理论提供了坚实的唯物主义基础。

如前所述，康德哥白尼式革命事实上最终陷入了二元论的结局，不仅在事实上导致了“主体的难以理解的 X 与客体的同样难以理解的 X”，而且，也陷入了不可知论的泥沼，也使得企图用来作为统一理论理性和实践理性根据的“纯粹理性”本身恰恰成为一种“既没有被思考”，也不能被认识而却只是被不断地赋予各种需要的内容而作为论证的前提的东西。就此而言，康德所谓的主体认识世界的过程，最终无非是一个假定出来的先天的存在着的“纯粹”的自己——

---

① 《马克思恩格斯文集》第 9 卷，人民出版社 2009 年版，第 484 页。
② 《马克思恩格斯文集》第 1 卷，人民出版社 2009 年版，第 501 页。

而且这种自己恰恰是一个对于外界充满了能动作用，但自己却恰恰并不“能动”的自我意识或自我意志——去认识“只是我们自己放进它里面的东西”的过程。这样的结果，虽然显得极其玄妙，却显然并不能最终解决认识的问题。而后，经过德国古典哲学不断地洗礼，人的认识主体的地位虽然不断得以确立，二元论和不可知论的迷雾虽然得以消解。但是，由于唯心主义一直占据着德国古典哲学的主流，所谓的认识世界，最终认识的仍然不过是精神世界，或者说是精神世界的自我认识。实际上康德的理性能力不过是现实的主体能力和能动性而已。

正是在这样的背景下，马克思哲学不仅跳出了这种精神世界的自我认识，而且第一次把实践概念给予了唯物主义的理解，使得先验的、抽象的个人成了实践的、现实的、因而也是不断发展着的人，这样就第一次为人的主体性及其能动性提供了彻底的唯物主义证明。在马克思看来，主体的统觉能力不是先天的，而是人类实践活动中形成和发展的。马克思明确指出：“不仅五官感觉，而且连所谓精神感觉、实践感觉（意志、爱等等），一句话，人的感觉、感觉的人性，都是由于它的对象的存在，由于人化的自然界，才产生出来的。五官感觉的形成是迄今为止全部世界历史的产物。”① 显然，马克思这里所说的人化自然界，是打上了人的实践烙印的自然，它是人的实践活动的产物，但是，无疑也是自然界自身的产物。因此，作为自然界的人化和人的认识的对象化，它不仅标识了人的认识成果，也指明了人的认识对象的取向性和认识的目的。而也正是由于这样的一个过程和目标，人的认识能力不仅得以产生出来，而且，也必然作为“全部世界历史的产物”而在实践中得到不断发展。恩格斯也说过，“人的思维的最本质的和最切近的基础，正是人所引起的自然界的变化，而不仅仅是自然界本身；人在怎样的程度上学会改变自然界，人的智力就在怎样的程度上发展起来”②，并在人的实践活动的基础上论证了人类的认识能力的有限性和无限性的关系问题。在他看来：“思维的至上

---

① 《马克思恩格斯文集》第1卷，人民出版社2009年版，第191页。

② 《马克思恩格斯文集》第9卷，人民出版社2009年版，第483页。

性是在一系列非常不至上地思维着的人中实现的；拥有无条件的真理权的认识是在一系列相对的谬误中实现的；二者都只有通过人类生活的无限延续才能完全实现。”[①] 同时，康德的主体用于统觉感性材料的先验概念，也不是先天的，而是人类实践的结果，是对人类实践活动形式结构的反映。正如恩格斯所说：“由于人的活动，因果观念即一个运动是另一个运动的原因这样一种观念得到确证。”[②] 这既强调了人类的活动对因果性作出的验证，又肯定了逻辑的因果规律是在人类实践活动的基础上形成的。列宁的《哲学笔记》则更为具体而又十分深刻地揭示了逻辑范畴形成的根源：“人的实践经过千百万次的重复，它在人的意识中以逻辑的格固定下来。这些格正是（而且只是）由于千百万次的重复才有着先入之见的巩固性和公理的性质。”[③] 就是说实践活动的形式结构是形成思维逻辑格的基础，[④] 人类实践活动的广度和深度制约着人类认识的广度和深度。所以，离开实践活动的发展，既不能科学地解决主体能动性能力的根据问题，也不能解决普遍性知识的来源及证明问题。

这样，马克思的实践论革命不仅改变了形而上学问题研究的方向，揭示了形而上学的问题与认识论问题的内在关联性，人类的实践活动既是人类生存发展的根据，也是人类认识获得和不断被证明的基础。

其三，马克思实践理论揭示的人的主体能动性最终指向了人的自由与解放问题。

马克思的认识论与传统唯物主义认识论单纯地“模拟”现存世界不同，也更不同于康德哲学的认识只是物自体与纯粹理性符合时原本存在于人脑的理性的复现。马克思揭示的人的认识是在实践的过程中人脑对于外界事物的反映。这里，即便我们抛开认识过程的复杂性不谈，也可以极其明白地看到，正是马克思把实践看作人作

① 《马克思恩格斯文集》第9卷，人民出版社2009年版，第91页。

② 同上书，第482页。

③ 《列宁全集》第38卷，人民出版社1959年版，第233页。

④ 参见吕世荣《论思维形式的起源》，《海南大学学报》（人文社会科学版）1989年第3期。

用于外界的过程，因而，这里的外界世界其实随着实践的不断行进而不断成为人化的世界。因而，人的主体性不仅在实践过程中得到体现，而且，更重要的是在实践过程中同时也实现了对于世界的改变。正是基于对不断改变着的世界与人的实践活动之间的本质联系的统握，马克思哲学的认识论对理论与实践的关系问题给予了彻底唯物主义的解答。一方面，它唯物主义地证明了实践活动的各个要素都只能是在历史过程中形成的东西；另一方面，它又辩证地将实践活动的能动性与主体自身的自由品性本质关联。正是由于人类憧憬和向往自由的本质品性，正是由于我们理性地认识和观察世界、自觉地筹划未来和推动历史发展的能动性，我们才能够立足于实践活动不断将自在世界转化为自为世界，才能够不断地做到“改变世界”。马克思哲学因此就把人的认识与对于世界的改变紧密地联系在一起，而且也证明了人的自觉能动性正是人类最终获得自由与解放的动力。

（三）马克思把康德对“理性”的批判转变为对现存世界的批判与改造

康德确实地抓住了他那个时代的基本问题与哲学的基本问题在他那个时代能够表现出来的形式，从而发出了时代的强音并为人类的基本问题与哲学的基本问题的发现与解决提供了有益的启示。他从考察理性能力的界限出发，最终推出人类社会的“至善”追求，具有很强的批判精神。从现实看，康德哲学是德国资产阶级利益的表达，其批判的对象主要是封建制度及其意识形态。但是，他的这种批判精神只能是理论上的，而未触动现实基础本身。因此，正如上面引证的马克思的观点：“在康德那里，我们又发现了以现实的阶级利益为基础的法国自由主义在德国所采取的特有形式。”① “他把这个善良意志的实现以及它与个人的需要和欲望之间的协调都推到彼岸世界。”② 而

① 《马克思恩格斯全集》第3卷，人民出版社1960年版，第213页。

② 同上书，第212页。

作为“一个革命家”[①] 的哲学家与最终成为哲学界的革命者的马克思一开始就离开了传统哲学的基地[②]，是在直接地面对时代、面对现实，而不仅仅是面对哲学提出了自己的问题，对于哲学的任务与思维方式进行了不断的思索，改变了传统哲学的思维方向并彻底地扬弃其内容的情况下，才以“哲学家们只是用不同的方式解释世界，问题在于改变世界”的哲学宣言实现了对于传统哲学——当然也包括对于康德哥白尼式革命的革命。

马克思面对的时代问题与康德哲学不同，他不是要为启蒙提供根据的问题，而是如何超越启蒙所带来的困境的问题。当科学理性和资本结合起来的时候，资本的权力就成为统治一切的权力。因此，马克思在实践观的基础上，从社会存在决定社会意识出发，首先批判笼罩在资本主义存在上空的各种意识形态迷雾。资产阶级思想家力图把资本主义的历史合理性论证为天然永恒的合理性。古典经济学把人类的具体劳动转化为抽象的人类劳动，德国哲学再把抽象的人类劳动转化为抽象的理性和绝对观念。在现存社会中，理性、国家对人的统治和资本对人的统治融合为一体，成为控制人们的力量。对于马克思而言，他的任务一方面是把人从这种观念中解放出来，揭示资本主义的真实状态及其历史命运；另一方面更需要从理论上和实践中揭示和改变旧世界的任务。如前所述，康德虽然以哥白尼式革命的方式确立了人的自由与人的核心地位，但是，对于康德而言，人更多的只是被当作认识的主体，而且是有着“先验性”的认识的主体。而对于马克思而言，他一开始就确立了“真理的彼岸世界消逝以后，历史的任务就是确立此岸世界的真理”的立场，提出了“批判的武器当然不能代替武器的批判，物质力量只能用物质力量来摧毁”这一格言。在把宗教的存在归结于它的世俗基础的前提下强烈要求“必须推翻使人成为被侮辱、被奴役、被遗弃和被蔑视的东西的一切关系”，并在此基础上提出了“光是思想力求成为现实是不够的，现实本身应当力求趋

① 《马克思恩格斯选集》第3卷，人民出版社2012年版，第1003页。

② 早在1837年《献给亲爱的父亲的诗作》中，马克思就明确提到“康德和费希特喜欢在太空遨游，/寻找一个遥远的未知国度；/而我只求能真正领悟/在街头巷尾遇到的日常事物!”

向思想"① 的重要思想。在马克思看来，"思想永远不能超出旧世界秩序的范围，在任何情况下，思想所能超出的只是旧世界秩序的思想范围。思想本身根本不能实现什么东西。思想要得到实践，就要有使用实践力量的人"② 的重要论断；因此，《德意志意识形态》中提出的"对实践的唯物主义者即共产主义者来说，全部问题都在于使现存世界革命化，实际地反对并改变现存的事物"③ 的思想，在唯物主义地理解社会存在与人们的意识的关系的基础上，内在地包含着不仅仅在理论上对于现存世界进行根本的否定，而且更重要的是致力于用物质的力量摧毁物质的力量，实际地反对并改变现存的世界。而这里的物质力量，就是人的力量，是被社会存在决定的人的力量，是实践着的人的力量。就此而言，马克思显然不仅颠覆了康德哲学先验地被所谓"纯粹理性"支配的人，而且，也对于康德哲学以后的抽象的人的概念进行了颠覆，使得现实的人成为真正意义上的主体。

正是如此，马克思明确认为："旧唯物主义的立脚点是市民社会，新唯物主义的立脚点则是人类社会或社会的人类。"④ 显然，在马克思看来，正是由于包括康德在内的旧哲学"仅仅把理论的活动看做是真正人的活动"，"只是希望确立对现存的事实的正确理解"，"不了解'革命的'、'实践批判的'活动的意义"，不明白"对于这个世俗基础本身应当在自身中、从它的自我矛盾中去理解，并且在实践中使之发生革命"，他们不理解"人的本质不是单个人所固有的抽象物，在其现实性上，它是一切社会关系的总和"，如果只从抽象的理性出发，而在社会问题领域"至多也只能达到对单个人和市民社会的直观"，⑤ 因而，他们就不能真正地认识到人的社会特性与人的社会差别，当然也就不能代表先进阶级的利益，不能在理论上和实践中解决人类社会的根本变革问题。他们也可能进行所谓的启蒙与所谓的革命，但是，他们的这种改变只是市民社会内部的

① 《马克思恩格斯文集》第 1 卷，人民出版社 2009 年版，第 4、11、13 页。

② 同上书，第 320 页。

③ 同上书，第 527 页。

④ 同上书，第 502 页。

⑤ 同上书，第 499—502 页。

变革，本质上只是不改变资本主义社会本质的改良；而马克思的改变世界则从根本上扬弃和破除了旧哲学的这种不彻底性，明确地将“消灭旧世界”和“建立新世界”作为目标，并找寻到了一条通过无产阶级革命消灭私有制从而革命性地推进世界历史进程的道路。

正是如此，马克思的批判牢牢立足于理论与实践相统一的场域，不仅从世界观高度强调改变世界在外延上应包括环境的改变、社会的改变以及人自身的改变，尤其突出了通过社会变革的方式推动旧的社会形态朝着新的社会形态发展，而且也基于历史观的高度说明了改变世界就是要改变资本主义的现实和如何实现人类解放的问题。这样马克思就从康德的理性批判转向对资本主义现实的批判。

余论

任何时代的哲学家也只能完成他那个时代的任务，而他们的哲学思维只能是对他们所处时代和生活的反思。康德提出并力图解决本时代的问题，但是由于旧的哲学形而上学体制的束缚和其阶级地位的局限，他并未能够从根本上解决时代问题。马克思站在新的时代高度，不仅继承了康德所提出的时代问题和哲学问题，而且也吸纳了其中的解决问题的思想精华。通过对康德哲学的批判性反思，马克思最终超越了包括康德哲学在内的一切旧哲学，它确立了实践活动的世界观基础，改变了以往哲学形而上学问题研究的方向，把康德的“理性批判”转变为“现实批判”，把以往“解释世界”的哲学转变为“改变世界”的哲学，同时也实现了认识论领域的革命，真正地解决了思维和存在的关系问题，实现了形而上学问题和认识论的内在统一。更为重要的是，马克思还回答了康德哲学革命的最终指向即“自由何以可能”这一问题，由此在更高层次上找到了一条走出资本主义的现实困境、实现人类解放的现实道路。这才是马克思哲学革命的实质及其意义。

（第三部分和余论已在《哲学研究》2018 年第 12 期上发表）

恩格斯与马克思经济哲学体系*

宫敬才**

一 问题的提出

我们的教科书名曰《马克思主义哲学原理》，读者会因书名而形成印象，此为以马克思哲学思想为主的哲学。检视文献后情势大变，名称与指称对象错位：它以恩格斯哲学思想为主，辅以列宁哲学思想。马克思经济哲学思想呢？可惜，大部分没有得到表示存在的机会。如下对比可为例证。第一，恩格斯认为，哲学的本体是物质，基于此形成的哲学本体论是物质哲学本体论。① 马克思的哲学本体是劳动，基于此形成的哲学本体论是劳动哲学本体论。② 第二，恩格斯认为主观辩证法是对客观辩证法的反映，典型例证是自然辩证法。③ 在马克思语境中，真正的辩证法是人化自然

---

* 本文是国家社科基金重点项目“马克思《政治经济学批判大纲》中的哲学思想新探”（16AZX001）和河北省教育厅人文社会科学研究重大课题攻关项目“马克思经济哲学的微观研究”（ZD201402）的阶段性成果。

** 宫敬才（1954— ），男，河北沧州人，河北大学政法学院哲学系教授、博士生导师。研究方向：马克思哲学、马克思经济哲学。

① 参见《马克思恩格斯文集》第9卷，人民出版社2009年版，第47页。

② 对这一哲学本体论的详细论证，请见宫敬才《诹论马克思的劳动哲学本体论》，《河北学刊》2012年第5、6期。

③ 参见《马克思恩格斯文集》第9卷，人民出版社2009年版，第470、463页。

辩证法。[1] 第三，恩格斯认为历史唯物主义是社会历史物质生产决定论。[2] 在马克思语境中，历史唯物主义是劳动历史唯物主义，除方法论性质的社会历史物质生产决定论外，还包括劳动哲学本体论、人学历史唯物主义和工艺学历史唯物主义。[3] 第四，恩格斯认为，哲学的基本问题是思维和存在的关系问题，[4] 此为哲学分析框架。在马克思语境中，哲学分析框架是主体与客体之间的辩证关系。[5] 第五，恩格斯认为，黑格尔辩证法的伟大之处是“巨大的历史感”，[6] 代表性著作是《逻辑学》。[7] 在马克思语境中，黑格尔辩证法的精华是劳动辩证法，《精神现象学》才是“黑格尔哲学的真

---

① 到目前为止，马克思对自然界独到深刻且极具理论与现实张力的看法，仍未受到人们的重视并进行专题性研究，这是令人遗憾的事。在《1844 年经济学哲学手稿》中，马克思提到“人化的自然界”“社会中的自然界”，基本观点是“与人分隔开来的自然界，对人说来也是无”，因为“非对象性的存在物是非存在物”。（《马克思恩格斯文集》第 1 卷，人民出版社 2009 年版，第 191、187、220、210 页。）在《资本论》第一卷中，马克思在工业革命的社会历史背景中看待自然界问题，在讲到自然条件时说，“产业越进步，这一自然界限就越退缩”。在《资本论》第三卷中，马克思视作为劳动对象的自然界为“自然必然性”，并说“这个自然必然性的王国会随着人的发展而扩大，因为需要会扩大”。（《马克思恩格斯文集》第 5 卷，人民出版社 2009 年版，第 589 页；第 7 卷，第 928 页。）把马克思的相关论述集中到一起并加以梳理，我们会惊奇地发现，马克思思想体系中存在一个与恩格斯自然辩证法理论判然有别的人化自然辩证法理论。不管从哪种意义上都可以说，马克思的人化自然辩证法理论是科学发展观的哲学基础，同时是马克思主义生态哲学的理论基础。对马克思人化自然辩证法思想的详细论证，请见宫敬才《诹论马克思的人化自然辩证法》，《河北学刊》2014 年第 1 期。

② 参见《马克思恩格斯文集》第 9 卷，人民出版社 2009 年版，第 283—284 页。

③ 对工艺学历史唯物主义的情况说明，请见宫敬才《对马克思工艺学思想的误解应予纠正》，《马克思主义与现实》2013 年第 5 期。对劳动历史唯物主义理论，全面和翔实的论证，请见宫敬才《论马克思的劳动历史唯物主义理论》，《北京师范大学学报》2018 年第 3 期。

④ 《马克思恩格斯文集》第 4 卷，人民出版社 2009 年版，第 277 页。

⑤ 对马克思哲学分析框架的说明，请见宫敬才《论马克思政治经济学的人学前提》，《学术研究》2015 年第 9 期；《论〈政治经济学批判大纲〉中的哲学分析框架问题》，《河北大学学报》2016 年第 4、5 期。

⑥ 参见《马克思恩格斯文集》第 2 卷，人民出版社 2009 年版，第 602 页；还见第 3 卷，第 542 页；第 4 卷，第 272、298 页；第 9 卷，第 13、26 页。

⑦ 《马克思恩格斯文集》第 9 卷，人民出版社 2009 年版，第 463 页；还见第 10 卷，第 226—227、622 页。

正诞生地和秘密”①。

以上只不过是例证，但基于此得出结论并不为过。其一，马克思经济哲学体系与恩格斯哲学之间并非是完全一致的关系，二者之间存在诸多和重大区别是客观事实。其二，马克思诸多经济哲学思想在以马克思命名的哲学教科书中没有得到表示存在的机会同样是客观事实。

上述结论同时是问题，而且是理解马克思经济哲学体系时不得不回答的问题：恩格斯与马克思经济哲学体系之间是什么关系？实际情况不容乐观，青年恩格斯是马克思经济哲学思想的启蒙者和领路人，中年之后则是忽略者。预先公布的结论令人诧异，不幸的是此为客观事实的揭示。

二　何谓马克思经济哲学体系

讨论恩格斯与马克思经济哲学体系之间的关系问题，首先遇到且必须回答的问题是：什么是马克思经济哲学体系？在我国，“马克思主义经济哲学”和“马克思经济哲学”的提法出现于20世纪80年代和90年代②，此后以马克思经济哲学为研究对象的成果大量涌现，甚至出版了《马克思经济哲学研究》的专著。③这种研究开阔了人们的哲学视野，推动了马克思主义哲学研究事业的创新，新研究领域被开拓出来。问题在于，马克思主义经济哲学以马克思的名字命名，思想的主体应是马克思经济哲学。这就产生了前提性问题，什么是马克思

① 参见《马克思恩格斯文集》第1卷，人民出版社2009年版，第205、201、203、204页。在标志马克思主义哲学形成的文献《德意志意识形态》中，马克思称《精神现象学》是“黑格尔的圣经”。(《马克思恩格斯全集》第3卷，人民出版社1965年版，第163页。)

② “马克思主义经济哲学”的提法最早出现于1985年，见朱川《开展经济哲学的研究》,《财经问题研究》1985年第3期；“马克思经济哲学”的提法最早出现于1999年，见俞吾金《经济哲学的三个概念》,《中国社会科学》1999年第2期。

③ 宫敬才：《马克思经济哲学研究》，人民出版社2015年版。

经济哲学？对这一问题的诸家理解各不相同，彼此间区别很大，[①] 达成共识仍需时日。这样的事实表明，我国的马克思经济哲学研究尚处于初始阶段。

马克思经济哲学是存在于马克思政治经济学中且是内生变量的哲学。其一，马克思经济哲学在性质上是哲学，像历史哲学、政治哲学和法哲学一样是哲学。其二，马克思经济哲学存在于马克思政治经济学之中且是有机组成部分，抛离它的所谓马克思政治经济学已不是原生态马克思政治经济学。从外延层面看，马克思经济哲学以四种形式表示存在：对资产阶级经济学哲学基础的批判、政治经济学范畴中的哲学、政治经济学命题中的哲学和政治经济学理论中的哲学。四种存在形式有机统一，使马克思经济哲学秉有体系性质。

1. 对资产阶级经济学哲学基础的批判

马克思在资产阶级经济学语境中开始自己的政治经济学研究，这一经济学的核心范畴、基本问题和背后起支配作用的哲学思想是他必须面对的对象。马克思要使自己的政治经济学确立起来，任务之一是批判资产阶级经济学，其中包括对资产阶级经济学哲学基础的批判。这一批判包括四个方面的内容：制度前提批判、人学前提批判、阶级立场批判和方法论批判。四种批判客观地存在于马克思文献中，是我

---

① 举出如下五个例证足能说明问题。1. “马克思经济哲学的要义是经济学批判。而‘批判’意味着澄清前提和划定界限。”吴晓明：《马克思经济哲学之要义及其当代意义》，《湖南师范大学学报》（社会科学版）2002 年第 1 期。2. “经济哲学奠基于马克思开创的经济现象学传统，它从理论范式的高度完成了对传统哲学和经济学的双重超越，将社会经济存在理解为人的根本存在方式，将一切事物规定为服务于人的发展需要的社会经济存在物。”王善平：《经济哲学：传统哲学和经济学的解毒剂——试论作为经济现象学的经济哲学》，《广东社会科学》2004 年第 6 期。3. 马克思经济哲学是“哲学对经济学的批判和经济学对哲学的改造”。彭学农：《论马克思〈1844 年经济学哲学手稿〉中的经济哲学思想》，《上海大学学报》（社会科学版）2005 年第 1 期。4. “马克思经济哲学，既是一门研究‘财富’的学问，更是一门研究‘人’的学问。”陈宇宙：《财富异化及其扬弃》，《马克思主义研究》2011 年第 7 期。5. “理论探索的唯一正确的进路是把马克思哲学理解为经济哲学。”“作为经济哲学，马克思哲学的核心概念系列是：生产—商品—价值—时间—自由。”俞吾金：《作为经济哲学的马克思哲学——兼论马克思哲学革命的实质和命运》，《中国哲学年鉴 2011》，第 23—54 页。

们批判资产阶级经济学极为宝贵且取之不尽的思想资源。在很长的历史时期内，它们并未被研究者所关注，更未成为自觉意识层面的研究对象。现在，这种状况稍有改变。①

2. 政治经济学范畴中的哲学

马克思政治经济学中范畴众多，其程度只能用“范畴森林”表征。作为这一理论体系“建筑材料”的范畴中有否哲学性内容？只有对问题作出肯定性回答才符合实际，如下四组范畴可为例证：商品、货币、资本；劳动、雇佣劳动、自由劳动；生产力、生产关系、生产方式；公有制、私有制、资本主义私有制。类似范畴还有很多，要说它们中只具有政治经济学内容而与哲学无缘，确实需要勇气。回到马克思原生态语境会很容易地发现，范畴中的哲学性内容和政治经济学内容同样丰富，同等重要，相互交织和支撑，抽离哲学性内容后会发生质变，由马克思政治经济学范畴蜕变为资产阶级经济学范畴。范畴的展开是判断，判断的连接是推理，推理的逻辑交汇是理论。由此看，政治经济学范畴的哲学性内容是马克思经济哲学体系的有机组成部分，且处于基础位置。

3. 政治经济学命题中的哲学

政治经济学命题中存在哲学性内容是客观事实，也是政治经济学范畴中存在哲学性内容论断的必然性结论。既然政治经济学范畴中存在哲学性内容，那么，范畴展开所形成的判断中怎么能不存在哲学性内容呢？判断就是命题。在马克思文献中，包含丰富哲学性内容的政治经济学命题多到无法计数的程度，如下从马克思三种代表性文献中选取的命题可为例证：“国民经济学不考察不劳动时的工人，不把工人作为人来考察。”“国民经济学从私有财产的事实出发。它没有给我们说明这个事实。”“私有财产的主体本质是劳动。”②“一切节约归根到底都归结为时间的节约。”“劳动本身越是客体化，作为他人的世界——作为他人的财产——而同劳动相对立的客观的价值

---

① 批判内容的展开和论证情况，请见宫敬才《马克思对资产阶级经济学哲学基础的批判》，《马克思主义与现实》2018 年第 1 期。

② 《马克思恩格斯文集》第 1 卷，人民出版社 2009 年版，第 124、155、178 页。

世界就越是增大。”所有权规律的第一个“是劳动和所有权的同一性”[①]。“工业较发达的国家向工业较不发达的国家所显示的，只是后者未来的景象。”“劳动资料扼杀工人。”“资本主义生产的唯一祸害就是资本本身。”[②] 九个例证出自马克思政治经济学研究不同时期的文献，据此作出结论名正言顺，马克思政治经济学命题中确实存在哲学性内容。

4. 政治经济学理论中的哲学

此处的“理论”一词意在表明，学科层面的政治经济学与哲学密不可分，内在地包括哲学性内容是政治经济学在劫难逃的命运。“命运”的涉及对象有两者，一是马克思政治经济学，二是包括资产阶级经济学在内的其他经济学。

资产阶级经济学从马克思《资本论》中设置专节批判的西尼尔开始，极力主张政治经济学中绝对不能包括像价值立场这样的哲学性内容，因为经济学是科学。[③] 随后，这一偏执性看法成为资产阶级经济学的主导性立场，以至于现在最流行的经济学教科书——美国经济学家曼昆的《经济学原理》说，经济学像物理学和生物学一样研究和说明自己的对象，因而它是如物理学和生物学一样的硬科学。[④] 资产阶级经济学的学科性立场与经济学中存在哲学性内容的客观事实相冲突，以其人性自私论的逻辑前提为例证足以证明这一点。在资产阶级经济学中，人性自私论是全称判断。[⑤] 既为全称判断，其指称对象包括资产阶级经济学家是情理之中的事情。一旦确立资产阶级经济学家同样具有自私本性的事实，资产阶级经济学的逻辑困境就会出现在人们面前。如果承认资产阶级经济学家是人，那么，他的自私本性就会出现于自己创立的经济学理论中，因为人之行为只不过是人之本性的

---

① 《马克思恩格斯全集》第30卷，人民出版社1995年版，第123、447、463页。

② 《马克思恩格斯文集》第5卷，人民出版社2009年版，第8、497、649页。

③ ［英］西尼尔：《政治经济学大纲》，蔡受百译，商务印书馆1977年版，第12页。

④ ［美］曼昆：《经济学原理》上册，梁小民译，北京大学出版社、生活·读书·新知三联书店1999年版，第19页。

⑤ 从亚当·斯密开始到现在，情况始终如此。其中的变化表现在称谓上，由人性自私论变为经济人，由经济人变为理性经济人，最后是有限理性经济人，实质没有发生任何变化。

外在表现。这说明，资产阶级经济学不是像物理学和生物学一样的硬科学，而是带有人之本性的社会科学。如果承认资产阶级经济学家不是人，那么，他的自私本性就不会在自己创立的经济学理论中表现出来，这种情况下的经济学理论确实是像自然科学一样的硬科学。问题在于，资产阶级经济学家敢于承认自己不是人吗？在创立经济学理论时，自己的自私本性能不存在因而不发挥作用吗？资产阶级经济学家面临二难择一的逻辑困境，根本原因是政治经济学学科性质的主张荒谬。

马克思从不讳言政治经济学理论中包括哲学性内容。这些内容是内生变量，无视这些内容的政治经济学理论就会发生蜕变，由马克思原生态的政治经济学理论蜕变为他人以为的马克思政治经济学理论。马克思政治经济学理论中的哲学性内容由五部分组成。

第一，人学理论。马克思政治经济学理论中的人学理论既内容丰富又极具特点。可以把它概括为四个观点：人学前提论、人学价值论、人学目的论和人学历史论。基于文献又顾涉社会历史和学术背景地梳理马克思政治经济学理论中的人学理论，相对完整的体系性内容就会出现在我们面前。

第二，经济哲学本体论。马克思政治经济学的研究对象是资本主义生产方式。按照亚里士多德对第一哲学的理解和界定，[①] 马克思经济哲学本体论中的本体应是资本主义生产方式，[②] 实则不然。资本主义生产方式产生、存在和运行的前提是资本，而资本产生、存在和发挥作用的前提是雇佣劳动。按照马克思的说法，雇佣劳动是资本和土地所有权等的基础。[③] 基于此说，马克思经济哲学本体论的本体是雇佣劳动或劳动，既有文献根据，又有社会历史事实根据。

第三，经济哲学认识论。作为理论体系的马克思政治经济学独树一帜，其中存在特点显明的经济哲学认识论内容是自然而然的事情。这一认识论由如下观点组成：充分占有材料、关注历史演化、探寻内

---

① ［古希腊］亚里士多德：《形而上学》，吴寿彭译，商务印书馆 1959 年版，第 56 页。

② 《马克思恩格斯文集》第 5 卷，人民出版社 2009 年版，第 8 页。

③ 参见《马克思恩格斯〈资本论〉书信集》，人民出版社 1976 年版，第 131 页。

在联系和不放过细节。[①] 马克思带有经验主义哲学倾向的经济哲学认识论往往被研究者所忽略，殊不知，没有这种独具特色的经济哲学认识论，马克思能否提出自己的政治经济学理论会大成问题；同理，研究者不关注和研究马克思的经济哲学认识论，能否准确理解其政治经济学和经济哲学，同样会大成问题。

第四，经济哲学方法论。马克思是经济哲学方法论的集大成者，其内容的丰富程度让人惊叹不已。概括地说，这一方法论体系由两部分内容组成。第一部分是研究方法，马克思对这一研究方法的命名是"解剖典型"，[②] 其具体内容除上已述及的四个认识论观点外还包括让当事人出场说话和理解。[③] 第二部分是叙述方法，马克思的叙述方法有三种称谓，教科书是逻辑与历史有机统一，恩格斯是"历史从哪里开始，思想进程也应当从哪里开始"[④]，马克思自己则是"从抽象上升到具体"[⑤]。虽然"从抽象上升到具体"的叙述方法由于受到维科和黑格尔的启发才提出和运用，但马克思把这一方法运用到炉火纯青的地步是维科和黑格尔所望尘莫及的。[⑥]

第五，经济哲学历史论。人们对马克思经济哲学历史论既熟悉，又陌生。就熟悉说，教科书历史唯物主义谁人不知呢？就陌生说，人们对经济哲学历史论与政治经济学的内在联系又知道多少呢？尤应指出者，经济哲学历史论在马克思政治经济学理论体系中

---

① 参见《马克思恩格斯文集》第 5 卷，人民出版社 2009 年版，第 21—22 页；第 8 卷，第 318 页。对马克思经济哲学认识论思想的系统梳理和说明，请见宫敬才《论马克思独具特色的经验哲学方法》，《河北学刊》2018 年第 3 期。

② 参见《马克思恩格斯文集》第 5 卷，人民出版社 2009 年版，第 8 页。关于马克思"解剖典型"方法的形成及具体内容，请见宫敬才《马克思解剖典型方法的形成》，《河北大学学报》2018 年第 1 期。

③ 对马克思让当事人出场说话方法的详细说明，请见宫敬才《论马克思〈资本论〉中让当事人出场说话的方法》，《人文杂志》2018 年第 4 期；对马克思理解方法的详细说明，请见宫敬才《论马克思政治经济学的理解方法及其性质》，《北京行政学院学报》2018 年第 2 期。

④ 《马克思恩格斯文集》第 2 卷，人民出版社 2009 年版，第 603 页。

⑤ 参见《马克思恩格斯全集》第 30 卷，人民出版社 1995 年版，第 42 页。

⑥ 在马克思的叙述方法问题上，国内外学者的理解有些混乱，至于提法则更加混乱。关于这方面的情况及其如何拨乱反正，请见宫敬才《马克思逻辑与历史有机统一方法真相还原》，《现代哲学》2018 年第 4 期。

的地位和作用是人们很少关注和研究的问题。马克思经济哲学历史论在政治经济学理论体系中负有两项使命。其一，宏观的社会历史方法论，旨在解决如何看待社会历史的问题，以便确定政治经济学的研究对象如资本主义生产方式的历史坐标方位。马克思在这一层面的核心观点是社会历史物质生产决定论。其二，微观的历史演化论，在这一层面，马克思三种三段论的强大理论穿透力让人拍案叫绝：人学三段论、[①] 生产方式三段论[②]和以生产资料所有制为基础的社会历史制度三段论。类似的历史演化论还有很多，此处提到的三者只能作为例证看待。

三 青年恩格斯是马克思经济哲学思想的启蒙者和领路人

马克思 1843 年 10 月开始研究政治经济学。研究的直接目的是真正解决任《莱茵报》主编时遇到的难题：工作职责需要对物质利益问题发表看法，由于缺乏政治经济学知识而无法做到。[③] 从整体思想状态说，此时马克思正处于世界观、学术视野和知识结构等发生根本性转变的关键时期。如下情况也不应被忽略：英国是政治经济学的故乡，是工业革命的发源地，以英国为典型的资本主义生产方式是马克思政治经济学的研究对象，而此时马克思不能阅读英文文献，对英国工业革命了解甚少。恰好在这时，恩格斯《国民经济学批判大纲》一文出现在马克思面前。该文写于 1843 年 9 月底或 10 月初至 1844 年 1 月，发表于 1844 年 2 月出版的《德法年鉴》。该刊由马克思和卢格任主编，因卢格生病使得具体的编辑工作由马克思一人承担。这说明，马克思是《国民经济学批判大纲》除作者外的第一个读者。考虑到如下情况后，结论会自然而然地出现在我们面前。第一，此时马克思正急于找到使思想整体发生根本性变化的知识突破口。第二，这

---

① 参见《马克思恩格斯文集》第 1 卷，人民出版社 2009 年版，第 185—186 页；第 8 卷，第 52 页。

② 参见《马克思恩格斯文集》第 8 卷，人民出版社 2009 年版，第 546—547 页。

③ 参见《马克思恩格斯文集》第 2 卷，人民出版社 2009 年版，第 588 页。

篇论文为马克思带来了以英国经济学家为主的政治经济学学科性知识。第三，这篇论文连同同样由恩格斯写作且几乎同时出现的《十八世纪》一文，[①] 为马克思打开了了解英国工业革命高潮时期社会状况的窗口。第四，这篇论文中一系列的经济哲学观点对马克思而言是久旱逢甘霖。基于如上情况，我们说，《国民经济学批判大纲》对马克思经济哲学思想的形成产生了决定性影响，青年恩格斯是马克思经济哲学的启蒙者和领路人。

为了实证性地确立已经作出的结论，我们必须解决两个问题。其一，恩格斯在该文中提出了哪些经济哲学观点？这些观点进入马克思随后写作的文献如《1844 年经济学哲学手稿》了吗？实证性地回答问题，就可充分证明上述结论符合实际。其二，马克思自己如何看待这篇文献？实证性地回答问题同样能证明上述结论符合实际。

稍作梳理就可发现，《国民经济学批判大纲》中的如下八个论点直接出现于马克思 1844 年 4 月至 8 月写作的《1844 年经济学哲学手稿》中。

1. 恩格斯："经济学没有想去过问私有制的合理性的问题。"马

---

① 恩格斯的《十八世纪》一文大约写于 1844 年 1 月初至 2 月初，是《英国状况》系列论文中的一篇，其对马克思经济哲学思想形成的重大影响至今还没有受到应有的重视。这篇论文在英、法、德比较视域中系统介绍和分析英国工业革命的典型意义，（《马克思恩格斯文集》第 1 卷，人民出版社 2009 年版，第 87、92、105 页。）这对刚刚步入政治经济学领域的马克思而言是全新的知识视域和思维路径。对于恩格斯的英国典型论，马克思在《1844 年经济学哲学手稿》中已有所反映，（《马克思恩格斯文集》第 1 卷，人民出版社 2009 年版，第 153—154 页。）马克思自己的英国典型论在《德意志意识形态》中已基本成型，（《马克思恩格斯文集》第 1 卷，人民出版社 2009 年版，第 565—566 页。）而在《资本论》第 1 卷中，马克思则明确表示，对资本主义生产方式的研究以解剖英国这一资本主义生产方式的典型国度为根本性方法。（《马克思恩格斯文集》第 5 卷，人民出版社 2009 年版，第 8 页。）同样应受到关注的是恩格斯提出哲学观点的知识依据特点，这种特点几乎与恩格斯相伴终生。他在这篇论文中提出如下命题："科学和哲学结合的结果就是唯物主义"。用以支撑这一命题的是众多自然科学学科知识，恩格斯在此处提到的是九门自然科学知识。（《马克思恩格斯文集》第 1 卷，人民出版社 2009 年版，第 97、88 页。）他后来的代表性哲学文献，如《自然辩证法》《反杜林论》《路德维希·费尔巴哈和德国古典哲学的终结》，其做法依然如此。由此，我们可以领悟到恩格斯与马克思之间对哲学的理解有重大区别的部分原因，同时也能领悟到，马克思经济哲学体系为什么会在中年以后的恩格斯哲学视域中消失不见。

克思："国民经济学从私有财产的事实出发。它没有给我们说明这个事实。"

2. 恩格斯：资产阶级经济学"伪善""不道德"。马克思：资产阶级经济学"否定人""敌视人"。

3. 恩格斯：资产阶级经济学为私有制而存在。马克思：国民经济学"没有给劳动提供任何东西，而是给私有财产提供了一切"。

4. 恩格斯：未来社会能够实现"人类与自然的和解以及人类本身的和解"。马克思：共产主义社会"是人和自然界之间、人和人之间的矛盾的真正解决"。

5. 恩格斯：私有制造成阶级对立，解决矛盾的唯一途径是消灭私有制。马克思："自由的劳动和自由的享受"依赖于"扬弃整个土地私有制"。

6. 恩格斯：政治经济学的出发点是"自由的人性"。马克思：政治经济学的逻辑前提是"完整的人"。

7. 恩格斯："资本是劳动的结果。"马克思："私有财产的主体本质""是劳动"。

8. 恩格斯：劳动"是人的自由活动"。马克思："自由的有意识的活动""是人的类特性"①。

文献梳理的事实表明，青年恩格斯的上述论点直接出现于稍后由马克思写作的《1844 年经济学哲学手稿》中。对比恩格斯论点地观照《1844 年经济学哲学手稿》的核心思想：质疑私有财产制度，批判这一制度的社会历史性后果即劳动异化，质疑和批判的武器是自由劳动为人之本质的思想，我们就会切实地感悟到，马克思直接且根本性地受到了《国民经济学批判大纲》的影响。虽然《1844 年经济学哲学手稿》是马克思在政治经济学领域中的初试身手之作，但其中的经济哲学思想对后续的政治经济学文献，如《政治经济学批判大纲》《资本论》等，具有根本性影响，后者是前者的继续、深化和系统

---

① 如上八个观点的文献出现顺序依次是：《马克思恩格斯文集》第 1 卷，人民出版社 2009 年版，第 57、155 页；第 58、179 页；第 60、166 页；第 63、185—186 页；第 65、152 页；第 58、189 页；第 70、178 页；第 72、162 页。

化，当是不争的事实。这样的事实进一步证明，青年恩格斯的经济哲学思想对马克思具有持续一生的影响。

我们还应注意到，青年恩格斯的如下论点虽然没有直接出现于《1844年经济学哲学手稿》中，但它们出现于马克思后续的政治经济学文献中且是占主导地位的经济哲学思想。论点一：科学技术是生产力；论点二：科学技术的资本主义使用有助于资本家压迫和剥削劳动者；论点三：科学技术的人性化使用为人类造福；论点四：经济危机导致社会革命；论点五：摆脱经济危机的根本途径是计划经济；论点六：英国是资本主义生产方式的典型国家即英国典型论。① 如上六个论点在马克思经济哲学体系中的重要地位毋庸置疑，但最先提出且进行力所能及的论证者是青年恩格斯。

综合上述两种情况，青年恩格斯提出的经济哲学论点是14个。从马克思经济哲学史角度看，如上14个经济哲学论点出现在前，马克思受其影响并把它们深化、系统化最终是体系化在后。如果我们顾及恩格斯仅是中学肄业生，还未满24周岁，到写作《国民经济学批判大纲》时在英国生活还不满一年等情况，马上就能感悟到，他具有多么强大敏锐的感悟能力，真是经济哲学思想史上的奇迹。

从更直接的角度看，同样能证明青年恩格斯对马克思经济哲学思想的形成产生了决定性影响的，这就是马克思自己的态度。马克思从《国民经济学批判大纲》刚一发表一直到晚年，态度始终如一，高度赞扬这篇文献，在《资本论》中不断地引用它借以论证自己的学术观点。为了确证这一点，我们按照时间先后顺序举出四个例证。

例证一：马克思在《1844年经济学哲学手稿》的“序言”中称这篇文献“内容丰富而有独创性”。

例证二：1859年，马克思为正式出版的《政治经济学批判》（第一分册）写序言，其中称这篇文献是“批判经济学范畴的天才大纲”。

例证三：1867年，马克思最有代表性的著作《资本论》第一卷

① 如上六个观点的文献出现顺序依次是：《马克思恩格斯文集》第1卷，人民出版社2009年版，第67、85、77、75、75、87页。

正式出版。这部著作四次直接引证这篇文献。

例证四：1880 年，晚年的马克思为恩格斯《社会主义从空想到科学的发展》法文版写序言，其中说："《大纲》中已经表述了科学社会主义的某些一般原则。"①

四个例证持续出现的时间是 36 年，评价和引用的事实再明白不过地告诉世人，马克思发自内心地称赞《国民经济学批判大纲》，承认青年恩格斯是自己经济哲学研究的启蒙者和领路人。称赞的事实是有力证据，马克思经济哲学思想确实受到了青年恩格斯经济哲学思想的决定性影响。

四　中年及以后的恩格斯是马克思经济哲学体系的忽略者

1859 年 6 月，马克思《政治经济学批判》（第一分册）正式出版。同年 7 月 19 日，马克思致信恩格斯，让其写书评，要点是方法问题和内容上的新东西。② 恩格斯 7 月 25 日致信马克思："保证下星期内一定写好这篇文章。"③ 到 8 月初，恩格斯一口气写了三篇文章，谈论方法和哲学问题的前两篇发表出来，谈论政治经济学的第三篇没有发表，手稿也没有找到。

这两篇文章的主要内容如下。

第一，确立马克思在德国政治经济学思想史中的地位。在恩格斯看来，《政治经济学批判》（第一分册）正式出版以前，德国没有自己的政治经济学，原因是经济和社会发展落后。伴随德国经济和社会的发展，出现了无产阶级政党，此为《政治经济学批判》（第一分册）出版的经济、社会和政党背景。该书一出版，"科学的、独立

---

① 如上例证在马克思文献中出现的先后顺序依次是：《马克思恩格斯文集》第 1 卷，人民出版社 2009 年版，第 112 页；第 2 卷，592 页；第 5 卷，第 92、177、191、731 页；第 3 卷，第 491 页。

② 参见《马克思恩格斯全集》第 29 卷，人民出版社 1972 年版，第 442 页。

③ 《马克思恩格斯全集》第 29 卷，人民出版社 1972 年版，第 446 页。

的、德国的经济学也就产生了”[①]。

第二，《政治经济学批判》（第一分册）的理论贡献之一是方法，最具原创性的是叙述方法。恩格斯对这一方法的概括是“历史从哪里开始，思想进程也应当从哪里开始”[②]。马克思称自己的方法是“从抽象上升到具体”[③]。虽然这一概括遭到西方学者的无端攻击，[④] 我们还是要赞佩恩格斯的天才感悟能力，因为他没读到马克思稍早具体谈论这一方法的《政治经济学批判大纲》，而是仅凭《政治经济学批判》（第一分册）就能作出这样的概括。

第三，对黑格尔哲学作出基调性评价。谈论马克思方法必然会涉及黑格尔，在马克思方法论语境中，黑格尔是无法躲避的话题。恩格斯认为，黑格尔方法是马克思政治经济学方法“直接的理论前提”，优点是“有巨大的历史感做基础”，缺点是“头脚倒置”，具有唯心主义性质。马克思改造黑格尔方法为我所用，把辩证法内核剥离出来，使其成为政治经济学批判的方法论基础。[⑤] 恩格斯此处的看法后来系统化地出现于《自然辩证法》《反杜林论》《路德维希·费尔巴哈和德国古典哲学的终结》等文献中，为后人对马克思主义中马克思与黑格尔思想关系的理解定下了基调。

第四，知识分类思想。这里的知识分类思想并不清晰明确，也没有展开论证，恩格斯只是后来才把自己的知识分类思想体系化。此处恩格斯的知识分类如下。其一是哲学，包括世界观和方法论，世界观就是方法论。其二是实证科学，这一科学包括自然科学和历史科学，“凡不是自然科学的科学都是历史科学”[⑥]。

第五，提出构建一般性唯物主义世界观的设想。恩格斯把马克思《政治经济学批判》（第一分册）“序言”中对历史唯物主义理论的经

---

① 《马克思恩格斯文集》第2卷，人民出版社2009年版，第597页。

② 同上书，第603页。

③ 参见《马克思恩格斯全集》第30卷。人民出版社1995年版，第42页。

④ 参见［意］马塞罗·默斯托主编《马克思的〈大纲〉——〈政治经济学批判大纲〉150周年》，闫月梅等译，中国人民大学出版社2011年版，第61—67页。

⑤ 参见《马克思恩格斯文集》第2卷，人民出版社2009年版，第602—603页。

⑥ 《马克思恩格斯文集》第2卷，人民出版社2009年版，第597页。

典表述命名为“唯物主义历史观”，此为马克思主义发展史上的第一次。此时的恩格斯极为重视唯物主义世界观问题，在批判庸俗性质的自然科学唯物主义和黑格尔方法的唯心主义性质之后说：“在这里必须解决与政治经济学本身无关的另外一个问题。应该用什么方法对待科学？”恩格斯对问题的回答是：“这里要求发展一种比从前所有世界观都更加唯物的世界观”①。恩格斯称这种唯物主义为“新的世界观”“新的科学的世界观”“新的唯物主义世界观”。② 对唯物主义世界观的几个限定表明，在恩格斯的精神世界中，唯物主义世界观问题占有无法取代的重要地位，虽然他认为这样的问题“与政治经济学本身无关”。

在理解和评估恩格斯两篇文章的如上内容时，我们应切记这是为马克思《政治经济学批判》（第一分册）写书评，谈论的对象是马克思政治经济学文献中的哲学性内容。用马克思政治经济学中成体系的哲学性内容作为标准衡量，其中的问题就会显现出来，恩格斯对哲学即唯物主义世界观的理解与马克思政治经济学中真实存在的哲学性内容之间是错位关系。

首先，在德国政治经济学史语境中评价马克思政治经济学，显然是大大低估了这一政治经济学的理论贡献。就人类政治经济学思想史的意义来说，马克思政治经济学独树一帜，前无古人，后无来者，其理论贡献仅用德国政治经济学史为标准衡量不符合实际。当然，此时的恩格斯不应受到责备，原因是他仅读到《政治经济学批判》（第一分册），写于1857—1858年的《政治经济学批判大纲》没有读到，而《资本论》则是此时正准备写作。

其次，关于马克思与黑格尔的思想关系。恩格斯此处的观点是一种基调，后来的文献如《自然辩证法》《反杜林论》《路德维希·费尔巴哈和德国古典哲学的终结》等把这一基调系统化，但并没有超越这一基调。问题在于，马克思在关注黑格尔方法并对其进行唯物主义

① 《马克思恩格斯文集》第2卷，人民出版社2009年版，第601页。

② 同上书，第598—599、602页。

改造的同时,[①] 更关注黑格尔的劳动辩证法，在文献方面则不是《逻辑学》而是《精神现象学》，他称其为“黑格尔哲学的真正诞生地和秘密”[②]。我们应该注意到，恩格斯的基调形成了传统，这种传统对黑格尔劳动辩证法及其对马克思经济哲学思想的影响发挥了掩蔽作用。[③]

再次，知识分类思想是构筑马克思经济哲学语境的前提，遗憾的是恩格斯的知识分类没有给经济哲学留出理论逻辑空间，堵塞了马克思政治经济学中哲学性内容显现出来的逻辑进路，方法与“政治经济学本身无关”一语就可证明这一点。按照恩格斯“凡不是自然科学的科学都是历史科学”的说法，政治经济学属于历史科学，它与哲学分立而存在，是两类不同的知识，因此，作为哲学的方法与“政治经济学本身无关”。恩格斯知识分类思想出现问题的原因是，看到了哲学与政治经济学的区别，忽略了哲学与政治经济学的内在联系。

最后，恩格斯让一般哲学意义的唯物主义世界观高调出场，是青年时期写作的《十八世纪》一文中基于自然科学知识而来的唯物主义立场的延续，同时是借题发挥，因为从马克思《政治经济学批判》(第一分册)“序言”中的“唯物主义历史观”到一般哲学意义的唯物主义世界观之间，有巨大的逻辑空当要跨越。问题在于，限于篇幅和理论逻辑空间的约束，或许还有知识积累不够的约束，恩格斯既没有展开也没有系统论证自己提到的“比从前所有世界观都更加唯物的世界观”，只是提出了得到这种世界观的基本原则：“必须从最过硬的事实出发。”[④] 从另一个角度看，我们的脑海中同样会产生疑问：这种一般性哲学唯物主义世界观与马克思政治经济学中的哲学性内容是什么关系？它是马克思哲学还是恩格斯自己的哲学？这样的问题客观地存在于马克思与恩格斯哲学思想关系之中，是进入 20 世纪后相

---

① 参见《马克思恩格斯全集》第 30 卷，人民出版社 1995 年版，第 42 页；《马克思恩格斯文集》第 5 卷，人民出版社 2009 年版，第 22 页。

② 《马克思恩格斯文集》第 1 卷，人民出版社 2009 年版，第 201 页。

③ 关于黑格尔的劳动辩证法及其对马克思经济哲学的影响，请见宫敬才《论黑格尔的经济哲学及其对马克思经济哲学的影响》，《马克思主义与现实》2016 年第 3 期。

④ 《马克思恩格斯文集》第 2 卷，人民出版社 2009 年版，第 601 页。

关学术争论的理论源头，也是恩格斯后来继续阐释马克思哲学时无法躲避的问题。

19 世纪 60 年代是恩格斯哲学性写作的沉寂期，进入 70 年代后则是相反的情势，他加快了哲学性写作的速度，留给后人的是三部一再被称为经典的哲学性著作：《自然辩证法》《反杜林论》《路德维希·费尔巴哈和德国古典哲学的终结》。综合地看待这三部著作就可发现，恩格斯 1859 年写书评时提出的“发展一种比从前的所有世界观都更加唯物的世界观”的主张，现在变成了被他人命名为辩证唯物主义的哲学体系。[①] 这种哲学体系给我们以熟悉和亲切之感，但与马克思经济哲学体系相联系地看，不免让人心情沉重，倒吸一口冷气。这个哲学体系没有马克思经济哲学体系出场和表示存在的理论逻辑空间，后者被忽略了。

1. 哲学本体。恩格斯批判杜林“世界统一于存在”的观点时说，“世界的真正统一性在于它的物质性”。这个物质世界具有独立自在性质，是我们生活于其中的“现实世界”，由自然界和历史构成。[②] 如上界定表明，恩格斯认为哲学的本体是物质或叫现实世界。后来，作为哲学本体的物质范畴借助列宁的界定，[③] 成了辩证唯物主义原理的理论基石。

2. 基于哲学本体而来的世界观及其具体化。物质性的现实世界

---

① 最早使用“辩证唯物主义”提法的是德国工人哲学家狄慈根，正式命名马克思主义哲学为“辩证唯物主义”的是俄国最早的马克思主义哲学家之一普列汉诺夫，他称马克思是“辩证唯物主义之父”。(《普列汉诺夫哲学著作选集》第 2 卷，生活·读书·新知三联书店 1961 年版，第 155—156 页。) 让这种意义的用法流行开来的是列宁。(《列宁专题文集·论辩证唯物主义和历史唯物主义》，人民出版社 2009 年版，第 334 页。) 他把“辩证唯物主义”与历史唯物主义并列使用，说这是“由一块整钢铸成的马克思主义哲学”。(《列宁专题文集·论辩证唯物主义和历史唯物主义》，人民出版社 2009 年版，第 112 页。) 接受这样的提法且使其教材化者是 20 世纪 20—30 年代的苏联哲学家。他们先后写作和出版了《辩证唯物主义导论》《历史唯物主义理论》的教科书。更详尽的历史演化情况梳理请见杨耕《论辩证唯物主义、历史唯物主义、实践唯物主义的内涵——基于概念史的考察与审视》，《南京大学学报》(哲学·人文科学·社会科学) 2016 年第 2 期。

② 《马克思恩格斯文集》第 9 卷，人民出版社 2009 年版，第 47 页；第 4 卷，第 275、297 页。

③ 参见《列宁专题文集·论辩证唯物主义和历史唯物主义》，人民出版社 2009 年版，第 35 页。

既然分为自然界和历史，那么，便会有相应的自然观和历史观。自然界是一个体系，“即各种物体相联系的总体”，而自然观则是“按照自然界的本来面目质朴地理解自然界，不添加任何外来的东西”[①]。与自然观相对应的是历史观。历史观的出现具有必然性，“因为，我们不仅生活在自然界中，而且生活在人类社会中，人类社会同自然界一样也有自己的发展史和自己的科学”[②]。有关历史的科学是唯物主义历史观。恩格斯认为，“唯物主义历史观从下述原理出发：生产以及随生产而来的产品交换是一切社会制度的基础；在每个历史地出现的社会中，产品分配以及和它相伴随的社会之划分为阶级或等级，是由生产什么，怎样生产以及怎样交换产品来决定的。所以，一切社会变迁和政治变革的终极原因，不应当到人们的头脑中，到人们对永恒的真理和正义的日益增进的认识中去寻找，而应当到生产方式和交换方式的变更中去寻找；不应当到有关时代的哲学中去寻找，而应当到有关时代的经济中去寻找”[③]。可以把恩格斯表述的唯物主义历史观概括为经济决定论或物质生产决定论，其文献依据是马克思《政治经济学批判》（第一分册）的“序言”。

3. 两种具体化世界观之间的关系。在恩格斯看来，自然界和社会历史中都客观地存在辩证运动规律。对两种辩证运动规律的正确认识便是唯物主义自然观和历史观。两种认识之间是什么关系？恩格斯认为，“适用于自然界的，同样适用于社会历史的一切部门和研究人类的（和神的）事物的一切科学”[④]。恩格斯的话语意在表明，人类对自然界的认识是主要方向，一旦获得对自然界的认识，那么，把这种认识推广应用于对社会历史的认识，走得通，也符合实际。其中的原因不难理解，自然界和人类社会历史中存在同样的辩证运动规律。

4. 世界整体的辩证运动规律。包括自然界和历史的“现实世界”是一个整体。这一整体具有辩证性质，性质的概括提炼是辩证运动规

① 参见《马克思恩格斯文集》第9卷，人民出版社2009年版，第13、514、458页。

② 《马克思恩格斯文集》第4卷，人民出版社2009年版，第284页。

③ 《马克思恩格斯文集》第9卷，人民出版社2009年版，第283—284页。

④ 参见《马克思恩格斯文集》第9卷，人民出版社2009年版，第13页；第4卷，第301页。

律。恩格斯对这种规律的论述极为典型，值得全部引证出来：“辩证法的规律是从自然界的历史和人类社会的历史中抽象出来。辩证法的规律无非是历史发展的这两个方面和思维本身的最一般的规律。它们实质上可归结为下面三个规律：量转化为质和质转化量的规律；对立的相互渗透的规律；否定的否定的规律。”[①]

5. 认识世界整体的哲学分析框架。如上四项内容是对世界整体的辩证唯物主义认识，认识依赖于特定的哲学分析框架。在恩格斯看来，主观辩证法是对客观辩证法的反映，[②] 把这种反映过程加以概括，哲学分析框架就会显现出来：主观与客观的关系。恩格斯用稍为不同的概念表述这种哲学分析框架：“全部哲学，特别是近代哲学的重大的基本问题，是思维和存在的关系问题。”在另一个地方他又说，这是“全部哲学的最高问题”[③]。

6. 政治经济学在知识分类体系中的位置。从 1859 年为马克思《政治经济学批判》（第一分册）写书评到逝世，恩格斯的知识分类思想始终未变，变化的只是前期不明确清晰，后期则与此相反。在论及自然观和历史观的演进情况时，恩格斯清楚地表达出知识分类体系的思想：“在这两种情况下，现代唯物主义本质上都是辩证的，而且不再需要任何凌驾于其他科学之上的哲学了。一旦对每一门科学都提出要求，要它们弄清楚它们自己在事物以及关于事物的知识的总联系中的地位，关于总联系的任何特殊科学就是多余的了。于是，在以往的全部哲学中仍然独立存在的，就只有关于思维及其规律的学说——形式逻辑和辩证法。其他一切都归到关于自然和历史的实证科学中去了。”[④] 这个知识分类体系的思路很清晰，知识由两部分组成。第一部分是哲学，即形式逻辑和辩证法。第二部分是实证科学即自然科学和历史科学。政治经济学处于这一知识分类体系的什么位置？恩格斯对问题的回答是，“政治经济学是历史科学”“政治经济学是经验科学”“政治经济学是经济科学”。“经济科学”的任务是发现和证明经

---

① 《马克思恩格斯文集》第 9 卷，人民出版社 2009 年版，第 463 页。
② 参见《马克思恩格斯文集》第 9 卷，人民出版社 2009 年版，第 470 页。
③ 《马克思恩格斯文集》第 4 卷，人民出版社 2009 年版，第 277—278 页。
④ 《马克思恩格斯文集》第 3 卷，人民出版社 2009 年版，第 543—544 页。

济规律，在这一科学中诉诸道德和法律的做法，“在科学上丝毫不能把我们推向前进”①。

恩格斯基于19世纪50年代末的哲学主张发展出来的哲学体系，其架构性观点已如上述。六个方面的内容向我们证明了如下事实。第一，19世纪70年代及其以后，恩格斯把50年代末的哲学主张具体化进而体系化了。第二，在恩格斯哲学体系中，没有马克思经济哲学体系表示存在的理论逻辑空间。第三，恩格斯哲学体系成为马克思主义哲学史中的哲学正统以至于教科书化，马克思经济哲学体系被彻底忽略了。第四，恩格斯哲学体系中存在逻辑难题：当恩格斯说对自然界的认识同样适用于认识人类社会历史时，对自然界的认识如何过渡到对社会历史的认识？进而在逻辑上，辩证唯物主义与历史唯物主义是什么关系？是并列关系？是从属关系？直到现在，这一逻辑难题并未

---

① 参见《马克思恩格斯文集》第9卷，人民出版社2009年版，第153、441、156页。恩格斯基于自己知识分类体系而来的对马克思政治经济学的科学性认知存在严重问题。第一，恩格斯的观点无意识地契合了资产阶级经济学的立场。这种经济学从马克思痛加批判的西尼尔开始到现在始终极力主张，政治经济学是像自然科学一样的硬科学，坚决反对在政治经济学中诉诸道德因素。（［英］西尼尔：《政治经济学大纲》，蔡受百译，商务印书馆1977年版，第12页；［美］曼昆：《经济学原理》上册，梁小民译，生活·读书·新知三联书店、北京大学出版社1999年版，第19页。）第二，道德因素是马克思创立政治经济学理论的精神动力之一。用他自己的话说，创作《资本论》的过程是“一直在坟墓的边缘徘徊”的过程，在这一过程中牺牲了自己的“健康、幸福和家庭”。如此行为简单直接的目的是减轻直至消除“人类的痛苦”。（《马克思恩格斯文集》第10卷，人民出版社2009年版，第253页。）第三，马克思在政治经济学理论中直接诉诸道德性批判，请看如下例证：“资本来到世间，从头到脚，每个毛孔都滴着血和肮脏的东西。”资本“对直接生产者的剥夺，是用最残酷无情的野蛮手段，在最下流、最龌龊、最卑鄙和最可恶的贪欲的驱使下完成的”。（《马克思恩格斯文集》第5卷，人民出版社2009年版，第871、873页。）第四，马克思政治经济学研究的过程，同时是质疑和批判以私有制为核心的资产阶级法律制度的过程。《1844年经济学哲学手稿》是起点，（《马克思恩格斯文集》第1卷，人民出版社2009年版，第155、166页。）到《政治经济学批判大纲》中，马克思直接说私有财产制度“是法律上的合理存在，而不是经济上的合理存在”。（《马克思恩格斯全集》第30卷，人民出版社1995年版，第292页。）在《资本论》中，马克思把法律意义的私有财产制度的政治经济学本质揭示出来：“以商品生产和商品流通为基础的占有规律或私有权规律，通过它本身的、内在的、不可避免的辩证法转变为自己的直接对立物……所有权对于资本家来说，表现为占有他人无酬劳动或它的产品的权利，而对于工人来说，则表现为不能占有自己的产品。”（《马克思恩格斯文集》第5卷，人民出版社2009年版，第673—674页。）四个方面的情况表明，恩格斯对马克思政治经济学的科学性认知不符合实际。

真正得到解决。

顾涉马克思经济哲学体系存在的客观事实，更具挑战性的是如下问题：恩格斯如何看待自己提出的哲学体系与马克思的关系？马克思逝世后，恩格斯多次且不同角度地回答这一问题，综合起来是如下情况。第一，自己的观点与马克思的“意见完全一致”。第二，在与马克思一道创立共产主义世界观的过程中，“绝大部分基本指导思想（特别是在经济和历史领域内），尤其是对这些指导思想的最后的明确的表述，都是属于马克思的”。第三，共产主义世界观中的唯物史观是“历史过程中的决定性因素归根到底是现实生活的生产和再生产。无论马克思或我都从来没有肯定过比这更多的东西”。第四，自己在《反杜林论》《路德维希·费尔巴哈和德国古典哲学的终结》“两部书里对历史唯物主义作了就我所知是目前最为详尽的阐述”①。

四种情况的客观存在把我们逼入二难择一的窘境。如果相信恩格斯的一系列说法符合实际，承认其哲学体系的“基本指导思想”是马克思的，那么，马克思成体系的经济哲学就无存在的理论逻辑空间，也无存在理由，因此不应该存在。如果承认马克思经济哲学体系的存在是客观事实，那么，恩格斯的一系列说法就不符合马克思思想的实际，他提出且主要归功于马克思的哲学体系实际是他自己的哲学体系，只能以恩格斯的名字命名即恩格斯哲学，不能命名为马克思哲学。窘境出现的原因不难发现，马克思经济哲学体系与恩格斯的哲学体系不相容。

五　讨论性结论

1. 事实明证可鉴，马克思政治经济学中客观地存在经济哲学且成体系。看不到这一点，不承认这一点，无法做到准确全面地理解马克思思想。与此相伴随，无视马克思经济哲学体系地理解其政治经济

① 如上情况出现的文献顺序依次是：《马克思恩格斯文集》第4卷，人民出版社2009年版，第232、296—297页；第10卷，第591、593页。

学，结果不会是马克思原生态的政治经济学，而是他人以为的马克思政治经济学。

2. 在马克思经济哲学体系形成过程中，青年恩格斯经济哲学思想的影响具有决定性，说青年恩格斯是马克思经济哲学思想的启蒙者和领路人，并无过分之处。在马克思经济哲学领域，研究者没有意识这一事实的重要意义且给予相应评价，是需要纠正的现象。

3. 让人难以理解但确为客观事实的是，中年以后的恩格斯主观愿望是捍卫、阐释和宣传马克思经济哲学，实际结果是逐步发展出自己的哲学体系。这一体系用“区别很大”一词不能表征与马克思经济哲学体系的关系。在以恩格斯和列宁哲学思想为主的马克思主义哲学语境中成长起来的我们，如何面对和认知这一事实？情感和理智两个方面都是挑战，但实事求是的态度才是关键。

4. 为什么会出现或许恩格斯自己都不愿意见到的结果？如下几个原因发挥了根本性作用。首先是知识背景。恩格斯持续一生地关注自然科学研究进展，研究自然科学知识，从中提炼哲学思想。其次是知识分类思想。恩格斯认为知识只有两类：哲学和实证科学，政治经济学是严格意义的实证科学。再次是刚性的哲学观。恩格斯认为哲学是形式逻辑和辩证法，而这里的辩证法源自黑格尔的《逻辑学》，论证的知识素材是自然科学。最后是哲学分析框架。恩格斯的哲学分析框架是主、客观之间反映与被反映的关系，这样的哲学分析框架中没有主体及主体性的容留之地。四个方面的原因注定了马克思经济哲学体系的被忽略。

5. 我们如何研究和对待马克思主义哲学史？从以恩格斯和列宁哲学思想为主的马克思主义哲学原理出发，线性地寻章摘句论证这一原理以便使其历史化，还是从历史性存在的文献中梳理、抽象和概括出真正意义的马克思主义哲学史？现行马克思主义哲学史是马克思主义哲学原理的历史化，因而不是真正意义的马克思主义哲学史，马克思经济哲学体系无法表示存在就是证据。回归包括政治经济学文献在内的马克思文献，用回到原生态方法检视以马克思文献为主的文献，[①]恢复马克思经济哲学体系表示存在的天然权利，才会有名实相符因而名正言顺的马克思主义哲学史。

① 对回到原生态方法的详细说明，请见宫敬才《是“以西解马”还是“回到原生态”？——与仰海峰教授商榷如何解读马克思哲学》，《南国学术》2017年第2期。

哲学基本问题域的转换与马克思主义哲学的后主体批判视野

刘怀玉　郭　滢*

一　革命的哲学及其哲学革命的原象

长期以来，马克思主义哲学是“革命的哲学”已经作为一个颠扑不破的真理而被人们不假思索地接受下来，但其“革命”实质则经常被人所忽略或遮蔽。因此我们有必要从经典语境和当代语境两个方面重新考察它在何种意义上是“革命的”哲学及其如何产生“哲学的革命”的。

从经典语境上看马克思主义哲学无疑是革命的哲学。霍布斯鲍姆在其著名的“19世纪三部曲”（《革命的年代》《资本的年代》和《帝国的年代》）中把1789—1848划归为“革命的年代”：彼时资产阶级和无产阶级两大现代对立阶级共同登上了历史舞台，政治革命与经济革命齐头共进，此正所谓“双元革命”（dual revolutions）①。诞生于那个激进年代的很多哲学皆是革命年代的时代精神的表现，是对当时风云变幻的社会历史所作出的理论上的回应，因此它们都是“革命的哲学”。依此时代标准来衡量，德国古典哲学与马克思主义哲学当然属于“革命的哲学”范畴。而按照萨特的另外一个著名说法，

---

* 刘怀玉，南京大学哲学系教授、博士生导师。郭滢，南京大学哲学系博士生，中共江苏省委党校文化学部副教授。

① 参见［英］艾瑞克·霍布斯鲍姆《革命的年代》，王章辉等译，江苏人民出版社1999年版，第2页等处。

哲学是“上升的”（革命的）阶级意识到自己存在的一种方式。所以哲学创造的时代是罕见的。在17世纪至20世纪之间，存在着三个著名哲学时代：商业资本主义时代的笛卡儿主义，工业化资本主义初期的康德主义以及工业资本主义大发展时期的马克思主义哲学。[①]

这种说法也得到了马克思与恩格斯的印证，他们多次在著作中承认德国古典哲学和他们自己所创立的哲学都是革命的哲学。如马克思把康德哲学称为“法国革命的德国理论”[②]，恩格斯的《路德维希·费尔巴哈与德国古典哲学的终结》（后简称《费尔巴哈论》[③]）开篇就把马克思主义哲学的先驱——德国古典哲学，特别是黑格尔哲学定位为革命的哲学，是法国革命的理论表现，它最终成为1848年德国资产阶级革命的先导[④]。虽然德国古典哲学表面上显得思辨神秘、平庸的，甚至是“保守的”，连黑格尔也谦称自己的哲学是落伍于时代的“黄昏时才起飞的猫头鹰”[⑤]！但如海涅所形容，它是一场用理性的大刀砍掉了中世纪上帝的头颅的理性的革命[⑥]。而接下来出现的马克思主义哲学，作为革命的思想武器，伴随着初登历史舞台的无产阶级，一道推动了历史大踏步前进。《共产党宣言》正是无产阶级革命的宣言。故从时间上判断，产生于革命年代的马克思主义曾经是革命的哲学这一点，是毋庸置疑的。

问题是在今天的语境中，它是否还是革命的哲学？国内学界有一种观点认为，马克思主义哲学在今天的出场方式应该是启蒙的、渐进的和市民社会的哲学。这种所谓“回归市民社会”的启蒙话语（实乃新自由主义）是错误的，因为在这种话语中马克思主义非但不是与时俱进，反而是开历史的倒车，退回到了与18—19世纪的资产阶级启蒙哲学携手并进的时代。针对这种把马克思主义启蒙化的倾向，我

---

① 参见［法］让-保罗·萨特《辩证理性批判》，林骧华等译，安徽文艺出版社1998年版，第7—9页。

② 《马克思恩格斯全集》第1卷，人民出版社1956年版，第100页。

③ 本文是为纪念《费尔巴哈论》发表130年与《共产党宣言》发表170年而作，特此说明。

④ 参见《马克思恩格斯文集》第4卷，人民出版社2009年版，第267页。

⑤ ［德］黑格尔：《法哲学原理》，邓安庆译，人民出版社2016年版，第15页。

⑥ 参见张宝书编选《海涅选集》，人民文学出版社1983年版，第292页。

们要指出，虽然马克思主义哲学接受传播语境已经从昔日的革命战争年代走向和平稳定环境，但是在抓住时代的根本问题上，马克思主义哲学依然坚守着它的革命性立场。

何谓革命？在传统马克思主义中，革命专指一个阶级推翻另一个阶级统治的暴力行动，它是阶级矛盾和社会矛盾激化的产物。事实上，这只是对革命的狭义的理解。从广义上亦即是从本质上看，革命指的是对不合理的现实保持清醒的批判性理解。这种理解是不合时宜的，因为它的任务不是去伪饰现实，让现实在哲学中显得合理或神秘，而是直面时代的社会矛盾，用批判和否定的态度发现被这个时代所忽视的、被遗忘的和无法理解的根本问题，揭示出这个时代存在着的内在矛盾，进而辩证地把握和解决时代的根本矛盾，使其从不合理走向合理化。从这个意义上看，作为革命哲学的马克思主义是划时代的即超越时代局限性的，它的不合时宜性即是它的当代性，故它在任何一个时代都有存在的合法性。并且革命的形式是多元化的，暴力革命只是把握与解决时代矛盾的一种方式，在和平年代用理论武器揭露与解决社会矛盾亦是一种革命精神。可见，马克思主义哲学的革命性不仅是由诞生它的历史语境所决定的，而且是出于它内在的革命本质。

如此来看，革命与启蒙就不存在二元对立或冲突问题。启蒙概念源自 17—18 世纪法国的启蒙运动。这是资产阶级带领人民大众掀起的一场反封建、反教会的思想文化运动，其理论先驱是伏尔泰、孟德斯鸠、狄德罗、卢梭等启蒙思想家，他们曾冒着随时被关入巴士底狱的危险，向大众揭露不平等不自由不民主的社会现实，并将矛头指向了封建专制主义、宗教愚昧和贵族的特权主义。他们为欧洲资产阶级的政治革命做了哲学上的先导。在这个启蒙概念的发端处，启蒙尚未带上后来才出现的温和改良、解放人欲、教育童蒙等意涵，而是指向了事物的本来面目，揭露社会现实的真相。这点与革命不谋而合，故启蒙即是革命，革命即是启蒙，且是最深刻的启蒙。正因为如此，恩格斯才会将法国启蒙思想看成先于黑格尔哲学的革命哲学。

当代马克思主义哲学在回答与解决所谓“启蒙话语”对它的冲击之后，它还要面对后现代主义的挑战。后现代主义的挑战不同于启蒙话语，后者用所谓温和改良的姿态来与革命的马克思主义哲学唱反调，而后现代主义却没有直接和马克思主义发生对抗，它借反宏大叙事之名把马克思主义哲学所关注的时代的根本问题一笔勾销，轻描淡写地“化解”了马克思主义哲学的历史使命与存在合法性：既然时代问题成为一个空洞概念，那么它的革命精神也就随风而逝。这就给后现代话语用它所提倡的微型叙事来取代马克思主义哲学的宏大叙事提供了可能。这种小叙事不再关心普遍的、总体的、大规模的、根本的顶层设计和总体规划，而是讲述具体的、当地的、有限的、部分的、情境化的、临时的、可能发生的小事情。可见后现代话语实际采取的策略是大事化小、小事化了，最后只剩下一堆符码。当它把这种策略加诸马克思主义哲学的身上时，马克思主义哲学就将会失去其原有的广度与深度，成为一种应景和浮夸的后现代话语。

在某种意义上，把马克思主义“后现代主义化”要比将其“启蒙主义化”更具危害性。因为马克思主义哲学的革命性就在于它对社会重大问题保持着警觉的、批判的态度以及从总体根本上解决问题的激进立场，与之对应的必然是一种宏大的叙事模式。后现代话语的错误在于把宏大叙事和微型叙事对立起来，事实上二者并不相互排斥。后现代话语孤立地看待这两种不同的叙事，放弃任何有关稳定或恒久的本质规律现实的想法，将目光集中到脱离社会现实的符号能指的领域，这才是意识形态的幻觉。与这种偏执于小叙事的后现代话语不同的是，在马克思主义式的宏大叙事中已经包含了微型叙事，它不仅关心社会的重大问题，同样也着眼于社会中具体的、当下发生的事件。因此，当后现代主义用小叙事来把马克思主义后现代化的时候，它的问题在于只是局部放大了马克思主义哲学中固有的一部分能量，并把这一部分极端化，且孤立于整个系统之外。

面对看似“温和的”启蒙话语和看似“激进的”后现代主义这两种话语对马克思主义哲学的冲击，我们应该重申马克思主义哲学是革命的哲学，其革命性就体现在对社会现实问题的把握与解决之中。在此意义上，这两种时髦的话语都与马克思主义哲学的革命性相违背，因为启蒙话语企图用改良来掩盖社会根本矛盾问题，而后现代则试图用文化研究转向来回避社会问题。

以上是在经典语境和当代语境中思考马克思主义哲学的革命本质。除此之外，判定马克思主义是革命的哲学的另一重要依据是它为哲学史带来了一场史无前例的伟大革命。也就是说，马克思主义之所以是“革命的”哲学就在于它是一场“哲学的”革命。在传统教科书体系中，这场哲学革命指的是马克思主义哲学的创立迫使哲学在其研究对象、内容、功能、性质等各个方面都发生了革命性的变革，尤其是它把唯物主义贯彻到社会历史领域，在历史上第一次提出了一种以唯物主义为方法、以历史为研究对象的革命话语。

这种解读把马克思主义哲学视为是对近代的自然唯物主义的继承与发展，其主要文本依据是恩格斯的一些著作。如他在《费尔巴哈论》中把自然科学的进步对应于社会历史的进步，指出“自然界也被承认为历史发展过程了。而适用于自然界的，同样适用于社会历史的一切部门和研究人类的（和神的）事物的一切科学”①。在后来的马克思主义哲学解释者们看来，恩格斯把新唯物主义创立的功绩都归功到了自然科学上，哲学革命是自然科学发展的必然结果，故马克思主义哲学是近代自然科学唯物主义的集大成者。

以上观点是对马克思主义哲学革命以及对恩格斯的误读。诚然，他确实在一些论著中把自然科学的革命看成马克思主义哲学革命的先导，但并不能由此推导出这样的结论，即马克思主义哲学是近代以来的自然唯物主义，从而也是现代自然科学成果的嫁接或派生物。理由是恩格斯在与马克思在总体原则和立场保持高度一致的前提下选择了从自己的角度出发，即从哲学与自然科学相结合的视角来表达马克思主义哲学革命的一种可能的方向。问题出在后来的解释者们把他指出的这个方向看成“唯一正确的”方向，这就遮蔽了马克思主义哲学革命的本来面目和核心逻辑。它的本来面目是用革命的、批判的和否定的方式去理解与把握现实的根本矛盾，其核心逻辑是对人类历史，特别是对资本主义社会的政治经济学批判。把以直观的形式去理解事物和现实为己任的旧唯物主义当作其基础和源头，只会离马克思主义哲学革命原像渐行渐远。本文要强调的一个基本观点是，只有在批判

① 《马克思恩格斯文集》第4卷，人民出版社2009年版，第301页。

与继承德国古典哲学这种主体哲学的过程中才可能揭示出马克思主义哲学革命的本来面目与哲学基础。

马克思非常清楚这一点。他在《关于费尔巴哈的提纲》中的第一条写道:“从前的一切唯物主义(包括费尔巴哈的唯物主义)的主要缺点是:对对象、现实、感性,只是从客体的或者直观的形式去理解,而不是把它们当做感性的人的活动,当做实践去理解,不是从主体方面去理解。”[①] 他的用意是要撇清与旧唯物主义的关系,把德国古典哲学当作他的哲学的批判对象兼出发点。之所以德国古典哲学能够担此重任,是因为它把世界看成一个变化的过程,并对这一过程始终保持警觉的和批判的革命态度。

恩格斯在《费尔巴哈论》中承接了马克思的思路。他说,需要“把我们同黑格尔哲学的关系,我们怎样从这一哲学出发又怎样同它脱离,作一个简要而又系统的阐述”[②]。可见,他把马克思主义哲学与德国古典哲学的承继关系分解为一“进”一“出”两个问题。后来的一些解释者们出于自己的理论需要,选择了恩格斯关于马克思主义哲学从黑格尔哲学那里“走出去”的桥段,强调马克思主义哲学驱逐了黑格尔辩证法中的唯心主义成分这一侧面的革命意义。他们刻意回避了恩格斯在同一文本中关于马克思主义如何“走进”黑格尔哲学的讨论,这就是继承其“合理内核”的部分的革命意义。其后果是把马克思主义哲学近代唯物主义化和自然科学化,并把恩格斯视为这种倾向的肇始者。比如,伯恩施坦就直言不讳地认为马克思主义作为精确的科学,从斯宾塞的进化论那里继承的东西,远比从黑格尔的否定辩证法那里继承的东西多得多。[③]

马克思主义哲学得益于德国古典哲学中革命的、批判的辩证法精神,并赋予这种辩证法以新的生命力,完成了从终结到寻找新的出路的过程,这就是恩格斯在《费尔巴哈论》的题目中使用一语双关的“终结”(ausgang)的深意,既表示消亡又表示开端的“终结”昭示

---

① 《马克思恩格斯文集》第1卷,人民出版社2009年版,第499页。
② 《马克思恩格斯文集》第4卷,人民出版社2009年版,第266页。
③ [德]爱德华·伯恩施坦:《伯恩施坦文选》,人民出版社2008年版,第361页。

了马克思主义哲学在德国古典哲学的浴火中的重生。以“终结”的方式继承了德国古典哲学的马克思主义哲学推翻了一切关于绝对的形而上学的说法，把现实世界看作一个永远充满矛盾的、不断发展和变革的过程。这就是它的革命原象。

二 对哲学基本问题论的唯物主义的“颠倒”或问题域的转换

马克思主义哲学究竟是如何革了德国哲学的命？针对这一问题，恩格斯在《费尔巴哈论》中以哲学基本问题的形式予以了回答。他指出“全部哲学，特别是近代哲学的重大的基本问题，是思维和存在的关系问题”①。其本意是为了承接上文，解决马克思主义哲学革命在哲学史上的历史地位和作用问题，但是他所选择的近代本质主义或本体论的提问方式无意间却开启了把马克思主义近代唯物主义化的倾向。第二国际理论家们在脱离恩格斯的文本语境的情况下断定后者提出哲学基本问题论的立意是为了在本体论上明确马克思主义哲学中不可动摇的唯物主义根基；并由此断言：恩格斯以选择物质第一性的方式证明了马克思主义哲学脱胎于旧唯物主义传统，从旧唯物主义直接可以通向马克思主义哲学。例如，第二国际最高的哲学权威、俄国马克思主义奠基人普列汉诺夫甚至说：费尔巴哈奠定了马克思恩格斯世界观的哲学基础，即斯宾诺莎的自然唯物主义。“马克思和恩格斯的斯宾诺莎主义，也就是最新的唯物主义。”② 接着，苏联教科书体系不遗余力地长期传播和坚持哲学基本问题上的唯物主义立场，以至于它成为一个家喻户晓的常识教条。并且教科书体系还依据列宁提出的哲学党性原则把这一教条定为一条不可触碰的政治高压线，把哲学中的学派之争等同于政治党派之争，最终上升为敌对阶级之争。

20 世纪 80 年代以后中国马克思主义哲学研究者们从苏联教科书

---

① 《马克思恩格斯文集》第 4 卷，人民出版社 2009 年版，第 277 页。

② 《普列汉诺夫哲学著作选集》第 3 卷，张仲实等译，生活·读书·新知三联书店 1962 年版，第 144 页等处。

体系的框架中摆脱出来，结合时代和哲学主题的变化，对哲学基本问题作了大量深入系统的甚至是颠覆性的理解。

第一种解读就是最有影响的实践唯物主义。它从认识论的角度把思维与存在关系（也就是传统的本体论意义上的物质与意识的关系问题）整体转换为主客体关系，即以实践为中介的主体与客体之间的对立统一关系。二者同时并存，它们在主体认识和改造现实世界的社会实践活动中达到了统一。就是说，作为唯物主义本体论与反映论的思—存关系问题被转换成了实践视野中的主客体认识论与价值论关系问题①。

第二种解读是辩证认识反思论的。它在“存在”概念上下功夫，把“存在”的所指从外部客观现实转移到思想内部，指称思维活动中看不见的但却具有强制性的思想前提。其理由是哲学不是实证科学，不需要也不可能直接地面对现实存在，故它所面对的现实只能是思想中的现实。这一隐蔽的思想前提决定着主体的思维模式。哲学的任务遂从认识外部世界变成了反思和批判这个思想前提。这是改革开放以后提倡解放思想的政治理念在哲学中得到的最深刻的说明。解放思想即是通过超越思想前提来改变思想模式，主体正是在不断地突破原来的妨碍认识的主观思维前提的批判中才越来越接近现实②。

第三种解读是存在论的或生存论的。它在超越作为反思与认识论的“思维”概念上做文章，把“思维”替换成“存在者”，故“思—存”关系变成了存在与存在者的关系。这种解读把“存在”理解为一种历史的、感性的、丰富的、生成着的存在状态，它致力于不断超越在主观思维和逻辑中把握的抽象静止的存在者。从“存在者”走向“存在”是从静止的认识论上的把握走向实践着的、生成着的、历史的存在状态，打破自我意识的主观思维逻辑强制的存在者状态，

---

① 参见高清海主编《马克思主义哲学基础》（上），人民出版社 1985 年版；李德顺《价值论》，中国人民大学出版社 1988 年版。

② 参见孙正聿《理论思维的前提批判：论辩证法的批判本性》，辽宁人民出版社 1992 年版。

上升到一种历史的、现实的、实践的和社会的存在[①]。

第四种解读是把哲学基本问题理解为批判的社会认识论。作为一种在社会历史语境中的认识论，它深化了社会历史观的双向互动过程。一方面，它把德国古典哲学的主客体辩证法的认识论还原成一个社会历史条件下的人的活动及其社会历史现实关系的这样的社会历史观问题。如此一来，认识论就转变为一种社会历史观的问题；另一方面，它反过来又在批判的认识论中把社会历史观问题变成了对作为认识论先验条件的社会历史条件的追问与把握。这种社会历史条件经常是一种被遮蔽的抽象的意识形态，因此我们必须先追问认识这种社会历史的先决条件，然后才能走进真正的社会现实，走向对社会历史本身的批判性认识。故马克思主义哲学作为社会历史观是一种社会历史批判的认识论，从而是一种社会批判理论，最终还要上升到一种意识形态的批判理论，即对资本主义社会现实的颠倒的拜物教的批判[②]。

从形而上学的教条到不可触碰的政治高压线再到一个百家争鸣的哲学命题，这就是恩格斯的哲学基本问题论一百三十年的解释历程。当然，我们最需要的还是回到他的文本语境，恢复他的理论原意，这就是通过哲学基本问题论来揭示马克思主义哲学对德国唯心主义哲学所进行的革命。

传统教科书体系利用马克思与恩格斯所提出的著名“颠倒说”来描述马克思主义哲学的革命意义。马克思恩格斯确实说过，黑格尔辩证法犯了“头脚倒置”的错误，“辩证法在黑格尔手中神秘化了……在他那里，辩证法是倒立着的”[③]。这种“倒立”指的是黑格尔把观念变成了“独立主体的思维过程，是现实事物的创造主，而现实事物只是思维过程的外部表现”[④]。黑格尔把现实的感性具体的对象的运动过

---

① 参见吴晓明、王德峰《马克思的哲学革命及其当代意义——存在论新境域的开启》，人民出版社2005年版；吴晓明《形而上学的没落——马克思与费尔巴哈关系的当代解读》，人民出版社2006年版。

② 参见张一兵《马克思历史辩证法的主体向度》（第三版），武汉大学出版社2010年版。

③ 《马克思恩格斯文集》第5卷，人民出版社2009年版，第22页。

④ 同上。

程“说成是臆想出来的理智本质本身即绝对主体所完成的过程……这种在思辨的阐述之中所作的现实的阐述会诱使读者把思辨的阐述看成是现实的，而把现实的阐述看成是思辨的”①。也就是说，在一个英国人、法国人，或者任何一个正常人的眼里，是工业开拓了人类历史，但在黑格尔那里却变成了思想创造人类历史。马克思称这是一个巨大的颠倒的思想史。

从字面上看，对于颠倒的最佳解决办法莫过于对颠倒的唯心主义体系进行再颠倒，把原先处于非正常的“用头立地”式的颠倒状态的唯心主义立场“倒转过来”，改为“用脚立地”式的唯物主义立场，这样就能把辩证法的基础从唯心主义转移到唯物主义立场上。

这个比喻知易行难。正如意大利新实证主义马克思主义者卢西奥·科莱蒂在《马克思主义与黑格尔》一书中所言，马克思的哲学与黑格尔的哲学是两种完全异质性的哲学。后者在思想的和逻辑的层面展开，世界是观念自我运动外化中的结果，故在思想内部就可以扬弃世界；而前者在现实层面展开，思想的运动无法触动现实的变革，唯有政治革命才能带来现实世界的变化。正如阿尔都塞所说，它们之间存在“不可调和的理论区别”②，并非“颠倒”一下就能解决问题。

阿尔都塞对“颠倒说”作出了更严肃的理解。他指出“‘颠倒’这个问题归根到底是不能成立的”，必须要“‘改弦更张’，在一个全新的科学总问题中确立新理论的活动”③。于是他借用雅克·马丁的“问题域”概念（problematic）来描述异质性的哲学之间的本质差异。他把“问题域”解释为“一个思想以及这个思想所可能包括的各自思想的特定的具体结构”。这就意味着问题域是一个总体化的问题结构，它规划了思维的活动范围，思维提出的所有问题及其解决问题的方法都不可能超越问题域所设立的边界。问题域的转换指的是“旧的理论体系和旧的问题域已经被完全异质的新的理论体系和新的问题域

---

① 《马克思恩格斯文集》第5卷，人民出版社2009年版，第280页。

② ［法］路易·阿尔都塞：《保卫马克思》，顾良译，商务印书馆2006年版，第21页。

③ 同上书，第186页。

所取代，意味着理论观点上的根本性的改变"①。他认为青年马克思处于费尔巴哈的人本学的问题域，而成熟时期的马克思在越界到了一个全新的问题域后才发起了一场伟大的哲学革命。

因此我们不妨从"转换问题域"的角度重新解读哲学基本问题论。哲学基本问题论分为两个方面。第一个方面是关于思—存关系的讨论。思维与存在是两个异质性的领域。德国古典哲学占据的是思想的领域，它只限于在抽象的思想领域把握世界，因此世界是同质性的概念外化的结果，这就决定了囚困在唯心主义问题域中的德国古典哲学无法看到思维之外的那个异质性的感性世界。而马克思主义哲学革命的实质是进行了一次场地转换，从意识形态的彼岸退回到德国古典哲学从来没有思考过的现实工业社会的此岸。马克思在《〈黑格尔法哲学批判〉导言》中表示"真理的彼岸世界消逝以后，历史的任务就是确立此岸世界的真理"②。虽然他在作出这个论断的时候尚不清楚"此岸世界"的所指，但是他的大方向是正确的，即从唯心主义走向唯物主义是一番从"彼岸世界"朝向"此岸世界"的探索。从《神圣家族》开始，到《关于费尔巴哈的提纲》《德意志意识形态》直至《资本论》，他日益明晰了被德国古典哲学意识形态误区所遮蔽的此岸世界的图景，这就是资本主义生产方式下的现代化工业社会。这是一个现实的、历史的和具体的异质性的世界。正是由于德国古典哲学与马克思主义哲学存在问题域上的质性差异，因此它们为自己规定的哲学任务也是不同的，前者满足于在思维中解释世界，而后者跳出了思维的囚笼，致力于通过实践来改变现实世界。

哲学基本问题论的第二个方面是关于思维与存在的统一性的问题。恩格斯的回答是马克思主义是可知论，其依据是实践。他认为，在现代自然科学进步下带动起来的实验和工业已经有能力把康德所谓的不可认识的自在之物制造出来，逼迫它现身为"为我之物"。从问题域的转换的思路来分析，唯心主义、不可知论的最大问题是它自我

① 俞吾金：《问题域的转换——对马克思与黑格尔关系的当代解读》，人民出版社2007年版，第51页。

② 《马克思恩格斯文集》第1卷，人民出版社2009年版，第4页。

囚禁在思维世界，无法突破主观意识的封闭的逻辑强制，不敢贸然迈向异质性的他者的未知世界，故它表现为不可知论。黑格尔所谓的唯心主义可知论则是另一种类型的主体强制，它运用外化的方式把现实的此岸世界强行纳入思维的彼岸世界，把自我意识构成的现实看成唯一的现实并在这个臆想出来的世界中原地打转，实际上它并不了解亦不关心在独立于意识之外的此岸世界。而马克思主义通过实践转换了问题域，打破自我意识的先入为主的强制性的隐性逻辑的限制，从对同质性的思维的把握转移到了对异质的、矛盾的现实世界的把握，这才是真正意义上的可知论。可见，马克思主义哲学革命的实质不在于对旧唯物主义的简单继承（此说是错误的），也不在于对颠倒的唯心主义哲学进行的再颠倒（此说是不准确的），而在于它在哲学史上完成了一次问题域的转换，突破了高度神秘化的唯心主义问题域的边界，开拓了一个开放的、异质性的、面向现实世界的唯物主义问题域。

三　主体的唯物主义式解构与哲学的两次革命

马克思主义哲学对黑格尔哲学发动革命的出发点是马克思与恩格斯发现了黑格尔哲学中存在不可克服的内在矛盾。恩格斯在《费尔巴哈论》中把这种矛盾指认为是唯心主义的体系与辩证法的合理内核之间的矛盾。“合理内核”通常被理解为黑格尔的整个辩证法，唯心主义体系被理解为黑格尔在辩证法之外以绝对精神为本源建立起来的那个庞大而完整的客观唯心主义哲学体系。这种理解是不准确的。为了深刻理解马克思主义哲学革命的渊源，我们有必要重新审视对黑格尔哲学的分裂解读。

张世英先生在《黑格尔的哲学》中承认黑格尔哲学由相互冲突的两部分构成，“进步的、革命的”唯物主义合理内核和“保守的以至反动的”[①] 唯心主义体系的外壳，但是他指出，黑格尔哲学的内在矛

① 参见［法］巴迪乌等《巴迪乌论张世英（外二篇）》，谢晶等译，上海三联书店2016年版，第64页。

盾是在其唯心主义辩证法内部发生的革命的方面与反动的方面之间的对抗。用当年听过张先生黑格尔哲学课的当代法国哲学家巴迪欧的话来说，站在辩证法的反面的不是唯心主义，而是形而上学的思维方式，故黑格尔哲学的内在矛盾不可能是外在于辩证法的唯心主义体系与辩证法之间的对立，而只能是在辩证法内部的唯心主义体系与合理内核之间的对立①。

在辩证法内部的合理内核指的是黑格尔关于客观世界的运动与联系的猜测。恩格斯在《费尔巴哈论》中晦涩地把它表达为一条黑格尔为我们指出的走出他的体系而"达到真正地切实地认识世界的道路"②。列宁在《哲学笔记》中将其更清晰地表述为：黑格尔天才般地猜测到了"逻辑形式和逻辑规律不是空洞的外壳，而是客观世界的反映"③。张世英据此进一步表述为黑格尔辩证法中关于"现实世界之不断运动、发展以及现实世界中各种现象之相互联系、相互制约的实际情况"④。内在于辩证法中的唯心主义体系指的并非已经建立起来的封闭哲学体系，而是建立这种体系的主体意识形态哲学。这种主体哲学把自我意识提升为整个永恒矛盾着的现实世界的主体，试图把无限的世界强制性地塞入有限的主体的自我叙述的逻辑中。这其实是最大的唯心主义。故马克思在《政治经济学批判导言》中斥责黑格尔的最大问题是"陷入幻觉，把实在理解为自我综合，自我深化和自我运动的思维的结果"⑤，"把社会当做一个单一的主体来考察，是对它作了不正确的考察；思辨式的考察"⑥。他把哲学体系中自我叙述的逻辑推导过程幻化为现实世界的运动过程。

于是，内在矛盾就在有限的主体意识形态及其所要表达的现实世

① 参见［法］巴迪乌等《巴迪乌论张世英（外二篇）》，谢晶等译，上海三联书店2016年版，第64页。

② 《马克思恩格斯文集》第4卷，人民出版社2009年版，第273页。

③ 列宁：《哲学笔记》，人民出版社1993年版，第151页。

④ 张世英：《黑格尔的哲学》，上海人民出版社1972年版，第61页。

⑤ 《马克思恩格斯文集》第8卷，人民出版社2009年版，第25页。

⑥ 同上书，第18页。

界无限的运动过程之间展开。黑格尔其实也很清楚他别无选择，任何想把世界表述为一个包罗万象、滴水不漏的世界的企图都会陷入这个矛盾。故黑格尔哲学的表述方式和现实世界的辩证发展之间存在的内在矛盾不可避免。黑格尔哲学正是在这种内在矛盾的激化中走向自我瓦解的。现实中的资本主义社会同样因为不可克服的矛盾而导致社会危机，最终引发无产阶级革命。黑格尔哲学与资产阶级社会在一定程度上说是同构的，它们都存在无法回避的内在矛盾，都终会由于矛盾的激化而解体。

马克思主义哲学对黑格尔辩证法的革命恰恰是在其发生内部分裂的时刻，不仅释放出合理内核所蕴含的唯物主义思想，更重要的是对德意志意识形态所提供的根深蒂固的主体意识形态进行了唯物主义式的解构并超越这种主体哲学，揭露出主体的真相是一种掩盖和压迫现实人类存在的巨大而无边的意识形态。

马克思对德国主体哲学的解构与超越之路走得非常曲折，他经历了两次变革。这就是孙伯鍨先生在《探索者道路的探索》中提出的“两次转变论”[①]。第一次转变是超越唯心主义走向费尔巴哈的人本主义唯物主义；第二次转变是告别费尔巴哈，走出人本主义，创立历史唯物主义。第一次转变并非像阿尔都塞所言，是一条可以不走的弯路。在第一次革命中，马克思利用费尔巴哈的人学辩证法在恢复与改造德国唯心主义哲学的主体维度的过程中拥有了自己的主体性批判的维度和批判资本主义社会现实的革命性能量。如果不经历第一次哲学革命，马克思就不可能拥有自己的主体性批判的维度，他的新哲学会真的如苏联教科书体系所理解的那样，只是对旧唯物主义的单纯的继承与发展，沦为一种缺失批判前提的哲学。如果不经过对黑格尔辩证法的人本主义式改造的环节，马克思主义哲学就不会那么伟大。

第二次革命也是马克思主义哲学革命中一个不可分割的组成部分。如果马克思不经历第二次革命，仅满足于对黑格尔唯心主义的人本唯物主义的主体维度的还原的话，他将停留在这个主体向度，既不

---

① 参见孙伯鍨《探索者道路的探索——青年马克思恩格斯哲学思想研究》，安徽人民出版社 1985 年版。

会进一步对德国古典哲学固有的主体意识形态进行更深刻的社会历史性的批判与超越，也不会对资本主义社会自我矛盾的运动规律作出更深层次的洞察与揭露。如此一来，马克思主义就和当时流行的哲学共产主义或费尔巴哈的人道主义，甚至20世纪的很多新人本主义没有什么两样了。只有经过第二次革命，他才能对近代主体哲学的社会历史前提进行深刻批判，创立起一种真正意义上的批判的和革命的哲学。

两次革命论与传统马克思主义的观点有出入。苏联教科书体系认为，黑格尔哲学是一种自我异化的和对象化的主体哲学，而马克思主义哲学超越黑格尔哲学的地方在于它谈的是一种客观维度的唯物主义辩证法，其核心是把现实世界把握成一个不以人的意志为转移的客观运动过程。这种观点没有真正超越黑格尔哲学，因为在把世界理解为一个无主体的内在矛盾自我运动发展的过程中，依然有一个隐蔽的、形而上学的德国古典哲学的主体意识形态在作怪。也就是说，所谓的唯物主义辩证法中强调的无主体并非真的没有主体，而是说这个绝对主体在隐蔽地发挥作用，世界在它的认识论的强制下才呈现出一幅绵延不绝的自我发展的图景，这是德国主体哲学的强制逻辑的残余。如果忽视这种隐蔽的主体的存在，就无法深刻理解马克思主义哲学革命的实质是对德国古典主体哲学的超越，反而推导出“马克思主义哲学是旧唯物主义哲学的简单恢复”之类的错误结论。

马克思主义哲学超越德国古典哲学的地方不在于它摒弃了德国古典哲学观念论辩证法的那种把世界描述成一个统一的、连续的、自我矛盾运动的强制性的主体逻辑，而在于它摆脱了隐秘的、大写的主体自我外化、自我强制的幻觉，成为一种面向现实历史活动的实践哲学。这种哲学不再把世界把握成一个统一的、对象性的认识过程或认识任务，而是在看到现实世界矛盾的状态之后，发现可以通过多种多样的可能的途径寻找到实践的、生成的社会历史活动。这就是为何马克思宣称“哲学家们只是用不同的方式解释世界，而问题在于改变世界”① 的原因。苏联教科书体系在其所宣扬的自我矛盾、自我发展的

① 《马克思恩格斯文集》第1卷，人民出版社2009年版，第506页。

客观世界的骨子里面依然还残留着黑格尔的隐秘主体和唯心主义体系，因此在它的框架中的马克思主义仍然是一种致力于解释世界的、大写的主体认识论或反映论的哲学。它没有把握到马克思主义哲学革命的实质是问题域的转换，从自我意识的彼岸世界走向现实的此岸世界，通过实践的方式寻找到一个异质性的、意义不断生成的后主体的生活世界。

马克思讽刺性地写道，黑格尔主义者、社会主义美文学家与平庸的经济学家一样，均把世界视为“和谐”（同质的）统一的世界[①]。在旧问题域中自我意识幻化出来的是一个充满和谐美的神秘世界，人的目的与自然目的仿佛完全一致，不存在矛盾或者说矛盾终将得到圆满解决；而在马克思主义的新问题域中，呈现出的是一个真正革命的、批判的、自我否定的、辩证经验意义上的崇高世界。它与我们人类狭隘的、弱小的目的格格不入，它代表了有限的人类无法企及和无法言说的绝对本身。作为各种各样的创造性和革命性的总来源，它总是有剩余的和异质性的，在不断接近的过程中无法穷尽，无法“计数为一”（巴迪欧语），因此它是一种总在折磨我们的二律背反的矛盾。这种矛盾使得我们一次次有限的尝试解决的努力归于失败，但同时又刺激我们耗费有限的生命不断地去追逐它。这就是尼采所讲的“相同者的永恒轮回”，而不是黑格尔自洽式的一种向原点复归的否定之否定。这是马克思主义的“绝对性”之所在。任何试图用主体的强制逻辑把这个无限矛盾的世界变成一个自洽的封闭体系的表述总是会有所遗漏，似乎有种力量在瓦解完美的叙事，这就使得任何一种尝试用有限的叙事来画上一个句号的努力变得不可能。马克思主义解决这一难题的关键在于保持自身的开放性，按照马克思的话来说，“辩证法不崇拜任何东西，按其本质来说，它是批判的和革命的”[②]。而恩格斯则进一步指出：“总之，哲学在黑格尔那里完成了，一方面，因为他在自己的体系中以最宏伟的方式概括了哲学的全部发展；另一方面，因为他（虽然是不自觉地）给我们指出了一条走出这个体系的

---

① 参见《马克思恩格斯文集》第 8 卷，人民出版社 2009 年版，第 17—18 页。

② 《马克思恩格斯文集》第 5 卷，人民出版社 2009 年版，第 22 页。

迷宫而达到真正切实地认识世界的道路。”[①] 黑格尔哲学的真实意义以及马克思主义哲学的革命意义就在于，“哲学不再是静止的、绝对的、无条件的真理，而是存在于历史过程之中。马克思主义没有独立于事物之外的本体论，而只有融化于历史过程之中的认识论与辩证法。更进一步说，马克思主义哲学革命的本质就在于，它历史地瓦解了西方形而上学的合法性基础，打破了形而上学哲学的自足性幻觉，驱散了意识形态逻格斯中心主义的迷雾，指出了人类精神活动的历史前提与社会基础，提出了一种具有总体视野的历史科学”[②]。

四 异质性的实践哲学与后主体的异质性实践

马克思主义的哲学革命在于它利用了在黑格尔辩证法中人类无法企及的充满异质性（具有康德式的崇高美）的外部世界与主体强制性的认知逻辑之间发生的不可调和的矛盾，用批判的和历史的方法走出了固有的意识形态认知的误区，在主体意识形态幻化出来的旧世界之外发现了一个被意识形态遮蔽的和神秘化的现实存在。因此马克思主义哲学是一种能够改变世界的异质性的革命实践。

之所以马克思能够创立这样的实践哲学，是因为他并不相信有任何专门的、纯粹的哲学，他毕生都致力于以哲学与政治经济学批判、社会主义政治和革命实践相结合的方式来完成对德国古典哲学的继承与超越。1851 年他的宿敌拉萨尔听说他要写三大卷《资本论》，出于嫉妒写信嘲讽马克思说希望他成为“政治经济学中的黑格尔和社会主义中的李嘉图”[③]。这句话竟然成为马克思的宿命，他的事业就是把哲学化作科学的、革命的、历史的方法论指导，作为能“使现存世界

① 《马克思恩格斯文集》第 4 卷，人民出版社 2009 年版，第 273 页。

② 刘怀玉：《总体的历史科学视野——恩格斯对马克思主义理论体系的方法论贡献》，《南京大学学报》2005 年第 1 期。

③ 参见［德］拉萨尔《致卡·马克思》（1851 年 5 月 12 日），《机会主义、修正主义资料选编》编译组《拉萨尔言论》，生活·读书·新知三联书店 1976 年版，第 434 页。参见［意］安东尼奥·葛兰西《狱中札记》，曹雷雨等译，中国社会科学出版社 2000 年版，第 313 页。

革命化，实际地反对并改变现存的事物"① 的东西融入各门具体科学中，从而解构形而上学的旧哲学，创立一种后形而上学的、实践的"后哲学"。这种后哲学是一种异质性的话语融合与统一，打破了相互隔绝着的然而各自是同质性的世界，让它们交流、混杂，汇聚到异质性的生命的实践之流中。最终他把实证的政治经济学变成了一种批判性的哲学话语，让黑格尔成为一名政治经济学家，让李嘉图成为一个社会主义者。

马克思主义哲学之能够成为一种掀起一场伟大的哲学革命的实践哲学，其关键不在于它对旧唯物主义的简单发展，而在于它对德国古典哲学批判性的继承创新。进一步说，它对德国古典哲学的批判性继承，不在于它继承了德国古典哲学的唯物主义合理内核，而在于它批判了德国古典哲学的主体意识形态的虚假性。马克思恩格斯在《神圣家族》《德意志意识形态》中指出德国古典哲学最大的问题是把自我意识的能动作用发挥到极致，以至于认定主体是自由的、超历史的，他是世界的主人，他的观点创造了世界，他的思想创造了人类历史。马克思认为这是颠倒的意识形态的幻象，马克思主义革命正是从这样一个高度神秘化的、颠倒的意识形态的彼岸世界走向了现实的此岸世界。

但是从颠倒的意识形态中走出来并不意味着德国古典主体哲学的完结，它的意义将一直延续下去，因为我们现代人类无法摆脱主体意识形态的统治。如果我们假定马克思或任何一个思想家，一旦看到了意识形态无非是在工业社会占统治地位的阶级的思想观念的颠倒的和神秘的反映，德意志意识形态就消失了，这种看法只能证明马克思主义也是一种解释世界的哲学而已。马克思完成的问题域的转换，其真正意义在于指出意识形态问题在不同的历史时代都有其现实的存在基础，每一个时代都有各种再现这种现实的意识形态的方式。德国古典哲学提出了主体意识形态的问题，这也为马克思主义必须有自己的哲学提供了一个理由。只要人在现实生活中仍然以心理和思想方式而存在，即他/她还作为单个具有自我意识的主体而存在，马克思和他的

---

① 《马克思恩格斯文集》第1卷，人民出版社2009年版，第527页。

继承者们就必须面对德国古典哲学的意识形态问题，马克思主义哲学作为一种批判虚假和颠倒的主体意识形态的哲学就必须保留下来。简单点说，只要世界上有哲学这种意识形态，马克思主义就有理由把对这种哲学的意识形态批判进行到底。

后来的苏联教科书体系矫枉过正，把对主体哲学的批判改为对主体话语的排斥，把作为唯心主义意识形态批判的话语的马克思主义哲学革命错误地理解为实证科学化的理论体系。而在马克思主义哲学趋向科学性和实证化的道路上，主体被遮蔽，自然界成为一个无人的客观世界，而人类历史成为一个无主体的过程。这不是马克思主义哲学的向前发展，而是倒退到被马克思批判过的机械唯物主义那里去了。从本质上看，旧唯物主义并没有真正摆脱人的自我奴役的意识形态束缚，因为被它们视为本体的“终极实在”的客观物质世界其实正是主体意识形态的产物；照此来看，这种前主体的非批判的传统的“本体论承诺”都是隐蔽的唯心主义表现。

从这种意义上讲，马克思主义哲学，无论是理解资产阶级社会还是无产阶级的解放，都必须经过主体哲学的环节，恢复主体向度。如果不经历这个环节，它将停留在近代唯物主义的层次，不可能带来一场伟大的哲学革命。可喜的是改革开放以后中国马克思主义哲学研究改革了苏联教科书体系，创立了实践唯物主义，想办法抢夺被唯心主义和德国古典哲学所抽象、能动发展的主体的话语权。但实践唯物主义的问题是从无主体的状态恢复到了人的本真的和应有的存在样态，把主体作为本体论的最终归宿，没有看到主体概念是马克思主义历史观中的一个次生的批判维度。故我们还需要对实践唯物主义用唯物主义方式恢复起来的主体进行证伪。

这个主体不是自由的、健康的和清白无辜的。在主体哲学中，人的主观性仿佛与外部世界的客观性相对立，主体创造了世界因而拥有对客体绝对的支配权，这其实是资本主义社会自我分裂的一种内在表征。这是一个物化的世界，在雇佣劳动制度下的劳动者创造出来的资本成为一种能够自我增殖的仇视人统治人的物化力量，结果这个世界颠倒地表现为一个类似于自然界的客观性世界，“人就像原来受自然异己力量的支配那样，受到自己所创造的经济关系、自己所生产的生产资料的外在支配”①。物颠倒地统治着人的精神，而在德国古典哲学中却又颠倒地表现为精神支配着世界。对应于这种双重颠倒，资产阶级意识形态生产出来的只能是一个这样的主体：他是沉重的，他担负着对颠倒着的世界的颠倒的反映；他是虚假的，他只是在主客体颠倒的历史语境下人对自己的生活状态的一种主观幻觉而已；他是受伤的，他被他所创造的物所奴役和压迫。这就呼应了主体概念（subject）的本义，它源自词组“be subject to”（服从；屈服），因此从词源上看，主体本来就是一种受制于某物的东西；他是暂时的，他的存在依赖于现代资本主义现实的前提，故他是一个人类历史过程中必须经历继而被扬弃的环节。可以说，“他/她”正是法国后现代主义理论中的那个始终处于意义无限衍生过程中的“后主体”。

经过这番证伪，可以看到马克思主义对主体话语的恢复不是去重新打造一个规范的、自我统一性的主体样态，或回到一种“本真的”主体样态与“透明的”语言共同体，而是要揭下主体同质性、强制性和统一性的假面，使其从内部发生分裂爆炸，从中寻找到差异的、异质性的、多样化的、各种可能的后主体的生存样态，走向真正的自由解放。只有通过主体的内爆解构及其内在矛盾的还原批判的过程，马克思主义哲学才能揭露出资本主义社会的自我分裂的矛盾现实，从而消解黑格尔哲学合理内核与唯心主义外壳之间的内在矛盾，让哲学走上一条颠覆一切形而上学的、直面异质性的现实的、致力于对现实社会历史进行科学研究的实践道路。

以上是我们阅读恩格斯的《费尔巴哈论》引发的一些对马克思主义哲学革命的思考。总的来说，马克思主义哲学革命的本来面目在于对现实的根本矛盾作出革命的、批判的和否定的理解与把握，它不是源自对近代唯物主义精神的简单恢复，而是来自对德国古典主体哲学的继承和对这种主体哲学所“颠倒性”对应的内在分裂的现实存在的批判。改革开放以后，我国理论学术界对传统教科书体系进行了改革，突破了苏联教科书体系的束缚，确立了实践唯物主义新教科书体

① 张一兵：《马克思历史辩证法的主体向度》（第三版），武汉大学出版社2010年版，第289页。

系，承认了德国古典哲学与马克思主义的传承关系，从唯物主义角度恢复了主体向度，引入了现代性哲学话语，吸收了包括后现代主义在内的西方激进理论的批判性能量，挖掘了马克思主义中所含的后现代元素，从而使得我们能够结合新的时代语境和理论语境对马克思主义哲学革命的意义进行深入和开放式的解读。这也从一个侧面证实了马克思主义哲学革命本身就是一个仍然在持续进行中的过程。

唯物史观形成发展的四次转向及其对中国道路的启示

吕鸣章*

一　唯物史观形成发展的四次转向

从马克思主义发展史来看，唯物史观一直都处于不断发展完善的过程之中。笔者认为马克思恩格斯唯物史观的形成与发展前后发生了四次转向，第一次是异化劳动史观的转向，第二次是唯物史观初创的转向，第三次是《资本论》实证阶段的转向，第四次是《人类学笔记》阶段的转向。

第一阶段异化劳动史观的转向。马克思出身法学世家，大学期间加入“文学俱乐部”，深受康德、黑格尔先验客观唯心主义影响，曾一度认为“理想主义就是真理”。然而他苦心经营的法学体系根本经不起现实的考验，加上他与燕妮爱情的波折，使他一度沉迷于浪漫主义诗歌的创作。与博士俱乐部成员的密切接触，使他意识到必须“从理想主义转而向现实本身去寻求思想”①。马克思的博士学位论文开启了其从理想转向现实的步伐。在博士学位论文中，马克思首先把伊壁鸠鲁的自发辩证法提升为一种自觉的辩证法世界体系；其次，与青年黑格尔派不同，马克思从对自我意识的理解上强调从人的感性经验

* 吕鸣章（1979— ），男，山西怀仁人，绍兴市委党校教师，主要从事政治哲学、发展哲学研究。

① 《马克思恩格斯全集》第40卷，人民出版社1982年版，第15页。

与具体现实来把握，不应该停留于抽象的个别性；最后，马克思提出历史是哲学世界化与世界哲学化这一具有唯物史观萌芽的观点，最终在他的唯心史观上打开了缺口。

马克思大学毕业后在《莱茵报》担任主编时期，不断遭遇到出版自由、林木盗窃法的辩论、摩塞尔地区农民贫困等一系列需要说明的现实问题，以及与黑格尔法哲学观点的尖锐矛盾，使他更深刻地认识到有必要对黑格尔唯心史观作一个清算，必须对黑格尔的法哲学进行批判。1843 年夏天《黑格尔法哲学批判》正是在这一时期的产物。在《黑格尔法哲学批判》中，马克思与黑格尔思想针锋相对，马克思运用费尔巴哈“颠倒过来的方法”，指出不是国家决定市民社会，而是市民社会决定国家的唯物史观思想。接着 1843 年秋在《论犹太人问题》中探讨了国家的三个层次，把宗教异化归结于政治异化，政治异化归因于财产关系，要通过消灭私有财产来达到人类解放。随后 1844 年年初马克思进一步在《〈黑格尔法哲学批判〉导言》一文指出：“哲学把无产阶级当作自己的物质武器，同样，无产阶级也把哲学当作自己的精神武器。”① 最终找到了联结哲学与现实的物质力量与路径。

马克思受恩格斯天才的《国民经济学批判大纲》影响，对私有制的批判变为对政治经济学的批判，同时由于国别、语言问题、思想接受等原因，马克思主要受到了李斯特等德国经济学家理论的影响，所以马克思的研究从哲学领域转向经济学领域，同时也扩展到历史学研究领域。在克罗茨纳赫笔记中，马克思通过对世界史特别是法国革命史的研究，深刻认识到了国家的阶级利益及其财产私有制本性，加速了向唯物史观的转向。这一时期马克思恩格斯唯物史观集中表现在《1844 年经济学哲学手稿》中，在此马克思恩格斯的唯物史观最早得到了完整的阐述。经过资产阶级政治经济学的批判，他认为异化劳动是私有制的本质，异化劳动造成了人与劳动产品、劳动本身、人的类本质、人与人之间的异化，无产阶级是扬弃异化的阶级力量，从而实现共产主义这一历史必然。随后在《神圣

① 《马克思恩格斯选集》第 1 卷，人民出版社 2012 年版，第 16 页。

家族》中，马克思恩格斯已基本上试图放弃了异化劳动史观，异化成为揭露资本主义社会的工具，并提出物质生产实践是推动社会历史的发展。

恩格斯评价说："马克思从黑格尔的法哲学出发，得出这样一种见解：要获得理解人类历史发展过程的锁钥，不应当到被黑格尔描绘成'大厦之顶'的国家中去寻找，而应当到黑格尔所那样蔑视的'市民社会'中去寻找。"① 列宁在《卡尔·马克思》中认为，《〈1843 年黑格尔法哲学批判〉导言》和《论犹太人问题》彻底完成了从唯心主义向唯物主义、从革命民主主义向共产主义的转变，这是马克思恩格斯唯物史观创立的标志。② 后来随着马克思恩格斯著作的进一步出版，人们通过研究认为这两篇文章只是通往唯物史观的路标，不能构成唯物史观诞生的标志。首先，因为当时的列宁还没有看到《1844 年经济学哲学手稿》的发行。马克思的这一手稿当时没有正式发表，直到 1927 年，苏联首次用德文发表。其次，这时唯物史观带有浓厚的费尔巴哈人本主义和黑格尔唯心主义的辩证法要素，所以不能表明唯物史观已彻底完成"两个转变"。

马克思恩格斯这一时期唯物史观的特点，主要是发现市民社会是通往历史唯物主义这一路径。马克思恩格斯已经意识到对国家的批判，既不能从国家的观念，也不能从国家本身进行批判，不能从资产阶级自由派的政治解放来批判，而应该从国家真正的基础，也就是从市民社会出发来揭示国家的实质。按照当时的理解，不同于政治领域，市民社会是一个经济领域，其主要讲阶级，而阶级主要与当时商品经济的生产、商品交换联系在一起。这既是唯物史观，也是马克思恩格斯的政治哲学。市民社会决定国家，这一唯物史观原则直到今天为止仍然是正确的。实际上，直到今天我们仍然也没有按照马克思的唯物史观理论去探究当代中国的政治哲学，也没有达到马恩青年时期的理论水平。

第二阶段唯物史观初创的转向。1845 年 3 月，马克思在《评李

---

① 《马克思恩格斯全集》第 16 卷，人民出版社 1964 年版，第 409 页。

② 参见《列宁专题文集·论马克思主义》，人民出版社 2009 年版，第 39 页。

斯特手稿》中，改造了李斯特的生产力概念，发现了生产方式中生产力与生产关系的内在矛盾是社会历史发展的决定力量，摆脱了人本主义与异化矛盾的异化劳动史观。同时，1845 年春天马克思进一步在《关于费尔巴哈的提纲》中，批判并超越了费尔巴哈的人本主义，指出人的本质在其现实性上是一切社会关系的总和；以实践为出发点，立足无产阶级，把实践改造成从认识论贯穿到历史观，用实践的唯物主义代替费尔巴哈人本唯物主义。

《关于费尔巴哈的提纲》中的唯物史观的基本观点在《德意志意识形态》得到了详细的阐释。马克思认为现实的有生命的个人、他们的活动及其物质生活条件是整个人类历史的前提，进而考察了物质生活资料生产、物质生活资料再生产、人类自身生产、社会关系再生产等人类社会历史出发点；在此基础上揭示了社会存在决定社会意识，生产力与生产关系、经济基础与上层建筑之间的矛盾运动，并最终通过阶级斗争推动社会历史发展，最终走向共产主义，并指出无产阶级是完成这一任务的物质力量且这是社会历史规律。《共产党宣言》公开以宣言的形式正式表明了马克思恩格斯的唯物史观立场，用唯物史观的基本观点与方法对形形色色的社会主义与资本主义唯心史观进行了客观历史的分析与评判，把无产阶级的历史使命与共产主义社会的实现描述为一种人类社会历史发展规律。

马克思恩格斯这一时期的唯物史观，主要是围绕人的本质，以及在现实生活中它是一切社会关系的总和这一问题展开的，追踪社会关系是由生产关系造就的，生产关系又是由生产力造就的，所以从社会关系到经济关系，然后到生产、再生产，这就奠定了马克思恩格斯唯物史观的初步原型，这也构成了《德意志意识形态》出场的基本架构。

但是这时候的历史唯物主义是研究整个人类社会的历史。其中描述了人类历史是怎么发生、发展过来的，建构了一个人类社会历史发生、发展的逻辑。历史唯物主义是人类社会历史发生的逻辑，从历史的前提、起点及其发展过程，展开来描述唯物史观，历史唯物主义在这一阶段，还处于历史唯物主义的初创阶段，《德意志意识形态》就是它的初创形态，《共产党宣言》是唯物史观的应用与发挥。这是否就标志着马克思主义唯物史观形成呢？我们认为唯物史观还没有完全形成。马克思逝世以后，恩格斯在1888年《路德维希·费尔巴哈和德国古典哲学的终结》的序言中认为：“我又把1845—1846年的旧稿找出来看了一遍。其中关于费尔巴哈的一章没有写完。已写好的部分是阐述唯物主义历史观的；这种阐述只是表明当时我们在经济史方面的知识还多么不够。”① 这表明马克思恩格斯这时期的唯物史观还不是一个成熟完善的理论，缺乏政治经济学批判的唯物主义只能是一个半成品的唯物史观，唯物史观还没有得到实证科学的检验，仅仅从社会史的角度阐述的唯物史观还不能把它完全看作一个唯物史观的完成形态。今天我们把《德意志意识形态》看作唯物史观诞生的标志，那样的标志在《资本论》里面是不存在的，唯物史观在《德意志意识形态》与《资本论》当中的形态是不一样的，《资本论》阶段的唯物史观其实发生了很大改观。

此外，马克思恩格斯此时的唯物史观后来也遭到了鲍德里亚的尖锐批判。把有生命的个人作为历史的前提，这一点遭到了鲍德里亚的批判。鲍德里亚反对马克思恩格斯唯物史观“向后思索法”分析原则，认为马克思恩格斯把脱离了社会约束的人，没有任何法律、没有任何社会规约的自然人作为历史的前提。这个有生命的个人是自然人，他不受历史约束，在历史之前。马克思显然受到了启蒙学者的理性主义的影响。鲍德里亚激烈反对这种方法与观点。鲍德里亚认为物质生产在远古社会并未占据主导地位，而马克思恩格斯把从现代资本主义社会得出的阶段性理论贯彻到整个人类社会历史的做法是错误的。马克思恩格斯也意识到这一问题，所以才有唯物史观的第四个阶段。

第三阶段《资本论》唯物史观的转向。政治经济学批判的唯物史观。马克思认为对历史本身的研究不能变成一般的历史哲学。《德意志意识形态》之后，马克思实际在一定意义上是抛弃哲学的。一直到马克思逝世，人们都认为马克思是一个经济学家，因为在马克思生前，除了《共产党宣言》外，他的哲学著作基本没有出版。其实人

① 《马克思恩格斯文集》第4卷，人民出版社2009年版，第266页。

们都没有完全读懂马克思，马克思费尽周折绕了一大圈，他认为破解整个人类社会历史就必须要研究当下的资本主义社会史，而当下的资本主义社会是一个商品社会，因而对这个社会的分析不能用简单的唯物主义原则，用生产力决定生产关系，经济基础决定上层建筑这一原理对资本主义社会作简单的评判，而一定要从政治经济学的角度对资本主义社会进行解剖。从商品出发，从资本的存在结构，从生产、交换、分配、流通等入手分析直到全球化展现这一资本逻辑过程，揭示资本主义这一实证科学的图景以后，自然而然上升到阶级、国家、政治等上层建筑以及意识形态。所以马克思当时规划《资本论》是六卷，最后缩减为四卷的时候，还包括了剩余价值学说史也就是资本的意识形态。为什么有这一章呢？马克思就是用具体实证科学的方法，来把资本主义从经济基础到上层建筑再到意识形态，把这样一个图景细致地描述出来，这是马克思构思《资本论》唯物史观的本来图景。一旦把资本主义社会何以可能这个图景细致地描述出来后，他也就达到了对这个社会的科学解读。这样来看，表面上是一个特殊社会的唯物主义，用具体实证科学的方法对资本主义社会进行剖析，而没有用《德意志意识形态》原理性的方法进行剖析。所以马克思说我们的理论不是教条，而是指南。恩格斯特别提出忠告："我们的理论是发展着的理论，而不是必须背得烂熟并机械地加以重复的教条。"① 说的就是这个道理。历史唯物主义不能脱离历史，对社会历史作简单粗暴的说明，它不仅要洞穿社会历史的本质规律，更重要的是要展现当下社会的存在样态，揭示资本主义社会何以可能。人们总是说资本主义是生产力决定生产关系，经济基础决定上层建筑，上层建筑怎么样呢？空泛地叙说是没有什么历史效用的，而是要细致地拿这些原理方法去研究资本主义社会，到底在现代社会是如何展开的，如何建构起来的，只有这样才能真正达到对历史的解读；而不是去僵硬地、简单地去对资本主义社会作评判、贴标签。马克思坚决反对这样的做法。

所以马克思留给我们的不仅仅是经济学的知识，实际上是大写的逻辑。就像列宁所讲的大写的资本逻辑。而且大写的资本逻辑，在马

① 《马克思恩格斯文集》第10卷，人民出版社2009年版，第562页。

克思看来，就是从后思索的方法，就是人体解剖是猴体解剖的钥匙。按照这样一个逻辑，又可以反过来成为贯穿人类社会历史的解释原则。而鲍德里亚认为这一原则是不对的，认为马克思把资本主义社会的生产这一原则当作一般，来贯穿前资本主义社会，甚至原始社会，这样就变成了生产主义。然后确实有这样的嫌疑，马克思也认为任何规律都是历史的规律，严格意义上没有一般的规律，在一个社会里面通行的规则，可能到另一个社会里面并不通行。原始社会哪里来的上层建筑呢？哪里来的意识形态呢？原始社会没有上层建筑，所以恩格斯后来根据马克思的想法，撰写了《家庭、私有制和国家的起源》，提出在原始社会是人口生产占据主体地位，而不是物质生产。所以这是《资本论》阶段的唯物主义。马克思恩格斯的唯物史观是否达到了最高峰呢？显然不是。从马克思最后十年与恩格斯最后所作的思考，我们可以看到唯物史观的最后一个阶段。

第四阶段《人类学》唯物史观的转向。其实，马克思认为《资本论》时代的唯物主义仍然存在着问题。马克思原来在《资本论》序言中认为，“工业较发达的国家向工业较不发达的国家所显示的，只是后者未来的景象”①。前资本主义史就是资本主义史，在资本主义适用的规律也适用于前资本主义社会。这个问题就是从后思索的方法。因为，马克思当时不了解原始社会的生活状况。他认为商品的出现就是人类社会的开始，因此，资本主义社会是商品社会的最高产物。当然历史与逻辑是统一的，他研究地租的时候，读了科瓦列夫斯基、摩尔根、毛勒等大量有关古代社会著作，从而使其产生了新的问题。看来《资本论》这种对人类社会的解释逻辑是有问题的。原始社会、前资本主义社会未必与资本主义社会是同一个历史逻辑。它们恰好是一个曲线、辩证的发展逻辑。正因为如此，马克思在最后十年放弃了《资本论》的写作，专门研究东方社会，研究人类学，造成了《资本论》第二、三卷的流产。原因有很多，但马克思更多地认为《资本论》这种经典式、单一性而不是差异性的现代性表述是有问题的，马克思晚年特别反对法国搞马克思主义的人，把他们叫作马

① 《马克思恩格斯文集》第5卷，人民出版社2009年版，第8页。

克思主义者。马克思自己都说："我只知道我自己不是马克思主义者。"[①] 他们不能把他在《资本论》中所讲的理论固定化、教条化，这些理论只是仅限于西欧的结论。马克思甚至后来发现，这些理论在西欧都存在着问题，从而使他陷入矛盾思索。研究了几十年发现问题远比自己想象的复杂。虽然《资本论》所显示的理论深度与高度在今天仍然是人们无法超越的，然而前资本主义历史在整个人类历史中，不是生产力与生产关系、经济基础决定上层建筑之间矛盾运动规律的历史，仍然不属于《资本论》的历史，依然在《资本论》历史的视野之外。所以，马克思晚年读了摩尔根等有关古代社会的著作，写下了大量的人类学笔记，后来恩格斯在整理马克思人类学笔记的基础上，完成了《家庭、私有制和国家的起源》一书，论述了两种生产，而人口生产是支配原始社会的主要形式。当原始社会灭亡后，物质生产替代人口生产就成为社会的主导，而恩格斯把人口生产与物质生产缝合起来。马克思给我们最大的启迪是，仅限于西欧的模式能照搬到东方，能搬到中国吗？能够完全拿来照搬到中国吗？不同于马克思的观点与理论，不同于马克思五种社会历史形态替代说的历史逻辑，在东方，中国的社会历史是否有自己独特的发展轨迹与道路呢？有没有可能书写一个中国的历史唯物主义呢？这成为今天我们研究的最大问题。因此，我们一定要按照马克思不断自我批评的精神，来看待历史唯物主义，我们很谨慎地看待历史唯物主义原理的应用，以不断自我批评的精神看待唯物主义。什么是原理？哪些是原理呢？只能拿到今天来重新检验，所以要重新研究马克思的历史观以及它在当代中国特色社会主义里面的地位与作用。

二 唯物史观的形成发展对中国道路的启示

任何理论都是那个特定社会历史条件下的理论，都深深地与那个时代严密地契合在一起，它既闪现出理论把握历史的智慧与光芒，也使这种理论具有了一定的局限性。1893 年恩格斯在评判《资本论》

---

① 《马克思恩格斯选集》第 4 卷，人民出版社 2012 年版，第 603 页。

一书时说："马克思提出这些论点时，只是把它们看作相对的，只有在一定条件下和一定的范围内才是正确的。"[①] 马克思主义中国化的发展历程既有辉煌的历史，也有深刻的历史教训。坚持中国特色社会主义现代化发展道路，必须正视马克思主义与中国社会历史的逻辑关系，仔细甄别二者的契合度与差异性，建构当代中国自己的唯物史观及其话语体系。20 世纪 30 年代，中国曾经爆发过关于中国古代社会研究的论争，导致中国共产党人对中国社会有了重新认识。有关中国社会的论争产生了一些问题，说明马克思主义的概念与体系不能完全照搬到中国，照抄就产生了理论与实践之间的矛盾。马克思主义在中国能说明一些事实，但也不能说明所有的事实，而矛盾就意味着中国社会历史的发展，不能完全按照马克思主义理论得到合理的阐释，不能完全套用马克思主义理论体系。

如中国有没有正宗的像西欧分封制那样的封建社会，什么时候进入封建社会的问题。郭沫若称作西周封建制、东周封建制、先秦封建制，为何会出现这么多的观点呢？从分封的形式来看，中国的历史一直没有断裂过。周朝确实封过王，到了秦汉就不是以分封制为主了，而是以郡县制为主体了，是否还是封建社会呢？这就成为一个问题。有人认为封建社会最大的特点就是分封制，汉朝开始时主要是分封制，秦朝主要是郡县制，然后封了很多异姓王，封王以后经常造反，反对中央政权，所以刘邦说："非刘而王者，天下共击之。"后来发现同姓王也是不行的，就实行郡县制，但是郡县制在汉朝末年也"尾大不掉"，就变成"藩镇"，这个现象一直到唐朝，可以说藩镇是唐朝由盛而衰的原因，既是盛的原因，也是衰的原因。藩镇割据容易造成独立的经济、政治、军事体制，对中央集权形成威胁。唐朝灭亡之后，经过了长期的动荡。到了宋朝，宋朝坚决反对武将封王，崇尚以文治武，形成文官制度，对武将进行节制，但是也造成了军事实力的下降，在面对外族入侵，屡次实施求和政策，最终导致宋朝灭亡。元朝主要实行的是郡县制，明朝实行的以文治武，朱元璋的屯田制，清朝开始是分封制，后来受到汉化，也主要实施郡县制。所以中国历史

① 《马克思恩格斯全集》第 39 卷，人民出版社 1974 年版，第 80 页。

很难说是一种封建制，其封建制的特征是不明显的，这就成为马克思主义中国化的一个大问题。

再如国与家的关系问题。历史唯物主义在说明中国的国与家关系问题上存在着困境。这个问题没说明，没有解决。人们认为儒家理论把家提高到国的高度，实现家国一体。君君臣臣，君臣父子，把家的原则、孝的原则与忠的国家原则结合在一起，君臣与国家融合在一起。结果导致公权与私权混到一起，但实际上，国与家又是二分的。氏族的权力、家族的权力可以在一定范围内不受国的权力的干涉，从而进行自我决断，国不参与管理。在家里面，家奴的买卖、生死处置，国是不管的。家庭奴隶制在中国历史上一直盛行延续到清朝，到民国才废除家奴制。从家庭奴隶制来看，中国的奴隶制有很长的历史。从国家的性质来看，列宁认为国家与氏族公社的区别在于：第一，国家是否是血缘关系之上的公共机构，就像恩格斯所讲国家是日益与社会脱离的并且支配社会的力量。第二，国家是按照地域原则组成的，不是按照血缘关系组织的。第三，国家是暴力机构。其实，长期以来，中国并没有完全把国与家分离。严格按照西方的国家概念来看，中国一直都是一个准国家。国在上面，家在下面，国与家相互不干涉，相得益彰。国家是家族对公权力的夺取。地域原则贯彻得不彻底，没有像西方把血缘关系都斩断，按社会原则来组织国家，这只有在商品经济充分发达的社会才会破除血缘。雅典买卖奴隶，商品经济发达，城市里面血缘关系复杂。这个现象与中国完全不同。中国则表现为血浓于水的关系原则。李家庄、张家庄这些基于血缘关系建构起来的村庄，为水打仗，为村委会主任争夺权力、结婚是家族之间的联姻组合，不是自由个体之间的结婚等，这些现象都是中国历史唯物主义必须研究的问题，不能完全依靠马克思恩格斯的唯物史观来解决，必须从中国实际出发，重新建构中国的历史唯物主义。

21 世纪马克思主义哲学发展路径的反思与前瞻

吴昕炜*

习近平总书记在党的十九大报告中指出，经过长期努力，中国特色社会主义进入了新时代。置身这一承前启后、继往开来的特殊历史节点，在当代中国马克思主义的理论与实践中认真思考 21 世纪马克思主义哲学的发展路径，无论对于我们更加深刻地认识和理解马克思主义发展史，还是对于我们更加深入地学习和研究马克思主义哲学、更加持久地推动和促进新时代马克思主义哲学健康向前，都是非常有意义的事情。探讨 21 世纪马克思主义哲学的发展路径，我认为应该以史为鉴，从历史与现实、理论与实践以及东方与西方的激荡交织和碰撞融合中，汲取丰富和发展 21 世纪马克思主义哲学的宝贵资源与经验，提出回应和解决今日社会和新时代重大问题的正确思路和方法，并积极探索面向世界和未来的中国马克思主义哲学发展壮大之路。

一　历史经验与 21 世纪马克思主义哲学发展路径

21 世纪马克思主义哲学是马克思主义哲学在新的历史条件下的新发展，是一个承前启后、连接过去与未来的特定概念：一方面是与

---

* 吴昕炜（1981—　），男，湖北鄂城人，武汉大学哲学学院副教授、硕士生导师。从事文化哲学、政治哲学研究。

未来相联系，代表了马克思主义哲学的前途和方向；另一方面是与历史相联系，凝结了马克思主义哲学的历程和经验。21 世纪马克思主义哲学不是凭空产生的，而是在此前的马克思主义哲学的基础上，特别是在 20 世纪马克思主义哲学的基础上发展起来的。因此，讨论 21 世纪马克思主义哲学发展路径，首先需要我们以哲学史为根基，回到 20 世纪马克思主义哲学发展的原初语境中，找寻开辟马克思主义哲学创新之路的宝贵历史经验。

第一，从 20 世纪马克思主义哲学与 21 世纪马克思主义哲学的区别出发，积极探索 21 世纪马克思主义哲学的新内容和新形式。21 世纪马克思主义哲学与 20 世纪马克思主义哲学无疑是有着重大区别的。这一区别既可以从内容上进行分辨，也可以从形式上给予划分。首先，从内容上看，21 世纪马克思主义哲学具有不同于 20 世纪马克思主义哲学的时代背景，因而在研究内容上应与后者呈现出不同的样貌特征。这就如同 19 世纪马克思主义哲学与 20 世纪马克思主义哲学的区别一样：19 世纪马克思主义哲学面对的是自由资本主义时代，主要研究资本主义的发展规律，探讨科学社会主义的理论构建，强调经济基础对上层建筑的决定性作用；20 世纪马克思主义哲学面对的是垄断资本主义时代，主要批判垄断资本主义的极权统治，关注科学社会主义的现实运动，研究上层建筑的能动性问题。其次，从形式上看，21 世纪马克思主义哲学应具有与 20 世纪马克思主义哲学不同的哲学总观念。在这里，哲学总观念是指哲学概念的表达，揭示的是“一个时代哲学的理性结构和理念”①。正是由于哲学总观念的差别，才有了 20 世纪马克思主义的哲学批判运动，才有了马克思主义哲学从 19 世纪到 20 世纪的历史性跨越。同样的，21 世纪马克思主义哲学之所以与此前的马克思主义哲学不同，也在于哲学总观念的差别。要发展 21 世纪马克思主义哲学，就需要我们发掘这一哲学总观念，把那些被遮蔽在此前马克思主义哲学中最根本的核心揭示出来，并用这一核心说明它们是如何构建起新的哲学传统和哲学形态的。以往，我们在进行马克思主义哲学的断代研究中，比较注重从内容方面区分它

---

① 何萍：《20 世纪马克思主义哲学：东方与西方》，人民出版社 2012 年版，第 2 页。

与此前马克思主义哲学的差别，而对它们之间在形式上的差别关注不足。如前所述，在观察 20 世纪马克思主义哲学发展的时候，我们通常认为它与 19 世纪马克思主义哲学的差别就是产生的时代背景不同、研究内容的不同，而它们在马克思主义哲学的观念上、在坚持马克思主义哲学的原理上是一致的。实际上，观察和把握不同时代的马克思主义哲学，不仅要看它们在内容上的区别，更要看到形式上的区别，即哲学总观念的区别。因为只有把握了哲学总观念，才能摆脱经验叙述的不足，从根本上把握这一时代马克思主义哲学的特点。21 世纪马克思主义哲学的发展，不仅要在内容上根据新的时代变化有所推进，而且更要在形式上推动哲学总观念的更新。

更新 21 世纪马克思主义哲学的总观念，需要我们在马克思主义哲学传统和哲学形态的变革方面下功夫。20 世纪以来，马克思主义哲学经历的传统和形态变革是十分深刻的。从西方的法兰克福学派、分析的马克思主义、实用主义的马克思主义，到中国的李大钊、陈独秀、李达和毛泽东等不同思想派别和思想家，都自觉把马克思主义哲学的理论创造建立在对哲学史的深度挖掘中。他们积极吸取现代哲学资源，不仅把马克思主义哲学放在近代哲学向现代哲学转变的大潮中加以认识，而且还结合本民族的文化传统创造出兼具时代特色和民族特色的马克思主义哲学新传统。在东方，苏联马克思主义者打通西方哲学史和俄国哲学史的研究，书写出马克思主义哲学史研究的崭新篇章；在西方，以葛兰西、卢卡奇和柯尔施为代表的西方马克思主义者扬弃第二国际马克思主义的哲学传统，并将其有机融入西方马克思主义哲学中，开启了与苏联马克思主义哲学并行发展的不同路向；在中国，以毛泽东为代表的中国马克思主义者把对马克思主义哲学的理解重心放在认识论和方法论上，形成了中国马克思主义哲学重视现实、重视实践的鲜明特征。20 世纪马克思主义哲学传统和哲学形态的变革启示我们，推进 21 世纪马克思主义哲学的发展，应该进一步解放思想，探索新形势下的发展新思路。

第二，以 20 世纪马克思主义哲学的文化哲学研究转向为基础，积极发展 21 世纪马克思主义文化哲学。20 世纪马克思主义哲学经历了一场全面而持久的文化哲学研究转向运动。在 20 世纪以前，马克思主义哲学对于文化哲学的研究还是零散而片面的。进入 20 世纪后，西方马克思主义者率先从本体论角度对文化哲学进行了深入探索，开展了独具特色的文化哲学理论研究和话语构建。在西方马克思主义哲学家们看来，马克思主义哲学应当建立以实践和文化批判为基础的本体论。他们把这种本体论的内在结构规定为大众文化和文化批判两个部分：大众文化与普通人自发的世界观相联系，文化批判与知识分子自觉的世界观相联系。文化批判的任务就是在现实的文化环境和实践中不断引导大众文化达到更高的水平。由此出发，他们积极拓展马克思主义哲学的研究内容，不仅研究马克思主义哲学的一般理论，而且研究马克思主义的政治哲学理论、大众文化批判理论和意识形态理论，试图通过探讨政治、文化和意识形态问题来反思资本主义文化工业，开展当代资本主义批判。西方马克思主义哲学家们在文化哲学研究领域的探索取得了令人瞩目的成绩，发展出许多新思想和新理论，比如葛兰西的文化霸权理论、阿尔都塞的意识形态理论和法兰克福学派的批判的社会理论等。这些理论对于现代哲学的其他理论具有极强的渗透力，大大加深了马克思主义哲学在现代哲学领域中的影响力。除了对 20 世纪哲学具有渗透力和影响力以外，这些理论还起到了为 20 世纪和 21 世纪搭建思想桥梁作用。自 20 世纪 90 年代以来，从西方到东方，哲学家们逐渐认识到，人类自己创造出来的文化逐渐走向了人类自身的对立面。尤其引人深思的是，随着资本主义的全球扩张，在工业社会基础上发展起来的文化已经成为束缚人类精神创造和自由的根源。在这种情境下，当代哲学要想切入现实并解决人类面临的一系列问题，就必须深入思考人与文化的关系。这样一来，马克思主义文化哲学就成为人们探索 21 世纪人类文明发展的必由之路。事实上，当代哲学家在反思消费问题、生态问题和政治问题时都把马克思主义的文化哲学理论作为重要的理论资源。这启示我们，发展 21 世纪马克思主义哲学，需要在马克思主义文化哲学的理论建构上努力创新。

二 当代问题与 21 世纪马克思主义哲学发展路径

正如马克思所说：“任何真正的哲学都是自己时代精神的精华”①，21 世纪马克思主义哲学要成为“真正的哲学”，就不能脱离我们所生活的时代，而应紧密联系当代问题，并对当代问题作出令人信服的理论回应。具体而言，21 世纪马克思主义哲学应当在反思现代化、解读文本、进一步探讨自然与人类社会的关系等多个方面加强理论研究。

首先是大力开展对现代化的哲学反思。毋庸置疑，现代化是人类历史的一个进步。但是，我们在看到现代化的进步性的同时，更应对现代化的负面作用保持警惕。这个负面作用不仅体现在对民族国家的意识形态挑战上，而且还体现在哲学思维的观念固化上。作为西方资本主义世界寻求建立普遍价值理念的产物，现代化在哲学思维上代表了一种总体性观念。它将资本主义的经济、政治、社会和文化等因素裹挟在一起，强调这些因素之间具有不可分割的内在一致性，并且试图利用经济全球化运动，把西方资本主义模式确立为一统全球的国际新秩序。在当代世界和平发展的环境下，这种总体性观念对发展中国家具有极强的诱惑力。它吸引这些国家的理论家和政治家全盘接受西方的现代化理念，并依据这一理念在本国全面推进以西方资本主义为模板的现代化进程。在这些理论家和政治家看来，只要采取西方现代化的模板依葫芦画瓢，就能在本国迅速实现现代化。可惜的是，运用西方现代化理念，采取西方资本主义现代化模板，并没有给这些国家带来预想的高速发展和巨大成就。恰恰相反，这些国家在全盘接受西方现代化理念的过程中，丧失了自身经济、政治、社会和文化的独特个性，拉大了与西方发达国家的实力差距。可以说，这些国家是落入西方资本主义所设置的现代化陷阱中去了。这个现代化陷阱的要害，就是蕴含其中的总体性观念。对于西方资本主义国家来说，现代化的确是它们的崛起路径，这就像马克思、恩格斯在《共产党宣言》中

① 《马克思恩格斯全集》第 1 卷，人民出版社 1956 年版，第 121 页。

所说的："资产阶级在它的不到一百年的阶级统治中所创造的生产力，比过去一切世代创造的全部生产力还要多，还要大。"[①] 但是，它绝不是包治百病的灵丹妙药。西方国家的理论家试图将现代化普遍化，为现代化冠以普遍价值理念，他们所要表达的并不是对发展中国家的关切，而是对资本主义世界扩张的期待。发展中国家要跟上西方资本主义国家的脚步，当然需要借鉴并吸收先进国家的现代化理念。然而，对于发展中国家而言，更重要的工作还是保持自身定力，结合本国实际情况对这一理念进行合理分析取舍，不能在简单全盘接受中放弃历史发展的主动性。这一工作，有赖于马克思主义哲学对现代化理念开展深入反思，破除现代化理念的总体性陷阱。一方面，马克思主义哲学要深刻揭示现代化的本质，把隐藏在全球经济一体化下的西方资本主义国家对发展中国家的非暴力征服凸显出来，揭露发达国家用国际资本对发展中国家的欺骗性掠夺。另一方面，马克思主义哲学还要探索世界历史上一般与个别的辩证法，用西方国家经济、政治、社会和文化的特殊性消解普遍性，指明发展中国家在世界历史上的地位和作用，并保持其在世界历史上的能动性和主动性。

其次是深入解读马克思哲学文本。马克思哲学文本在马克思主义哲学发展史上具有重大意义。它不仅凝结了马克思本人宝贵的理论探索，同时也以经典的形式提出了马克思主义哲学发展的共同理解。从这个角度来看，它起到的作用就如同库恩所说的范式，把 21 世纪马克思主义哲学与马克思思想历史地联结起来。自 19 世纪末以来，马克思主义哲学的发展就呈现为不断深化解读马克思哲学文本的过程。在这一过程中，人们对马克思《资本论》的哲学解读尤为引人注目。历史地看，对《资本论》的解读是由 19 世纪末的庸俗唯物主义者和第二国际的马克思主义者首先提出的。在 19 世纪末的庸俗唯物主义者那里，《资本论》被解读为经济唯物主义；在第二国际的马克思主义者那里，《资本论》被单纯视为描述资本主义经济运动的著述。前者是对马克思思想的歪曲，后者逐渐落入机械论和历史宿命论的泥潭。为了对这两种错误思想倾向进行批判，东西方马克思主义思想家

---

① 《马克思恩格斯选集》第 1 卷，人民出版社 2012 年版，第 405 页。

们从哲学层面开展了对《资本论》的重新解读，推动了马克思主义哲学的蓬勃发展。例如，在东方，列宁主张把《资本论》与马克思对资本主义社会形态的分析结合起来研究，认为《资本论》从表面上看是对资本主义经济运动的描述，而实际上则是重点强调由资本主义经济运动引起的资产阶级与无产阶级的阶级斗争。在列宁看来，《资本论》的历史意义不只是政治经济学方面，更重要的是突出了马克思对资本主义社会形态和意识形态能动性的研究。基于上述认识，列宁以对马克思阶级意识理论的研究首开20世纪马克思主义意识形态理论研究的先河。他不仅提出"没有革命的理论，就不会有革命的运动"①，而且从意识形态的能动性和历史发展的偶然性出发，说明了无产阶级反对资产阶级的斗争对于资本主义社会变革的积极意义。在西方，从葛兰西、卢卡奇到马尔库塞，也都把对《资本论》的解读作为他们哲学创造的基础。葛兰西认为，马克思主义哲学的基础应该是实践，《资本论》的价值恰恰在于实现了理论与实践的有机结合。卢卡奇在解读《资本论》时，提出了著名的物化和物化意识概念，并通过对物化和物化意识的分析，把对日常生活的文化批判纳入无产阶级革命的目标之中。马尔库塞解读《资本论》的特色是把它和《1844年经济学哲学手稿》联系起来，认为《资本论》是《1844年经济学哲学手稿》的延续，不仅建立了以劳动为中心的否定辩证法，而且标志着马克思批判理论的最终完成。如果说列宁建立的是《资本论》解读的东方马克思主义哲学传统，那么，葛兰西、卢卡奇和马尔库塞等人建立的则是《资本论》解读的西方马克思主义哲学传统。这两种传统共同奠定了马克思主义哲学发展的基本格局，也为我们分析21世纪资本主义生产方式和世界历史变革提供了理论框架。

最后是进一步探讨自然与人类社会的关系。自然与人类社会的关系一直是马克思主义哲学密切关注的对象。20世纪70年代以来，日益严重的生态问题和生态危机的出现，引发了人们对自然与人类社会关系更为深沉的反思。马克思主义哲学家从自然和生态遭受破坏的事

① 《列宁全集》第2卷，人民出版社1984年版，第443页。

实、后工业社会的崛起及其带来的消费危机中，找到了生态危机产生的源头，即资本主义的生产方式和建构于其上的社会制度与意识形态。活跃在西方资本主义国家的生态马克思主义者从马克思主义关于资本的理论出发，指出资本主义生产方式不仅造成了人类社会的危机，也导致了自然的危机，认定资本的逻辑是造成生态危机的罪魁祸首：资本作为一种社会存在物，把包括自然资源在内的一切都变成了自己利用的对象。它就像癌细胞一样，不断增殖，不断利用自然界来满足自身增殖的需要，并由此带来对自然界的无尽的破坏，最终导致资本主义的过度生产和过度消费，从而产生生态危机。在生态马克思主义者看来，资本与生态是天然对立的，“只要资本逻辑还占有统治地位，只要主要是为着最大限度地获取利润而生产，就不可能从根本上消除生态危机”①。生态马克思主义者作出的这一判断并非穿凿附会，而是在新的历史条件下对马克思主义危机理论的延展。本·阿格尔在《西方马克思主义概论》一书中明确提出，生态学马克思主义把资本主义生产、消费所引起的生态危机视为马克思主义危机理论的环境和基础。建立在生态危机的环境和基础上的马克思主义危机理论“既强调资本主义的内在结构矛盾（导致马克思称之为利润率趋于下降的矛盾），又强调发达资本主义加深异化、分裂人的存在、污染环境以及掠夺自然资源的趋势”②。通过这种分析，生态学马克思主义不仅把发达资本主义污染环境以及掠夺自然资源的趋势揭示出来，而且指出了解决生态危机的根本出路。这一根本出路不是进行道德改革、建立生态伦理，不是发展科学技术、提高自然利用率，而是变资本主义的生产和生活方式为社会主义的生产和生活方式，推动资本主义实现从危机中走向社会主义的变革。生态学马克思主义者对生态危机的分析和对资本逻辑的批判，对于我们构建马克思主义哲学的新体系，建立马克思主义哲学的新范式具有积极借鉴意义。正如已有学者所指出的那样，“只要人类实践的时代格局仍然处于资本支配一切的

---

① 陈学明：《谁是罪魁祸首——追寻生态危机的根源》，人民出版社 2012 年版，“前言”，第 1 页。

② ［加］本·阿格尔：《西方马克思主义概论》，慎之等译，中国人民大学出版社 1991 年版，第 414 页。

时代，马克思对资本主义社会的批判分析以及由此完成的历史哲学变革，就仍然是我们面对当代社会实践及其文化理念的重要理论资源。”① 21 世纪马克思主义哲学应继承这份资源，在进一步探讨自然与人类社会关系的过程中，把消除生态危机、建设生态文明和反对资本逻辑有机结合，创造出马克思主义哲学的新形态和新精神。

三　新时代中国马克思主义哲学与 21 世纪马克思主义哲学

伴随着人类历史在 21 世纪前行的脚步，中国特色社会主义进入了新时代。在这个新时代来临之际，我们见证了国家的经济实力、科技实力、国防实力、综合国力进入世界前列，国际地位实现前所未有的提升，国家的面貌、人民的面貌、军队的面貌和中华民族的面貌发生前所未有的变化。这一切，清楚无误地显示中国特色社会主义已经成为 21 世纪科学社会主义和马克思主义发展的标杆。相应地，在理论上，中国马克思主义哲学也应成为引领 21 世纪马克思主义哲学发展的旗帜。为了实现这一目标，中国马克思主义者要担负起发展 21 世纪马克思主义哲学的历史使命，努力构建新时代中国马克思主义哲学。具体而言，需从两个方面加以自觉。

一方面是自觉加强中国哲学话语体系建设，加快推进马克思主义哲学中国化。历史地看，中国哲学有着独特的话语体系。在雅思贝尔斯所说的轴心时期，中国就已经诞生了以孔子和老子为代表的伟大哲学家，出现了儒家、道家、法家、墨家、名家、阴阳家等一大批哲学派别，产生了《道德经》《论语》《孟子》《庄子》《韩非子》等一大批哲学巨著。这些伟大哲学家、哲学派别和哲学巨著开创了中国哲学的传统，奠定了中国哲学话语体系的基础。如果我们从大的历史阶段进行划分，中国哲学话语体系的形成可归纳为三大阶段。第一阶段是从先秦到鸦片战争时期。这一时期是中国哲学话语体系在几乎没有受

① 胡刘：《论马克思历史哲学与“历史唯物主义”的关系》，《山东社会科学》2017 年第 4 期。

到外来哲学影响的基础上独立发展的阶段。从先秦的百家争鸣到汉代"罢黜百家，独尊儒术"，中国哲学的儒家传统逐渐成为占统治地位的主流哲学话语。与儒家传统相伴随，道家传统也逐渐成为中国哲学话语体系的重要补充。以儒家哲学为主干，以儒家哲学与道家哲学的相互补充为基础，中国传统哲学历经两千年绵延不绝的发展，形成了极具代表性的东方哲学话语体系。这一话语体系在相当长的历史时期内呈现稳固前进的态势，对周边国家具有很强的辐射力，促成了东南亚儒学话语圈的形成，并且通过丝绸之路和茶马古道将中国思想远播欧洲，引导了世界哲学发展的风潮。第二阶段是鸦片战争到中华人民共和国成立。这一阶段是中国哲学话语体系的曲折发展时期。鸦片战争迫使中国打开了闭关锁国的大门，不仅给中国带来了屈辱和苦难，同时也带来了西方的科学和哲学。鸦片战争带来的东西方思想文化的交流碰撞，促使当时先进的中国人向西方学习，思考中国之所以遭受列强侵略的深层原因。中国知识分子在反思和检讨中选择了接受西方的思想和文化体系，这其中就包括接受哲学思想和哲学话语体系。在这个过程中，中国传统哲学话语体系不断式微：经史子集的学术分类黯然退场，儒家哲学和道家哲学饱受冲击，传统哲学话语权丧失殆尽。传统哲学话语体系遭受的挫折从另一方面预示着新体系的再造与重生。这个新体系创造的契机就是新文化运动以来马克思主义哲学的引进和传播。经过中国马克思主义者在理论和实践中的不懈努力，马克思主义哲学成功地与中国传统哲学实现了深度融合，并且开启了马克思主义哲学中国化的历史进程。第三个阶段是从中华人民共和国成立至今的中国哲学话语体系重建期。这一时期的总特点在于马克思主义哲学成为统摄中国哲学的主流。马克思主义哲学在充分吸收中国传统哲学、苏联马克思主义哲学和西方马克思主义哲学的基础上，生成了现代中国哲学的话语体系。众所周知，马克思是马克思主义哲学的创始人和奠基人。但是，马克思主义哲学并不是一成不变的教条，它必然要随着时代的变化和实践的发展而发展，马克思的合作者和后继者的成果也是马克思主义哲学。不断发展的马克思主义哲学是不同时代、不同民族的马克思主义者共同创造的精神财富。中国马克思主义哲学绝不是马克思主义哲学一般原理的简单移植，更不是苏联教科书的简单照抄，而是中国的马克思主义者把马克思主义哲学的根本原理与中国的特殊实际结合起来，独立探索创造出来的哲学。这种哲学同时也是中国传统哲学在现代的发展，也就是现代的中国哲学。[①] 经过上述三个阶段的发展，中国马克思主义哲学成为中国哲学话语体系建设的中坚。新时代中国马克思主义哲学应以此为基础，把马克思主义哲学与当代中国哲学创造结合起来，从哲学思维层面回答世界历史一般性与中国现代化特殊性问题，推动中国现代化模式的综合创新。

另一方面是自觉开展东西方马克思主义哲学的交流和对话，继承和发扬中国马克思主义哲学的普遍性品格。马克思主义哲学是由东西方不同传统构成的总体。自 19 世纪末开始，东西方马克思主义者就有了理论交往。20 世纪 20 年代以来，东西方马克思主义者围绕世界历史发展、社会主义运动和民族文化等问题展开过理论探讨。西方资本主义国家的马克思主义者和马克思学的学者通过研究列宁哲学、斯大林哲学和苏联马克思主义哲学，揭示了马克思主义哲学发展过程中的东西方民族传统的流变，以及马克思主义哲学内部的批判传统、人文主义传统和科学主义传统的区别。20 世纪 80 年代以来，随着中国改革开放和现代化事业的蓬勃开展，西方马克思主义者把关注的目光投向中国，聚焦毛泽东哲学和邓小平哲学，出版了一系列关于中国马克思主义哲学研究的著作，开启了与中国马克思主义者的频繁互动。几乎与西方马克思主义者聚焦中国同步，中国思想界也从 20 世纪 80 年代起大量引进西方资本主义国家的马克思主义哲学理论，为中国的西方哲学研究和马克思主义哲学研究提供了丰富资料。其中，西方马克思主义哲学的众多理论更是成为中国马克思主义哲学研究借鉴的重要资源。东西方马克思主义哲学之间的历史互动关系表明，马克思主义哲学的发展过程既不是东方传统战胜西方传统，也不是西方传统压倒东方传统，而是东西方传统互相学习借鉴，互相交流补充，共同推进传播马克思主义宏伟事业的过程。随着中国综合国力日益增强，中国特色社会主义进入新时代，中国马克思主义哲学在这一过程中所起

---

① 关于马克思主义哲学中国化的详细论述可参阅陶德麟、何萍主编《马克思主义哲学中国化的理论与历史研究》，北京师范大学出版社 2011 年版。

的作用越来越明显。新时代中国马克思主义哲学要真正引领21世纪马克思主义哲学的发展，就必须从中国的实践出发，在与西方马克思主义哲学的交流对话中，认真探讨东西方马克思主义哲学的理论交汇点。这个理论交汇点既表现为中国马克思主义哲学为发展马克思主义哲学作出的原创性贡献，也表现为中国马克思主义哲学普遍性的理论品格。它在哲学本体论和政治哲学两个层面上展开。首先，中国马克思主义哲学在哲学本体论层面具有普遍性品格。这体现在我们所建构的以实践概念为核心，融世界观和认识论为一体的中国马克思主义哲学形态上。毛泽东同志的《实践论》和《矛盾论》就是对这一哲学形态的最好阐释和说明。其次，中国马克思主义哲学在政治哲学层面具有普遍性品格。这体现在我们所构建的以无产阶级革命和社会主义建设为主要内容的中国马克思主义政治哲学上。中国马克思主义者无论是思考无产阶级革命问题，还是探索社会主义建设问题，都始终自觉把中国问题放在世界历史发展的大背景下进行探讨，而且也自觉把思考的目标定位为世界历史的普遍，力图将中国的特殊提升为世界的普遍。从这个意义上说，哲学普遍性的理论品格不仅是中国马克思主义哲学引领中国社会从传统走向现代的理论保证，也是中国马克思主义哲学为解决人类问题贡献中国智慧和中国方案的理论依据。新时代中国马克思主义哲学有责任把这一普遍性品格继承和发扬下去。

综上所述，历史与现实的经验已经证明，马克思主义哲学是随着不同时代课题的变化而不断发展的。21世纪马克思主义哲学也应直面时代问题，立足人类实践，为推动世界文明进步作出应有的理论回应。身处日益走近世界舞台中央、不断为人类作出更大贡献的新时代，中国马克思主义者在马克思主义哲学发展事业中发挥的作用将更为深远。正如习近平同志在党的十九大报告中所说，“时代是思想之母，实践是理论之源。只要我们善于聆听时代声音，勇于坚持真理、修正错误，二十一世纪中国的马克思主义一定能够展现出更强大、更有说服力的真理力量！”[①] 这是对21世纪中国马克思主义的未来展

① 习近平：《决胜全面建成小康社会　夺取新时代中国特色社会主义伟大胜利——在中国共产党第十九次全国代表大会上的报告》，《人民日报》2017年10月28日第1版。

望，也是对 21 世纪马克思主义哲学的发展期盼。中国马克思主义者应以更宽广的眼界审视马克思主义哲学在新时代发展的现实基础和实践需要，坚持以我们正在做的事情为中心，更加深入地推动马克思主义哲学中国化，充分展现马克思主义哲学的创造力与生命力，不断开辟 21 世纪马克思主义哲学发展的新境界。

（已在《山东社会科学》2018 年第 6 期上发表）

试论发展21世纪中国的马克思主义的三个现实契机

张　晓*

习近平总书记在2015年中共中央政治局第二十次集体学习时发出“发展21世纪中国的马克思主义”的号召。① 在2016年哲学社会科学工作座谈会上，他再一次提出要发展“21世纪马克思主义”和“当代中国马克思主义”。② 这是在实现中华民族伟大复兴宏伟目标下提出的一项具有深远理论意义和现实意义的课题，也为当今的理论界提出了一个新的重大历史任务。这一命题面世之后立即在全社会引起了热烈讨论，并产生了一大批重要理论成果。随着我国社会的全面发展，发展21世纪中国的马克思主义的内涵也在不断深化和充实。③ 由

---

* 张晓（1986—　），男，江苏丹阳人，苏州科技大学马克思主义学院讲师，马克思主义中国化教研室主任，哲学博士，研究方向：国外马克思主义，马克思主义中国化。

① 《坚持运用辩证唯物主义世界观方法论提高解决我国改革发展基本问题本领》，《人民日报》2015年1月25日第1版。

② 习近平：《在哲学社会科学工作座谈会上的讲话》，《人民日报》2016年5月19日第2版。

③ 19世纪末20世纪初，资本主义借助第二次工业革命的科技突破获得了长足发展，实现了向帝国主义的转型。而在国际共产主义由于修正主义的抬头，自身面临分裂危险。以此为背景，列宁以纪念马克思逝世30周年为契机撰写了《马克思主义的三个来源和三个组成部分》，对马克思主义的本质内涵进行阐释，将其分为马克思主义哲学、政治经济学和科学社会主义三个组成部分，并分别进行阐述，坚定了国际共产主义运动的理论方向和原则，也实现了马克思主义的新发展。经过20世纪的发展，资本主义和社会主义都发生了天翻地覆的变化，战后原本萧条的资本主义再次凭借科学技术的革新而中兴；社会主义继续在现实中进行广泛的探索，取得成功和失败的经验教训。同时，人类对自然界的认识、对自身的认识和对社会的认识也从宏观进化到微观和宇观，认识的广度、深度较过去已不可同日而语。在当今最大的社会主义国家，中国共产党带领全国人民在建设中国特色社会（转下页）

此，笔者从国内经济社会发展成就、新科学技术革命和继承发扬中华优秀传统文化等几个方面出发，对21世纪中国的马克思主义的发展契机进行思考，以期引起学界的讨论。

一 中国特色社会主义实践和成就是发展马克思主义的现实基础

发展当代的马克思主义不能离开社会发展本身。发展中国特色社会主义，是马克思主义国家学说在当代的成功实践，论证了马克思主义理论的科学性和现实性。马克思主义是在资本主义垄断的阶段产生的无产阶级的革命理论。20世纪国际共产主义运动的探索和实践，以及从中反映出的经验教训，是人类发展进程中的宝贵财富，也为21世纪马克思主义的发展提供了极其丰富的社会基础。发展21世纪中国的马克思主义，是在改革开放以来我国经济社会建设取得举世瞩目成就的新背景下，在坚持马克思主义科学方法论的基础上，创造出能够解释当下、指导当下发展的马克思主义新理论成果。

马克思主义认为，社会生产关系是不以人的意志为转移的，是由社会的物质生产力决定的。后者制约着人们的社会生活、政治生活和精神生活，而不是相反。[①] 发展21世纪中国的马克思主义这一上层建筑，本身就是社会物质发展的结果。同时，要使马克思主义能够继续作为科学理论发挥指导作用，就必须尊重事实、基于事实，不断创造新的思想。因此，正视当代我国社会发展水平，既是发展21世纪中国的马克思主义的基本要求，也是构建新型指导理论必备的理论品质。

我们认为，当代中国社会的进步，为发展21世纪中国的马克思主义提供了三个关键要素：

（接上页）主义的事业中取得了辉煌成就，把曾经贫穷积弱的国家建设成为世界第二大经济体，令世人瞩目。科学进步和社会发展两大推动因素在中国的汇聚，使马克思主义在本国面临重大的发展机遇。有鉴于此，本文试图对发展21世纪中国的马克思主义进行系列探讨，为相关论题在我国的开展，以及迎接马克思主义又一次重大飞跃提供借鉴。

① 参见《马克思恩格斯文集》第2卷，人民出版社2009年版，第591页。

第一，我国的社会发展极大增强了综合国力，为21世纪中国马克思主义的发展提供了源源不断的发展动力。一方面，随着社会主义市场经济的建立，在以实践为标准的检验之下，中国特色社会主义理论体系的真理性得到充分证明，中国特色社会主义的优越性得到了充分体现。另一方面，社会经济的极大发展，为我们国家大力推动马克思主义研究、教学和教材编写工作，以及培养一大批人才提供了重要保障。生产实践的成就，既成为中国特色社会主义理论探索的总依据，又成为推动理论科学发展的助推器，获得后者的进一步调整。由此，马克思主义“经济基础—上层建筑”的辩证统一关系在新时期的中国又得到了完美体现。

第二，我国的社会发展迅速提升了国际地位，为21世纪中国马克思主义的发展提升了民族自信，扩大了国际影响。“弱国无外交。”近代中国的屈辱史不仅让每一个中华儿女背负了沉重的民族苦难，更在心中烙上了“落后就要挨打”的历史警训。在马克思主义与中国革命相结合的过程中，中国共产党领导中国人民经过长期革命赢得民族独立，又带领中国人民经过艰苦奋斗，重新屹立在世界东方。习近平总书记指出：“我们比历史上任何时期都更接近中华民族伟大复兴的目标，比历史上任何时期都更有信心、有能力实现这个目标。”① 树立道路自信、理论自信、制度自信、文化自信已成为新时期中国人民应当具有的崭新心态。发展21世纪中国的马克思主义，不仅是道路自信、理论自信和制度自信的集中体现，更应当成为“更基础、更广泛、更深厚”的文化自信的典型代表。②

第三，我国的社会发展深刻揭示了时代主题，为21世纪中国马克思主义的发展界定了时代任务，明确了未来方向。中国共产党带领人民成功实践了马克思主义，创造性地理顺了阶级关系、分配关系、价值理论和市场与计划的关系等。在制定“十三五”规划目标时，中共中央审时度势，既总结了“十二五”时期我国发展取得的重大

---

① 习近平：《在纪念孙中山先生诞辰150周年大会上的讲话》，《人民日报》2016年11月12日第2版。

② 习近平：《在庆祝中国共产党成立95周年大会上的讲话》，《人民日报》2016年7月2日第2版。

成就，又客观分析了面临的任务与挑战：就国内来看，“我国物质基础雄厚、人力资本丰富、市场空间广阔、发展潜力巨大，经济发展方式加快转变，新的增长动力正在孕育形成，经济长期向好基本面没有改变。同时，发展不平衡、不协调、不可持续问题仍然突出。”[①] 就国际来看，“和平与发展的时代主题没有变，世界多极化、经济全球化、文化多样化、社会信息化深入发展，世界经济在深度调整中曲折复苏，新一轮科技革命和产业变革蓄势待发，全球治理体系深刻变革，发展中国家群体力量继续增强，国际力量对比逐步趋向平衡。”[②] 就此，党的十八届五中全会提出“创新、协调、绿色、开放、共享”五大发展理念，这既是我国未来发展的基本要求，又是基于对当前复杂的国内外情势新发展的高度概括所提出的极具针对性的战略构想，亦为马克思主义的发展提供了现实方向。

笔者还认为，我国现阶段社会的发展现实，为构建21世纪中国的马克思主义提出了三个关键要求：

第一，要继续凸显与深化“以人为本”的归宿。21世纪以来，“以人为本”愈加成为中国社会发展的重点。马克思主义认为，人不仅要在物质生活中获得解放，更要在精神和文化生活中获得解放，获得自由：[③] 一方面，要充分意识到“人民群众是历史的创造者”这一历史唯物主义观点，充分依靠、发动人民共同实现“两个一百年”奋斗目标，实现中华民族的伟大复兴的中国梦。这是无产阶级政党应当始终信守的立场。另一方面，又要充分意识到社会发展的最终归宿，是实现人的解放和自由。这是无产阶级政党应当始终铭记的使命。习近平总书记指出，“我们在推进发展的过程中，既要见物又要见人，既要重视物质生产水平的提高，又要重视人的素质的提高，既要注重经济指标又要注重人文和资源环境指标”，要“始终站在人民大众立场上，始终不脱离、不动摇这个立场，这是共产党人掌握马克思主义世界观的重大问题，因而也是我们广大党员干部学习贯彻中国

① 《中共中央关于制定国民经济和社会发展第十三个五年规划的建议》，《人民日报》2015年11月4日第1版。

② 同上。

③ 参见《马克思恩格斯选集》第3卷，人民出版社2012年版，第492页。

特色社会主义理论体系要解决好的重大问题。"[①] 构建21世纪中国的马克思主义，要以"为人民做实事"之志成学，以"坚持党性，不忘初心"之志成学，以"实现民族伟大复兴"之志成学。[②]

第二，要继续坚持与实践"实事求是"的态度。实事求是，是马克思主义永葆生机的根本保证，也是社会主义政党永葆先进性的必然要求。马克思主义在中国不同时期的不同理论形态，是我党具体问题具体分析、理论联系实际的现实验证。发展21世纪中国的马克思主义，不仅没有动摇马克思主义的普遍真理地位；相反，进一步验证了后者是科学的、基础的世界观和方法论。要维护执政党的科学性，不仅要掌握科学，还要学会运用科学的方法对待科学。首先，要通过深入调查，充分意识到当下社会发展的客观形势，归纳出成就和问题，为科学执政创造认识条件；其次，要通过细致分析，找准切入点和关键点，兼顾针对性和系统性，解决实际问题，由此为科学执政创造方法条件；最后，要通过客观反思、总结，为未来的社会治理提供客观的经验指导，进而为科学执政创造自我认知条件。习近平总书记指出，时代是思想之母，实践是理论之源。[③] 在面对"远远超出马克思主义经典作家想象"的当代，尊重时代、基于时代发展新型理论，是马克思主义发展的必然要求，也是作为马克思主义政党和党员肩负的历史使命。

第三，要继续培养与弘扬"创新开放"的精神。创新，是改革，是维持马克思主义时代性的保证。深化改革，是要从根本上搞好组织、政策、制度和理论设计，实现政党、社会的深刻蜕变，是进一步稳固中国特色社会主义发展道路的必要举措。"全面深化改革的总目标是完善和发展中国特色社会主义制度，推进国家治理体系和治理能

---

① 习近平：《深入学习中国特色社会主义理论体系努力掌握马克思主义立场观点方法》，《求是》2010年第7期。

② 习近平：《青年要自觉践行社会主义核心价值观——在北京大学师生座谈会上的讲话》，《人民日报》2014年5月5日第2版；参见张亮《学经典、用经典的典范——习近平福建时期理论著述研究》，《黑龙江社会科学》2015年第1期。

③ 习近平：《在庆祝中国共产党成立95周年大会上的讲话》，《人民日报》2016年7月2日第2版。

力现代化。必须更加注重改革的系统性、整体性、协同性，加快发展社会主义市场经济、民主政治、先进文化、和谐社会、生态文明，让一切劳动、知识、技术、管理、资本的活力竞相迸发，让一切创造社会财富的源泉充分涌流，让发展成果更多更公平惠及全体人民。”[①]开放，是心态，是提升自信，扩大视野。要在坚持正确世界观、方法论的基础上，灵活、包容地认识、解决新问题，要善于学习、引进、创造先进的发展模式和技术服务于社会主义建设，实现多元化与有机统一的结合，[②] 在推动我国参与世界、融入世界的同时，树立民族特色，成为全球多元经济和文化的重要组成部分。

发展21世纪中国的马克思主义，既是一项开创性工程，又是一项长期性任务。在这一过程中，理论工作者要在系统研读、掌握马克思主义经典著作的基础上，创造性分析、解决实际问题，成为能够“学经典、用经典”的马克思主义者。[③] 在马克思主义研究过程中，要始终铭记一切依靠人民，一切为了人民的群众史观。要坚持统一战线的优良传统，团结一切可以团结的力量，共同为社会主义建设服务。同时，也要让建设成果惠及所有社会主义的建设者，让中国特色社会主义实践坚守以人民为中心的价值导向。[④] 要使21世纪中国的马克思主义伴随、引领和指导社会主义的建设和发展，始终成为党和国家的发展灵魂。

二　科学技术的划时代革命进一步丰富唯物主义的理论形态

人类对自然界的认知阶段依次经历了经验时代、实验时代、概率

---

① 《中共中央关于全面深化改革若干重大问题的决定》，《求是》2013年第22期。

② 习近平：《毫不动摇坚持我国基本经济制度推动各种所有制经济健康发展》，《人民日报》2016年3月9日第2版。

③ 张亮：《学经典、用经典的典范——习近平福建时期理论著述研究》，《黑龙江社会科学》2015年第1期。

④ 任平：《深入认识新时代马克思主义实践观》，《人民日报》2018年6月25日第16版。

时代和理论时代，思维方式也相应从直观和思辨、实证逻辑、概率和统计过渡到了非线性和整体模式，并创造了古代经验科学、近代实验科学、现代理论科学、当代整体复杂性系统科学以及非线性科学。[①] 作为一门建立在人类对客观物质的科学认知基础上的科学理论，[②] 应当说，马克思主义从形成到发展的每一环节都与人类科学技术和认识方式的进步紧密相关，二者的发展史是共向的。具体表现在由科技带来的人类思维模式和视野的改变，对马克思主义的时代内容和形式产生的巨大塑造作用。

一方面，马克思主义是基于19世纪人类科技发展的重大成果创立出来的，这使其在创造之初就被赋予科学性特征。恩格斯在《自然辩证法》和《反杜林论》中，就将“热的机械当量的发现”（能量守恒定律）、细胞学说和达尔文进化论当作马克思主义自然观发展的三大科学基础。[③] 更为重要的是，这些科技成果在当时的恩格斯那里已经被赋予了哲学意蕴——自然和哲学是无法分割的。[④] 除了马克思主义哲学，政治经济学和科学社会主义同样也是马克思、恩格斯于19世纪40年代，通过批判地吸收人类关于自然科学、思维科学、社会科学优秀成果所构建出来的。他们认为，自然学科的发展可以提供重要的知识和历史基础，而自然科技和资本社会的发展是高度同步的，因此，资本主义社会同样应当成为马克思主义科学性的来源。[⑤] 所以，源自自然的辩证唯物主义和唯物辩证法则是马克思主义的认识论基础，资本主义世界的现实发展则是历史唯物主义和科学社会主义产生的客观现实素材。

另一方面，马克思主义在发展过程中，同样需要以科技的新突破作为新契机。恩格斯说过，唯物主义的形式必然会随着自然科学领域

① 丘亮辉：《用开放性思维方式研究交叉学科》，《自然辩证法研究》，1992年增刊S1。

② 《马克思恩格斯全集》第30卷，人民出版社1975年版，第131页。

③ 参见《马克思恩格斯文集》第9卷，人民出版社2009年版，第456—458页。

④ 同上书，第412—413页。

⑤ 参见《马克思恩格斯文集》第8卷，人民出版社2009年版，第358页。

每一个划时代的发现而改变;[①] 资本主义和社会主义交替发展，已经从无产阶级革命时代进入全球化的和平发展的新时代，而社会变革随着时代的变化也必然要改变具体的形式。从马克思主义理论的发展过程来看，一百多年来，特别是20世纪社会革命和科学技术革命两大潮流中，科学技术取得突飞猛进的划时代进展，这为马克思主义的发展提供了重要的现实素材。不难发现，马克思主义的理论创新与人类科技的发展进程保持了高度一致性。科技理论在不断丰富马克思主义和社会主义建设理论的背后，是科技本身的迅猛发展。例如，继19世纪的三大发现之后，人类社会紧接着迎来第二次科技革命，步入电气时代。由此，在领导苏联社会主义建设时，列宁创造了将社会主义建设与科学技术相结合的一系列理论，指出:“要进行社会主义建设，必须充分利用科学、技术和资本主义俄国给我们遗留下来的一切东西”,[②] 要实现共产主义，电气是不可或缺的工具。[③] 以相对论、互补原理为前奏，以原子能、电子计算机、空间技术和生物工程的新发展为标志的第三次科技革命于20世纪四五十年代到来，给战后世界经济发展带来了新机遇。众多西方国家充分利用这一宝贵机遇，迅速崛起。中华人民共和国成立之后，科学技术同样在社会主义理论和建设过程中始终被放到突出地位。如今，以量子信息、互联网产业化、工业智能化和一体化为代表的第四次科技革命已经到来。为迎接人类历史上的又一重要历史节点，党和政府基于我国国情，继续丰富、拓展社会主义建设理论。习近平总书记反复强调，要实现中华民族伟大复兴的中国梦，必须坚持走中国特色自主创新道路，紧紧把握住世界科技前沿，深入参与全球化进程，依据国家的社会经济发展需要加快科技创新，在全球激烈的竞争中获得领先。[④] 可见，在新中国发展的每一历史阶段，科学技术的进步与马克思主义理论的发展始终紧密联系在一起。

---

① 《斯大林选集》(上卷)，人民出版社1979年版，第200页。

② 《列宁全集》第36卷，人民出版社1985年版，第6页。

③ 参见《列宁全集》第40卷，人民出版社1986年版，第156页。

④ 参见习近平《为建设世界科技强国而奋斗——在全国科技创新大会、两院院士大会、中国科协第九次全国代表大会上的讲话》,《人民日报》2016年6月1日第2版。

不可否认的是，当马克思主义的发展受益于科学技术进步的同时，也应看到由后者所带来的一系列挑战。

一方面，科学技术的进步，使得马克思主义中传统的科学技术理论越来越容易受到冲击。例如，以霍克海默、阿多诺、马尔库塞和哈贝马斯为代表的法兰克福学派思想家曾经陆续围绕科学技术在社会生活中发挥的作用进行了一系列探讨，并且形成了“科学技术即意识形态”的著名命题。他们将科学技术的作用无限度放大，认为科学技术已经对社会的政治进程产生足够的影响力，科学已经和政治建立起了长期的交往关系。[①] 此类立场往往会造成一个后果：忽略了人的主体性作用。因为科学技术已成为生产力和生产关系的代名词，彻底僭越了马克思当初将其作为生产工具中一个部分的定位。这是当今科学技术屡屡被过分强调的重要原因，也是马克思主义屡屡被“重建”的内在根源。

另一方面，科学技术对人类社会的影响日益凸显，对马克思主义理论本身提出了更高的发展要求。暗物质、暗能量的“曝光”，新量子革命、高能物理的“骚动”，探索大尺度宇宙空间的突破，分子生物科学的衍生，等等，证明人类对客观物质的探索早已超出直观的认知范围，推论和猜想已成为日益重要的科研方式，令主观思维发挥的作用愈加重要，这不断给马克思主义自然观、唯物论和主客观辩证理论提出挑战；“互联网 +”、物联网、大数据、云计算、虚拟货币等虚拟世界与现实世界的相互交织，使得信息价值论、知识价值论也在成为劳动价值论亟待解决的新课题。而由此引起的生产过程、生产方式、生产关系的革命，也给马克思主义唯物史观提出了新问题，同时引发马克思主义认识论向深度和广度发展。

随着科学技术工程的发展，物质形式的复杂性给人们的认知水平提出越来越高的要求，同时也带来越来越重大的发展契机。在此背景之下，我们应当如何正确结合科学技术的进步“发展 21 世纪中国的马克思主义”呢？

---

① ［德］哈贝马斯：《作为“意识形态”的技术与科学》，李黎等译，学林出版社 1999 年版，第 108 页。

第一，要坚持马克思主义科学技术观，明确科学技术在社会主义建设过程的巨大作用，使之成为发展社会主义理论和事业的强大力量。马克思说："自然因素的应用——在一定程度上自然因素并入资本——是同科学作为生产过程的独立因素的发展相一致的。……科学获得的使命是：成为生产财富的手段，成为致富的手段。"① 科学技术是劳动工具的一部分，也是推动生产力水平的最有效的力量。我们要始终明确科学技术在生产力发展过程中的这一定位，充分认识其在推动国民社会发展、提升人民生活水平的重大作用，真正做到科技发展成果为人民共享，回归"以人为本"的归宿，诠释马克思主义是关于无产阶级和人类解放理论的本质。

第二，要运用马克思主义原理解释好国内外科学技术的新进展，不断巩固马克思主义的世界观、方法论地位。作为一门科学，马克思主义为我们提供了看待事物的正确方法。但是，如何灵活运用这一方法，解决日益复杂的科学新局面，成为马克思主义理论面临的重要问题。这一工作处理得好，可以实现理论指导实践、实践丰富理论的良性循环；处理得不好，会对理论本身的发展造成严重阻碍。习近平总书记指出"要反对形而上学的思想方法"，"提高驾驭复杂局面、处理复杂问题的本领"。② 科学界和理论界要善于从科技发展的新领域中不断论证辩证唯物主义，进一步体会马克思主义的科学性，并进一步运用到实践当中去，实现理论和现实的共同发展。

第三，要树立科技创新意识，积极预测未来发展趋势，制定符合当代中国实际的政策措施，使之成为不断完善马克思主义理论的重要契机。建立在实践基础之上的理论创新是制度创新的前提，③ 应当从

① 《马克思恩格斯文集》第8卷，人民出版社2009年版，第356—357页。

② 《坚持运用辩证唯物主义世界观方法论提高解决我国改革发展基本问题本领》，《人民日报》2015年1月25日第1版。

③ 参见习近平《紧紧围绕坚持和发展中国特色社会主义学习宣传贯彻党的十八大精神》，《人民日报》2012年11月19日第1版。

发展的角度，科学预见马克思主义和人类社会未来的新趋势，[①] 审时度势，主动制定战略，不断引领世界潮流。在面对由第四次工业革命所带来的未知局面时，应当充分调动起人的主观能动性，提前布局，为中国特色社会主义的进一步发展创造先机，也赋予马克思主义更为强烈的时代性特征。

三 优秀传统文化为发展21世纪的马克思主义增添了中国特色[②]

作为中国五千年文明史形成的中国传统文化与从两千年西方文明概括的精华马克思主义理论本质上是一致的、相通的。两者的结合，已成为马克思主义中国化中的主要话题之一，也是马克思主义具有中国特色的标志之一。在过去，我国学者已围绕这一问题展开了大量探讨，形成了一些重要共识，譬如，要"立足时代、实践和人民大众的需要去评价、清洗、吸收和弘扬中国的传统文化、传统哲学，而不是用中国的传统文化、传统哲学去'化'马克思主义哲学，更不是尊孔读经复古"。[③] 我们要充分认识马克思主义和中华优秀传统文化的各自地位，注重将它们相互结合，而不能简单地认为谁包含了谁。[④] 因此，在面对两种思想文化时，我们已经形成了科学的、成熟的理念。要使中国传统文化在发展21世纪中国的马克思主义过程中发挥应有的作用，我们要对马克思主义基本原理和中国传统文化同时进行全面、系统和准确理解。

---

① 张晓：《"马工程"教材〈马克思主义哲学〉的研究状况及其历史回顾》，《福建论坛》2014年第7期。

② 2017年1月，中共中央办公厅、国务院办公厅印发了《关于实施中华优秀传统文化传承发展工程的意见》（以下简称《意见》）。《意见》强调了中华文化在当代中国社会主义发展过程中的独特地位，是中国发展的突出优势。参见中共中央办公厅、国务院办公厅《关于实施中华优秀传统文化传承发展工程的意见》，《人民日报》2017年1月26日第6版。

③ 杨耕：《当前马克思主义哲学研究中的三个重大议题》，《中国社会科学》2007年第5期。

④ 参见许全兴《论马克思主义与中国传统文化相结合》，《党的文献》2009年第3期。

一方面，只有全面、系统、准确地理解中华优秀传统文化，才能将优秀的传统文化融入马克思主义，完全实现马克思主义理论本土化。[①] 儒家、法家、道家、释家、兵家和纵横家等是有机的文化整体，该文化结构则是易道文化在各方面的应用结果。儒家和法家主要是易道在社会伦理和社会治理方面的应用；道家是在人与自然方面的应用；释家是在心灵修养方面的应用；兵家是在战争中的应用；纵横家是在战略和外交方面的应用；等等。

中华优秀传统文化博大精深，应当成为推动中国马克思主义的重要理论资源。毫无疑问的是，现今真正被用于发展中国马克思主义的还是极少数，这意味着中国传统文化还有很大的发挥潜力。另外，我们还应看到，中国在历史上就有融入、吸收外来文化的成功典范。例如佛教最初在中国，先通过“格义”与周孔之教、老庄之道寻求教义相容，再依据“三教虽殊，劝善义一”寻求教旨相通，以及经过宋明时期“三教合一”的影响等，始终与儒家、道家保持有机互动，形成了“以儒家为主、以佛道为辅的基本格局”。[②] 我们完全有理由相信，在一方具有丰厚历史文化底蕴的中国土壤上，马克思主义在未来定能愈加枝繁叶茂。

另一方面，在运用中华优秀传统文化发展21世纪中国马克思主义的过程中，应当更加突出时代特征，体现马克思主义与时俱进的品质。在中国历史上的任何一次文化融合，都伴随着特有的时代烙印。近代，随着俄国十月革命的胜利，马克思主义科学性在革命实践中得到了验证。在当时的中国，反对复辟帝制的新文化运动正在轰轰烈烈开展，而马克思主义的到来毫无疑问为运动注入了崭新风气，这一氛围也对马克思主义在中国的传播提供了难得的时代契机。“十月革命后马克思主义在中国的广泛传播已根本不同于此前中国人对马克思主义的零星介绍，人们在传播马克思主义的同时也非常重视对马克思主义的运用，并意识到应把马克思主义与中国实

① 参见邵雍《邵雍集》，中华书局2010年版，第33页。

② 洪修平：《儒佛道三教关系与中国佛教的发展》，《南京大学学报》（哲学·人文科学·社会科学）2002年第3期。

际相结合。”[①] 此后，在革命过程中，中国共产党早期的革命者在半殖民地半封建的中国，领导人民进行革命斗争，最终成功赢得了民族独立，建立了社会主义制度，形成了马克思主义中国化的第一个成果——毛泽东思想。

当下，中国特色社会主义理论体系不断被赋予新的时代特征，国民经济的持续发展，以及国际化进程的加快，使我国的文化发展再一次呈现出多元化的复杂态势。这既为我国优秀传统文化的发展及其与马克思主义相结合创造了有利环境，同时，也使得这种结合更为复杂。因此，在21世纪发展中国的马克思主义，我们面临的问题前所未有，这需要我们继续发扬与时俱进的理论品质，积极探索，勇于尝试。

那么，我们应当如何处理好中华优秀传统文化与马克思主义之间的关系，使前者成为后者发展的强大推动力呢？

第一，要注重强化马克思主义在所有文化形式中的引领指导地位，这是运用传统文化发展21世纪中国马克思主义的原则保证。作为已经在实践和历史中得到证明的科学，马克思主义能够为人类的发展提供源源不断的正确方法。尽管进入21世纪之后，人类的知识更新速度越来越快，但是，解释世界、改造世界的初衷和基本方法依旧没有改变。马克思主义不仅没有过时，而且应当继续为其他理论的发展提供基础的指导；否则，哲学社会科学就会“失去灵魂、迷失方向”，[②] 进而偏离科学。一旦如此，非但不能实现中国传统文化对马克思主义的推动，更会造成我们在从事社会理论研究和实践过程中走弯路，甚至往后倒退。

第二，要持续发掘马克思主义与中国传统智慧的共通点，这是运用传统文化发展21世纪中国马克思主义的话语保证。从理论本身的科学性来看，中国传统文化与马克思主义也具有高度相似的方面。同样以易学为例。马克思主义哲学的基本问题是物质和精神、客观和主观的关系问题；易道哲学则是研究天人之际，把人法地、地法天、天

① 汪信砚：《马克思主义中国化思想的源流》，《武汉大学学报》（人文科学版）2008年第6期。

② 习近平：《在哲学社会科学工作座谈会上的讲话》，《人民日报》2016年5月19日第2版。

法道、道法自然看作世界发展的普遍规律，追求天人合一的目标，这是主客一体的哲学。前者的辩证统一、历史观对应后者的阴阳学说和八卦，这两种站在世界之外看世界的哲学和站在世界之内看世界的哲学正好是相辅相成、互相补充的认识论。

第三，要积极推动马克思主义与中华优秀传统文化的相互促进和共同发展，这是运用传统文化发展21世纪中国马克思主义的方法保证。“绵延几千年的中华文化，是中国特色哲学社会科学成长发展的深厚基础。”① 中国的哲学传统不仅与马克思主义有共通点，还是对后者的有益补充。传统文化在当代也面临创造性转化和创新性发展的历史机遇。应当提升民族自信，克服对西方的盲目推崇，积极探寻传统文化的宝贵财富；② 同时，要吸收中国哲学“体认、体悟”的细腻条理，③ 秉持马克思主义的“一整块钢”的科学逻辑方法，④ 提升对本民族智慧文化的自信，创造“能够体现中国立场、中国智慧、中国价值的理念、主张、方案”，⑤ 赋予中国传统文化和马克思主义充沛的时代活力。

结语　中国的崛起为发展21世纪中国的马克思主义奠定了基础

发展21世纪中国的马克思主义，是习近平总书记基于中国特色

---

① 习近平：《在哲学社会科学工作座谈会上的讲话》，《人民日报》2016年5月19日第2版。

② 如何对待传统文化，既关系到中国智慧的传承，又关系到马克思主义在本土的扎根。邓晓芒指出，应当采用现象学还原方法，摆脱固有的政教伦理局限，注重更深层次的人性和价值的发掘，寻求传统文化与普遍人性和价值的相融。（邓晓芒：《论中国传统文化的现象学还原》，《哲学研究》2016年第9期。）这一思路正确提出我们在发掘传统文化与马克思主义的理论渊源时，还需要注重二者本质的沟通。在此基础上，我们应注意，这种沟通并不应当是两种思想的简单合并，而应当是一种创造性的，从语言到思想的有机结合。这一过程并非仅仅为了获得简单的普遍承认而存在，而是要随着时代的前进不断引领人类的认知水平，体现中国特色社会主义思想的先进性特质。

③ 张岱年、冈田武彦：《中国哲学与二十一世纪》，《浙江学刊》1998年第3期。

④ 《列宁选集》第2卷，人民出版社2012年版，第221页。

⑤ 习近平：《在哲学社会科学工作座谈会上的讲话》，《人民日报》2016年5月19日第2版。

马克思主义的发展现实，展望未来的发展道路而提出的一项重大理论工作，是马克思主义与时俱进、实事求是精髓的又一次集中体现。习近平总书记在党的十九大报告中宣告中国特色社会主义进入新时代，我国在实现中华民族伟大复兴的过程中将面临更为复杂的局面，发展马克思主义理论的任务任重而道远。我们要在坚持马克思主义指导地位的同时，结合当前我国在发展过程中的现实成就，吸取传统的优秀文化智慧，开拓新的理论路径。要认真总结当前面临的新机遇、新挑战，精心布置，长远规划，在坚持正确、科学的态度的基础上，开放心态，勇于创新，不断扩宽马克思主义的发展视域，使 21 世纪国内的马克思主义研究成为中国特色社会主义理论体系发展过程中的又一个重要阶段，令其为我国全面高质量发展、全面建成小康社会、实现中华民族的伟大复兴提供正确的理论和方法保障。

马克思的资本逻辑批判：在唯物史观与《资本论》之间*

周露平**

当前，资本逻辑问题是国内外研究的一个重大前沿课题。目前经济学界与哲学界对资本逻辑的态度众说纷纭：一是将它引入肯定的通道，认为它是社会发展的永恒规律，形成“资本伟大”“资本家伟大”的思潮，如19世纪的“边际革命”与20世纪的“凯恩斯革命”，出现了诸如奥地利学派、芝加哥学派、调节学派等，它们大肆宣传资本对于世界发展的永恒性作用；再比如，资产阶级哲学家们对资本社会发展的新范式①的理解，出现了无限妥协，认为资本逻辑是我们这个时代“绕转不开”的经济话题，显示出“去政治化”“去哲学化”“去意识形态”的企图，这以弗朗西斯·福山为代表；二是将之引入批判的轨道，从社会精神文化表象上破解资本逻辑带来的“苦难”，仅仅将资本逻辑批判压缩在意识领域，出现了西方马克思主义的文化批判、社会批判与精神批判等潮流。“解铃还须系铃人”，我们还是要回归至马克思思想，要从《莱茵报》《德法年鉴》时期的“物质利益问题”一直到《资本论》时期的“资本逻辑批判”的整体性视域，还原出马克思批判资本逻辑的理论架构。本文以为，马克思

---

* 本文为国家社科基金后期资助项目“马克思思想的整体性论域与理论效应”（项目编号：18FZX024）的阶段性成果。

** 周露平（1980— ），男，江苏高邮人，扬州大学社会发展学院哲学系讲师，哲学博士，硕士生导师，研究方向：马克思主义哲学、经济哲学。

① 如后工业社会、后资本主义、后现代性社会等定义。

主要从哲学批判、经济学批判、社会批判出发，形成了贯通性的资本逻辑批判内容，以防止西方思想界对于资本逻辑“各持一端”的误判。

一 哲学批判：资本逻辑批判的理论实验

列宁曾明确说过，“自从《资本论》问世以来，唯物主义历史观已经不是假设，而是科学地证明了的原理”[①]，哲学批判涵盖了唯物史观生成的全部，它发源于《莱茵报》时期的“物质利益问题”，萌芽于《1844年经济学哲学手稿》的“异化劳动与私有财产的关系”，草创于《德意志意识形态》（以下简称《形态》），完善于《共产党宣言》，最终成熟于《资本论》等。我们以为，哲学批判与资本逻辑批判其实是一个问题的两个方面：都是对资本（或私有财产）的历史性追问，换言之，提问资本生成何以可能；哲学批判则从人类发展史维度加以澄清，为资本逻辑批判提供了基础性内容与原则性方向。

哲学批判为资本逻辑批判提供了原始性课题。资本逻辑的哲学内容其实就是异化劳动理论，也是唯物史观理论[②]，它确立了两大任务：其一，哲学批判提供了资本逻辑批判的内容。首先，马克思清理古典经济学的哲学地基，后者是以私有财产合法性为当然前提，如威廉·配第确立的是经济性维度下的国家财富观、斯密书写出的是个人主义视域下财富的进步史等；其次，它为资本逻辑批判提供了原则性高度，就是要超越私有财产，也就是《资本论》时期的“超越资本”的课题；最后，哲学批判为资本逻辑批判提供了未来社会的建构指向，提出了人的自由全面解放的社会指向。其二，哲学批判为资本逻辑批判提供了宏大视域。首先，超越于当代社会经济关系，以一种宏大视域去追问社会历史发生的原因：其实就是剩余劳动的历史进步，

① 《列宁选集》第1卷，人民出版社2012年版，第10页。

② 关于马克思早期思想的异化劳动理论与成熟时期的唯物史观理论的延续性，请参见卜祥记《〈资本论〉的理论空间与哲学性质》，《中国社会科学》2013年第10期。

资本逻辑只是社会发展史的片段[①]。其次，马克思思考资本逻辑问题，起源于物质利益困惑。青年黑格尔派的自由精神与现实利益之间的法哲学理解出现了严重偏移，进而马克思在1843年年底转入经济学思考，目的是澄清物质利益的形成症结是私有财产问题。故当蒲鲁东提出所有权即盗窃时，开启了对私有所有权的合法性的质疑，但是蒲鲁东对黑格尔《法哲学原理》提出了一种表象批判，马克思认为这做得不彻底，所有权不仅仅是一种法学意义上的理解，应该是哲学性质上的判断出现了失误，这样的失误同样发生在古典经济学那儿，因为后者从理性经济人假设出发，直接预设了私有财产的合法性。最后，马克思通过借助费尔巴哈的人本学内容打开了解剖经济运动的哲学通道，“对国民经济学的批判，以及整个实证的批判，全靠费尔巴哈的发现给它打下真正的基础”，[②] 原因在于，经济学是建立在人与人、人与自然的强制分离的基础上的，因此，经济学的本质就是将现实存在的内容用抽象的经济范式予以表现，不再追问私有财产的合法性界限。

哲学批判的重大课题是围绕异化劳动理论而展开的，主要有两大内容：其一，从历史的宏大叙事中，准确地定义了劳动创造价值的可能性，其实就是异化劳动创造出异化的社会关系，马克思表述为四大异化内容：产品的异化、生产过程的异化、人的本质的异化以及社会关系的异化。显然，马克思尽管只是从批判古典经济学的视角提出了资本主义社会的异化劳动内容，但可以理解的是，这种内容存在的历史是对一切有异化劳动的社会的广义说明，故后来的《形态》，通过异化劳动来划分出社会发展各种形态[③]。当然，在呈现所有制发展形态之前，需要对异化劳动与私有财产之间的关系作出说明，古典经济学由于“把私有财产在现实中所经历的物质过程，放进一般的、抽象的公式，然后把这些公式当作规律”，但它们没有说明这些规律如何从私有财产的本质中产生的，同时也“没有向我们说

① 参见鲁品越《剩余劳动与唯物史观理论构建——走向统一的马克思主义理论体系》，《哲学研究》2005年第10期。

② 《马克思恩格斯文集》第1卷，人民出版社2009年版，第112页。

③ 《马克思恩格斯文集》第1卷，人民出版社2009年版，第521—523页。包括部落所有制、古典古代的公社所有制和国家所有制、封建或等级的所有制、资本所有制等。

明劳动和资本分离以及资本和土地分离的原因"[①]，故经济学家们试图用经济现象，如竞争等来解释和追问私有财产的本质来历——其实这些都是异化劳动导致的，而国民经济学只是客观陈述了私有财产的自我运动，也就是异化劳动形成私有财产；那么，扬弃私有财产，就表现为扬弃异化劳动，但是不是如柯亨那样，仅仅将劳动作为一种满足匮乏的辛苦劳作的表象层面，"我们对匮乏的理解是：即便人有欲望和外在本质属性，他们也无法满足自己的欲望，除非他们花费大量的时间和精力来做自己不愿做的事、从事无休止的劳作"[②]，显然是误读。

其二，对狭义的资本主义社会的批判。我们看到，马克思则将异化劳动作为一种社会关系，它不断生成出私有财产的内容，因此"私有财产是外化劳动即工人对自然界和对自身的外在关系的产物、结果和必然后果",[③] 至于如何扬弃，马克思认为，"私有财产只有发展到最后的、最高的阶段，它的这个秘密才重新暴露出来"[④]，表现为两个方面：私有财产是异化劳动的产物，同时它又是劳动得以异化的手段；而这样的私有财产的最后的、最高的阶段就是资本主义社会。马克思对异化劳动的分析，其实展现的是无产阶级的贫困内容，就是无产阶级如何被剥削的哲学陈述，如工资，它只是与私有财产一样，都是异化劳动的必然后果，"因为在工资中，劳动并不表现为目的本身，而表现为工资的奴仆"；所以，当蒲鲁东等试图以工资为抓手去批判资本主义社会，显然只是"无非是给奴隶以较多工资，而且既不会使工人也不会使劳动获得人的身份和尊严"[⑤]。进而，马克思分析了私有财产关系，其实就是资本主义社会的私有财产现实，在此三大理论得到初步表达，"私有财产的关系潜在地包含着"："作为劳动的私有财产的关系"就是工资理论、"作为资本的私有财产关系"就是资本

① 《马克思恩格斯文集》第1卷，人民出版社2009年版，第155页。

② G. A. Cohen, Karl Marx's Theory of History: A Defence, Oxford, Oxford University Press, 1978, p. 152.

③ 《马克思恩格斯文集》第1卷，人民出版社2009年版，第166页。

④ 同上。

⑤ 同上书，第167页。

理论，“以及这两种表现的相互关系”就是阶级斗争理论。这三大理论后来在“资本论”（《资本论》及手稿）中得以详细阐述。

马克思在此提出了资本逻辑批判的哲学指向，就是“劳动和资本的这种对立一达到极端，就必然是整个关系的顶点、最高阶段和灭亡”①。这种关系的灭亡就是现代资本主义下的雇佣劳动制度的灭亡，这是“资本论”（《资本论》及手稿）研究的重大课题。因此，哲学批判提供了资本逻辑批判的样本，在异化劳动与私有财产关系中得以实验。

总之，哲学批判首要的提出了资本逻辑的哲学内容，同时也澄清了“资本论”时期关于资本逻辑的定义，即资本逻辑包含着两大逻辑内容：资本本身的运动逻辑与雇佣劳动的运行机制，两者统一于劳动力商品，换言之，这是哲学批判视域中的异化劳动内容。

二　经济学批判：资本逻辑批判的现实剖析

《1844 年经济学哲学手稿》明示出，古典经济学的理论界限是私有财产的合法性，是它提供了资本剥削的合理性，若超越这个界限，资产阶级经济学理论就是错误的。因此，马克思必须要对私有财产的运动作出经济学意义上的交代，这样才能证明以上的结论，故在笔记本上做了两个方面的工作：其一，这个笔记本的主要理论任务就是从经济思想史维度说明封建社会如何走向资本主义社会，这是对私有财产的合法性的理论预设的批判；其二，从经济学思路详细地描述了发达的私有财产（资本制度）如何战胜不发达的私有财产（封建土地制度），从而验证了私有财产本身的进步意识，为扬弃它提供了经济性的说明。因此，马克思从哲学批判视角提出了异化劳动形成私有财产，进而在《德意志意识形态》探讨了异化劳动的形成根源是自发分工，由此马克思草创了唯物史观理论框架，进而在《哲学的贫困》《共产党宣言》等文本中确立了唯物史观内容。在哲学批判的地基上，马克思才真正意识到，古典经济学通过个人主义的经验视角（私

---

① 《马克思恩格斯文集》第 1 卷，人民出版社 2009 年版，第 172 页。

有财产的合法性、永恒性）与经济实证主义（劳动价值论）的方法，绕开了对私有财产的唯物史观追问，直接抵达的是经济学规律的“表象”；而马克思的经济学批判以唯物史观为剖析工具，用资本逻辑理论还原出资本主义社会的运动秘密。

（1）资本逻辑形成的现实视域。资本逻辑，简单而言，是私有财产运动的规律表现，但这种规律必须要发展为世界性运动时才能被抽象为一门科学理论，“它必然要在它的世界发展过程中达到它的抽象的即纯粹的表现”。[①] 马克思的经济学批判其实是资本逻辑统治世界的哲学抽象，其形成则建基于资本主义生产关系的全面展现，将资本的话题变成了世界性的话题，并从社会关系的角度提出了资本社会的经济规律，简而言之，资本逻辑就是资本增殖逻辑，包括劳动价值论与剩余价值论的高度统一[②]。首先，劳动价值论其实是资本逻辑推动劳动力商品创造世界的正面反馈。马克思从文本的角度不断地呈现出这样的规律，如《形态》关于资本的简单定义，粗略地回顾了封建行会手工业的“等级资本”、工场手工业的“流动资本”与机器大工业的“工业资本”等历史环节；《宣言》交代了资本主义世界的历程，“资产阶级，由于开拓了世界市场，使一切国家的生产和消费都成为世界性的了”。[③] 由于资本主义生产方式的强大否定性，不断对旧的生产关系和生产力的否定提出要求，造就了“一切等级的和固定的东西都烟消云散了，一切神圣的东西都被亵渎了”[④]，《资本论》时期确认了资本通过劳动生成出资本主义社会等。这些都在验证着劳动如何创造价值。其次，剩余价值理论提出了颠覆资本逻辑的现实可能。它全面展现出资本逻辑如何控制劳动力商品，进而控制雇佣劳动过程，并生产出剩余价值（或剩余劳动）的过程。《资本论》尽管从商品出发，其实目的是从剩余价值的来源出发，就是从劳动力商品出发，这是主体商品化的经济学事件，它打破的是封建社会的剩余劳动

① 《马克思恩格斯文集》第 1 卷，人民出版社 2009 年版，第 177 页。

② 马克思在《资本论》第 1 卷中，将其简约为劳动过程和价值增殖过程的统一，具体参见《马克思恩格斯文集》第 5 卷，人民出版社 2009 年版，第 207—231 页。

③ 《马克思恩格斯文集》第 2 卷，人民出版社 2009 年版，第 35 页。

④ 同上书，第 34—35 页。

生产方式，形成了资本逻辑的运动规律，进而提出了颠覆资本逻辑的现实基础就是将剩余劳动回顾至人民。最后，阶级斗争规律其实是资本逻辑塑造出两大对立阶级的斗争，“整个社会日益分裂为两大敌对的阵营，分裂为两大相互直接对立的阶级：资产阶级和无产阶级”，[①]《资本论》全面诠释了资产阶级如何通过资本逻辑获取无产阶级的剩余劳动，这是双向确认的过程：资本的绝对积累与工人的相对过剩。

由此我们以为，资本逻辑打通了两大隔阂：其一，社会生产与经济运动的弥合。资本逻辑通过资本的权力机制与运动规律将整个社会生产转变为资本生产的内容，如马克思在《资本论》中对“资本分工”与“社会分工”的关系的理解，认为资本分工已经入侵并全面占领了社会分工，社会分工的内容仅仅表现为资本对生产的控制等。其二，经济运动与社会革命的同化。资本逻辑提供了经济运动推动社会革命的发展，因为《共产党宣言》与《1857—1858 年经济学手稿》不断地提示着：资本不是一种个人力量，而是一种社会力量；资本不是一种物，而是一种社会关系。同时，资本的经济运动改造了社会革命的未来指向，“资产阶级除非对生产工具，从而对生产关系，从而对全部社会关系不断地进行革命，否则就不能生存下去”。[②] 当资本的生产运动不能再维持自我生存时，资本主义的社会危机就会出现，进而无产阶级能够推翻资本主义社会。《资本论》其实就是通过资本逻辑揭开了资本主义社会的秘密，资本逻辑是资本控制劳动力商品不断同化社会，进而加固资本主义大厦。

（2）资本逻辑的经济规律：资本模型的本质把控。马克思的伟大之处就在于，将古典经济学无法触及的社会关系问题整合至一个模型，即资本逻辑模型[③]。主要包括，其一，模型的驱动系统是资本逻辑。资本逻辑主要包括两大系统：生产积累系统，这为资本社会存在提供了保障；扩大再生产系统，这为资本社会扩张提供了基础。其二，模型的动力之源是劳动力成为商品。受资本逻辑的力量驱动的雇

① 《马克思恩格斯文集》第 2 卷，人民出版社 2009 年版，第 32 页。

② 同上书，第 34 页。

③ 马克思的理论方法就是从具体到抽象，再由抽象到具体，故该模型是从资本主义的具体现实出发的。

佣劳动机制，劳动力商品是资本主义社会的存在基础，是生产剩余劳动或剩余价值的唯一来源。其三，模型的权力架构是资本逻辑的权力机制。资本逻辑构建起资本主义社会的权力体系，通过资本增殖力量驱动资本主义社会的不断扩张。其四，模型的意识建构是经济拜物教。资本逻辑通过意识同化，形成了高度严密的拜物教系统，主要包括商品、货币与资本三种经济拜物教，它们论证着资本主义社会的合法性。

具体而言，首先，资本逻辑回应了古典经济学的“第一桶金”问题，也就是说明了资本主义社会制度的历史性。西方经济学的经济模型是从理论假设出发，舍弃了对资本逻辑形成历史的追问，认为资本家收益是因为他们拥有“储备金”或“资本准备金”，但并未交代“第一桶金”的来源。马克思以为，一方面，从历时性视角解读了“第一桶金”的起源问题，马克思的模型是对资本主义社会的“复制”与“提炼”，提出了资本逻辑的形成是历史发展的结果，通过“所谓原始积累”与“现代殖民理论”全面呈现了资本的原始积累的秘密：原始积累全面诠释了资本与雇佣劳动的历史形成；殖民理论回应了资本的“准备金”问题；另一方面，从共时性视角回答了资本家的“资本”的来源问题，其实就是雇佣工人生产的剩余劳动（剩余价值）的积累内容，并通过“等价交换”模式，被资本家无偿占有，转入资本再生产过程。

其次，资本逻辑提供了社会发展的经济性内容。马克思对资本逻辑的模型批判其实揭示出资本逻辑的规律，就是通过推动与控制必要劳动生产剩余劳动，因此，资本的经济性主要体现为，资本的趋势是把必要劳动压制到最低限度，同时要尽可能多地创造出剩余劳动。一方面，经济批判的本质把握。经济批判的实质就是研究资本主义社会的具体运行，进而抽象出范畴，是研究资本主义社会的动力学：资本逻辑中的剩余价值的增殖机制，主要表现为资本生产与资本积累，主要的经济规律包括，经济规律的客观性质、经济的实现趋势与现实限制、生产、积累与扩大再生产的规律、货币流通规律、供求规律等。那么，这些规律本质上呈现出资本逻辑的运动规律，主要包括，生产方式主要包括相对与绝对剩余的生产；生产能力表现为资本有机构成；生产目的展现为资本循环理论；资本积累呈现为剩余价值率的计算等。另一方面，经济批判的主要内容：就是对生产资本的全面考察。商品生产过程其实被雇佣劳动形式所掩盖，资本家提前支付工资，工人生产出商品，但是，商品生产包含两大内容：一个是物质生产过程，就是雇佣劳动的劳动过程，同时更为关键的是，价值形成过程中的价值增殖，“价值增殖过程不外是超过一定点而延长了的价值形成过程”。[①] 这是资本逻辑的经济性质与社会关系的内在统一。资本逻辑不断通过成本价格、生产价格与利润等范畴来掩盖资本剥削，如直接混淆可变资本与不变资本之间的区别，将之作为成本价格，而剩余价值只是作为资本家的总资本的收益，即利润，那么资本家投资、获得收益则合法化了。同样，利润率的采用，固定资本与流动资本等经济范式的使用，这些都是为了掩盖生产领域的剥削关系等。

最后，资本逻辑必然消亡的经济诠释。其一，资本逻辑图绘出剩余价值的分割模式，进而证明了各种资本家其实都是分享剩余价值，是社会的“寄生者”。马克思在《资本论》第3卷，详细讨论了资本主义生产总过程中，各种资本家如何分割工人生产的剩余价值，反驳了资本家创造价值的说法，如企业主的收入、高利贷者的利息与土地的地租等都是对资本逻辑生产出的剩余价值的强制分割，而这种分割有助于维护资本主义社会的有序运动。

其二，对“斯密教条”的批判。斯密认为商品价值可以分解为工资、利润和地租，《1844年经济学哲学手稿》从异化逻辑的视角加以批判，得出这个教条的错误源于预设了私有财产的合法性，是异化劳动形成了这三大内容；而在《资本论》中确定了价值形成的不同部分，主要包括不变资本（购买生产资料的价值）与可变资本（购买劳动力的价值），还有一个就是经过工人生产加工后，附着了工人的剩余劳动的剩余价值，但是在具体的资本分割过程中，被分为地租和利润，由此，斯密教条的错误就是没有看到剩余价值是由谁来生产的（包括社会资本的再生产），从而并未把握住“剩余价值是整个资本主义生产方式的基础”。

---

① 《马克思恩格斯文集》第5卷，人民出版社2009年版，第227页。

其三，资本逻辑的缺陷是无法克服一般利润率下降与无酬劳动的界限。一方面，一般利润率下降是资本主义不可避免的规律，进而导致资本的相对增长率下降，引发经济危机，因为“利润率是资本主义生产的推动力”①，但是由于资本有机构成的提高，可变资本的比例减少，劳动力商品的剩余劳动减少，那么资本无法从生产过程中剥削剩余劳动；另一方面，无酬劳动与有酬劳动间的比例，当资本利润率下降时，资本无法得以增殖、工人没有工资，那么形成两大问题：资本积累危机与工人生存危机，而两者相互作用，就会形成工人不消费、产品无法变为商品、剩余价值无法实现的状况，那么剩余价值转化为资本就不能实现，进而导致经济危机，引发资本主义社会危机。所以，当剩余价值不再反哺至资本主义社会，那么资本的生产方式就消灭了。

三 社会批判：资本逻辑批判的社会指向

哲学批判、经济学批判的完成，才能够真正澄清对资本主义社会的本质批判：唯物史观与剩余价值学说。它们推动了马克思社会批判的现实路向，三大批判构成了“一体两翼”的批判格局，哲学批判与经济学批判原则上服务于社会批判，为社会批判扫清道路，在《〈黑格尔法哲学批判〉导言》中，马克思就预设了其思想的努力，就是“批判的武器当然不能代替武器的批判，物质力量只能用物质力量来摧毁；但是理论一经掌握群众，也会变成物质力量”②，批判的武器就是哲学批判，是不能代替武器的批判即社会批判，就是用理论来武装群众，用唯物史观与剩余价值学说来武装无产阶级，为无产阶级走向新社会提供理论基础。在进入社会批判之前，哲学批判与经济学批判主要呈现出：首先，对碎片化的资本社会进行了总体性表述，用资本及其增殖规律把握住了社会的总体，以资本和雇佣劳动的关系呈现出资本主义社会的生产方式；其次，提出了资本社会的总体轴心

---

① 《马克思恩格斯文集》第7卷，人民出版社2009年版，第288页。

② 《马克思恩格斯文集》第1卷，人民出版社2009年版，第11页。

问题就是资本通过剥削劳动力商品获取自我增殖，形成出资本主义社会的阶级矛盾，也是无产阶级消灭资产阶级的社会基础；最后，总结出资本逻辑的自我否定性，资本逻辑不能完成资本增殖，就会分崩离析，并为新的生产逻辑所取代。

马克思以社会运动规律，展示出资本逻辑的内在对立：一个是社会形态内部的斗争逻辑，资本逻辑的全面铺成需要社会形态的革命，形成了以资本发育为内容，以物的依赖为基础的社会形态，这恰恰为新社会的诞生提供了物质基础；一个是社会内容的全面呈现：资产阶级与无产阶级的斗争的改造，这是资产阶级通过物（商品与货币）以资本的关系为抓手控制人与社会的内容。具体而言：

（1）资本逻辑的高度否定性。主要包括两大内容：资本不断否定旧的社会形态，将一切都纳入资本增殖系统之中，资本逻辑建立在资产阶级与旧阶级斗争的基础之上，故资本主义的社会形态是进步的力量，不断摧毁旧贵族、旧体系的力量，“资本破坏这一切并使之不断革命化，摧毁一切阻碍发展生产力、扩大需要、使生产多样化、利用和交换自然力量和精神力量的限制”①。资本不断否定自身，因为“资本不是一种个人力量，而是一种社会力量”②，换言之，资本不是物，而是一种社会关系。这种社会关系是对包括资本自身在内的全部社会关系进行革命，对现实生产提出否定，目的是要从劳动力商品的生产过程获取价值增殖，否则就无法生存，因此，资本面临的是资本有机构成不断提高，进而“利润率下降”，剩余价值的获取空间被无限压缩，资本的自反性进而提供了消灭自我的现实依据。

（2）资本逻辑造就了“物统治人”的社会。其一，“以物依赖的社会形态”③ 的确立。在现代资本主义社会中，资本逻辑不断塑造与巩固着社会运行模式，这种模式是以物的方式（商品与货币）统治人，人与人的交往关系让渡给物的交往关系。《1857—1858 年经济学手稿》提出了三大社会形态理论，资本主义社会主要表现为，“在生

---

① 《马克思恩格斯文集》第 8 卷，人民出版社 2009 年版，第 91 页。

② 《马克思恩格斯文集》第 2 卷，人民出版社 2009 年版，第 46 页。

③ 参见《马克思恩格斯全集》第 30 卷，人民出版社 1995 年版，第 107 页。

产者面前，他们的私人劳动的社会关系就表现为现在这个样子，就是说，不是表现为人们在自己劳动中的直接的社会关系，而是表现为人们之间的物的关系和物之间的社会关系”[①]，人以物的内容开展社会交往活动，人受制于物。当欧文认为，人是环境的产物，“人们只是他们的环境的产物，因而，环境的改变就是问题的全部所在，这对于改变人的行为是必须的”。[②] 显然环境表现为社会关系，人从属于这种环境，但是欧文没有意识到这种社会关系的形成是人类社会实践的结果，体现出人类的社会结构的不断推进与突破。同样资本逻辑也是如此，它是人类社会活动发展到一定历史阶段的产物，从而造就了“物统治人”的“以物为依赖的社会形态”。

其二，“物控制人”的社会的具体内容。首先，资本控制劳动力商品，资本逻辑塑造出物化的人。物化的人也就是商品化的主体，整个社会的主体性运动是以物化的人为基础的，而剩余劳动就是剩余时间的对象化或物化，资本通过雇佣劳动控制了无产阶级的劳动时间，进而控制了工人的剩余劳动的生产，“资本太太和土地太太，作为社会的人物，同时又直接作为单纯的物，在兴妖作怪”[③]，资本家其实是资本的人格化。其次，产业资本的循环呈现出物如何控制人的过程，从循环过程展示出资本增殖的动机，同时交代了资本主义生产的连续性可以可能，因此，资本循环系统包含着社会阶级的对抗，同时验证了雇佣劳动如何以物的存在方式[④]进行运动。再次，资本的积累过程，就是资本作为人格化的内容超越人的社会关系之上，形成了特殊的社会力量。复次，围绕资本的生产与积累，形成了高度发达的剩余劳动的积累系统，产生了两大附属物，形成了一个与资产阶级对抗的阶级。一方面，对劳动力商品的“必要劳动”的剥削，使工人不断贫困化，“资本的增加就是无产阶级即工人阶级的增加”[⑤]，是社会

① 《马克思恩格斯文集》第 5 卷，人民出版社 2009 年版，第 90 页。

② ［英］乔纳森·沃尔夫：《当今为什么还要研读马克思》，段忠桥译，高等教育出版社 2006 年版，第 17 页。

③ 《马克思恩格斯文集》第 7 卷，人民出版社 2009 年版，第 940 页。

④ 资本家通过货币购买劳动力商品，使货币完成向资本的转变。

⑤ 《马克思恩格斯文集》第 1 卷，人民出版社 2009 年版，第 727 页。

成员不断被定义为工人的基础之上，也就是工人成为“自由”人；另一方面，形成资本主义特殊的人口现象，由于资本的有机构成与技术进步，资本控制人口的数量随着可变资本部分的变化，形成了相对过剩的工业人口，“过剩的工人人口形成一支可供支配的产业后备军，它绝对地从属于资本”①，这些失业或半失业人口由于资本工业的运动而不断贫困化；而政治经济学却弄反了相对过剩人口的产生原因与资本生产积累的条件之间的关系，故经济学家是从维护资本主义社会制度本身入手，仅仅从信用的膨胀和收缩、工业的周期性生产变动等表象来解释人的贫困问题。最后，对资本主义生产方式的特征的指认，为未来社会的超越提供了具体内容。资本主义生产方式具有两大特征：一个是历史的起点是商品，特别是劳动力成为商品，形成了普遍性的雇佣劳动，资本家和雇佣工人本质上只是资本生产关系负载在个人身上的特征的社会性质，整个社会就是以获取剩余价值及其无限增殖为目的；一个是资本社会的全部内容是生产剩余价值，生产的全面特性就是通过劳动力商品的生产，进而形成剩余价值的供给，离开工人的剩余劳动，也就是社会必要劳动时间的对象化，那么资本主义生产方式就会消亡。

（3）社会批判的指向是建立人的自由全面发展的社会。资本逻辑的社会批判从社会历史发展视角提出了剩余劳动的社会占有，而非资产阶级私人占有的现实。资本主义社会形态是以资本为社会组织方式，资本表现为两大内容：对劳动力的控制与对劳动产品的控制，进而全面控制社会，是一种不断征服自然、人与社会的权力系统。资本逻辑塑造了两大社会内容：以资本征服自然与人力资源的自然主义、通过剥削方式不断占有剩余劳动、控制社会的人道主义。在《资本论》中，一方面，马克思主要详细讨论资本如何对劳动力资源的剥削，提出了剥削的经济实质、剥削的内涵与外延、剥削的程度与广度、剥削的社会要求等；另一方面，揭示了资本如何通过自我增殖形成新的社会内容，提出了资本生产的实质、起点与前提、社会规律、发展归宿等。这两大方面都为消灭资本逻辑、建构新社会提供了现实

---

① 《马克思恩格斯文集》第5卷，人民出版社2009年版，第728—729页。

基础以及预测依据。

其一，资本逻辑的历史限度。资本逻辑是资本主义社会的特殊规律，是资本作为一种社会关系的不断自我增殖的系统，它建立在对劳动力商品的无限剥削基础之上，故资本主义本身有两大秘密：生产方式是雇佣劳动与资本生产、积累方式是剩余价值不断转化为资本。因此，资本逻辑的存在现实就是在雇佣劳动的前提下，资本控制剩余劳动，进而控制工人，生产出剩余价值的内容。那么，由于资本积累与扩大再生产，必然受到了利润率下降与无酬劳动的限制，会形成四大贫困：可变资本的减少与工人阶级的贫困化导致了资本无法再增殖，即“资本贫困”；资本雇佣程度的制约导致了人口过剩，生活资料无法得以保障，即“工人贫困”；由于资本对自然与劳动力资源的无限索取，必然导致生态破坏与人口萎缩，即“生态贫困”；资本通过经济拜物教的方式不断侵占人的内心，导致奢侈主义、享乐主义等盛行，即“精神贫困”。那么这四大贫困是资本逻辑无法超越的历史限度。

其二，资本逻辑的未来指向。《资本论》已经提供了走出资本逻辑的内容。首先，生产本质的还原。任何社会都是为了获取剩余劳动，那么剩余劳动的组织方式，从以人的依赖关系到物的依赖关系的转换过程，其实是剩余劳动生产的高度进步，但是当一个经济的社会形态追求的是产品的使用价值，而不是仅仅通过交换方式占有剩余价值，那么“生产本身的性质就不会造成对剩余劳动的无限制的需求”①，所以有必要回归到生产本身，就是剩余劳动归全社会所有，而非一个阶级所有。其次，重建个人所有制。所有制的含义是“对他人劳动力的支配”②，更为准确地说，它是对劳动者与劳动产品的控制形式，与资本是“一个问题的两个方面”，“一个问题”就是资本如何增殖的问题，“两个方面”则体现为，一方面是所有制是从活动的产品而言；另一方面是资本从活动而言，两者共同构成了资本所有制的全部内容。那么，重建个人所有制，就是消灭资本与所有制的两

① 《马克思恩格斯文集》第5卷，人民出版社2009年版，第272页。
② 《马克思恩格斯文集》第1卷，人民出版社2009年版，第536页。

大内容：一个是消灭资本生产关系，即消灭资本通过雇佣劳动的形式控制剩余劳动的生产关系；另一个是消灭所有制的旧内容，即消灭资本家私人占有制度。那么什么是个人所有制呢？是不是那种以自己劳动为基础的旧私有制，显然它是一种高度发育的社会化生产的所有制形式，是以社会劳动为基础的生产资料公有制，其任务是共同生产与公共占有剩余劳动。再次，资本逻辑转化为生产逻辑。资本逻辑是从资产阶级私有制出发，形成了资本的社会关系，而生产逻辑是在资本逻辑的时代基础之上，通过“协作和对土地及靠劳动本身生产的生产资料的共同占有的基础上”的生产，整个社会是以生产逻辑为指导，生产剩余劳动为目标，“重新建立个人所有制”①。最后，资本逻辑为未来社会提供了预设基础。我们以《1857—1858 年经济学手稿》为例，它提出了未来社会的建制预设：资本逻辑的伟大力量就是通过资本控制劳动力商品创造出剩余劳动，提高了社会需要的多样性与个人发展的多元化，不断驱动生产力的发展与进步，进而为消灭资本逻辑提供了基础：第一，整个社会能够利用高度发达的生产力生产出普遍性财富，形成了物质财富的极大丰富，这是未来社会的存在基础；第二，社会化的再生产过程其实就是人的自我全面化的验证，“人不再从事那种可以让物来替人从事的劳动”②；第三，资本和劳动的关系，只有当资本本身成为生产力界限时，资本不再是一种推动世界进步的社会关系，因为，资本逻辑的实质“在于活劳动是替积累起来的劳动充当保存并增加其交换价值的手段”③，生产力发展无法满足这种手段，活劳动则开始反抗资本，“生产资料的集中和劳动的社会化，达到了同它们的资本主义外壳不能相容的地步”，“剥夺者就要被剥夺了”④，新社会随着劳资关系的瓦解而形成。

---

① 《马克思恩格斯文集》第 5 卷，人民出版社 2009 年版，第 874 页。

② 《马克思恩格斯文集》第 8 卷，人民出版社 2009 年版，第 69 页。

③ 《马克思恩格斯文集》第 1 卷，人民出版社 2009 年版，第 726 页。

④ 《马克思恩格斯文集》第 5 卷，人民出版社 2009 年版，第 874 页。

马克思恩格斯慈善思想论析

胡　帆　陈晴柔*

马克思恩格斯从19世纪资本主义社会的发展现实出发，以资产阶级同无产阶级的矛盾斗争作为主线，以辩证唯物主义和历史唯物主义作为分析理路，充分论述了资本主义社会形态下自由竞争资本主义阶段的慈善。马克思恩格斯视域中的慈善具有复杂的构成，包括对资产阶级慈善的否定性描述，以及对无产阶级慈善的肯定性描述。无论是对资产阶级慈善的否定性描述，还是对无产阶级慈善的肯定性描述，其背后都蕴含着深层的意蕴。基于多维辩证视角，可以全方位地窥探马克思恩格斯慈善思想的真实意蕴：从逻辑起点看，一方面对从“抽象的个人”出发的资产阶级慈善表达质疑，另一方面对从“现实的个人”出发的无产阶级慈善表示肯定；从理论内涵看，一方面通过对资产阶级虚伪慈善的现象批判表达对资本主义制度的实质批判，另一方面通过对无产阶级真诚慈善的本真认同表达对未来理想社会的科学建构；从价值取向看，一方面揭示资本主义社会的慈善旨在追求资产阶级作为单层次局域人的异化而畸形发展，另一方面阐述未来理想社会的慈善旨在实现全社会共同体的人的自由而全面发展。

第一，逻辑起点：一方面对从“抽象的个人”出发的资产阶级慈

---

* 胡帆（1976—　），男，汉族，湖南蓝山人，湖南工业大学期刊社副社长，博士，副教授，硕士生导师，研究方向：历史唯物主义。陈晴柔，女，湖南工业大学马克思主义中国化硕士研究生，研究方向：马克思主义中国化。

善表达质疑，另一方面对从“现实的个人”出发的无产阶级慈善表示肯定。

马克思恩格斯揭示了资产阶级主导的慈善不是从“现实的个人”出发，而是从“抽象的个人”出发，注重强调人的自然性，忽视了人的社会性；马克思恩格斯揭示了无产阶级的慈善不是从“抽象的个人”出发，而是从“现实的个人”出发，既强调人的自然性，也强调人的社会性。人既是自然界中的人，也是处于一定社会关系中的人。

1. 对从“抽象的个人”出发的资产阶级慈善表达质疑

“抽象的个人”主要指的是费尔巴哈的人本观。费尔巴哈主张从人与自然的对立统一关系中把握人的本质，强调人是自然界的人，自然界是人的自然界。可是，费尔巴哈只是从抽象的概念出发，不了解人的主观能动性，不了解人的现实实践活动的意义，忽视了人的社会属性，忽视了人的现实实践活动和现实社会关系。马克思说：“当思辨在其他一切场合谈到人的时候，它指的都不是具体的东西，而是抽象的东西，即观念、精神等等。”①

马克思恩格斯认为，资产阶级的虚伪慈善不是从“现实的个人”出发，而是从“抽象的个人”出发。他们注重人的自然性，忽视人的社会性；强调“自我”，忽视“他我”。例如，马克思恩格斯在《神圣家族》中，有这么一段描述，“施里加先生说道：‘鲁道夫给她指出了慈善事业的消遣的一面，这种思想证明了那经历过深刻考验的鲁道夫的智慧所独有的人类知识。’”② 以鲁道夫为代表的资产阶级把慈善作为消遣的工具，以消遣娱乐的心态参与慈善。这表明了，资产阶级注重“自我”的人的自然性，忽视了“他我”的人的社会性。人皆有善恶之心，以虚假的姿态行使慈善，强调“自我”的人的本质，却否认了“他我”的人的本质。作为资产者，忽略了无产者作为社会关系一个个体、一个分子的存在价值。马克思恩格斯看清了鲁道夫的人性本质，进而指出，以鲁道夫为代表的资产阶级行使的慈善

① 《马克思恩格斯文集》第1卷，人民出版社2009年版，第265页。

② 《马克思恩格斯全集》第2卷，人民出版社1957年版，第247页。

事业是抱着消遣的心态的。马克思恩格斯接着说道："由此可见，慈善事业也就早已当做消遣来举办了。"[①] 再如，恩格斯说："英国资产阶级行善就是为了他们自己的利益；他们不会白白地施舍，他们把自己的施舍看做一笔买卖。"[②] 资产阶级在进行慈善这样高尚的行为时也表现出了实用主义、功利主义的倾向，资产阶级自私自利的本质表现得一览无余。他们强调人的自然本能，忽视了现实社会关系中人的社会性。

可见，马克思恩格斯对从"抽象的个人"出发的资产阶级慈善表达了质疑。马克思恩格斯认为，资产阶级进行慈善事业，参与慈善活动，未能摆脱自私贪婪的自然本性。他们只考虑"自我"利益，忽视"他我"的社会性，否认无产者作为人的本质。

2. 对从"现实的个人"出发的无产阶级慈善表示肯定

"现实的个人"则与"抽象的个人"不同。马克思恩格斯强调：社会是由"现实的人"构成的，社会历史是"现实的人"的活动过程。马克思恩格斯认为，社会历史的前提是人，即"不是处在某种虚幻的离群索居和固定不变状态中的人，而是处在现实的、可以通过经验观察到的、在一定条件下进行的发展过程中的人"[③]。马克思恩格斯指出："人们为了能够'创造历史'，必须能够生活。但是为了生活，首先就需要吃喝住穿以及其他一些东西。因此第一个历史活动就是生产满足这些需要的资料，即生产物质生活本身，而且，这是人们从几千年前直到今天单是为了维持生活就必须每日每时从事的历史活动，是一切历史的基本条件。"[④] 可见，所谓"现实的人"，就是处于一定现实的社会关系中的人，从事一定物质生产实践，一定政治生产实践和科学文化实践中的人，而不是某种抽象不变，离群索居的人。[⑤] 这表明，"现实的个人"具备三个条件：一是有生命的个体，有血有

① 《马克思恩格斯全集》第2卷，人民出版社1957年版，第248页。

② 《马克思恩格斯文集》第1卷，人民出版社2009年版，第479页。

③ 同上书，第525页。

④ 《马克思恩格斯选集》第1卷，人民出版社2012年版，第158页。

⑤ 参见杨春贵《马克思主义与社会科学方法论》，高等教育出版社2012年版，第193页。

肉，有思想情感、有物质需求和精神需求的具体的活生生的人。“有生命的个体”是前提。二是处于一定的现实的社会关系中。随着社会的分工，“现实的人”是物质生产实践、社会政治实践和科学文化实践，交织在一起，形成了一定的关系，并在一起生活的人。三是处在人类历史发展中的人。“现实的人”不能脱离历史的长河，不能脱离物质生活和精神生活，而应当需要历史的关怀。

马克思恩格斯指出，无产阶级的慈善从“现实的个人”出发，既体现了人的自然性，也体现了人的社会性，彰显了人作为人的本质。比如，恩格斯说：“在日常生活中，工人比资产者仁慈得多。……乞丐通常几乎只向工人求乞，工人在帮助穷人方面无论如何比资产阶级做的多。”① 乞丐宁愿请求工人帮助，也不愿意向资产阶级求助。说明了乞丐作为无产者，在工人那里还是“人”，在资产阶级那里，却不是“人”。乞丐有这样的认识说明人作为人的本质表现在工人那里，却被资产阶级藐视。恩格斯又说：“穷人给穷人的要比富人给穷人的多。……每年穷人们互相给予的总数超过了同时期内富人给予穷人的数目。”② 资产者对无产者与无产者对待自己的同胞是截然相反的。无产者更能体验同胞作为“人”的社会性需要，而资产者哪会考虑那么多，他们只有“自我”。恩格斯还说：“他们自己就是命运多舛的，所以能同情那些境况不好的人。在他们看来，每一个人都是人，而在资产者的眼中，工人却不完全是人。”③ 资产者不把工人当人，否认无产者作为人的本质，有时甚至会把无产者看成是“过剩人口”。而无产者最同情自己的同胞，最了解无产者作为人的本质的基本需求。马克思在一则《讣告》中说：“而他回来以后，慈善的资产阶级雇主们又把他关在企业的大门之外。他死后妻女贫困不堪，但是英国工人绝不会把他们丢开不管的。”④ 看到了吧，在关键的时刻，资产阶级早已跑到九霄云外去了，他们哪管无产阶级的死活，只因与他们资本意识中的“自我”无关。这时，只有真诚友爱的同胞们——

---

① 《马克思恩格斯文集》第1卷，人民出版社2009年版，第438页。
② 同上。
③ 同上。
④ 《马克思恩格斯全集》第16卷，人民出版社1964年版，第444—445页。

无产阶级才是自己真正的伙伴。人之所以为“人”，在同胞那里才能体现。所以，再大的困难，无产阶级绝对不会撒手不管的。

总之，马克思恩格斯对劳动者之间的慈善是予以肯定的。无产者从“现实的个人”出发，参与力所能及的慈善事业。无产阶级的慈善是饱含真情的馈赠，无产阶级之间的慈善更友爱、更真诚。

第二，理论内涵：一方面通过对资产阶级虚伪慈善的现象批判表达对资本主义制度的实质批判，另一方面通过对无产阶级真诚慈善的本真认同表达对未来理想社会的科学建构。

在资本主义制度主导的人类社会，马克思恩格斯论及慈善，一方面通过对资产阶级虚伪慈善的现象批判表达对资本主义制度的实质批判，另一方面通过对无产阶级真诚慈善的本真认同表达对未来理想社会的科学建构。

1. 通过对资产阶级虚伪慈善的现象批判表达对资本主义制度的实质批判

在资本主义社会，资产阶级运行的慈善事业是虚伪的慈善。表面上道貌岸然，实际上卑鄙龌龊。

恩格斯揭露了资产阶级运行慈善事业的伪貌，对他们进行了极其严厉的批判。恩格斯说：“是的，慈善机关！你们吸干了无产者最后一滴血，然后再对他们虚伪地施以小恩小惠，以使自己感到满足，并在世人面前摆出一副人类大慈善家的姿态，而你们归还给被剥削者的只是他们应得的百分之一，似乎这样做就是造福于无产者！……这种善行使得被蹂躏的人受到更大的欺凌，它要求那些失去人的尊严、受到社会排挤的贱民放弃他最后的一点东西，放弃对人的尊严的要求；这种善行在大发慈悲用施舍物给不幸的人打上被唾弃的烙印以前，还要不幸的人去乞求它的恩赐！”[①] 可见，慈善表面上是“慈善”，实际上是伪慈善。资产阶级打着慈善的幌子，别有用心，另有所图。其终归是为了稳定无产阶级的心理，挫伤无产阶级的战斗力，在无产阶级的劳动中伺机榨取更多更丰厚的剩余价值。继而，马克思揭示了资本家的本质，马克思说：“作为资本家，他只是人格化的资本。他的灵魂

① 《马克思恩格斯文集》第1卷，人民出版社2009年版，第478页。

就是资本的灵魂。而资本只有一种生活本能，这就是增殖自身，创造剩余价值，用自己的不变部分即生产资料吮吸尽可能多的剩余劳动。"[①]这表明，资产阶级的慈善行为本质是自私贪婪，就是无产者的最后一滴血也要吸干。综上，马克思恩格斯批判资产阶级的慈善，实际上批判的是资产阶级施小惠而谋大利的沽名钓誉的虚伪慈善行为。

马克思恩格斯极力否定资产阶级的伪慈善，实质上剑指资本主义的剥削制度。归根结底，是资本的剩余价值在作祟。

从政治角度看，马克思批判资本主义制度，主要是批判资本主义的意识形态。资本主义意识形态是在资本主义国家中占据统治地位的、为处于统治阶级的资产阶级利益和要求服务的各种思想理论和观念的总和。资本主义意识形态是资产阶级阶级意识的集中体现。由于资本主义意识形态为资产阶级服务，所以处处体现着虚假性和欺骗性。马克思恩格斯说："你们的观念本身是资产阶级的生产关系和所有制关系的产物，正像你们的法不过是被奉为法律的你们这个阶级的意志一样，而这种意志的内容是由你们这个阶级的物质生活条件来决定的。"[②] 进而指出，"你们的利己观念使你们把自己的生产关系和所有制关系从历史的、在生产过程中是暂时的关系变成永恒的自然规律和理性规律，这种利己观念是你们和一切灭亡了的统治阶级所共有的。"[③] 马克思恩格斯揭示了资产阶级利己主义的丑恶嘴脸，揭示了统治阶级善于利用符合资产阶级意识形态的"观念""意志"维护本阶级利益，打着"自由、平等、博爱"的旗号愚弄劳动人民。其实，慈善，也是资产阶级赖以借用的工具和手段，资产阶级通过虚假的"慈善意识"麻痹无产阶级。继而，马克思恩格斯通过对资产阶级的慈善和无产阶级的慈善的对比描述，隐晦地表达了资产阶级为了维护本阶级的根本统治，获得更多的资本积累，不断地通过慈善的意识形态伪装，把慈善事业作为一种工具，作为一种手段，最大限度地愚弄和欺骗劳动人民。总之，马克思恩格斯通过对资产阶级慈善的描述，

---

① 《马克思恩格斯文集》第 5 卷，人民出版社 2009 年版，第 269 页。

② 《马克思恩格斯选集》第 1 卷，人民出版社 2012 年版，第 417 页。

③ 同上。

赋予隐晦的表达，揭示了资产阶级意识形态的虚假性和欺骗性，进而深刻批判资本主义的残酷剥削制度。

从经济角度看，马克思恩格斯批判资本主义制度，主要是批判资本经济剥削制度。资本主义制度把生产剩余价值作为资本主义生产方式的绝对规律。马克思说："生产剩余价值或赚钱，是这个生产方式的绝对规律。"① 资本主义生产的目的就是无休止地采取各种手段和方法榨取尽可能多的剩余价值。资本家购买工人的劳动力，把工人变为雇佣工人，通过工人的劳动获取剩余价值，积累资本。资产阶级进行慈善，也是他们获取剩余价值的手段和方法。他们在慈善事业中，施以小恩小惠，笼络劳动者出卖劳动力，生产劳动产品，赚取更多的金钱。资本主义制度下，资产阶级行使虚伪慈善是"披着羊皮的狼"。资产阶级所倡导的慈善事业，是为实现少数资产者的政治或经济利益服务的，他们或者把慈善作为消遣的道具，或者把慈善作为谋财的手段。只有在社会主义和共产主义社会中，集聚全社会共同力量，把人类命运共同体作为一个和谐的大家庭，整体性的以扶弱济困为表现的慈善事业才能正常健康地运行。资本主义社会只为少数人利益服务的剥削制度是要不得的。只为少数人谋利益的制度是不合理的社会制度。总之，马克思恩格斯通过资本主义经济剥削制度的批判，进而批判整个资本主义制度。

2. 通过对无产阶级真诚慈善的本真认同表达对未来理想社会的科学建构

作为劳动者的无产阶级基于生存和发展，在同胞之间用语言和行动表达了真切的慈善关怀，是人类本质的唯美表达，展现了人类命运共同体的共通性。

马克思恩格斯之所以对无产阶级真诚慈善表现出本真的认同，一是因为劳动者之间的慈善符合人的本质。马克思说："人的本质不是单个人所固有的抽象物，在其现实性上，它是一切社会关系的总和。"② 劳动者之间相互扶持、相互帮助，真诚、友爱，这种现实的

① 《马克思恩格斯文集》第5卷，人民出版社2009年版，第714页。

② 《马克思恩格斯选集》第1卷，人民出版社2012年版，第135页。

社会关系，充分体现了人的本质是一切社会关系的总和。二是因为劳动者之间的慈善促进了人类命运共同体的生存和发展，契合了人的生存和发展的本性。友爱的帮助和真诚的慈善，提升了人与人之间的高尚情操，净化了人们的内在心灵，促进了人与人之间的和谐，推动了社会良好发展，保障了社会健康运行。

马克思恩格斯通过对无产阶级真诚慈善的本真认同表达了对未来理想社会的科学建构。

未来的理想社会是无产阶级专政的新社会，是无产阶级实现了人类彻底解放的新社会。首先，马克思恩格斯通过资本主义的剖析，揭示了资本主义的命运和未来社会的发展趋势，明确提出了“两个必然”，即“资产阶级的灭亡和无产阶级的胜利是同样不可避免的”①。其次，马克思恩格斯论证了通往未来理想社会的主体。马克思说：“哲学把无产阶级当做自己的物质武器，同样，无产阶级也把哲学当做自己的精神武器。”② 继而，马克思恩格斯说：“过去的一切运动都是少数人的，或者为少数人谋利益的运动。无产阶级的运动是绝大多数人的，为绝大多数人谋利益的独立的运动。”③ 再次，马克思恩格斯提出了通往未来理想社会的方式。马克思恩格斯说：“他们的目的只有用暴力推翻全部现存的社会制度才能达到。”④ 最后，马克思恩格斯对未来理想的共产主义社会作出了展望。马克思恩格斯通过唯物史观和剩余价值两大发现，充分揭示了人类历史发展的规律和资本主义剥削的秘密，指明了社会发展的方向，对共产主义主义社会作出了科学的展望，揭示了共产主义社会的基本特征。列宁说：“马克思丝毫不想制造乌托邦，不想凭空猜测无法知道的事情。马克思提出共产主义的问题，正像一个自然科学家已经知道某一新的生物变种是怎样产生以及朝着哪个方向演变才提出该生物变种的发展问题一样。”⑤

第三，价值取向：一方面揭示资本主义社会的慈善旨在追求资产

---

① 《马克思恩格斯选集》第1卷，人民出版社2012年版，第413页。
② 同上书，第16页。
③ 同上书，第411页。
④ 同上书，第435页。
⑤ 《列宁专题文集·论马克思主义》，人民出版社2009年版，第255—256页。

阶级作为单层次局域人的异化而畸形发展，另一方面阐述未来理想社会的慈善旨在实现全社会共同体的人的自由而全面发展。

资本主义社会制度下，资产阶级的慈善旨在追求作为统治阶级的单层次局域人的异化而畸形发展。与之相反，未来理想社会的慈善旨在实现全社会共同体的人的自由而全面发展。

1. 揭示资本主义社会的慈善旨在追求资产阶级作为单层次局域人的异化而畸形发展

何为单层次局域人？单层次局域人是相对于全方位的整体性的人类命运共同体而言的。单层次局域人指的是同一社会形态或同一社会制度下，人的解放和发展不是全方位的整体性的人类命运共同体的解放和发展，而只是单层次的局域化的部分人的解放和发展。何为异化而畸形发展？异化是一方生成另一方，使另一方异己于原来的一方。畸形发展是失衡的发展。所谓单层次局域人的异化而畸形发展主要表现在阶级和阶级对立的旧社会。尤其是资本主义社会。

根据马克思的“五社会形态说”，除了原始社会、社会主义社会和共产主义社会，人类可以作为“类”的命运共同体享有“共同发展”以外，其他的社会形态下，人的解放和发展都是受局限的，都只是单层次局域人的发展。具体讲，奴隶社会、封建社会和资本主义社会的人的发展，只是统治阶级作为单层次局域人的发展而已，被统治阶级是受剥削的对象，没有人作为人的真正意义上的解放和发展之说。被统治阶级的人的解放和发展被统治阶级独占了。若进一步考察资本主义社会的话，那么资产阶级作为一方、作为一个层次，无产阶级作为另一方、作为另一个层次，唯有资产阶级充分表现了阶级和阶级对立的资本主义旧社会的单层次局域人的异化而畸形发展。

资本主义社会资产阶级作为单层次局域人的异化畸形发展总是采用这样或那样的方式。以慈善为例，资本主义社会制度下，资产阶级主导的虚伪慈善，是资产阶级意识形态统治下的慈善。在阶级对立的条件下，资产阶级为了榨取更多的剩余价值，必然通过各种手段和各种工具，实现资本利益。这样，无产阶级作为资产阶级的对立面，作为资产阶级剥削的对象，难以避免资产阶级假借慈善的切实“关照”。慈善作为阶级对立的工具和手段一旦登场，劳动者阶级作为被统治阶级便遭遇穷途末路，内心和精神上都倍感极度压抑。无产阶级的解放和发展在资产阶级的统治之下，便被抛到九霄云外去了。剩下的只有资产阶级作为统治阶级的单层次局域人的异化而畸形发展。马克思恩格斯在《中央委员会告共产主义者同盟书》中指出，“他们希望通过国家部分地解决就业问题，并通过各种慈善救济的措施来达到这一点。总之，他们希望用或多或少经过掩饰的施舍来笼络工人，用暂时使工人生活大体过得去的方法来摧毁工人的革命力量。”[①] 资产阶级假借慈善维护统治，榨取剩余价值，给无产阶级一种强有力的精神压抑，促使无产阶级越来越成为“单向度的人”。此时，无产阶级变得越来越脆弱，逐步沦为资产阶级的奴隶。可见，无产阶级的解放和发展化为泡影，而资产阶级通过虚伪的慈善，笼络了无产阶级，实现了单层次局域人的异化而畸形发展。

资产阶级以慈善作为手段，追求作为统治阶级的单层次局域人的异化而畸形发展主要表现在：一是物质层面。劳动者异化的劳动，一方面生成了贫穷的自我，另一方面生成了富有的资产阶级。劳动者无产阶级物质财富越匮乏，而资产阶级物质财富就越富有。两极分化在得不到制衡的情况下，顺其自然地发展，其结果是，无产阶级物质匮乏，垂死在悬崖边，而资产阶级物质丰富，获得了作为单层次局域人的异化而畸形发展。二是精神层面。资产阶级雇佣工人劳动，通过获取绝对剩余价值、相对剩余价值和超额剩余价值的方式剥削工人，攫取资本财富，造成了两种局面。一种是无产阶级作为劳动者，没有充分的休闲时间、休闲活动和休闲生活，而与之相反，资产阶级却拥有过多的休闲时间、休闲活动和休闲生活。此时，无产阶级精神压抑，难以获得解放和发展，而资产阶级精神层面却单层次局域化的异化畸形发展了。三是制度层面。资本主义制度以资产阶级的利益为根本出发点，极力宣扬资本意识形态，进行资本积累，忽视了其对立面无产阶级的生存和发展，造成了阶级和阶级对立的资本主义社会。这种剥削人的社会制度，仅使资产阶级获得了作为单层次局域人的异化而畸形发展。

---

① 《马克思恩格斯全集》第10卷，人民出版社1998年版，第389页。

2. 阐述未来理想社会的慈善旨在实现全社会共同体的人的自由而全面发展

与资本主义社会中的单层次局域人的异化而畸形发展相反，未来理想社会的全社会共同体的人的发展是自由的、全面的发展。实现全社会共同体的人的自由而全面发展也是马克思恩格斯追求的根本价值目标，是人类社会发展的根本价值取向。马克思恩格斯说："代替那存在着阶级和阶级对立的资产阶级旧社会的，将是这样一个联合体，在那里，每个人的自由发展是一切人的自由发展的条件。"① 在这样理想的新社会，人的自由而全面发展指的是全体社会成员的发展，指的是每一个个体的发展，而不是只有少数人或一部分人的发展。

马克思在《经济学手稿（1857—1858 年）》中，清晰地勾勒了人的发展的三个阶段。马克思说："人的依赖关系（起初完全是自然发生的），是最初的社会形式，在这种形式下，人的生产能力只是在狭小的范围内和孤立的地点上发展着。以物的依赖为基础的人的独立性，是第二大形式，在这种形式下，才形成普遍的社会物质交换、全面的关系、多方面的需要以及全面的能力的体系。建立在个人全面发展和他们共同的、社会的生产能力成为从属于他们的社会财富这一基础上的自由个性，是第三个阶段。第二个阶段为第三个阶段创造条件。"② 自由个性的阶段是马克思恩格斯论及慈善的终极归宿。作为从事生产实践、社会实践和科学实践活动的"现实的个人"，逐步摆脱自然经济条件下人的依赖，摆脱商品经济条件下物的依赖。这时，人就成了自然界和社会的主人，正式步入人的"自由个性"发展阶段。这时，人的自由而全面发展的时代就随之到来了。

人的自由而全面的发展是异化扬弃的表现。人的自由而全面发展主要表现在：一是旧式分工的消除，新式分工的产生。资本主义社会化大生产引发的社会就是分工一方面发展到极致，另一方面也创造了消除分工的条件。共产主义社会，人类逐渐摆脱异化的旧式

① 《马克思恩格斯选集》第 1 卷，人民出版社 2012 年版，第 422 页。
② 《马克思恩格斯文集》第 8 卷，人民出版社 2009 年版，第 52 页。

分工，逐渐进入自觉的新式分工。二是自由时间充裕。资本主义社会，资产阶级为了获得更多的剩余价值，或者延长工作日，或者相对延长剩余劳动时间，这时劳动者在时间上是相当不自由的，劳动者为了生存必须付出大量的时间进行劳动。共产主义社会，这样的状况将会极大改变。由于科学技术的进步，劳动效率的提高，人们生产劳动之外的大量自由时间就会出现。劳动时间缩短，大量自由时间出现，人们可以享受物质生活，也有更多的休闲时间享受精神生活。这时，人们可以在自由的时间内，发展和发挥个体兴趣、爱好和特长。三是休闲空间更加宽阔。资本主义条件下，劳动者整日埋首在工厂劳动，空间相对狭窄，物质财富匮乏，精神极度压抑。共产主义社会，人们物质财富极大丰富，精神层面更加舒畅，人们休闲空间也会出现更大的变化，逐渐从狭窄的工作空间走向相对宽阔的休闲空间。

在人的自由而全面发展阶段，社会关系不再作为异己的力量支配人。这时，人们可以自觉地调节社会关系，最终成为自由个性的人。那么，慈善还会存在吗？如果存在，会有哪些表现形式呢？这时，慈善应当是会继续存在的，只不过有了新的诠释。因为慈善行为几乎与整个人类相互伴随。只要人类存在，人皆有善恶之心，故皆有慈善之举。原始社会有慈善、奴隶社会有慈善、封建社会有慈善、资本主义社会有慈善，那么，社会主义社会和共产主义社会也会有慈善。只不过，社会主义社会的慈善和共产主义社会的慈善将是全社会共同体共同参与的事业。主要表现在：首先，参与主体发生变化。资本主义社会，资产者主导，无产者辅之。共产主义社会，是你中有我、我中有你的社会。在共产主义社会，参与主体是全社会的共同体，全社会中的每一个个体共同参与的有组织、有计划的活动。其次，接受对象发生变化。资本主义社会，接受慈善的对象主要是无产阶级。而在共产主义社会，接受的对象主要是由于生理、意外事故或自然灾害等原因导致生活困难的个人或群体。最后，理念发生重大变化。资本主义社会，资产阶级的慈善是不平等的慈善。而在共产主义社会，由于全社会共同体的参与，由于人的自由全面发展，人与人之间是平等的。总之，从社会形态演绎的发展来看，慈善的发展也会历经一个从量变到质变的过程。

综上所述，人类将会逐渐摆脱异己力量的束缚，取得最终解放，获得自由而全面发展，实现从必然王国向自由王国的飞跃。这时，人们便开始自觉地创造自己的历史。这时，人类自由自觉的历史就开始了。

三　马克思恩格斯哲学思想中国化研究

论丈量社会主义思想史时间轴的中国尺度*

任　平**

党的十九大报告援用《礼记·礼运》篇的经典名言："大道之行也，天下为公"来说明中国共产党人伟大初心和政治抱负，同时也鲜明地昭示了中国特色社会主义思想的中国传统，以及丈量、观察中国特色社会主义思想史时间轴的中国立场和中国尺度。习近平总书记在学习贯彻党的十九大精神研讨班开班式上发表的重要讲话中强调："中国特色社会主义不是从天上掉下来的，而是在改革开放40年的伟大实践中得来的，是在中华人民共和国成立近70年的持续探索中得来的，是在我们党领导人民进行伟大社会革命97年的实践中得来的，是在近代以来中华民族由衰到盛170多年的历史进程中得来的，是对中华文明5000多年的传承发展中得来的，是党和人民经历千辛万苦、付出各种代价取得的宝贵成果。"①"中国特色社会主义是对中华文明5000多年的传承发展中得来的"这一重要判断，进一步明确了中国特色社会主义思想史的中国传统，并将丈量时间轴的中国尺度上溯5000年。因此，确立丈量社会主义

* 本文为国家社科基金重大项目"当代中国马克思主义哲学创新学术史研究"（项目编号12&ZD108）阶段性成果。

** 任平（1956—　），男，江苏高邮人，苏州大学哲学系教授、博士生导师，主要从事马克思主义哲学研究。

① 《习近平在学习贯彻党的十九大精神研讨班开班式上发表重要讲话》，《光明日报》2018年1月6日第1版。

思想史时间轴的中国尺度，这对于深刻理解中华文明5000年历史何以构成中国特色社会主义思想的“根”与“魂”，对于坚定文化自信并重写世界社会主义思想史，对于坚持和发展中国特色社会主义，都将具有重大的理论意义和实践意义。具体来说，我们需要深度研究以下几个问题：第一，中国特色社会主义具有双重思想资源和双重尺度；第二，中华文明5000年的社会主义思想传统构成中国特色社会主义的文化之“根”与“魂”；第三，丈量社会主义思想史时间轴的中国尺度的世界意义。

一 中国特色社会主义：双重思想资源与双重尺度

中国特色社会主义思想来源或资源具有中外双重性而非单一性。丈量中国特色社会主义思想史的时间尺度同样具有中外双重性而非单一性。中国特色社会主义当然具有国外思想资源。众所周知，中国特色社会主义是马克思主义中国化的产物，也即是国外马克思主义思想在中国传播、与中国实际相结合的产物。其国外思想来源，具有欧洲、日本、苏俄、南洋等多种路径，但是其中影响最大的是苏俄路径。“十月革命一声炮响，给我们送来了马克思列宁主义。”[①] 列宁主义主要源自马克思恩格斯的思想。而马克思主义即科学社会主义的主要思想资源之一，是发端于欧洲的空想社会主义。从这一源头上溯，早期的空想社会主义著名代表有英国托马斯·莫尔及其所著《乌托邦》。其著作问世的1516年，就是欧洲社会主义思想启蒙元年，距今有502年的历史。同时代意大利的康帕内拉及其所著《太阳城》(1602)，以及德国农民起义领袖闵采尔及其所著《论据充分的辩护词》等，共同开辟了早期欧洲社会主义思想史先河，为后来继承者所景仰。从那时起，空想社会主义经过中期（欧洲18世纪）法国梅叶及所著《遗书》（1730年流传，1864年完整出版），摩莱里及所著《自然法典》（1755）和马布里及所著《论法制或法律的原则》（1776）以及巴贝夫到后期（19世纪）法国圣西门、傅立叶、欧文进

① 《毛泽东选集》第4卷，人民出版社1991年版，第1471页。

而到法国的卡贝、路易·布朗基和德国的魏特林等，终于在马克思恩格斯的唯物史观和资本批判理论的批判性变革中转变为科学社会主义，进而经历十月革命和中国化，完成了我们所熟知的社会主义从空想到科学、从理论到实践、从国外到中国化、从历史到当代的沿革逻辑。这一500多年的社会主义思想史逻辑，虽然最终指向新时代中国特色社会主义，但是丈量社会主义思想史的基本立场和主要尺度的构成依据源于国外，而没有与中华文明的5000年漫长历史中的社会主义思想史发生对接关系。

事实上，马克思主义中国化过程是一个两大文明融通、两大社会主义思想传统的对接过程。马克思主义中国化的历史，不仅是马克思主义、科学社会主义思想与中国革命、建设、改革和发展实践的结合，也就是说，不仅开辟了实践路径，同时也是与中华优秀文化、思想传统的结合，即形成了文化路径。中国化马克思主义不仅是具有基于中国实践经验的理论产物，而且也是与中国传统优秀文化融通的文化硕果。国外马克思主义作为西方文明的最高产物，与东方的中华文明融通、对接，才真正产生了中国化马克思主义。一个文化向另一个文化境域传播，必然受到受体文化的转录和翻译。而一个文化境域之所以能够高度接受另一个文化的思想，必定两种文化之间具有可融通的基因。这就是文化解释学的前理解结构问题。因此，我们才能理解：作为西方文明积极成果的马克思主义，为什么能够被具有浓郁东方文明素养的中国知识分子和工农大众所接受并迅速成为他们的指导思想。这就需要深度挖掘中华文明作为接受马克思主义的前理解基因：这就是存在于、贯穿于5000年中华文明中的古老社会主义思想传统。正是因为存在着这一传统，马克思主义一经传入中国，就与这一传统对接、相通和融合，进而就会很自然地被中国的知识分子和工农大众当作一种新的、更为科学的社会主义思想而接受。正是因为存在这一传统，马克思主义在中国的传播、实践和发展才有强大生命力。这一生命力不仅取决于马克思主义的科学性和对中国实践问题的科学指导性，而且还取决于中外文化中社会主义基因的相容性。正是因为存在这一传统，马克思主义、科学社会主义的中国化才获得了比欧洲社会主义思想更深厚的思想滋养和特色内容的融汇，从“在中国的马克思主义”变成具有中国风格、中国气派、中国特色的马克思主义即“中国化马克思主义”。从文化意义上说，中国化马克思主义不仅是一种科学的理论体系，更是一种有5000年文明的“根”与“魂”支撑、滋养的文化体系。正是因为存在这一传统，5000年中国社会主义思想传统就有了当代的继承和发展形态，形成了世界社会主义思想史上时间最长、没有中断或断根的一脉相承的历史传统。

因而，从这一角度看中国特色社会主义，特别是新时代中国特色社会主义，就必然具有两大思想资源和传统。一是欧洲的，二是中国的。我们绝不能数典忘祖，只讲社会主义思想史500年的欧洲传统而忘却5000年中国传统。不理解中国传统，我们就不能正确地理解马克思主义中国化的原初语境，就不能正确地坚持和发展中国特色社会主义，就不能理解中国化马克思主义的中国风格、中国气派和中国特色的文化来源与形成机制，更不能文化自信地为发展21世纪马克思主义作出中国原创性贡献。

两大传统不仅是一个基本事实和研究对象，同时也蕴含着两种视域、两种立场和两种尺度。我们绝不否认社会主义思想史的欧洲传统，同样我们不排斥国外马克思主义从欧洲视域、欧洲立场出发用欧洲尺度来看待、研究、把握世界社会主义思想史的时间轴。所谓社会主义思想史的时间轴，不单纯指这一思想史所跨过的时间岁月的长度，如500年或是5000年；而且指这一时间之内的社会主义思想史的历史分期、各个时期历史形态和总体呈现的规律性的、一以贯之的历史脉络。对欧洲发端的500多年社会主义思想史的时间轴的研究成果可谓汗牛充栋，见解各异。但是作为中国学者，还需要回归中国本位和中国立场，用中国视域审视、研究、梳理由中国发端的5000年社会主义思想史，建立丈量从中国传统社会主义思想史到新时代中国特色社会主义的5000年时间轴的中国尺度。

建立丈量社会主义思想史时间轴的中国尺度内在地需要从欧洲立场转换为中国立场。这一立场的转换，需要从中国的历史发端，把新时代中国特色社会主义不仅看作原初国外马克思主义中国化的必然产物，同时更是5000年中国社会主义思想史和运动史的时代产物；不仅存在着由外而内的500年外源性传播演化逻辑，而且存在着中国本土的5000年内生性发展逻辑；不仅存在着欧洲发端的社会主义从空想到科学、从理论到实践、从国外到中国、从历史到当代的几大转变，更存在着中国社会主义从传统到现代、从空想到科学、从理想到实践、从过去到当代的创造性转化和创新性发展。

建立丈量社会主义思想史时间轴的中国尺度，意味着中国视域的出场。在资本全球化二元分裂为“中心—边缘”的世界版图中，作为资本逻辑反思批判的社会主义思想，肯定是先发端于欧洲，然后伴随着资本全球化进程向东方扩展。对于后发国家而言，社会主义的国外视域似乎就成了一种外源性的、带有康德哲学意义上的必然的先在地位和本位视域。中国本位立场、中国尺度都被遮蔽了。而随着中华民族经历站起来、富起来到迎来了强起来的时代，我们前所未有地接近中华民族伟大复兴的目标，我们才能真正文化自信地提出中国视域，才能够从中国立场和中国视域出发，重新独立地审视我们自己民族5000年的历史，了解我们的社会主义从哪儿来，到哪儿去的全过程，建立民族自己的理解坐标。

建立丈量社会主义思想史时间轴的中国尺度，还意味着我们需要全面反思和研究中国社会主义思想史的全过程，发现和把握其发展演变的逻辑，包括其思想出场的历史语境、演化分期、历史脉络和连贯规律、基本特点和历史价值。

建立丈量社会主义思想史时间轴的中国尺度，更具有世界意义。在中国尺度和欧洲尺度关系版图上，中国将不仅改写世界社会主义思想史图景，更为其在世界历史版图中第一次高举具有5000年文明之根与魂的中国特色社会主义大旗提供坚实的历史根据。

二　中国5000年社会主义思想史：基本脉络及其出场形态

坚守中国立场、用中国视域来系统观察、研究、把握中国5000年文明中的社会主义思想史，建立丈量社会主义思想史的中国尺度，是一项系统的理论工程，需要专题加以梳理和研究。

19世纪以来，国内学界关于中国传统文明中的社会主义思想史的研究，由来已久。康有为借助于《大同书》结合“公羊三世”说来阐发自己的变法维新旨要，梁启超在《欧游心影录》中介绍麦克斯（马克思）社会主义学说时就曾经提到中国的大同思想传统。孙中山将“天下为公”作为自己的执政理念。新儒学诸公对孔子学说、孟子学说以及“内圣外王”思想的评论、王德有的《老子演义》、陈鼓应的《老子注译及评介》、马国均关于老子空想社会主义的研究，以及诸多关于大乘佛教的教义经典研究中，都有大量的相关论述。然而，这些关注和研究同样表明，它们还处在零散、碎片化、局部片层的状态，还没有被整合进一种一以贯之的5000年伟大传统之中，并作为考察社会主义思想史时间轴的中国视域和中国尺度而在场。这是具有重大意义的工程。正如毛泽东同志曾经指出的：“今天的中国是历史的中国的一个发展；我们是马克思主义的历史主义者，我们不应当割断历史。从孔夫子到孙中山，我们应当给以总结，承继这一份珍贵的遗产。这对于指导当前的伟大的运动，是有重要的帮助的。”[①]因此，学界研究的一大使命，就是要建立社会主义思想史的中国视域和中国尺度，进而将这一思想史脉络完整地建构起来。

客观地说，这一思想史散落在中华文明悠久历史漫漫长河中，隐蕴于汗牛充栋的无数古代典籍之中，需要专门筛淘和整体梳理。限于篇幅和个人学识，本文只能撮其大要而言之。这一思想史脉络，大致可以分为五个阶段、五种形态。或者说，我们需要从这五个角度去深度理解和挖掘中国古代社会主义思想传统。

第一阶段或第一形态是远古时代。经过考古学界初步发掘考证，位于甘肃省天水市秦安县五营乡邵店村的大地湾文化，是中国黄河流域最早也是延续时间最长的旧石器时代文化和新石器时代文化，是华夏文明的主要来源之一，这一考古发现将中华文明上溯至6万年前。可以推断，在中华大地上，原始共产主义的社会群落曾经存在了数万年以上。但遗憾的是，由于生产水平的限制，其活动痕迹没有扛过漫长岁月的侵蚀而消散，缺乏远古社会那些标志着思想和精神在场状态遗存根据，我们无从解读他们的思想符码，因而无从知晓当时人们的

① 《毛泽东选集》第2卷，人民出版社1991年版，第534页。

精神状态。那个时代对当代人来说是一个悠久而缺语、尚未被打开的神秘时代。然而，在近 5000 年文明中，考古成果已经部分显露出这一社会在人们的思想和精神上的痕迹。新石器时代留下的在各种器具上镌刻的纹样图案、壁画和陶罐花纹，有集体狩猎、祭祀和欢乐的场景，其集体、群体活动折射出原始的共同体关系。而后，在中华大地原初进入阶级社会进程中，被残酷压迫、剥削的下层民众、奴隶们，以诗歌、神话、故事等意识形式对远逝的原始社会美好印象的存留和眷顾。在生产发展导致较大规模的产品剩余前提下，私有制、阶级社会必然起而代替原始共产主义社会，文明必然代替野蛮。但是，残酷的阶级压迫和剥削必然又使得被压迫阶级在意识上产生对于原始社会人人平等、无剥削、无压迫制度的眷恋。中华文明中的社会主义思想的出场根源之一，就是在残酷的阶级剥削和压迫社会中，被压迫阶级保有对于原始社会意识的某种存留和眷恋，并借此来批判、抵制和反抗进入阶级压迫和不平等社会的现实。在残酷压榨的阶级社会中，统治者骄奢淫逸，下层民众温饱不得、朝不保夕，困苦不堪，因此对于原始社会的人人平等、和睦、生活安逸的状况有着深深的眷恋。《诗·大雅·民劳》就有“民亦劳止，汔可小康”一语。《山海经》中有对于女娲氏等养育中华民族的母系代表的初民社会的描写。甲骨文中一再出现的“共”“众”和“人”的差别字样，也反映出群体生活和个人生活的差别。

第二阶段或第二形态，就是由先秦到两汉社会大动荡、大分化阶段，由轴心时代的诸子百家到两汉国家稳定治理时代中出场的社会主义思想。老子《道德经》对于阶级社会那种恃强凌弱、不平等的憎恨，对小国寡民、无为而治、上善若水的各种观念的推崇，都带有原始共产主义社会的某种眷恋因素。老子的政治哲学理想就是“上善若水”和“无为而治”，强调“大道之行”。认为上古公有制社会里，大道通行于天下，人与自然、人与人以及人的个体身心都处在倚重原初无我无他的和谐无争状态，没有私有观念，也无须行仁义规范。这是因为“大道废，有仁义；智慧出，有大伪；六亲不和，有孝慈；国家昏乱，有忠臣”。[①] 庄子描述“至德之世”时也曾说：“至德之世，不尚贤，不使能，上如标枝，民如野鹿，端正而不知以为义，相爱而不知以为仁，实而不知以为忠，当而不知以为信，蠢动而相使，不以为赐。”[②] “至德之世”说的是远古公有制社会，其民众淳朴而无私，与进入阶级社会后的民智开启而因私狡诈的文明社会形成鲜明对比。其褒奖和鞭挞对比之意极为鲜明。无论老子还是庄子，应当都对远古公有制社会状况有深刻的认同。《道德经》第七十七章说：“天之道，损有余而补不足”，主张均衡、平等的社会主义思想。墨子强调“非攻”“兼爱”“尚同”的理想，也明显带有这一意识的痕迹。中华文明史上一个最为突出的现象，就是准国家时代特别漫长，以血缘关系为主要纽带的胞族（以部族血缘为纽带的小共同体社会）长期存在，在准国家产生后，甚至是秦汉国家稳定建构以后依然没有解体，这是中华文明史上胞族式原始社会的存留形态，其向以地区性阶级统治为特征的国家转变是不彻底的。血缘关系为纽带的胞族社会与社会日益脱离，并与建树其上的以国家地域性为特征的阶级统治并行不悖。胞族社会甚至成为支撑王法国家的微观基础。对于公有制社会的大道，无论儒家还是道家都心向往之。在《礼记·礼运》篇中记述，孔子率学生登高台并感叹，学生言偃问之，孔子对曰：“大道之行也，与三代之英，丘未之逮也，而有志焉。”可谓高山仰止，景行行之，虽不能至，心向往之。“大道之行也，天下为公，选贤与能，讲信修睦，故人不独亲其亲，不独子其子；使老有所终，壮有所用，幼有所长，矜寡、孤独、废疾者皆有所养；男有分，女有归。货，恶其弃于地也，不必藏于己；力，恶其不出于身也，不必为己。是故谋闭而不兴，盗窃乱贼而不作，故外户而不闭，是谓大同。”[③] 上述话语对大同社会的纲领、基本特征作了清晰的描述：人人得到社会奉养，全体居民彼此无私关爱，安居乐业，道不拾遗，夜不闭户，财产共有，货尽其用，人尽其力，社会和谐。“大同社会”由此成为中国古代社会

---

① 王弼：《老子道德经注》，楼宇烈校释，中华书局 2011 年版，第 46 页。

② 庄子：《庄子》，方勇注，中华书局 2010 年版，第 198 页。

③ 《礼记校注》，陈戍国校注，岳麓书社 2004 年版，第 154 页。

主义理想的专有名词。郑玄注《礼记正义》中释义道："大道，谓五帝时也。"这一时期，是以"大道之行"作为最高原则的原始社会主义末期思想逻辑的奠基期和建构期。

第三阶段或第三形态，是儒释道发展中的成熟理想形态。秦汉之后，中国在经历魏晋乱世而进入隋唐盛世，继而经历五代十国动荡进入宋明时代，中国乡村以血缘关系为纽带长期存在的，生命力强大的胞族社会不仅在生活方式上成为自治的组织，而且与国家等阶级统治机构相呼应，表现为"家国分治"而又在规制原则上呈现"家国一体"的关系；而且在生产方式上常常带有原始公有的某些残余（家族公田）。因此，中国几千年的传统社会都未完全摆脱血缘治理结构而彻底进入地域治理结构。家族关系不仅没有因为进入阶级社会和建立按照地域原则建立的、超越于胞族社会之上的国家而消亡；相反，国家反而是部分建立在各个胞族社会之上的公共机构。因此，反映"亲亲为大"血缘伦理的儒家学说能够长期在精神上宰制中国。而血缘伦理，本质上自发带有远古时代的大同思想。因此，历代儒学大家都具有"修齐治平"的家国情怀，都具有"天下大同"的理想。随着中国农耕社会发展的日臻成熟，封建大地主、大豪强阶级的残酷掠夺和压迫，导致社会崩溃，使大量小农破产成为流民，农民阶级奋起反抗，推翻了一个又一个王朝，历史出现了"周期律"。总结历史教训，为了更好地教化统治者，思想家们谋划了超越阶级对抗的理想社会，例如陶渊明的《桃花源记》，南柯一梦中的"大槐安国"的理想，大乘佛教关于众生平等和普度众生的共产主义思想等。佛教团体主张个人出家，财产公有，过集体生活，实行着另一类的原始共产主义存在方式。地藏菩萨"我不入地狱谁入地狱""地狱不空终不成佛"的佛教共产主义者的宣言，具有力图超越阶级社会，达成无压迫、无剥削、富足、安宁、悠闲、惬意的理想社会的情怀。这一系列的思想资源和实践探索，体现了带有浓郁宗教色彩的社会主义和共产主义思想内容。

第四阶段或第四形态，是奴隶和农民起义革命运动中所提出的社会主义思想。从奴隶社会到封建社会，受压迫和剥削最深的奴隶和农民奋起反抗阶级压迫，举行大规模起义，必然有自己的革命主张，即批判阶级剥削和压迫、追求理想社会的社会主义意识形态和话语形态。从陈胜吴广的“帝王将相宁有种乎?”反世袭的封建等级制、追求政治平等到“苟富贵勿相忘”的经济平等，朦胧地、自发地呼唤出涉及经济和政治平等解放的口号；《太平经》（又名《太平清领书》），传说东汉于吉所传共170卷，为黄巾领导汉末农民起义的意识形态即早期太平道所奉的主要经典，以阴阳五行解释治国之道，其中宣扬散财就穷、自食其力的劳者平均主义的社会主义思想。《太平经》第一百零三篇中说：“财物乃天地中和所有，以共养人也，此家但遇得其聚处，本非独给一人，其有不足者，悉当从其取也。愚人无知，以为终古独当有之，不肯周穷救急，使万家乏绝。”这是主张“财物共有”的社会主义思想。《三国志·张鲁传》中也记载道教实行的集体劳动、集体生活、群众性医疗运动等农民式的社会主义实践场景。对此，毛泽东同志在1958年12月7日、10日在对《三国志·张鲁传》的两个批语中也给予了充分肯定。他指出：“这里所说的群众性医疗运动，有点像我们人民公社免费医疗的味道，不过那时是神道的，也好，那时只好用神道。道路上饭铺里吃饭不要钱，最有意思，开了我们人民公社公共食堂的先河……现在的人民公社运动，是有我国的历史来源的。”又说：“农民革命斗争，其性质当然与现在马克思主义革命运动根本不相同。但有相同的一点，就是极端贫苦农民广大阶层梦想平等、自由，摆脱贫困，丰衣足食……带有原始社会主义性质，表现在互助关系上。……带有不自觉的原始社会主义色彩这一点是就最贫苦的群众来说，而不是就他们的领袖们（张角、张鲁、黄巢、方腊、刘福通、韩林儿、李自成、朱元璋、洪秀全等等）来说，则是可以确定的。”① 从批注中可以看出，毛泽东对《三国志·张鲁传》最为欣赏的，是张鲁的五斗米道“带有不自觉的原始社会主义色彩”。中国古代历史上，每一次贫苦群众造反运动，都曾经多多少少触及原始社会主义理想。太平天国的《天朝田亩制度》规定“有田同耕，有饭同食，有衣同穿，有钱同使，无处不均匀，无人不饱暖”，体现了太平天国农民式的平均主义社会主义理想。这一

① 《毛泽东读文史古籍批语集》，中央文献出版社1993年版，第142—147页。

脉思想资源的特点是不仅有思想、有纲领，而且有相当的革命实践。

第五阶段或第五形态，是在资本全球化东侵进程中对西方资本主义霸权和列强侵略挑战的应战，包括近代康有为、梁启超、谭嗣同、章太炎、孙中山、黄强等在介绍引进西方社会主义思想的过程中的反思、研究、借鉴、批判。19 世纪末、20 世纪初，上述一大批思想家对中国社会主义思想的阐释，在中国社会主义思想史上开了现代以来化古为今、承前启后、创造性转化和创新性发展的先河。对此，我们同样需要系统挖掘和认真总结。

正是在上述 5000 年中国社会主义思想史的基础上，在马克思主义中国化进程中，陈独秀、李大钊、蔡和森、李达、瞿秋白、毛泽东、陈伯达等人系统结合中国革命和实践的历史，逐步形成了以毛泽东思想为代表的中国科学社会主义思想，其中关于社会主义制度的建立和开辟，为中国特色社会主义奠定了最为直接和重要的基础。

中国传统社会主义思想史的出场具有以下几个本质特点。

第一，中国传统社会主义思想之源更悠久，时间轴更长。中华文明是世界历史上唯一没有中断过的文明。因而，中国的远古社会的精神传统历史更为久远。尽管在中华大地上，上古时代先民的相关思想没有完整地保留下来，但是，从现有对大地湾等考古遗存的考察中，我们可以窥见远古社会群居生活、公有生存的场景和样态，看到先民用制陶涂鸦、壁画、岩画等最初的精神符指方式表达出来的意义。从本文指认的五种形态或观视的五种角度，我们可以系统地勾勒出一幅较为完整的中国传统社会主义思想史图景。根据这一图景，我们可以看到社会主义是中华民族 5000 年来孜孜以求的社会理想，是中国人民不懈奋斗的理想目标。根据这一图景，我们可以自信地坚守中国立场，建立社会主义思想史的中国尺度。

第二，中国传统社会主义思想当然属于空想社会主义，但是与欧洲空想社会主义出场语境和历史根基不同。欧洲空想社会主义不仅是对一般剥削制度的批判和对没有剥削、没有压迫制度的谋划，而且更是对原始积累时期的资本主义罪恶的揭露、批判和对后资本社会制度的向往。与此不同，中国的空想社会主义是更传统的社会主义，它主要是奠基于对于在进入阶级社会中没有完全瓦解的那个原始公社胞族社会残余的意识形态、对奴隶社会、封建社会阶级压迫和阶级剥削的自发反抗意识和农民式平均主义社会主义理想的混合体。它虽然也有反抗、批判剥削制度、憧憬平等自由无剥削制度的一面，但是在本质上还不是对资本主义的专有批判。因此，除了近代那些思想之外，大多中国传统社会主义思想，特别是农民起义中表达出来的思想，都是对于一般阶级剥削、一般阶级压迫、一般阶级差别的愤恨和反抗情绪的表达，是对某种超越一般阶级对立社会的愿望的表达。

第三，中国传统社会主义思想成分更带有浓厚的小农意识、原始公有意识和血缘伦理情怀。此外，更希望通过各种神教意识形态方式发声，除了儒家而外，道教、佛教和基督教的社会主义、共产主义思想，都是用某种宗教形式来表达的。正如毛泽东同志评价所说：其“带有封建性质，表现在小农的私有制、上层建筑的封建制”①。因此，中国传统社会主义思想，作为中国特色社会主义的思想资源，并不能不加批判地就直接成为我们的思想因素，而是必须要经过深刻、彻底、全面的批判性转化。

第四，中国传统社会主义思想在历史上的作用并不是完全进步的。尽管其对剥削制度的罪恶进行揭露和批判对于中国特色社会主义、对于超越资本主义社会具有进步的借鉴意义和启迪意义，但是，其也往往成为被文明社会进步所淘汰的那个时代和社会的挽歌，不是向前进，而是要倒退，表现为历史的反动。老庄学说、宗教情怀，以及各种带有开历史倒车成分的思想，都具有这样的历史性质。正如马克思恩格斯在《共产党宣言》中所批判的那种“臀部带有旧的封建纹章”甚至更古老社会烙印的社会主义。正因为如此，我们要批判地继承这一份遗产，不能用抽象法，而是要用辩证法来对待。我们既要看到其中具有的反剥削反压迫、财产公有和集体占有、人人平等等积极社会主义思想因素，也要看到它们被嵌入在宗教和迷信、各种封建的、落后的、倒退的思想意识形态框架中的事实，用历史辩证法思想之剑来斩断这一形式，拯救其中的合理

① 《毛泽东读文史古籍批语集》，中央文献出版社1993年版，第145页。

思想内容。

在坚持和发展中国特色社会主义的新时代，我们需要科学分析和冷静对待中国历史上的传统社会主义思想因素中需要创造性转化和创新性发展的若干内容。例如，关于公有制的问题。社会主义基本内容之一，就是主张公有制，这是传统社会主义和中国特色社会主义的共同点。但是，传统社会主义思想主张的原始公有制形式相对于文明社会推动生产力进一步发展私有制而言恰好是历史的倒退。佛教团体的公有制、张鲁的共有制主张、太平天国的主张等大多带有小农式的安贫守穷（反对发展）、平均主义（反对任何差别）、注重分配正义（分浮财）而不注重生产正义的强制性（非自由）的色彩，因而它们在历史形态的意义上绝不能直接成为我们今天的直接现实。绝不是任何公有制都是好的。中国特色社会主义要坚持的公有制是在现代化、全球化大生产基础上建立的“自由人联合体”意义上的公有制。每一个时代的公有制都必须与这一时代的基础相适应，这样才是真正有效的。我们既要看到所有社会主义的公有制的共性，更要看到中国特色社会主义的时代个性和中国特色，不能满足于仅仅看一个社会经济制度是否“公有”，更要看是什么样的“公有”，是否是与社会化全球化大生产相匹配的、自由人联合体意义上的“公有”。再如，关于用国有形式来实现公有制，也要仔细分析。历史上朱元璋、李自成、洪秀全都出身于农民起义，起初也都带有朴素的农民式社会主义思想情怀，主张财产公有、平均地权，甚至在中华人民共和国成立后用国有形式来实现财产公有。但是，最终，这些财产都沦为封建帝王和少数统治阶级的财产。而民国的国有资产直接成为官僚资本主义资产。这些历史的教训告诫我们：全民公有制可以采取国有形式，但是反过来国有形式并不必然保证就是公有。如果缺乏周边的严格的制度限制条件和监督条件，国有资产同样可能变成少数人任意占有的资产，变成占有者腐化堕落的经济来源。历史的经验教训值得我们注意。

三 丈量社会主义思想史时间轴的中国尺度：本质分析与世界意义

在科学社会主义思想传入中国之前存在着“中国的社会主义”，当年曾经引起科学社会主义创始人马克思恩格斯的关注。1850 年 1 月，马克思恩格斯在为《新莱茵报·政治经济评论》（载于 1854 年第 2 期）所写的《国际述评（一）》中，就曾经提出“中国的社会主义”概念。原文指出：“虽然中国的社会主义跟欧洲的社会主义象中国哲学跟黑格尔哲学一样具有共同之点，但是，有一点仍然是令人欣慰的，即世界上最古老最巩固的帝国 8 年来在英国资产者的大批印花布的影响之下已经处于社会变革的前夕，而这次变革必将给这个国家的文明带来极其重要的结果。如果我们欧洲的反动分子不久的将来会逃奔亚洲，最后到达万里长城，到达最反动最保守的堡垒的大门，那末他们说不定就会看见这样的字样：中华共和国/自由，平等，博爱。”[①] 显然，马克思恩格斯指称的“中国的社会主义”就是前资本主义形态的传统的社会主义。多年来，学界曾经就此展开长期争论，涉及两个问题：一则是否表明马克思恩格斯肯定“中国的社会主义”这一称谓及其对象的存在？二则马克思恩格斯对此的评价究竟采取肯定还是否定态度？关于前者存在着两种截然相反的态度。一种见解认为马克思恩格斯不过是转述传教士的说法，并不表明他们认可这一称谓。另一种见解则指认马克思恩格斯完全在存在的意义上称谓中国社会主义。关于第二个问题，持肯定态度说的学者认为，因为马克思恩格斯将中国的社会主义与欧洲的社会主义的关系指认为中国哲学与黑格尔哲学的关系，而欧洲的社会主义思想与黑格尔哲学都是马克思主义思想的重要来源，因而在这一意义上马克思恩格斯对于中国的社会主义应当是予以肯定的。持否定见解说的学者认为：马克思恩格斯明确指出这是“最保守最反动的”存在体，应当加以否定。笔者认为，无论马克思恩格斯持肯定说或持否定说，都主要涉及评价，但是并不否认中国的社会主义存在这

---

① 《马克思恩格斯全集》第 7 卷，人民出版社 1959 年版，第 265 页。

一事实。其实，正如马克思恩格斯对待欧洲空想社会主义和黑格尔哲学一样，他们对待中国的社会主义的态度是辩证的和历史的。也就是说，从历史的角度来说，中国的社会主义存在早于欧洲资本逻辑的扩展。正因为如此，这一传统的社会主义对于历史进步的资本生产方式来说，是过时的、反动的和保守的，必将被社会变革所摧毁。正如在《共产党宣言》中马克思恩格斯对于包括带有封建纹章的社会主义、小资产阶级社会主义等各种社会主义文献进行无情批判一样，马克思恩格斯站在历史进步和科学社会主义立场上批判、嘲讽中国传统的社会主义的立场和态度并无不妥。这甚至也启迪我们：中国传统社会主义绝不等于中国的科学社会主义即中国特色社会主义，而是有着若干历史局限甚至在历史上起过“开倒车”作用的社会主义。因此，在继承中国传统社会主义思想的过程中绝不能全盘接受和照着讲，而是要在批判基础上进行创造性转化、创新性发展。但是，反过来也是一样，并不因为马克思恩格斯对于这一传统思想的否定和批判，我们就不承认它的事实存在，将之仅仅当作对欧洲传教士叙述的一种转录，就不能在新时代条件下对其优秀思想传统加以有选择地汲取和有批判地继承。

因此，对待中华文明5000年中社会主义传统思想史的两种态度都需要否弃。一种是站在文化激进主义或历史虚无主义立场上，全面否定和抛弃中国立场、中国视域和中国尺度，否定研究中国传统社会主义对于坚持和发展中国特色社会主义的重大意义。另一种则是站在文化保守主义甚至是原教旨主义立场上，不加分析、不加批判地全盘肯定中国传统社会主义的思想史内容，不适当地抬高古代社会主义的思想地位而贬低新时代中国特色社会主义，表现为复古主义的情怀。这两种态度都不是科学理解和把握中国传统社会主义思想与中国特色社会主义思想关系的正确态度。

其实，中国传统社会主义思想与中国特色社会主义的关系，本质上是各种中国传统空想社会主义思想与中国当代科学社会主义思想的关系。两者之间具有关于社会主义理想的一致性和一脉相承性，因而有从前向后转化的可能性，我们可以寻找其内在的一脉相承的思想史逻辑线索，将其看作一个历史发展沿革的整体历史进程，增强我们对于中国特色社会主义的文化之“根”与“魂”的自信。但是两者在历史生产方式和经济社会基础、所承载的阶级、所表达的社会内容、所要求的变革方向、所体现的社会功能和实现路径上，却具有历史的、根本的、原则的重大差别。因而，中国传统社会主义思想必须要经过在中国特色社会主义伟大实践改造中、在科学社会主义批判洗礼中发生创造性转化、创新性发展，才能真正转化为中国特色社会主义的有机组成部分。

丈量社会主义思想史时间轴的中国尺度本质上是从中国立场出发，站在世界历史坐标上，对于发端于华夏大地长达5000年之久的中华文明中所包含的社会主义思想发生、发展、演化历史图景及其世界历史意义的考察。

丈量社会主义思想史时间轴的中国尺度与欧洲尺度之间原则的、重大的、根本的差别以及中国尺度的世界意义何在呢?

首先，中国尺度时间跨度大，历史悠久，但是欧洲尺度更接近于科学社会主义。中国尺度只有与欧洲尺度结合才能显现从传统走向当代的完整世界社会主义思想史进程。中国传统社会主义思想史并不是直接内生地转变为中国特色社会主义的，而是需要马克思主义的科学社会主义思想的批判性中介作用。究其原因，当然是中国传统社会主义思想出场的历史根源和阶级立场不同。5000年来，中华传统文化中的社会主义是经由前资本社会中下层民众和失意士大夫针对前资本剥削社会的阶级压迫和剥削的反抗、反思和批判而产生的社会主义意识形态，其主要元素是对远古公有制社会状况眷恋的残余意识。与此不同，欧洲空想社会主义主要是产生于对早期资本主义社会造就的罪恶和危害的自发反抗，本质上是资本主义社会内在矛盾自我分裂中受苦受难阶级的思想表达。正如恩格斯在《社会主义从空想到科学的发展》一书中阐述的：“现代社会主义，就其内容来说，首先是对现代社会中普遍存在的有财产者和无财产者之间、资本家和雇佣工人之间的阶级对立以及生产中普遍存在的无政府状态这两个方面进行考察的结果。”[①] 空想社会主义则表明：“不成熟的理论，是同不成熟的资本

① 《马克思恩格斯选集》第3卷，人民出版社2012年版，第775页。

主义生产状况、不成熟的阶级状况相适应的。解决社会问题的办法还隐藏在不发达的经济关系中，所以只能从头脑中产生出来。"① 比起中国古代社会主义思想，欧洲空想社会主义更接近科学社会主义，思想表达更现代、更系统，其包含的合理因素更丰富。但是，中国尺度时间轴向全世界表明：社会主义作为人类社会理想，不仅存在于现代社会，而且是伴随着人类社会发展始终的思想精华，今日的科学社会主义是人类进入阶级社会以来人民群众反阶级剥削和压迫、争取解放伟大初心在当代的表达。

其次，中国特色社会主义只有在充分批判地继承中国传统社会主义思想资源、同时充分继承欧洲社会主义思想史精华的基础上才能真正出场。进一步说，中国特色社会主义是两大思想资源、两大传统当代融合的产物。在两大尺度、两大坐标交汇点上，我们看到了中国特色社会主义。犹如两种文明之河汇成一条大江，中国特色社会主义受到中西汇通的两种文明资源的滋养，因而其发展的生命力极其旺盛，并展示出波澜壮阔的前景。

最后，中国尺度的世界意义还表明：中国传统社会主义思想同中国特色社会主义理论一样，都具有中国风格、中国特色和中国气派。其中所包含的合理思想都具有丰富甚至填补世界社会主义思想史空白的意义。任何一个时代的社会主义思想都受到其所处时代的规约而表现为历史的出场形态。评价每一个历史形态的意义都需要有历史的辩证法眼光，因而都需要剖析其超越历史情境指向当代的合理意义，使其可为我们所借鉴；同时也要看到其历史局限而不能完全照搬。诸历史形态之间都具有历史的连续性和断裂性，需要我们认真梳理和把握。

（原发表于《江苏科学》2018 年第 3 期）

① 《马克思恩格斯选集》第 3 卷，人民出版社 2012 年版，第 780—781 页。

中国特色社会主义研究的价值逻辑*

曹典顺**

改革开放以来展现的中国速度、中国特色社会主义建设取得的举世瞩目成就，震惊世界。国内外学者对中国特色社会主义的研究从未停止过，其研究成果也是浩如烟海。邓小平、江泽民、胡锦涛、习近平等中国一代又一代的马克思主义者，为丰富中国特色社会主义发展理论作出了巨大的贡献，国内外诸多马克思主义理论学者在中国特色社会主义相关研究领域取得了非常重要的研究成果。从哲学价值视域科学总结和准确概括中国特色社会主义研究价值，既是将改革进行到底的理论需要，也是推进中国特色社会主义实践的现实需求。

一　中国特色社会主义的研究状况

无论是作为中国共产党路线、方针、政策的“中国特色社会主义”，还是作为学术研究方向的“中国特色社会主义”，越来越趋向于，“中国特色社会主义”最为重大的理论问题和实践问题都是“将改革进行到底”，“将改革进行到底”最为重大的理论问题和实践问

---

* 国家社科基金重大项目“改革开放以来中国特色社会主义的发展逻辑研究”（项目编号：17ZDA003）的阶段性成果。

** 曹典顺，国家社科基金重大项目“改革开放以来中国特色社会主义的发展逻辑研究”首席专家、江苏省中国特色社会主义理论体系研究中心江苏师范大学基地执行主任。

题都是将“习近平新时代中国特色社会主义思想”确立为“中国特色社会主义发展逻辑”的最高表现和最新成果。追溯这一趋向，作为中国共产党路线、方针、政策的“中国特色社会主义”，经历了从强调经济发展（邓小平时期），经济社会协调发展（江泽民时期），到强调以人为本、全面协调可持续发展的科学发展（胡锦涛时期），再到五大发展理念的新发展观（习近平时期）；作为学术研究的“中国特色社会主义”，经历了一个从初步探索，到逐步深化，再到系统探索的研究历程。这一历程中的代表性成果众多，如赵家祥的《马克思主义的社会形态理论简论》①、陶德麟和何萍的《马克思主义哲学中国化的理论与历史研究》②、丰子义的《发展的反思与探索——马克思社会发展理论的当代阐释》③、孙麾和汪信砚的《马克思主义哲学中国化与当代中国哲学建设》④、曹典顺的《马克思〈人类学笔记〉研究读本》⑤、侯衍社的《马克思的社会发展理论及其当代价值》⑥、俞良早的《马克思主义东方社会理论研究》⑦、孙承叔的《打开东方社会秘密的钥匙：亚细亚生产方式与当代社会主义》⑧、黄楠森的《邓小平理论的哲学基础研究》⑨、欧阳康的《中国道路：思想前提、价值意蕴和方法论反思》⑩、张一兵的《邓小平理论与历史辩证法》⑪、

① 参见赵家祥《马克思主义的社会形态理论简论》，北京大学出版社1985年版。

② 参见陶德麟、何萍《马克思主义哲学中国化的理论与历史研究》，北京师范大学出版社2007年版。

③ 参见丰子义《发展的反思与探索——马克思社会发展理论的当代阐释》，中国人民大学出版社2006年版。

④ 参见孙麾、汪信砚《马克思主义哲学中国化与当代中国哲学建设》，社会科学文献出版社2011年版。

⑤ 参见曹典顺《马克思〈人类学笔记〉研究读本》，中央编译出版社2013年版。

⑥ 参见侯衍社《马克思的社会发展理论及其当代价值》，中国社会科学出版社2004年版。

⑦ 参见俞良早《马克思主义东方社会理论研究》，中共中央党校出版社2006年版。

⑧ 参见孙承叔《打开东方社会秘密的钥匙：亚细亚生产方式与当代社会主义》，东方出版中心2000年版。

⑨ 参见黄楠森《邓小平理论的哲学基础研究》，中国人民大学出版社2004年版。

⑩ 参见欧阳康《中国道路：思想前提、价值意蕴和方法论反思》，中国社会科学出版社2013年版。

⑪ 参见张一兵《邓小平理论与历史辩证法》，安徽人民出版社1999年版。

陈锡喜的《江泽民“三个代表”重要思想研究》[①]、陈占安的《党的十六大以来马克思主义中国化的新进展》[②]、秦宣的《中国特色社会主义专题研究》[③]、李景源的《21世纪的马克思主义哲学创新——马克思主义哲学中国化与中国化马克思主义哲学》[④]、安启念的《马克思主义哲学中国化研究》[⑤]、郝立新的《当代中国马克思主义哲学研究走向》[⑥]、庄福龄和张新的《马克思主义中国化研究》[⑦]、王南湜的《马克思主义哲学中国化的历程及其规律研究》[⑧]、韩庆祥的《五大发展理念——创新 协调 绿色 开放 共享》[⑨] 等。

上述研究成果，都是学者们围绕马克思的社会发展理论及其东方社会跨越论、中国特色社会主义不同发展阶段的发展逻辑、中国化马克思主义哲学发展逻辑与社会发展实践逻辑的一致性、习近平五大发展理念的历史进步性等多个视角对改革开放以来中国特色社会主义的发展逻辑进行研究的成果。宏观上理解，这些研究成果可以归纳为三种相辅相成的类型，其一，围绕唯物史观的发展与运用进行“中国特色社会主义的发展逻辑”研究。这类研究不仅具有重要的学术价值，而且对于用马克思主义的唯物史观指导人民进行无产阶级革命与社会主义实践的运用，具有不可磨灭的贡献。其二，围绕“中国特色社会主义的发展逻辑”具有的马克思主义基本原理展开的研究，即以哲学前提（或称哲学基础理论）为根据展开的对马克思主义基本原理的

① 参见陈锡喜《江泽民“三个代表”重要思想研究》，上海交通大学出版社2011年版。

② 参见陈占安《党的十六大以来马克思主义中国化的新进展》，北京大学出版社2008年版。

③ 参见秦宣《中国特色社会主义专题研究》，高等教育出版社2016年版。

④ 参见李景源《21世纪的马克思主义哲学创新——马克思主义哲学中国化与中国化马克思主义哲学》，江苏人民出版社2011年版。

⑤ 参见安启念《马克思主义哲学中国化研究》，中国人民大学出版社2006年版。

⑥ 参见郝立新《当代中国马克思主义哲学研究走向》，中国人民大学出版社2012年版。

⑦ 参见庄福龄、张新《马克思主义中国化研究》，人民出版社2009年版。

⑧ 参见王南湜《马克思主义哲学中国化的历程及其规律研究》，北京师范大学出版社2012年版。

⑨ 参见韩庆祥《五大发展理念——创新 协调 绿色 开放 共享》，中共中央党校出版社2016年版。

归纳、梳理、论证和阐释性的研究，又称“马克思主义哲学基本原理范式”研究。这类研究既是对马克思主义基本原理本身的学术研究，也是为作为指导思想的马克思主义寻找理论根据。其三，围绕中国特色社会主义的现实指导意义，或者说，围绕马克思主义基本原理与中国具体实际的相互关系展开的研究，即将中国特色社会主义作为理解中国具体实践的依据的研究。这类研究既丰富了中国特色社会主义的学术研究，也为中国特色社会主义道路建设提供了理论支持。

如果说黑格尔认识到了哲学是时代精神的精华，那么，马克思则发现了“任何真正的哲学都是自己时代的精神上的精华”的科学结论。据此理解，尽管前人在“中国特色社会主义发展逻辑”研究中作出了巨大贡献，取得了重要的学术成就，但当下中国“时代主题”已经发生了变化，即当下中国既不是马克思所处要求“无产阶级革命”的时代，也不是毛泽东所处要求“站起来”的时代，甚至也不是邓小平、江泽民、胡锦涛所处要求“富起来”的时代，而是习近平所处要求真正实现大国崛起“强起来”的时代。按照马克思“任何真正的哲学都是自己时代的精神上的精华”的思想明示和指引，我们认为，改革开放以前的中国发展逻辑就是“中国社会主义的发展逻辑”，改革开放以来的中国发展逻辑就是“中国特色社会主义的发展逻辑”。与之相适应，马克思、恩格斯是中国特色社会主义的精神导师，毛泽东是中国特色社会主义的奠基者，邓小平是中国特色社会主义的开拓者，江泽民、胡锦涛是中国特色社会主义的发展者，习近平是中国特色社会主义的深化者。上述研究成果及其研究趋向越来越表明，“中国特色社会主义发展理念”的最高表现和最新成果就是“习近平五大发展理念”，“中国特色社会主义发展逻辑”的最高表现和最新成果就是“习近平新时代中国特色社会主义思想”，“习近平系列重要讲话精神和党的十八大以来党的路线、方针和政策”就是“中国特色社会主义发展逻辑”的道路和方法的最高表现和最新成果。研究“中国特色社会主义的发展逻辑”，是为了适应时代发展的需要，即当下中国特色社会主义建设，急需广大党员干部和人民群众掌握以“建设中国道路、传播中国价值、提供中国方案”为旨归的发展理念和发展逻辑，而要满足这一需要，就必须创设与“中国特色社会主义发展逻辑”相适应的路线、方针和政策。

二 中国特色社会主义研究的理论价值逻辑

学术价值不同于学术逻辑和学术创新，它既是学术史的传承，也是人民的价值选择和价值认同，还是对时代脉络的准确把握。从这个角度理解，中国特色社会主义研究的理论价值逻辑主要有三个方面。

一、梳理与研究改革开放以来“中国特色社会主义的发展逻辑”，创新中国特色社会主义理论“表述”，以更易于中国特色社会主义理论的“传承”与“弘扬”。党的十七届六中全会提出“文化是民族的血脉，是人民的精神家园”，文化在中国特色社会主义宏伟大业和中华民族伟大复兴中起着不可忽视的作用。在中国特色社会主义文化建设中，将马克思主义作为我党行动指南的中国特色社会主义理论是中国文化的重要组成部分，发挥着无可替代的作用。追溯中国特色社会主义的发展历程，20 世纪 50 年代中期，毛泽东提出“以苏为鉴”，探索中国自己的社会主义建设道路的历史任务，要求把马克思主义与中国实际进行第二次结合，找出在中国怎样建设社会主义的道路，希望取得这方面的经验，并带领全党进行了艰辛探索，为后来中国特色社会主义奠定了基础。1981 年，由邓小平主持起草、经中共十一届六中全会通过的《关于建国以来党的若干历史问题的决议》，第一次指明“我们的社会主义制度还是处于初级的阶段”，并对中共十一届三中全会以来逐步确立的“一条适合中国情况的社会主义现代化建设的正确道路”作出了初步的概括，指出：“这条道路还将在实践中不断充实和发展，但是它的主要点，已经可以从新中国成立以来正反两方面的经验、特别是‘文化大革命’的教训中得到基本的总结。”正是在总结国内外社会主义建设正反两方面经验的基础上，邓小平在 1982 年中共十二大开幕词中，创造性地提出了“建设有中国特色的社会主义”的命题。该命题的提出，成为中国共产党人开辟出中国特色社会主义道路、开创中国特色社会主义伟大事业的标志。1992 年党的十四大江泽民同志指出，14 年来，社会主义在中国的新局面和新成就，更使我们从历史的比较和国际的观察中认识到，我们党建设有中国特色社会主义的理论是正确的，是符合最广大人民的利益和要求的。这个理论，第一次比较系统地初步回答了中国这样的经济文化比较落后的国家如何建设社会主义、如何巩固和发展社会主义的一系列基本问题，用新的思想、观点，继承和发展了马克思主义。党的十七大，对中国特色社会主义道路内涵作了完整的表述，明确了中国特色社会主义的领导力量、现实依据、基本路线、主要任务、总体布局和奋斗目标，指明了当代中国的前进方向。习近平在省部级主要领导干部“学习习近平总书记重要讲话精神，迎接党的十九大”专题研讨班的开班式上强调，中国特色社会主义是改革开放以来党的全部理论和实践的主题，全党必须高举中国特色社会主义伟大旗帜，牢固树立中国特色社会主义道路自信、理论自信、制度自信、文化自信，确保党和国家事业始终沿着正确方向胜利前进。中国特色社会主义研究是为了积极响应以习近平总书记为核心的党中央关于加强哲学社会科学研究的号召，努力以更加方便有效的人民群众乐于接受的中国话语，表征上述“中国特色社会主义发展逻辑”，以更好地普及、传承和弘扬中国特色社会主义理论。

二、推进“中国特色社会主义发展逻辑”研究更加全面、丰富和深入，促使“习近平新时代中国特色社会主义思想”更加“深入”社会实践和“融入”人民灵魂深处。中国特色社会主义是当代中国的时代精神，是实现当代中国历史任务，引领中华民族开拓前进的伟大旗帜。中国特色社会主义，是在不断探索和科学回答什么是马克思主义、怎样对待马克思主义，建设什么样的社会主义、怎样建设社会主义，建设什么样的党、怎样建设党，实现什么样的发展、怎样发展这四个基本问题的过程中形成和发展起来的。中国特色社会主义道路、中国特色社会主义理论体系和中国特色社会主义制度，构成了中国特色社会主义的主要内容。中国特色社会主义的发展取得了举世瞩目的成就，谱写了当代中国发展进步的辉煌篇章。在新的历史起点上，在全面深化改革的关键时期，“中国特色社会主义发展逻辑”的最高表现和最新成果就是“习近平新时代中国特色社会主义思想”。随着改革开放的深入和社会主义市场经济的发展，社会经济成分、组织形式、就业方式、利益关系和分配方式日趋多样化，中国特色社会主义迎来了前所未有的机遇的同时，也面对一系列前所未有的新情况、新问题和新挑战，而最大的新情况、新问题和新挑战是如何加快推进中国特色社会主义道路建设，实现中华民族伟大复兴的中国梦，所以，只有丰富和发展“习近平新时代中国特色社会主义思想”，才能向中国人民证明“习近平新时代中国特色社会主义思想”是“中国特色社会主义发展逻辑”的最高表现和最新成果，进而才能让人们从灵魂深处相信中国梦不是梦想而是现实。

三、“习近平新时代中国特色社会主义思想”适合当代中国发展，为世界发展难题提供了新解决方案的思想，应当在全球范围内传播，以促进世界政治经济新秩序建设。在省部级主要领导干部“学习习近平总书记重要讲话精神，迎接党的十九大”专题研讨班开班式上，习近平总书记强调，时代是思想之母，实践是理论之源。我们要在迅速变化的时代中赢得主动，要在新的伟大斗争中赢得胜利，就要在坚持马克思主义基本原理的基础上，以更宽广的视野、更长远的眼光来思考和把握国家未来发展面临的一系列重大战略问题，在理论上不断拓展新视野、作出新概括。2008 年全球金融危机席卷世界，引发了全球各国的金融地震，中国更是被“震”到了世界舞台的中心。从“一带一路”的提出，到亚投行的成立，再到成为 G20 成员之一。以习近平同志为核心的党中央，牢牢把握住时代发展的主题，“增强国际话语权，集中讲好中国故事”，在国际舞台上发出中国声音，建构当代中国话语体系，是在全球化视野下作出的精确定位。事实上，作为把握时代脉络的“习近平新时代中国特色社会主义思想”不仅仅为中国发展指明了方向，而且也为解决世界其他国家的发展问题提供了一个崭新的思路，向世界展现出中国作为一个负责任大国的风采。基于这些事实，通过对改革开放以来“中国特色社会主义发展逻辑”的研究，准确定位“习近平新时代中国特色社会主义思想”的历史方位，深度阐释“习近平新时代中国特色社会主义思想”的重大意义，为“习近平新时代中国特色社会主义思想”在全球范围的推广作出努力。值得鼓舞的是，“习近平新时代中国特色社会主义思想”的文章和书籍已经被翻译为多种语言在国外传播。

三 中国特色社会主义研究的应用价值逻辑

"中国特色社会主义研究"是一种深化研究，所以，认识中国特色社会主义研究的应用价值，更大意蕴上是在于"深化"已有研究成果展现出的应用价值逻辑。

首先，创设"习近平新时代中国特色社会主义思想"就是"中国特色社会主义发展逻辑"的最高表现和最新成果的研究范式，不仅有助于深刻理解"习近平新时代中国特色社会主义思想"的真谛要义，而且能够在把握其思想内涵的基础上，为中国特色社会主义事业提供更为丰富的智力支持。理论是对实践的概括和反映。改革开放以来，中国特色社会主义建设实践正向纵深发展。这既要求我们在不断发展着的中国特色社会主义实践中概括、提炼出新的理论，用以指导中国特色社会主义的发展，同时，又要求我们由起初的"摸着石头过河"转向对中国特色社会主义实践的"摸着石头过河"与"顶层设计"的统一。党的十八大以来，习近平总书记围绕什么是社会主义现代化强国、怎样建设社会主义现代化强国的基本问题，在坚持和发展中国特色社会主义的过程中，形成了一系列治国理政的新理念新思想新战略，把马克思主义中国化提高到新境界。这一思想是中国特色社会主义新的伟大实践和亿万人民的伟大创造，是"有本之木"。马克思曾说，理论只要说服人，就能掌握群众；而理论只要彻底，就能说服人。深析"习近平新时代中国特色社会主义思想"，全面准确深入把握其蕴含的思想精髓、核心要义，通过运用合理的话语方式准确表征中国特色社会主义新阶段的发展逻辑，为相关部门的决策咨询提供学理支撑和方法论支持，从而更好地推动中国特色社会主义向前发展。

其次，"中国特色社会主义发展逻辑"的研究，承接不同时期马克思主义中国化相关研究成果的"文化血脉"，有助于促进党员干部和人民群众对"习近平新时代中国特色社会主义思想"的"理论认同""价值认同"和"情感认同"，以确保中国道路的社会主义发展方向。习近平总书记曾经提出，不能用改革开放后的历史时期否定改革开放前的历史时期，也不能用改革开放前的历史时期否定改革开放后的历史时期。迄今为止，仍然有学者，尤其是理工科类学者认为这种概况与逻辑不符。学者们的不同理解源于自然科学的知性思维，即他们没有认识到社会运行是一个不断完善和进步的过程——“没有最好，只有更好”的社会进步逻辑。习近平总书记的这一思想是要提醒人们，马克思主义是中国人民的自觉选择，即改革开放后的30年是社会主义探索，改革开放前的30年也是社会主义探索，而不是让中国重走改革开放前的老路的思想观点。从研究成果与前人对不同时期马克思主义中国化成果研究的关系理解，将不同时期马克思主义中国化相关研究成果视为“文化血脉”（尊重每一位前辈的研究成果，即使本课题不同意他们的具体观点）。事实上，中国人民的子孙从来都在自觉承接这种“文化血脉”，比如，德国西南边境摩泽尔河畔的特里尔——马克思出生的地方，每年有4万名游客到访，其中大约12000名是中国游客；到中国的红色之都——井冈山、延安——寻根的党员干部和普通民众更是络绎不绝。

再次，立足于改革开放以来中国特色社会主义的成功经验，分析“习近平新时代中国特色社会主义思想”，让广大党员干部和人民群众自发地体悟到日常生活的美好变化，以坚定其对中国特色社会主义的道路自信、理论自信、制度自信和文化自信。习近平总书记曾经说过：“坚持和发展中国特色社会主义是一篇大文章，邓小平同志为它确定了基本思路和基本原则，以江泽民同志为核心的党的第三代中央领导集体、以胡锦涛同志为总书记的党中央在这篇大文章上都写下了精彩的篇章。现在，我们这一代共产党人的任务，就是继续把这篇大文章写下去。”毋庸置疑，以习近平同志为核心的党中央在当代中国道路建设中同样写下了精彩的大文章，这是“继往开来”的大文章，也是“前所未有”的精彩篇章。比如，在砥砺奋进的五年里，“共享单车”“线上缴费”“蚂蚁森林”“绿色出行”等词语的深入人心，反映了人民生活因科技发展而变得美好，体现了人民工作生活更加便利。在深入探析“习近平新时代中国特色社会主义思想”与中国特色社会主义理论体系一脉相承又与时俱进的逻辑关系的同时，结合广大人民群众日常生活深刻变化以及中国在世界舞台上的地位的变化这一现实视角，推动人民主体对中国特色社会主义道路自信、理论自信、制度自信、文化自信。

最后，借鉴国外关于“习近平新时代中国特色社会主义思想”的优秀研究成果，对“习近平新时代中国特色社会主义思想”进行不同话语方式的研究，创设既有利于向世界证明“习近平新时代中国特色社会主义思想”可以为其借鉴，又具有中国元素与中国符号的“中国哲学社会科学话语体系”。实现中华民族的伟大复兴，不仅需要将外国的声音“引进来”，借鉴并吸收世界各国的先进文化；同时，更需要将中国的声音“传出去”，让全世界人民能够更加客观和全面地了解中国、认同中国。习近平总书记《在哲学社会科学工作座谈会上的讲话》中指出，“要围绕我国和世界发展面临的重大问题，着力提出能够体现中国立场、中国智慧、中国价值的理念、主张、方案。强调民族性并不是要排斥其他国家的学术研究成果，而是要在比较、对照、批判、吸收、升华的基础上，使民族性更加符合当代中国和当今世界的发展要求，越是民族的越是世界的。解决好民族性问题，就有更强能力去解决世界性问题；把中国实践总结好，就有更强能力为解决世界性问题提供思路和办法”。习近平总书记的这一思想，既体现在习近平总书记于多次重要国际会议上提出的有关全球经济治理的中国倡议中，也体现在人类命运共同体、新型大国关系、“一带一路”建设、正确义利观等理念和倡议中，更体现在“构建人类命运共同体、实现共赢共享”的“中国方案”中。展现出中国作为一个负责任大国的风采，即中国应该顺应当今时代和平与发展的主题，创设具有借鉴价值和推广意义的中国价值。

何种普遍，哪类特殊

——从艾思奇的“中国特殊论”批判说起

王时中*

一　以特殊性抵制普遍性：艾思奇对“国情论”的哲学定位

一般来说，国情是指一个国家在地理环境、历史文化、社会政治、经济制度等方面的基本情况和特点，也特指一个国家某一时期的基本情况和特点。但从近代以来“国情”一词的使用来看，“国情论”很大程度上扮演了一个拒绝者的角色，这些论者固然并不否定外国事物的先进性，但由于担心既得利益的受损，总喜欢以不合“国情”为由，将外国的先进事物——包括当时的马克思主义——拒之门外。这种挂羊头、卖狗肉的理论伎俩早就引起了部分学者的批评。正是在这里，艾思奇的《论中国的特殊性及其他》便进入了我们的视野。

艾思奇在该文中所针对的正是典型的“中国国情论”，即以中国的国情与国外的差异，来反对接受一些优秀的文明成果。艾思奇斥之为“闭关自守主义”。这种“闭关自守主义”的理由不外乎是：中国是农业国家，欧美是工业国家；中国是精神文明国家，而欧美是物质文明国家；中国是以孔子立教，外国却以基督立教；等等。这种观念

* 王时中（1978—　），男，南开大学哲学学院教授，哲学博士。研究方向：马克思主义哲学。

的形式虽然变化多端，但在艾思奇看来，内容不外是这样的：

“强调中国的‘国情’，强调中国的‘特殊性’，抹煞人类历史的一般规律，认为中国的社会发展只能依循着中国自己特殊的规律，中国只能走自己的道路。中国自己的道路是完全在一般人类历史发展规律之外的。”①

当时在哲学上为这种观点做坚定论证的代表就是叶青。虽然曾经是共产党人，但叶青叛变革命之后，便成为共产党在理论上的敌人。他从理论上论证马克思主义是西方文化，不适应中国国情，他据此主张，要么应将马克思主义拒之于国门之外；要么应将马克思主义改造成为完全“中国化”的、与马克思主义无关的东西。

在艾思奇看来，叶青所持的这种“特殊论”与“国情论”，“不外就是落后的、垂死的、旧的、封建或半封建的中国”。② 在艾思奇看来，这种论调其实并不新鲜：

“从满清时代的‘中学为体，西学为用’的思想开始，经过‘五四’时代的保存国粹论，大革命时代的国情论，一直到现在叶青的‘把握特殊性’的所谓‘理论’，无论它外表上怎样变化，那猴子的尾巴是一贯地带在身上的。”③

但从内容上批驳叶青的“国情论”易，在学理上驳倒“国情论”的理论根据却难。因为“国情论”的哲学根据乃是以特殊性对抗普遍性，如果仅仅将普遍性与特殊性的区分视为一个理论认知层次上的问题，那么，特殊性始终是理论思维的抽象性所无法统摄的异质性存在，而普遍性也只是人类思维在某种特殊情况之下对特殊性的理论把握，两者各自能言之成理，坚持任何一方的论者也必定能够找到反对另一方论点的坚实论据。一种调和的方式认为，两者是相反相成，不可分割的：在某一个特殊的历史时期，坚持特殊性，反对普遍性，是必要且正当的；在另一个特殊的历史时期，坚持普遍性，反对特殊性，也是必要且正当的。“此亦一是非，彼亦一是非”，“将无同”。

① 《艾思奇全书》第2卷，人民出版社2006年版，第765页。

② 同上书，第767页。

③ 同上书，第771页。

但在这种理解方式中，根本就找不到判断的标准。如果在固守这种理论思维中，哲学便必然陷入泥潭而不能自拔。

在我们看来，普遍性与特殊性之间的关系问题，绝非仅仅一个理论内部的问题，而是涉及理论与实践、事实与价值的层次区分及其相互关系问题。如果说在理论内部，思维是通过概念来把握对象的，但是实践生活中对普遍性与特殊性之间关系的处理，就绝不可在理论思维的延长线中来展开。因为将普遍性的理论运用于实践时，还将继续面对一个如何将理论具体化以切合于特殊实践境况的实践观念或实践智慧的思想任务。这就意味着，在从理论观念到实践观念或者实践智慧的具体化现实化过程中，我们面对两种不同的普遍性与特殊性："前一种是观念性的理论内部的普遍性与特殊性之间的关系，后一种则是理论的普遍性与实践的特殊性之间的关系。"①

正由于存在两个层次的普遍性与特殊性关系，在处理普遍性与特殊性的关系时，我们必须区分不同类型的特殊性：一种是导向普遍性的特殊性，另一种是无法被普遍性所统摄的特殊性。在前一种关系中，普遍性高于特殊性，正如艾思奇所言，"丢开了一般的规律，就无所谓特殊性的把握，连那要被特殊化的东西本身也丢了，那里还能有什么特殊化这件事呢？"② 而后一种关系则相反，特殊性无法完全被普遍性所统摄。叶青所鼓吹的"中国特殊论"与"国情论"的哲学根据，正是"在口头上窃取把握特殊性的名词，故意将这一点夸大，抹杀了一般，结果在实际上正是反对正确地来把握中国的特殊性，反对真正把握特殊性的科学方法。"③ 如果不能区分理论与实践不同层次的普遍性与特殊性关系，那就必然在特殊性的理解上陷入误区，这也是"国情论"与"中国特殊论"阴魂不散，甚至经常死灰复燃的根由！

以上关于两种特殊性的区分，表征的正是价值层次与事实层次的差异：在价值层次上，普遍性与特殊性是相得益彰的，特殊性只有在

---

① 王南湜：《中国哲学精神重建之路：马克思主义哲学中国化探讨》，北京师范大学出版社2012年版，第195页。

② 《艾思奇全书》第2卷，人民出版社2006年版，第773页。

③ 同上书，第772页。

导向普遍性的关联之中，才能存在，而普遍性也表现在特殊性之中；但在事实层次上，理论思维的抽象功能可以通过语言符号来扬弃、克服掉多元的特殊性。如人类社会生活中，不同地方、不同国别的人们衣冠语言、风俗存在着明显的差异，但是这种“异”只是事实之异，正如世界上没有相同的两片树叶一样。这个意义上的特殊性并不能成为抵制普遍性、抵制人类社会发展一般规律的借口。而在追求美好社会生活，寻求自由解放的意义上来说，中外是相同的，这个意义上的普遍性绝非事实层次上的特殊性所能撼动。

由此观之，叶青所鼓吹的中国的“特殊性”与“国情论”，不过是在事实认知的层次上对中国的历史、民族、人口与地理环境等因素的特殊性的夸大，而不是在价值层次上考察马克思主义的一般真理与中国的现实之间的辩证关系。艾思奇因此将叶青的“中国特殊论”视为一种“狡猾无耻的伎俩”，认为其秘密“是在于把落后的半殖民地半封建的中国社会现状当做当然的国情，在于保持这种旧的国情。”① 因此，艾思奇才进一步明确主张：

> 正因为要把握特殊，所以我们就尤其要了解一般，坚持一般规律，正因为我们要求马克思主义的中国化，正因为我们要具体地应用马克思主义到中国的现实的特殊条件上来，所以我们就尤其要站稳马克思主义的立场。②

在艾思奇看来，马克思主义者一方面坚持的是马克思、恩格斯所发现的关于社会发展的基本的科学规律，承认它有一般的指导的作用，但同时也一刻也没有忘记，这些规律在不同的国家、不同的民族中间，因为客观条件的差异，有着各种特殊的表现形式。马克思所反对的，只是思想上的闭关自守主义，只是借“把握特殊性”为名来拒绝科学规律，拒绝中国社会的科学的合理的研究，也就是拒绝进步思想的应用。而叶青所谓的“把握特殊”的认识中国的方

---

① 《艾思奇全书》第2卷，人民出版社2006年版，第767页。

② 同上书，第773页。

法，它实际上的目的只是在于把人们的眼光束缚在保持落后的奴隶的旧中国“特殊”范围之内，使人们不能根据科学的规律，来看出中国的向上发展的前途，看出真正自由解放的道路。基于此，很容易理解：

> 为什么他们又要主张“国情论”强调中国的“特殊性”，拒绝外来的思想文化呢？原来他们所拒绝的，只是能帮助中国得到进步和自由的外来的思想文化，他们所主张的“国情论”是封建主义者所需要的“国情论”，他们所讲的“特殊性”是民族失败主义者所需要的“特殊性”……那正是他们的“中学为体，西学为用”的传统的继承与发展！①

二 超越“普世价值论”与“中国特殊论”：以康德为范例

艾思奇写作《论中国特殊性及其他》的1939年，正是日本侵华，举国上下狼奔豕突，在思想上迷离失所的时候。该文发表虽然距今已80年，但依然具有振聋发聩的意义。如果基于以上所区分的理论层次与实践层次、事实与价值层次对普遍性与特殊性的区分，来考察近代以来中国思想界围绕“古今中西”关系所展开的种种争论，我们发现，他们争论的核心正是普遍性与特殊性之间的关系问题。以当时的激进主义与保守主义之间的对立为例：激进主义以西方文化的特殊性作为人类文化的普遍性，而保守主义则是以中国文化的特殊性抵制人类文化的普遍性，两者的共同失误就是都没有处理好特殊性与普遍性之间的关系。而现在所流行的“普世价值论”与“中国特殊论”也不过是激进主义与保守主义的翻版形式而已：“中国特殊论”是以中国国情的特殊性来抵制人类文明的普遍性与一般性，而“普世价值论”则是将西方国家的特殊性当作人类文明的普遍性。两者的共同失误同样是没有处理好特殊性与普遍性之间的关系。这里的根本问

① 《艾思奇全书》第2卷，人民出版社2006年版，第768—769页。

题是：如果说普遍性与特殊性之间的关系在事实层次上难以两全，那么，在价值层次上是否存在一种可能性，使得普遍性与特殊性相得益彰、良性互动，而不是非此即彼、你死我活？

我们认为，这个问题与康德在“实践理性”中对自律的可能性论证极为相似。如果说，在康德所谓的理论理性中，知性概念的普遍必然性与直观经验的特殊性之匹配关系遇到了“瓶颈”，即面对上帝、理性与灵魂这样的普遍性对象时，知性概念因力所不逮而陷入二律背反，那么，在实践理性中，正是由于自由的积极意义，又使得这些普遍性对象获得了全新的意义。这就意味着，相对于康德对理论理性中“自由意志”与“必然法则”之间关系的消极处理方式，在实践理性中，康德重新构造了自由意志与道德法则之间的组合关系，这就是表现为“自律”（Autonomy）的正当性论证，从而激活了上帝、理性与灵魂这样一些对象的意义。从这个意义说，如果康德对自律的正当性与可能性的论证是成功的，那么，康德的论证就可以成为我们处理普遍性与特殊性关系的一个成功范例。

康德承认，“自由意志”与“道德法则”本来是两个不同的元素，两者之间的统一性设定，似乎是一个悖谬：“为了把自己想成在目的序列中是服从道德规律的，我们认为自己在作用因的序列中是自由的。反过来说，我们由于赋予自身以意志自由，所以把自己想成是服从道德规律的。”① 按照一般的逻辑推理，这里似乎陷入了循环论证：“这件事情是够令人惊讶的，并且在所有其他实践知识中都没有和它同样的事情。”②

这里的问题在于，“自由”与“法则”之间的统一性证明，并不从经验中或者任何一个外在意志中借来某种东西，也不是作为一个外在的规范对人的身体施加影响，而只能通过综合的方法才能实现，且这样的综合命题只有通过一个与双方都有关系的第三者，才可能把两者联系起来。而在康德那里，自由的积极概念正是这个第三者。那么，这种自由的法则是何以推导出来的呢？

---

① ［德］康德：《道德形而上学原理》，苗力田译，上海人民出版社 2012 年版，第 57 页。
② ［德］康德：《实践理性批判》，邓晓芒译，人民出版社 2016 年版，第 38 页。

这种推导当然不能按照科学认知的路子来，这里恰恰体现了康德先验方法的特色。他将问题转化为：如果自由的积极概念能够作为沟通意志与道德法则的第三者，那么，就存在着一种可能性，即自由与道德法则之间的先天同一性："道德既然是从自由所固有的性质引申出来，那么，就证明自由是一切有理性的东西的意志所固有的性质，自由不能由某种所谓对人类本性的经验来充分证明的。"① 正是从这个意义上，康德认为，"自由与意志的自身立法，两者都是自律性，从而是相交替的概念，其中的一个不能用来说明另一个，也不能作为它的根据。"② 实际上，在《实践理性批判》的开始，康德就自由与道德律的关系就有所交代，"自由固然是道德律的 ratio essendi [存在理由]，但道德律却是自由的 ratio cognoscendi [认识理由]"。两者之间存在着直接的同一性：

> 因为如果不是道德律在我们的理性中早就被清楚地想到了，则我们是决不会认为自己有理由去假定有像自由这样一种东西的（尽管它也并不自相矛盾）。但假如没有自由，则道德律也就根本不会在我们心中被找到了。③

于是，相对于理论理性的自然必然性，自律也具有独特的客观实在性，而两者是并行不悖的。因此，"哲学必须认为在人类的同一活动中自由和自然必然性之间并没有真正的矛盾。因为自由的概念和自然概念一样，是不能丢掉的。"④ 而自律的可能性，实质上是自由因果性的实在性与客观性。正是自由的积极概念，构成"自由即自律"这条道德法则的关键。

这就意味着，康德对自律的正当性的论证，超越了在理论理性层

---

① [德] 康德：《道德形而上学原理》，苗力田译，上海人民出版社 2012 年版，第 55 页。

② 同上书，第 57 页。

③ [德] 康德：《实践理性批判》，人民出版社 2016 年版，第 2 页脚注①。

④ [德] 康德：《道德形而上学原理》，苗力田译，上海人民出版社 2012 年版，第 62 页。

次中普遍性与特殊性不能两全的困境，而使得自由意志的“特殊性”与法则的“普遍性”在实践层次上成为一个统一的整体。康德对自律之正当性的论证路径对于走出“普世价值论”与“中国特殊论”的双重误区，具有极强的参考意义：“中国特殊论”固守于本国的特殊国情拒斥普遍性的范导，“普世价值论”执着于某国的现实发展而无视本国的特殊性，两者均是在平面思维中思考立体问题。只有在区分理论（理性）与实践（理性）、事实与价值的不同层次之后，才可能为纾解普遍性与特殊性的争论，走出“普世价值论”与“中国特殊论”的两极摇摆，提供可能的出路。

但值得注意的是，康德的“自律”似乎存在着难以回避的困难：由于道德律是先天的、普遍的、必然的命题，它不来自任何爱好与感性欲念，而事实上的人都是经验的、欲望着的个人，当康德的“自律”观面对经验内容时，似乎显得贫乏无力，因而总是被批评为“空洞的形式主义”。正如黑格尔所讽刺的，“这就是康德、费希特道德原则的缺点，它纯全是形式的。冰冷冷的义务是天启给予理性的胃肠中最后的没有消化的硬块。”① 或如马克思所说，“康德只谈‘善良意志’，哪怕这个善良意志毫无效果他也心安理得，他把这个善良意志的实现以及它与个人的需要和欲望之间的协调都推到彼岸世界。”②

三　国家是“具体的普遍”吗？对黑格尔的康德批判的批判

具体来说，黑格尔对康德“自律”观的批判，也是特别集中于特殊性与普遍性，即“自由意志”与“普遍法则”之间的关系上。他首先区分了对待“普遍”与“意志”关系的理论态度和实践的态度：理论的态度是使某种东西得以普遍化，就是对它进行思维，而思

① ［德］黑格尔：《哲学史讲演录》第4卷，贺麟、王太庆译，上海人民出版社2013年版，第295页。

② 《马克思恩格斯全集》第3卷，人民出版社1960年版，第211—212页。

维是普遍的，意志是特殊的，因此，思维总是以普遍来概括特殊；但在实践的态度中，思维却是从自我自身开始，因此，自我显得是与思想相对立的。这种自我就是作为“自由的意志”，它是一种与“普遍的思维”迥异的特殊存在：一方面，自我表示一种分离与新的规定，而规定自己就等于设定差别；另一方面，这些差别与规定却依然是属于我的。经历过这个过程之后的意志，便具有了“普遍”与“特殊”的双重性。这便是“具体的自由”概念。

黑格尔进而从两个方面批评康德道德哲学的基本原则：第一个方面，康德的出发点是“个体的自由意志”而不是“自在自为地存在的、合乎理性的意志”[①]，即它不是“合乎理性的意志”而是单个人在他“独特任性中的意志”，因此，其意志之间的符合一致所遵循的只是“形式的同一性与矛盾律”，这恰恰是黑格尔所极力反对的知性思维；第二个方面，康德道德哲学原则的出发点不是作为普遍规律的法则，而只是个体的自由意志，因此，黑格尔认为，这种原则一旦得到承认，便只是一种“外在的、形式的普遍物”，而不是内在的理性的东西。

正是基于“自由意志”之普遍性与能动性的设定，黑格尔重新规定了法哲学的性质与内涵：法哲学的研究对象是法的概念及其现实化进程，法的出发点是“意志”，而“意志”是“自由”的，所以“自由”就构成了法的实体与规定性。而《法哲学原理》的基本结构也正是按照“自在自为地自由的意志”这一理念的发展阶段逐渐展开的：从“直接的”到“反思的”，再到“统一的”，分别对应着“抽象法”“道德”与“伦理”的阶段，而“伦理”阶段的“国家”作为“自在自为的理性的东西”，既是提升到普遍性的特殊自我意识中的现实性，又是自由的现实化。作为神自身在地上的行进，“国家的根据就是作为意志而实现自己的理性的力量。”[②]

一般认为，市民社会的使命是要保证和保护所有权和个人自由，因此，单个人本身的利益就成为这些人结合的最后目的，而国家只不

---

① ［德］黑格尔：《法哲学原理》，范扬、张企泰译，商务印书馆 1979 年版，第 37 页。

② 同上书，第 259 页。

过是“守夜人”。但在黑格尔看来，恰恰相反，国家作为客观精神，并不是由个人构成的，应该反过来说，个人只有成为国家成员才有客观性、真理性与伦理性。“结合本身是真实的内容和目的，而人是被规定着过普遍生活的；他们进一步的特殊满足、活动和行动方式，都是以这个实体性的和普遍有效的东西为其出发点和结果。”① 由此亦可见，黑格尔的国家实际上乃是一个“国家的理念”，这个理念包容并统率现实，进而使得普遍与个别、客观自由与主观自由等对立面均能够实现某种统一，如果其他现实不能上升到这个层次，那么，黑格尔便毫不犹豫地将其贬为“现象”②。由此可见，在黑格尔那里，国家是一个超越于现实的对立，且又存在于现实，实则掌控着现实之节奏的“怪物”：它既是理性的，又是现实的：

> 国家是绝对自在自为的理性的东西，因为它是实体性意志的现实，它在被提升到普遍性的特殊自我意识中具有这种现实性。这个实体性的统一是绝对的不受推动的自身目的，在这个自身目的中自由达到它的最高权利。正如这个最终目的对单个人具有最高权利一样，成为国家成员是单个人的最高义务。③

以此为根据，黑格尔顺手批评了卢梭“社会契约论”中关于“国家”的概念。虽然他高度肯定卢梭提出的“国家原则”已经达到了很高的思想水平，因为这个原则“不仅在形式上（好比合群本能、神的权威），而且在内容上也是思想，而且是思维本身，这就是说，他提出意志作为国家的原则。”④ 但是，与黑格尔所理解的国家作为意志与理念之统一不同，卢梭与费希特一样，还仅仅将意志理解为特定形式的单个人的意志，“他所理解的普遍意志也不是意志中绝对合乎理性的东西，而只是共同的东西，即从作为自觉意志的这种单个人意志中产生出来的”。这个意义上的“国家”，实际上就是单个人的

① ［德］黑格尔：《法哲学原理》，范扬、张企泰译，商务印书馆 1979 年版，第 254 页。
② 同上。
③ 同上书，第 253 页。
④ 同上书，第 254 页。

结合所形成的一种契约，这种契约便不是客观的、普遍的伦理精神，而是“以单个人的任性、意见和随心表达的同意为其基础的”。这样一种契约论的后果，实则是从人性来理解神性，在理论上“破坏了绝对的神物及其绝对的权威和尊严”[①]。而在现实中则造成了灾难性的后果。

原来，在黑格尔看来，卢梭将这种“社会契约论”直接诉诸现实，无视“契约”与作为客观精神本质的、普遍性与具体性之统一的“国家”之间的“距离”，使得两者“短路”，因而造成了最可怕和最残酷的“事变”，这正是黑格尔对卢梭之契约论的最大不满。与卢梭相对，黑格尔强调，必须以客观的意志反对单个人的意志，且不论这种单个人的意志“是否被单个人所认识或为其偏好所希求”[②]。黑格尔实际上是将这个主观的意志纳入到客观的理性之中来。这种纳入之所以可能，乃是因为理性被规定为是一个自在自为的、合乎理性的意志；这种纳入之所以必要，乃是因为卢梭所谓的“社会契约”，还是建立在知识和意志或自由的主观性之上，在黑格尔看来，这个主观性只是客观的理性的一个环节，而且是“片面的环节”。

由此可见，黑格尔与卢梭契约论之根本区别在于，卢梭坚持了契约论的个体元素，认为公意乃是对个体的一种抽象，在公意那里，特殊性与普遍性相得益彰，因此，国家与政治应该基于契约论而获得其正当性；而黑格尔却认为，国家远非单个人的主观意志可以把握，更重要的是，国家具有一种统一对立面的整合与统摄功能，它使得原来意义上的对立、差异，均丧失了意义，并在一个新的概念平台上实现了对接、互通与关联：“自在自为的国家就是伦理性的整体，是自由的现实化；而自由之成为现实乃是理性的绝对目的。”[③]

由此亦可见，黑格尔对国家的论证，已经彻底改变了以往的国家观论证思路，实则将国家上升到一个类似于上帝的高度，正如上帝创造了自然界、人类社会一样，这个概念在人类的精神生活中得以真正

---

① ［德］黑格尔：《法哲学原理》，范扬、张企泰译，商务印书馆 1979 年版，第 255 页。

② 同上。

③ 同上书，第 258 页。

实体化。换言之，国家是一种精神，是一种类似于上帝的精神，或者说是上帝的精神化形态。对此，黑格尔并不讳言："神自身在地上的行进，这就是国家。国家的根据就是作为意志而实现自己的理性的力量。"① "国家是在地上的精神，这种精神在世界上有意识地使自身成为实在，至于在自然界，精神只是作为它的别物，作为蛰伏精神而获得实现。"② 基于绝对精神的辩证运动，现实的人的自由不过是精神的"刍狗"而已：

> 在谈到自由时，不应从单一性、单一的自我意识出发，而必须单从自我意识的本质出发，因为无论人知道与否，这个本质是作为独立的力量而使自己成为实在的，在这种独立的力量中，个别的人只是些环节罢了。③

值得注意的是，黑格尔所谓的"国家"固然是关于"国家"的"理念"，但这种理念是有其现实载体的，即他的国家学说与德意志民族的统一复兴愿望是紧密结合的。在他看来，当世界精神在日耳曼民族身上得到最完满、最高的体现的时候，日耳曼民族就是世界上最优秀的、居于领导地位的民族，而其他民族在世界历史中只是起着从属的作用。从这个意义说，日耳曼民族所建立的君主立宪制就是国家的理性形象和现实。这才是黑格尔国家学说的现实指向，也是其哲学承担的沉甸甸的历史责任之所在。正如李泽厚先生所说：

> 一个值得探讨的问题是，与康德、歌德不同，自费希特、谢林、黑格尔，到尼采、韦伯，到海德格尔、施密特，也包括显赫一时的各种浪漫派，尽管德国思想硕果累累，但如本书第一章所叙说，德国从分散、落后、软弱变而为统一、强大、富足的过程，由于对英、法所代表的资本体制和平庸世俗的不满和愤懑，

---

① ［德］黑格尔：《法哲学原理》，范扬、张企泰译，商务印书馆1979年版，第259页。
② 同上书，第258页。
③ 同上书，第258—259页。

它以民族文化的特殊性来对抗和“超越”现实生活的普遍性，却终于最后走上一条反理性的发疯之路。希特勒的出现和获得“全民拥戴”（包括海德格尔、海森堡、施密特等等知识精英）并非偶然。我以为这是不容忽视的德国思想史的严重教训。①

综上所述，黑格尔对康德自律观、卢梭公意观的批判，也可以视为是从普遍性与特殊性的关系入手展开的。相对于康德对自律必要性与正当性所作的论证，黑格尔的辩证法却把国家作为“具体的普遍”，即提升到普遍性的特殊自我意识中的现实性；相对于康德在理论理性与实践理性层次、事实层次与价值层次所界划的普遍性—特殊性关系，黑格尔却以思辨的辩证法重新沟通了两者。这就意味着，在康德那里作为与事实层次相对的、悬拟的“普遍性—特殊性”之统一关系，在黑格尔这里却落到了实处，即在国家的理念中、进而在日耳曼民族中实现了自身。

结　语

综上所述，我们以上出现了六种处理普遍性与特殊性的方式：以特殊性抵制普遍性的叶青的“中国特殊论”、将某国的特殊性视为人类普遍性的“普世价值观”、批判叶青之“中国特殊论”的艾思奇“辩证关系论”、论证自由意志与普遍法则之统一的康德“自律论”、超越私意与众意的卢梭“公意论”、论证具体与普遍相统一的黑格尔“国家理念论”。如果基于我们所区分的事实（理论）与价值（实践）层次的普遍性与特殊性关系，那么，不难发现：叶青的“中国特殊论”只是在事实认知层次上对特殊性的夸大，他无视理论思维中对这些特殊性的扬弃与克服，遑论对价值层次上的普遍性对特殊性的引导关系了；“普世价值论”是“中国特殊论”的另一个极端，貌似与“中国特殊论”相对，但两者均执着于认知层次上的普遍性与特殊性

---

① 李泽厚、刘绪源：《该中国哲学登场了——李泽厚2010年谈话录》，上海译文出版社2011年版，第31页。

之一端，而未能提升到价值层次，因此陷入“似是而非”的泥淖之中；康德对自律的可能性与正当性的论证、卢梭的公意论对众意与私意之冲突的协调，均较为清晰地展现了两个层次的区分脉络；艾思奇基于两个层次的区分，坚定地论证了马克思主义的一般规律与中国现实相结合的可能性、必要性与可行性；而黑格尔所论证的具体与普遍相统一的国家理念论，已经以辩证法消解了事实层次与价值层次的区分，正如其以辩证逻辑消解了形式逻辑与先验逻辑，以绝对精神消解了“主体”与“实体”一样，这个绝对精神实际上成为另一种更具有包容力与可塑性的“普遍性”，特别就他将日耳曼民族视为世界精神的集中表现而言，黑格尔的国家理念论可以视为“普世价值论”的另类版本。于是，以上六种形式最终可以划为二类：叶青的“中国特殊论”、西化派的“普世价值论”与黑格尔的“国家理念论”是属于同一个类别，姑且称之为“单层论”；而艾思奇的辩证关系论与康德的自律论、卢梭的公意论乃是属于另一个类别，我们可以称之为“双层论”。两者的差异是明显的，借用牟宗三先生的话来说，前者仅是一个“科学一层论”或者“理智一元论”，但在科学的“事实世界”以外，必有一个“价值世界”“意义世界”。“真正懂得科学的人必懂得科学的限度与范围，必懂得这两个世界的不同而不能混一。”①

本文以艾思奇的“中国特殊论”批判为视角，切入到普遍性与特殊性的关系论题，通过引证康德与黑格尔对普遍性与特殊性关系的处理，试图确立一个考察近代以来中国思想界的纷争，特别是马克思主义中国化进程的坐标。我们的分析表明，区分事实（理论）与价值（实践）层次的普遍性与特殊性关系，是真正把握当代哲学的主题，回应现时代课题的“起手式”。正如毛泽东曾经指出的：矛盾普遍性与特殊性“这一共性个性、绝对相对的道理，是关于事物矛盾的问题的精髓，不懂得它，就等于抛弃了辩证法。”② 也正是在这一意义上说，新民主主义革命、中国特色社会主义建设都体现了这一普遍性与

---

① 牟宗三：《道德的理想主义》，吉林出版集团有限责任公司2010年版，第215页。

② 《毛泽东选集》第1卷，人民出版社1991年版，第320页。

特殊性、共性与个性的辩证法。如果未能区分事实与价值两个层次的辩证法，在理论研究中必然导致思维混乱，在实际生活中也会带来消极后果。从这个意义说，如何处理好普遍性与特殊性、共性与个性之间的关系，以真正回应“古今中西”问题，既是辩证法研究的核心问题，也是关涉到马克思主义基本原理与中国具体实际相结合的重大现实问题。

共产党人要牢固确立公有制观念*

刘德中**

《共产党宣言》已经问世170年了，这标志着科学社会主义诞生、马克思主义的旗帜成为引领历史发展的先进思想。贯穿《共产党宣言》的基本观点可以说是所有制问题，例如从头到尾都强调：

> 共产党人可以把自己的理论概括为一句话：消灭私有制。①
>
> 共产主义革命就是同传统的所有制关系实行最彻底的决裂；毫不奇怪，它在自己的发展进程中要同传统的观念实行最彻底的决裂。②
>
> 共产党人到处都支持一切反对现存的社会制度和政治制度的革命运动。在所有这些运动中，他们都强调所有制问题是运动的基本问题，不管这个问题的发展程度怎样。③

当前，在“消灭私有制”的问题上居然又引起了激烈争论。我们有些人的思想认识与理论水平难以说进步了，完全不能适应新时代的

* 本文是国家社会科学基金重大招标项目“习近平总书记关于中国道路系列重要论述研究”（项目批准号：14ZDA003）的阶段性成果。

** 刘德中（1970— ）男，汉族，山东汶上人，中国社会科学院马克思主义研究院副研究员，博士，研究方向：马克思主义哲学。

① 《马克思恩格斯选集》第1卷，人民出版社2012年版，第414页。

② 同上书，第421页。

③ 同上书，第435页。

要求。阶级斗争可以说是实现所有制变革的手段。经过苏东剧变后这些年来的发展，我们可以清楚认识到，公有制不仅具有效率意义，而且具有公平意义，对于社会保障以及反腐败都有显著效果。

一 从世界视野看公有制的效率意义

20 世纪 80 年代英国首相撒切尔夫人掀起过私有化潮流，把许多国有经济实体转变为私有公司。当时占统治地位的指导思想认为，私有企业比政府管理企业和提供服务更有效率，开放行业竞争是符合消费者利益的理想方式。90 年代是资本主义全面胜利的十年，也是对市场的信仰迅速膨胀的十年。但是历史并没有在这里终结，21 世纪刚刚开始，金融泡沫破碎，市场道德沦丧的后果正在凸显，全球性的经济衰退出现前所未有的迹象，对所有制反思的思潮也在许多地方出现。

2001 年 10 月，拥有英国铁路轨道、信号和火车站的铁路集团宣布资不抵债，通过公私伙伴关系实际上再次国有化。过去的空中交通管制垄断公司自从 2001 年私有化之后也在挣扎。2002 年 8 月，英国最大的核能公司又重开私有化问题的争论，英国能源问题也成为英国私有化失败的最新典型。英国能源公司是 1986 年私有化的，生产英国 20% 的电力，近来连年亏损。即使自由市场鼓吹者也同意，如果英国能源要保持运转，政府必须采取行动。研究者认为，最近的麻烦不仅对英国也对其他国家提供了私有化的重要教训。如伦敦社会市场基金会主任科林斯说，我们已经知道并不是所有东西都适合私有化。

关于新加坡淡马锡控股和政联公司（GLCs）的作用，2002 年在新加坡国会又引起激烈的辩论，调查研究机构也进行了新的论证。新加坡的政联公司相当于我们的国有企业。新加坡政联公司在新加坡经济领域影响很远，新加坡经济的成功可以说是国家资本主义的成功。对于政联公司应扮演什么角色的问题，多年来在新加坡国会上经历过无数次的讨论。贸工部政务部长在参加辩论时反驳了政府的参与会导致政联公司的经营与管理效率和业务表现欠佳的说法，指出这种论调是没有凭据的。新加坡航空公司和樟宜机场的例子很有说服力："政府拥有显著股权的新航是全世界表现最好的航空公司，而政府独资拥有的樟宜机场也是商务旅客投选的最佳机场。"国家发展部高级政务次长在为政联公司辩护时说，政联公司是新加坡的关键优势，因为只有淡马锡控股有能力把新加坡带到国际市场。南洋理工大学学者的一项研究发现，在上市公司当中，政联公司要比非政联公司更有效率，股本与资产回报率也更胜一筹。南洋理工大学商学院银行与金融系主任陈光嵘教授与美国佛罗里达州大学的詹姆斯教授对 25 家政联公司和 204 家非政联公司 1990 年到 2000 年的数据进行研究，说明政联公司的企业监管比非政联公司更为严格，因此有更高的投资价值。他们的研究发现，在 1990 年到 2000 年期间，政联公司的资产回报率比非政联公司高 1.7 个百分点，股本回报率高 10.1 个百分点。与非政联公司比较，政联公司也拥有较高的现金与资产比率——政联公司是 16.4% 而非政联公司是 13.7%。充裕的现金说明政联公司并不需要在财务上依赖政府，它在运作方式上与私营公司无异。政联公司在控制开支方面也比非政联公司规矩。政联公司的开支与资产比率是 50%，而非政联公司是 70%，这是政联公司的资产回报率比非政联公司高的原因之一。

国民党失去台湾政权后，台湾也进行了"公营事业民营化"（与我们所说的国有企业私有化是一个意思），国民党政权原来在"计划经济""民生主义"的指导原则下对经济活动的管制和干预不复存在了。通过对私有化效果与社会影响的评估，有的台湾学者认为，公有财产的移转牵涉到许多经济和社会结构的问题，包括经济秩序的重整、劳动条件的下降、劳雇权力不平等关系的深化、民众生命和财产安全维护机制的丧失及贫富差距的扩大等，看待私有化不应该仅是依据一个抽象、模糊的效率原则。当国家依循（或是假借）自由经济的主张而持续支持私有化政策时，政商利益关系只会被强化，个别企业或是整体经济的效率却未必会改善。承认公营事业诸多弊病的存在和功能的衰退，并不表示私有化做法就是唯一的出路。私有化并不必然提高效率，而效率是否可以作为衡量所有公营事业存在价值的唯一准则，也是应该被质疑的。私有化造成资源再分配，必然使不平等结构进一步深化，社会公平被牺牲。达成经济自由化的策略并不只是私有化，产业的开放竞争其实更重要。私有化并不必然代表国家经济干预的减少，变化的只是干预的形式。[①] 他把私有化界定为国家减少对经济或社会事务的直接经营或管理，而由非政府组织承担生产或服务功能，他认为至少有四种私有化形式：出售所有权、经营权外包、聘请专业经理人经营公有事业或公共服务、缩小福利范围。私有化的正当性建立在对市场自我管理能力的过度幻想上。私有化不只是拍卖国家的资产，也是拍卖国家的责任，表面上似乎是顺应时代潮流，事实上只是反映出国家官僚体系已经丧失自我监督和控制国家机器运作的能力。私有化被批评为丢包袱、锯箭法，贱卖国家资产、践踏劳工权益。他认为马克思早就看出了自由经济理论的盲点，那就是在竞争逻辑下富者愈富。正如有人所说，社会主义会使人感到寒冷，但是不会有人被冻死；市场体制使人们有被冻死的自由。

美国“9·11”事件与哥伦比亚航天飞机失事事件都是非常引人注目、影响深远的大事件，对于这两个事件，都有美国学者从所有制的角度进行了探讨。著名经济学家克鲁格曼在“报应：我们付出的代价”中认为，“9·11”事件悲剧在很大程度上是美国人自己造成的。因为美国是一个不愿意投资公共安全的国家。美国机场的安检人员每小时只有6美元薪水，而在欧洲，安检人员1小时有15美元的薪酬，另外还有津贴，他们同时还受到了广泛的训练。归根结底这是因为欧洲的机场安全被看成是执法问题，其费用由机场或国家政府来支付；但在美国，机场安全仅仅由机场自己来支付。他认为，公共机构由于政客们忙于装模作样地反对“大政府”而一直缺乏可资利用的资源，依靠私人部门去做公共部门的事务是行不通的，一个关键的教训就是：有些事情是政府必须花钱做的。在关于“哥伦比亚”号航天飞机爆炸事故的第一场公开听证会上，重点就放在了美国宇航局的私有化政策等管理体制上。

---

① 张晋芬：《台湾公营事业民营化：经济迷思的批判》，“中研院”社会研究所2001年版。

二　社会主义公有制的社会保障意义

经济社会发展水平是社会保障制度建立和运行的基础。社会主义国家的社会保障制度应该具有鲜明的特点，原因主要在于社会主义国家是以公有制为主体的，而公有制本身就意味着社会保障，对于其中的劳动者直接发挥着社会保障的功能。对于这个特点，我们应该有深刻的认识并且据此谋划。

古巴的例子突出表明了社会主义社会保障的特点。世界银行在2004年度的《世界发展报告》中提出了“古巴之谜”这个说法，用于指古巴“没有（经济）增长也能（使人民）拥有健康”的卓越成就。

古巴被认为是在低收入水平上也能拥有健康的范例。虽然古巴仍然非常贫困，但是其婴儿死亡率却低于许多工业化国家，并且一些在发展中国家常见的疾病在古巴也被消灭了。古巴的收入水平远远低于加拿大，但是其婴儿死亡率却与后者持平。古巴是如何努力，从而使其婴儿死亡率至少不高于西半球任何一个发展中国家，而且也不高于许多工业化国家的呢？见多识广的世界银行专家们感到费解，把这称作古巴之谜。

联合国还有一个报告也赞扬古巴在困难时期维持了社会发展。这份联合国报告说，虽然古巴在20世纪80年代末东欧社会主义集团解体后经历了严重的经济困难，但它在社会发展领域的成果得到了维持。联合国拉美和加勒比经济委员会、开发计划署和古巴国家经济研究所进行的调查显示，虽然古巴一下子失去了主要的出口市场和援助来源，但通过改革和恢复宏观平衡，它在教育、卫生、房屋、粮食和就业方面的成果仍然得以维持。

古巴之谜的关键在于其社会制度。社会制度决定了其出发点是为大多数穷人服务，政府不惜为此提供公共资金、设计有效的激励措施。这样做的结果是不仅造福于大多数国民，而且能够满足广阔的国际市场的需要、取得世界性的声誉。

只要有生产资料和劳动者，并且二者在一定的产业基础上结合起来，社会的财富就有了不竭的源泉。公有制作为生产资料和劳动者直接结合的所有制形式，对于具有劳动能力、进行着劳动的劳动者来说，他们的一切都是有保障的，所以他们虽然工资收入不高，却没有什么后顾之忧；对于失去了劳动能力的劳动者来说，只要他们所服务的公有制企业继续存在，他们就还是有保障的。西方国有企业的职工都普遍是高工资、高福利的，形成了一个工人贵族阶层。针对他们的改革措施往往遭遇巨大阻力而难以为继。企业总是要承担一定的社会责任的，承担社会责任已经成为企业打造自身形象、展示自身实力的一种方式。在促进就业公平、女性就业等方面，总的来说国有企业做得比较好。我国国有企业的职工还没有享受到高工资、高福利，企业所办的学校、医院以及其他服务设施，只要能够负担就不应该鼓吹不办社会。职工享受不了这里的这些服务，就要到社会上高价购买，由此加剧了看病难、上学难、住房难。医院、学校、房地产都是社会上的热点产业，企业开展多种经营为什么不能办呢？考察企业所办的这些产业的效益时，应该考虑到它们为职工提供的社会保障的效益。

农村与城市的经济基础不同，农村集体经济实力是农民保障自己的经济基础，国家支持农民建立社会保障可以通过直接支持农村集体经济发展来进行。在集体经济实力强大的村庄，农民享受着很高水平的福利。对于提供了这些福利的集体企业，国家在政策上应该有优惠。

三 从所有制与政企关系的角度认识腐败

反腐败必须从制度建设着手好像已成为不少人的共识，但是有哪一种制度能完全避免或者消除腐败吗？事实证明是没有的。腐败猖獗的地方也并不是缺乏制度，而是制度形同虚设，“制度”健全了而且要能发挥作用才能减轻腐败。

既然美国等西方国家所谓的民主政体也不能从根本上消除腐败，那又有什么理由主张中国进行以美国为榜样的政治体制的根本变革呢？我们为什么不能有出息设计出比美国更好的制度呢？卡斯特罗说古巴没有腐败，我们为什么不能重视古巴的经验呢？

腐败为什么成为世界性的问题？中国的腐败为什么难以取得压倒性胜利？我们要对腐败现象有个正确的认识，首先要对腐败的根源有清楚的认识。只有找准了腐败的根源，才能对症下药，制定出得力的反腐败措施。无序的市场经济只能产生腐败和经济上的低效益。腐败的主体是由政府与企业之间的制度安排造成的，正是由于政企分开，企业为了获得政府的服务与方便才腐蚀政府官员、使腐败愈演愈烈的。在政企不分的条件下，企业是政府的，企业遇到的困难政府是作为问题来解决的。政企分开后，政府该为企业做什么是不明确的，企业遇到求助于政府的困难时官员们就作为“寻租”机会来对待了。在既有政府的企业又有非政府的企业的情况下，由于政府的企业比较按规矩行事，而且仗着是自己人不给官员好处，得到其他企业好处的官员为了自己的私利也就不管“自己人”死活了，结果就出现许多产品物美价廉的国有企业竞争不过产品质次价高的私营企业的现象。所以只要实行市场经济体制，不管多么严刑峻法，腐败都是不可避免的，在中国的转轨过程中，腐败被认为是“润滑剂”也就是自然而然的。古巴也正是因为没有进行这种改革才得以幸免的。

认识到这一点，为了反腐败要怎么“深化改革”就是清楚的了。我们要沿着公有制为主的方向完善我们的制度才能最终消除腐败。公有制极大地缩小了腐败的空间，群众运动也有力地遏制了腐败分子的嚣张气焰，这才是反腐败最有效的措施。我们所需要做的是使公有经济有活力、群众监督有秩序。

腐败人人痛恨，如果不能从政企关系的角度上认识腐败，窃以为再怎么反腐败也就是五十步与一百步的差别而已。

四　公有制观念与共产党的使命

中国历史上，所谓的“太平盛世”都不能长治久安，只能昙花一现，然后再进入治乱循环。中国共产党建立了公有制，为打破历史上的循环找到了正确的途径。我们必须坚持公有制的主体地位，“促进国有资产保值增值，推动国有资本做强做优做大”，在农村“壮大集体经济”，实现全体人民共同富裕。我们不能无视私有制下大鱼吃小鱼的一贯事实，私有制的发展必然是两极分化。我们应该看到私有制只能调动老板的积极性，劳动者只有为自己劳动、有主人翁地位才会积极性高涨。如果回到千百年来占统治地位的私有制、“天下为家”，不实行公有制、“天下为公”，就难以维持“全面小康”。

我们承认我国社会主要矛盾已经转变，这构成新时代的主要根据。主要矛盾变了社会发展阶段也应该发生变化。因为社会主义初级阶段的一百年也很快就要到了，有的企业家已经开始担心这个阶段的结束与《宪法》第六条关于经济制度的表述需要修改的问题。《宪法》第六条第二款是1999年《宪法修正案》增加的内容：“国家在社会主义初级阶段，坚持公有制为主体、多种所有制经济共同发展的基本经济制度，坚持按劳分配为主体、多种分配方式并存的分配制度。”这被认为“使得公有制以外的所有制形式、按劳分配以外的分配方式第一次具备了宪法地位。十多年来我国社会经济发展取得举世瞩目的成果，充分证明了宪法对于基本经济制度的规定对于社会生产力的巨大作用。”① 第二款的时间限定“社会主义初级阶段”，有人认为意味着：非公有制的所有制形式、按劳分配以外的分配方式，只允许在社会主义初级阶段存在。所以，他们担心“初级阶段”结束后怎么办？这个担心也是杞人忧天。《宪法》明确规定“国家保护个体经济、私营经济等非公有制经济的合法的权利和利益”，“公民的合法的私有财产不受侵犯”“国家依照法律规定保护公民的私有财产权和继承权”。这应该是更好的定心丸。

我们在所有制意义上谈的是生产资料的公有制和私有制，不能与生活资料混为一谈。在司法实践与各国的立法活动中，对作为生活资料与生产资料的财产的保护力度是不一样的，即使是作为自然人的被执行人，基本的生产资料与非基本的生产资料也是得到不同程度的保护的。法人作为生产资料的财产如果处于被执行状态，在进行法定保护时往往是被置后考虑的。不过，基本的必需的生活资料是不必有什么担心的，无论如何国家是不会侵犯的。

---

① 参见陈利浩《“初级阶段”之后怎么办》，南方周末官网（http：//www. infzm. com/content/98727）。

为了完善对私有财产保护的规定，应该对财产与资产进行区分，用财产专指消费资料，而用资产来指生产资料，对这两者的保护应该不同，应该进一步明确消费资料优先的原则。因为在现实中，作为生产资料的资产为了实现增值而具有扩张的倾向，在扩张的过程中，往往造成对穷人生活资料的侵犯。在这种情况下，国家对穷人生活资料即财产的保护往往是无力的。财产受到侵犯经常不是由于国家与公民之间的冲突，而是由于贫富冲突和对立。从人道的角度出发，穷人生存的需要应该高于富人赚钱的需要，因此，对财产和资产的保护不能混为一谈。

在党的指引下，有些富人在钱赚到一定程度的时候，就会选择把厂子（资产）交给集体，因此带领大家都富裕了起来。我们应该鼓励这种倾向。如果民营企业家真正把企业作为自己的事业来看待，希望企业不断发展壮大，在认识到没有亲戚朋友可以继承自己管理好企业的情况下，可以把企业托管给政府的一个部门，由国家委派人员进行管理，保证其资产保值增值，保障其子女等获得相应的收益。这样做才是一种对孩子、对整个社会负责的行为。

“富不过三代”的警语让许多企业家对于接班人问题充满忧虑。企业都是有生命周期的，有的死去了，有的成长起来都是很正常的。有些老店虽然招牌没有变，但是主人可能换过多次了。实际上，没有哪家企业对于社会来说是真正不可代替的。新时代的企业家也要自觉承担社会责任、融入历史潮流才能更上一层楼。有了今天，应该感恩党、感恩时代。为了明天，应该跟党走、认清大势。

真心实意搞社会主义的真正的马克思主义政党，应该通过实际措施限制私有制、发展公有制，限制私有观念、培育公有观念。这样才是探索社会发展新路，才能避免老路、邪路的弊端。共产党人的检验标准，应该是为公还是为私。在这一点上，党性得以体现，党性与人民性的统一也得以实现。

中国特色社会主义市场经济的再认识
——纪念《共产党宣言》发表170周年

徐　强[*]

170年前，在《共产党宣言》（以下简称《宣言》）中，马克思恩格斯曾经说过："一个幽灵，共产主义的幽灵，在欧洲游荡。""现在是共产党人向全世界公开说明自己的观点、自己的目的、自己的意图并且拿党自己的宣言来反驳关于共产主义幽灵的神话的时候了。"①套用过来，改革开放40年之后，现在也是我们对中国特色社会主义市场经济进行再认识，并且对现实问题作出新的回应的时候了。

一　对市场经济的再认识

自我国实行改革开放以来，市场经济就如同一艘破冰船，它从一开始就承载了太多的东西。我们对待市场经济的态度也从最初的怀疑到接受再到今天的反思，经历了一个辩证发展的过程。

作为一种在传统观念上与资本主义相连的、与计划经济相对立的新的经济形式，实行市场经济首先要冲击计划经济的坚冰，为改革开放开道；其次，它要实质上提升经济效率，推动我国经济的发展；最后，它还要经受种种质疑，并在质疑中继续前进。从我国市场经济的

---

* 徐强（1965—　），男，南京师范大学公共管理学院教授，博士生导师，主要从事马克思主义哲学、西方马克思主义等研究。

① 《马克思恩格斯选集》第1卷，人民出版社2012年版，第399页。

实际运行来看，在中国特色社会主义的前提下，市场经济经受住了考验，从受质疑到逐渐被人们接受和认可，并且在我国社会发展进程中发挥了不可替代的作用。由于进行了中国特色社会主义市场经济建设，我国的经济面貌发生了根本转变，一跃成为世界第二大经济体，成为全球增长的主要推动力量。与此同时，人民的生活水平也有了显著提高，工作的热情和积极性得到了充分调动。

然而，随着改革的进一步深入，市场经济的弊端也在逐渐显露，人们开始意识到市场经济不是万能的，它是一把双刃剑。它既可以带来效率的提升，经济的繁荣，又可以造成贫富差距的拉大，带来两极分化。为了获得更大的利益，社会上出现了不少唯利是图、不正当竞争的现象，例如坑蒙拐骗、假冒伪劣、以次充好、以假乱真，等等。与此同时，人们在精神层面上也遭受到了巨大冲击，越来越相信市场、依赖市场，人与人之间的关系也变得市场化、利益化了，变得越来越冷漠；个人主义、利己主义、功利主义、物质主义开始盛行，滋生了一切向钱看的不良思想。由此产生的结果是：人们对市场经济也需要进行反思，逐渐意识到不能盲目崇拜市场，而是要加以理性对待和分析。如果说我们对待市场经济经历了一个从疑到信的阶段，那么，现在进入了一个从信到疑的阶段。在前一个阶段，我们主要是对市场经济可能带来的结果存在不确定性，抱有疑虑；在后一个阶段，我们则是对市场经济产生的结果进行反思，重新评估市场经济。这是一次认识的升华，也是对市场经济的一次再检验。解答有关市场经济的各种疑问，解决市场经济带来的一系列问题，是我们必须应对的时代课题，同时也是时代的难题。

在马克思看来，“个人怎样表现自己的生命，他们自己就是怎样。因此，他们是什么样的，这同他们的生产是一致的——既和他们生产什么一致，又和他们怎样生产一致。”① 承认市场经济的存在，就必须同时承认这种生产方式对于人的决定性作用，承认这种生产方式对于人们生活方式、思维方式和行为方式的影响，而不是抱有不切实际的幻想。我们只有充分认识到市场经济带来的各种有利和不利的后

---

① 《马克思恩格斯选集》第1卷，人民出版社2012年版，第147页。

果，分析市场经济的得失成败，才能作出正确的判断和抉择，更好地推进社会的前进和发展。

应该说，人们对市场经济的疑虑不是无缘无故的。在传统社会主义理念中，人们之间收入和生活水平的差距相对较小，而且保持在一个较小的波动区间内，没有形成鲜明的反差，因而人们在心理上也不存在巨大的落差，不会产生仇富心理；而市场经济则造成人们收入差距的拉大，进而造成人们生活水平差距的拉大，带来两极分化。再加上社会阶层的相对固化，权力漏斗现象、贪腐现象等较为严重，迫使人们重新面对这样的问题：我们改革的初衷到底是为了什么？我们未来的发展走向究竟是什么？对于这样的问题我们必须加以回答，只有回答了这些问题，我们才能重新树立对社会主义的信仰、信念和信心，才能真正从认知和情感上接受社会主义、拥护社会主义，进而建设社会主义、建成社会主义。

就中国特色的社会主义市场经济而言，市场经济作为一种经济形式，不管它发挥了多大作用，它始终只是工具和手段，是服务于和服从于中国特色社会主义的。它的前提始终是坚持社会主义，它的目的始终是发展社会主义，它的目标始终是建成社会主义。我们不能只是看到市场经济的中国特色，更要看到市场经济的社会主义性质。在中华人民共和国成立初期，虽然我们建立了社会主义制度，中国人民站立起来了，但一切百废待兴、百废待举，国家和人民都一穷二白，社会主义制度的优越性无法得以充分展现。在今天，社会发展、人民生活水平提高，应该说更有条件展现社会主义制度的优越性。然而，由于市场经济存在的种种弊端，人们的获得感、满足感和幸福感并不强，在认知上并不表现为对社会主义的认同，反而对公平公正的诉求更加强烈，并且增加了对未来的担心和疑虑。

在中国特色社会主义市场经济建设过程中，必须处理好其内在的关系。只有更充分地发挥市场经济的作用，才能更好地发展中国特色的社会主义；只有更充分地体现中国特色的社会主义，才能为市场经济提供动力。如果说改革开放从计划经济向市场经济的转接是为社会注入生机和活力的话，那么，今天强化社会主义的观念和意识则是为市场经济注入生机和活力。只有坚定社会主义的发展方向，坚持社会主义的发展目标，我们才能明确市场经济的运行和发展始终是围绕着社会主义展开的，它的一切最终都是为了巩固社会主义的经济基础，而不是瓦解社会主义；不是为了少数人的发财致富，而是为了人民的福祉并且造福于民。市场经济不是游离于社会主义之外，而是存在于社会主义之中，这才是中国特色社会主义市场经济应有的担当和定位。

二　对中国特色社会主义的再认识

由于受市场经济的影响，人们对待社会主义的看法和观念也在发生着微妙的变化。尽管市场经济不等于资本主义，计划经济不等于社会主义，我们所搞的市场经济也从来没有脱离社会主义，始终坚持的是中国特色的社会主义市场经济，但一个不争的事实是：在市场经济的运行过程中客观上造成了人们对社会主义信念的松懈，社会主义道路的动摇以及社会主义制度的怀疑。

从最初对社会主义的坚信不疑，到开始产生怀疑；从对理想信念的追求，到对物质利益的追逐，人们越来越推崇工具理性，追求工具价值，同时也就越来越远离理想主义，接近实用主义。在改革开放之前，我们对社会主义是深信不疑的；在改革开放之后，我们对社会主义开始产生了怀疑。改革开放取得的成就不是记在社会主义的名下，而是记在市场经济的名下。我们目前要做的便是要从怀疑再到相信。前一个阶段是从信到疑，后一个阶段是从疑到信。如果说前者是破的话，后者则是立。这实际上是一个心理重建过程，这个过程相对于前一个过程更加艰难。

在党的十九大报告中，习近平总书记提出："中国特色社会主义进入新时代，意味着近代以来久经磨难的中华民族迎来了从站起来、富起来到强起来的伟大飞跃，迎来了实现中华民族伟大复兴的光明前景。"① 如果说站起来是政治上的宣言，富起来是经济上的宣言，那

① 习近平：《决胜全面建成小康社会夺取新时代中国特色社会主义伟大胜利》，《人民日报》2017 年 10 月 28 日第 1 版。

么，强起来则是真正在政治、经济、文化上的强盛，既是物质文明上的强盛，也是精神文明上的强盛，它只有在政治独立、经济富强的基础上才能够提出来。它是我国综合实力的体现，是国家富强的体现，更是社会主义的胜利。只有最终落实到社会主义上，才是真正中国特色社会主义市场经济的成功。

就精神层面而言，强起来具体落实在“四个自信”上，即社会主义的道路自信、理论自信、制度自信和文化自信。当我们在政治上独立而经济上落后时，我们无法表现出足够的自信，社会主义的优越性还没有充分体现出来；而当政治独立、经济强盛之后，我们又面临新的难题，那就是在中国特色社会主义市场经济建设过程中，怎样才能更鲜明地体现中国特色社会主义的制度优势、道路优势、理论优势和文化优势？如何才能更坚定不移地坚持社会主义制度、社会主义道路、社会主义理论和社会主义文化？

以往由于缺乏足够强大的社会主义经济基础，我们更多只能是从理想、信念层面上来谈社会主义。正是由于中国特色社会主义市场经济所取得的巨大成就，使得我们在社会主义的制度、道路、理论和文化上更加充满自信。但我们始终不应忘记的是：我们是在市场经济的基础上完成的历史性变革，只要市场经济存在一天，我们就必须对它保持清醒的认识。过去我们批评资本主义市场经济中存在的问题，今天我们也同样会遭遇到。区别只是在于：有些具有共性的问题，解决问题的方式具有相似性；而有些问题，尤其是涉及社会的根本问题，在不同的社会制度下，解决问题的方式就会大相径庭。这种不同的解决方式才最能体现出不同的社会制度、道路、理论和文化的差异，体现出资本主义与社会主义的本质区别。

今天，在不少人的心目中，把市场经济与社会主义有意无意地对立起来。在中国特色社会主义市场经济建立过程中，似乎市场经济的特色越来越明显，社会主义的特色越来越暗淡。凡是成功都是市场经济的成功，凡是失败都是社会主义的失败。市场经济成了成功的代名词，社会主义成了失败的代名词。市场经济的进，就是社会主义的退。倘若如此，中国特色的社会主义市场经济就很难说是成功还是失败。可见，市场经济的成功不就等于社会主义的成功，它还需要一个前提，那就是必须能够彰显社会主义制度的优越性，体现社会主义的价值目标和追求。我们应始终意识到市场经济和社会主义是不可分割的，它们是一个统一的整体，我们建设的是中国特色的社会主义市场经济。

无疑的，中国特色社会主义必须是社会主义。过去我们着重强调中国特色，这是历史的要求。我们不能走别国的老路，必须从我国的实际出发，实事求是，才能解决中国的实际问题。但随着我国社会主义改革的进一步深入，我们面临着新的任务，那就是在中国特色社会主义市场经济的进程中进一步凸显社会主义的特质，彰显社会主义的优越性。重温《共产党宣言》，我们需要明确我国目前的实际究竟是具备了更充分的发展社会主义的条件，还是越来越失去社会主义建设的条件，社会主义建设的条件是更充分了，还是更削弱了？只要我们坚持走社会主义道路，坚持社会主义制度，就必须重新认识社会主义，强化社会主义意识，坚定社会主义信念。

无论如何，社会主义应该是更公平、更公正的。我们要尽可能消除特权，做到在法律面前人人平等；要尽可能减少社会的不合理现象，做到透明、公开，使人民享有知情权。对社会主义的理解始终离不开公平公正，离开了公平公正就无法谈论社会主义。社会主义本身就是针对社会的不公而产生的，它要解决的核心问题是如何在保证社会持续稳定高效发展的前提下，充分体现社会的公平公正，使效率与公平保持统一，而不是为了赢得效率牺牲公平，或者为了保持公平牺牲效率。但困难在于：当我们在追求效率时容易破坏公平，在追求公平时容易损害效率。追求效率的前提是承认差异，是由差异带动发展；追求公平的前提是追求一致，是由一致促进和谐。由于前提的不同，产生的结果也就不同。因此，必须在差异与一致之间保持适当平衡。

应该说，不论在什么样的社会条件下，公平公正始终是一个社会必须面对的问题，不同的社会也给出了不同的答案。在资本主义条件下，各国政府对于实现公平公正也作出了自己的努力。但是，相对于资本主义社会更侧重于对效率的追求而言，社会主义更应突出对公平公正的追求。只有沿着公平公正的道路，才能走出一条新的发展之路。

中国特色社会主义市场经济从建立到发展至今，前后时间仅有40年，但在效率和公平的关系问题上，却发生了多次变化。先后经历了从公平优先到兼顾效率和公平，从效率优先兼顾公平再到初次分配注重效率再分配注重公平，最后到当前的更加注重公平的演变过程。这一过程正好反映了我国社会发展的基本历程。在改革开放之初，我们更注重公平公正，因此坚持了公平优先的原则；随着改革的深入，为了更好地促进经济的发展，我们开始把效率放在优先地位，同时兼顾公平公正；在更进一步的发展中，我们又有意识地将初次分配和再分配分开并加以区别对待，既保持在生产、流通中的高效率，又保证社会的基本公平和公正；直到今天在全社会范围内，无论初次分配还是再分配，都要更加注重公平公正。也就是说，在社会主义发展过程中，在一定阶段上，我们可以借助对效率的强调，加快社会发展的步伐，但是，最终我们还是要回到公平公正上来。唯有如此，我们才能真正体现中国特色社会主义市场经济的特性，体现市场经济在中国特色社会主义背景下应有的地位和担当。如果实行市场经济的结果使得我们在效率和公平问题上最终失衡，为了效率不顾公平，那么，即使我们的效率再高，我们的改革就不能算是成功。但同样的问题是：我们正是为了提高效率才冲击了建立在普遍贫穷基础上的平面化的公平公正，当我们在逐步实现普遍富裕的基础上，我们能否在追求更立体化的公平公正时不会影响到效率的追求？

这表明在效率和公平问题上，存在着一定的张力关系。在现有的经济模式下，当我们过分强调效率时，就很难保持效率和公平之间的平衡；而当我们过分注重公平时，也可能影响到效率的实现。我们今天面临的问题实际上经历了一个否定之否定的过程，从以公平为首要原则，到由于片面追求效率造成对公平的伤害，从而重新将公平问题凸显出来，更加注重公平问题。这不是简单的重复，而是带有新时代的新特点和新信息，它在根本上传导的是社会主义的文化基因，是对社会主义的坚守和信心。

中国特色社会主义市场经济的意义和价值就在于，它试图通过自身发展证明效率和公平不仅需要达成一致而且能够达成一致。我们需要做的就是树立这样的典范，以改革发展的成功证明我们完全可以走出一条不同于西方的新的发展之路，这就是我们的特色、我们的自信。正如习近平总书记所说：中国特色社会主义进入新时代，“意味着中国特色社会主义道路、理论、制度、文化不断发展，拓展了发展中国家走向现代化的途径，给世界上那些既希望加快发展又希望保持自身独立性的国家和民族提供了全新选择，为解决人类问题贡献了中国智慧和中国方案。”① 未来我们需要在这条道路上继续走下去，并且坚定不移地坚持和发展中国特色的社会主义。

此外，社会主义是应该更能给人民自由的。这里的自由不是精英分子所谓的财务自由，不是自由贸易，而是人们能够得到更加自由而全面的发展。在《宣言》中说：“它（指资产阶级——引者注）把人的尊严变成了交换价值，用一种没有良心的贸易自由代替了无数特许的和自力挣得的自由。”在中国特色社会主义市场经济建设过程中所要实现的自由，是让人民能够有更多发展自身的机会，更多表达自身意愿和诉求的机会，更多参政议政、履行社会监督权的机会等。总之，要让人民能够切实感受到自己在当家作主，能够更自由自觉地融入社会，追求和实现自己的幸福生活。

社会主义还应该是更温暖的。在《宣言》中，马克思恩格斯说：“资产阶级在它已经取得了统治地位的地方把一切封建的、宗法的和田园诗般的关系都破坏了。……它使人和人之间除了赤裸裸的利害关系，除了冷酷无情的‘现金交易’，就再没有任何别的联系了。它把宗教的虔诚、骑士的热忱、小市民的伤感这些情感的神圣激发，淹没在利己主义打算的冰水之中。”在中国特色社会主义市场经济建设过程中，由于受利益的驱使，我们同样需要防止人和人之间成了赤裸裸的利害关系，人与人的关系变得越来越利益化，表现出道德的冷淡和冷漠。社会主义需要通过自身的价值追求，让人们感受到来自社会的关爱和温暖。

以上所述本不属于应该，而是社会主义的题中应有之义；不属于

---

① 习近平：《决胜全面建成小康社会　夺取新时代中国特色社会主义伟大胜利》，《人民日报》2017 年 10 月 28 日第 1 版。

我们的向往，而应是社会主义的现实。它直接关系到社会主义在何种程度上被表现出来以及它在何种程度上能够被接受和认可。

理论的最终目的是要回到现实，因而只有在现实中才能展现理论的力量，才最具有说服力。对于社会主义来说同样如此。它的真正力量不是来自说教和宣传，而是来自现实，来自现实提供的最有说服力的证明。以具体的、发展的眼光看问题，反对抽象地、静止地看问题是唯物史观的基本立场和要求。在改革开放之初，我们不在“姓资、姓社”上纠缠，是为了在观念上冲破束缚，为改革开放开辟道路。而在今天改革的进一步深化发展过程中，我们却必须作出明确的回答。这个回答不应只是理论上的，更应是实际上的，即在现实中真正体现中国特色社会主义伟大实践的力量。如果我们走好了这一步，那么，我们就能够不仅可以输入社会主义，也可以输出社会主义；不仅可以“拿来”，而且可以“送出”。中国真正的底牌不是市场经济，而是中国特色的社会主义。当我们亮出底牌的时候，它展现在世人面前的应是一条超越西方资本主义眼界的新路，这条新路是通过“一带一路”的平台表现出的对人类命运共同体的维护，表现出的大国的担当和情怀，对世界和平和发展主题的彰显以及对人民生活的真正关切和关心。

总之，现在是我们需要重新反思自己的时候了，是我们需要重新提高认识、转变观念的时候了。改革开放40年来，社会在不断前进，人民的生活发生了巨大变化，但与之相应的我们不能忽视人们在精神上同样经历着巨变。这种变化既有思想的解放、视野的开阔、观念的更新，又有对市场经济、社会主义的质疑和迷茫。未来我们需要做的是：一方面更能体现社会主义的特质，重塑人们对于社会主义的信心；另一方面尽量减少市场经济造成的对社会的伤害，使中国特色社会主义市场经济得以健康发展。只有这样，我们才能更充分地体现社会主义制度的优越性，逐渐减少和消除市场经济带来的弊端，为中国的未来开辟健康发展之路。

社会主义核心价值观日常生活化的主体认同机制

何　林*

社会主义核心价值观的提出意义重大，它不仅是我们党积极应对国内外思想文化领域中的新形势新变化、加强社会主义意识形态建设的重要战略举措，而且是我们的国家和民族的凝合剂。但社会主义核心价值观的影响力的真正发挥，有赖于通过一系列的努力使普通民众产生价值认同。习近平总书记2014年在上海考察时指出，“要注意把社会主义核心价值观日常化、具体化、形象化、生活化，使每个人都能感知它、领悟它，内化为精神追求，外化为实际行动”。真心认同方能自觉践行。要让核心价值观真正被民众普遍接受、理解和践行，社会主义核心价值观日常生活化是一个必要步骤。根据唯物辩证法，内因是变化的根据，外因是变化的条件，外因要通过内因发生作用。这意味着，日常生活主体能否实现对社会主义核心价值观的内在认同，是社会主义核心价值观日常生活化的关键所在。因此，对日常生活主体价值观认同机制的研究，是把握社会主义核心价值观日常生活化的重要一环。

一　日常生活主体价值观认同的认知机制

日常生活主体的价值观认同过程，是一个在认知基础上的接受、

* 何林（1966—　），女，辽宁沈阳人，哲学博士，辽宁大学哲学与公共管理学院教授，从事国外马克思主义及文化哲学研究。

信奉并转化为行动的过程。在社会主义核心价值观日常生活化的过程中，认知认同是价值观认同得以实现的前提和基础。价值观的认知，主要是日常生活主体对社会主义核心价值观的内涵、精神实质和意义等方面的较为完整、准确的认识、理解和把握。这种认知主要涉及主体对社会成员应该遵守什么价值规范、个体与该价值规范的相关性怎样以及个体应该如何承担起维护这种规范的责任等问题的认识。这是一个由浅入深、由表及里的过程。要想实现日常生活主体对社会主义核心价值观的广泛认知和深刻认同，需要注意以下三个方面的问题。

首先，需要对社会主义核心价值观与日常生活主体间关系的双重性有明确认识。

从实质上看，社会主义核心价值观的日常生活主体认同，是一种自上而下推动的价值观认同。在该认同系统中，社会主义核心价值观与日常生活主体之间的关系具有双重性。

一方面，从社会主义核心价值观的性质来说，它属于社会价值观，是全球化背景下中西方价值观融合的成果。对每一个日常生活主体来说，它具有一定的外在性。在一般情况下，日常生活世界中的个体以质朴的方式生活在他自己以及他的群体的关联结构之中，对他来说，得到社会承认的知识，如各种风俗、习惯等构成了他的相对自然的价值观念。这些价值观念被他不加思考地认为是理所当然的，它们也构成了他对生活理解的主要依据。但是，在现代社会中，“我们不得不把从政治角度、经济角度和社会角度强加给我们的、超出了我们控制范围之外的关联，都完全如实地考虑在内。”[①] 因为现代日常生活中的人会面对无数可能的参照框架，他需要根据他的旨趣来选择自己的参照框架。这意味着，对现代社会日常生活主体来说，社会价值观也是日常生活主体在生活中必须加以考虑的。

另一方面，社会主义核心价值观作为社会主义中国的核心价值观念，由于是在立足于我国国情的背景下提出的，它又与每一个中国人的传统、习惯和社会生活都有着千丝万缕的联系。从这个意义上说，

---

① ［奥］阿尔弗雷德·许茨：《社会理论研究》，霍桂桓译，浙江大学出版社 2011 年版，第 145 页。

它又与日常生活中的个体主体有着天然的内在的关联。在日常生活的互动过程中，每一个体的“内在的关联”系统都有一部分是与他人共享的，该共享部分又使社会价值观转化成个体的价值观成为可能。

社会主义核心价值观与日常生活主体关系的这双重性表明，日常生活主体对于这个世界的判断是由他自然形成的价值观和社会价值观共同构成的系统。也正因为社会价值观对日常生活主体来说具有外在性，社会倡导的价值观要想在日常生活中发挥作用，除了宣传、教育等方面的必要举措外，还需要对这种价值观予以深透的解读和阐释，以尽可能使其内容在表述上实现向日常语言的转化，并以日常生活主体熟悉的方式呈现出来。

其次，需要对日常生活主体的思维特征有深入的把握。

在日常生活世界中，每一个日常生活主体是通过“理解”获得对这个社会的知识的。“理解”与人们对常识世界的一般经验方式不同，它是一种学习过程或者说是一种“文化移入过程”。这种文化移入过程是与日常生活主体的一些思维特征联系在一起的，这些特征包括：（1）日常生活主体的思维是一种由特殊的实践兴趣所引发的自发性认识形式。日常生活中的普通人对这个世界只有实践兴趣，他在日常生活中的所有常规活动都服务于这种实际目的的实现。（2）日常生活主体共有的思维方式是胡塞尔所说的“自然态度”，即一种最初的、朴素的、未经反思的、自然而然的态度。在此态度中，人们直接面对现实世界，并将这个世界的存在看成是不言自明的前提。（3）日常生活主体利用各种风俗、习惯和传统价值观念等知识储备来理解世界并与世界打交道，他把这些知识储备视为是理所当然的。（4）日常思维关于这个世界的认识是朴素的。这种思维是支离破碎的和不清晰的，它以一种不连贯的、零散的方式，把各种由经验和猜想混合在一起的知识、假定和先入之见等内容都包含在其中。对日常生活主体来说，这些知识只要能让他应付生活问题就够了。

这些特征表明，日常生活主体的实践兴趣是日常生活主体的主要考量。同时，一方面，日常生活主体有固守传统价值的一面，要想使日常生活主体考虑生活的意义或价值等问题需要一个特别的动机；另一方面，日常生活主体思维的非反思性和不系统性也为社会价值观向日常生活的渗透提供了可能。这就要求我们在推进核心价值观日常生活化的过程中，既要充分尊重日常生活主体的主体地位，关注其所关注；也要在充分认识日常生活主体思维特征的基础上，寻找价值观渗透的适当切入点。

最后，需要对影响价值观认知认同的因素有清晰的认识。

日常生活主体能否形成对社会主义核心价值观的认知认同，主要受到两个方面因素的影响和制约。

从内在因素来说，认知认同的形成要受到日常生活主体对社会主义核心价值观内涵理解把握的程度的影响。日常生活主体对社会主义核心价值观的认知认同的实现，需要经历一个复杂的思维过程：经验感知和情感认同是社会主义核心价值观认知认同的基础，理性认知是社会主义核心价值观认知认同的深化，坚定信念的形成则是社会主义核心价值观认知认同的最终实现。在此过程中，最重要的步骤是增进日常生活主体对社会主义核心价值观的感知和情感认同。因为日常生活主体的主要存在方式是一种感性经验性存在，他的认知也主要是一种经验性的体认。也就是说，他能切身感受到的往往才是他最有可能接受的。从这个意义上说，要实现认知认同，就不仅要让日常生活主体了解并体认社会主义核心价值观的基本内容和要求，更主要的是要使这些内容以直观、具体、鲜活生动的面貌呈现出来，并展现出它们与日常生活主体所追求的美好生活的内在关联。

从外在因素来说，认知认同的形成要受到社会宣传、教育的广度和深度的影响。人是环境的产物，其价值观必然也是一定社会历史条件下人们生活状况的反映。一个人会持有什么样的价值观，还与外界环境对个体的熏陶、影响和塑造密切相关。常言道，“蓬生麻中，不扶自直”，由于其认知态度的直观性，日常生活主体更容易受到周围人的观念和行为方式以及外在环境的影响。要想使社会主义核心价值观从社会的价值准则、价值取向和价值目标，逐步成为日常生活主体的自觉意识和价值追求，就需要形成有利于培育核心价值观的生活情境和社会氛围，特别是要在造成良好的社会风气方面下功夫。通过加强全方位、多角度、可持续地充分展示出社会主义核心价值观的优越性及独特价值之所在，以潜移默化地增进日常生活主体对社会主义核心价值观的领悟、理解和接受。

认知是价值观实现认同的前提。只有对日常生活主体的价值观认知的各方面特征和因素有充分的把握，才能使日常生活主体在认知基础上形成对社会主义核心价值观的自然而然的习惯性接受模式，进而做到让社会主义核心价值观真正融入人们的日常生活。

二 日常生活主体价值观认同的利益驱动机制

认知认同是价值观认同的起点，但它不能确保人们愿意在日常生活中践行核心价值观。因为日常生活主要是一个受个体控制的层面，并且日常生活中主体更多受实践兴趣导向。同时，日常生活主体的价值认知与事实性认知有一个明显的不同，就是其中包含的价值判断带有较为突出的个体利益的考量。这些会导致他会较多关注自身日常生存的需要和体验，也更倾向于把所面对的外部事件与自身的需要及欲望相联系，并根据自身的利益诉求来对社会现象进行价值评价。因此，要想使核心价值观实现从认知向认同的转化，还需要充分考虑到日常生活主体价值观认同的利益驱动机制，即日常生活主体现实关注的不同层次。

首先，要注重满足日常生活主体的物质获得感需要。

人们的价值观来源于其物质生活和切身利益诉求，这也构成了他们认同社会价值观的前提和基础。正如马克思和恩格斯所说，“人们奋斗所争取的一切，都同他们的利益有关”[①] 物质生活需求的满足，是日常生活主体认同社会主义核心价值观的重要动力。

日常生活主体存在的一个主要表现，就是主动地从外在环境中获得满足需要的手段以及争取满足生活中的物质需要的各种努力。对于一个日常生活中的普通人来说，他是这个世界的中心，他对这个世界只有实践兴趣，他在日常生活中所进行的常规活动都是用来实现这种实际目的的。现象学家许茨指出，“对于我们的自然态度来说，这个世界首先并不是我们的思想的某种客体，而是我们可以支配的领域。

① 《马克思恩格斯全集》第1卷，人民出版社1956年版，第82页。

我们对它具有非常突出的实践方面的兴趣，而这种兴趣则是由满足我们生活的各种基本需要的必要性造成的。"[①] 也就是说，满足切身的物质需要是日常生活主体的首要考虑。

应该看到，对物质利益的追求虽然看似仅仅是日常生活主体的个人行为，但其中却内含着人们对现实社会的政治、经济、文化包括价值观念的或肯定或否定的评价。一个社会对人们关切的物质利益的满足程度，在一定意义上能够影响人们对社会倡导的价值观的认同程度。从这个意义上说，唯有关注人民的切身利益，让人民有实实在在的获得感，让美好生活惠及人民全体，社会主义核心价值观才能在人们的日常生活中落地生根，成为大众的价值共识。这是社会主义核心价值观日常生活化的物质生活基础，也是社会主义核心价值观具有吸引力和凝聚力的根本保证。

其次，要注重满足日常生活主体的幸福感需要。

对社会主义核心价值观认同的利益驱动的另一个重要方面，来自社会个体在实际生活中关于幸福的体验和评价。一般来说，在人们对价值观的客观的评价方面，单纯的物质利益考量无法穷尽日常生活主体在讨论自身福祉时的全部所想。正如吉登斯所说，"对于人类来说，境遇所包括的不只是即刻的物理环境。它扩展到无限的时空坐落之外，用舒茨的术语来说，就是与关联系统相对应，而这一系统框定了个体的生活。"[②] 要想实现日常生活主体对社会价值观的认同，还需要这种价值观能有助于对人们社会生活中存在的各种矛盾和冲突的化解。在一定意义上，个体就是以这种考量作为对社会价值观的认可的情感支撑来处理日常生活的事务的。

我国还处在社会主义初级阶段，在社会快速转型过程中，仍然存在着一些有待进一步完善的影响人们幸福感受的民生问题，如上学难、就业难、看病难、房价过高、分配不公、民主法治不健全等。这些人民群众最关心、最直接、最现实的利益问题的有效解决，有赖于

---

① ［奥］阿尔弗雷德·许茨：《社会实在问题》，霍桂桓译，浙江大学出版社 2011 年版，第 242 页。

② ［英］安东尼·吉登斯：《现代性与自我认同》，生活·读书·新知三联书店 1998 年版，第 147 页。

我们引领社会的价值导向能关注利益的公平合理分配、关注民生的保障、协调和改善，并从深层次上化解矛盾、解决问题、维护稳定，使经济和社会发展的成果能更多、更公平地惠及全体百姓。

最后，要注重满足日常生活主体的信任感和安全感的需要。

价值观认同还扎根于日常生活主体在现实生活中对这个社会的可信度和自身的安全有信心的感受和判断，它依赖于个体对社会发展中连续性一致的感受和信任的维持。心理安全感，可预期性等普遍信任感的形成，是对价值观认同的意志基础，而意志认同的确立直接关系到价值观的现实转化的实现。

对日常生活主体正常生活秩序的一方面威胁，来自克尔凯郭尔意义上的畏惧，即一种被焦虑所占据的情绪。“人类的行为强烈地受到传递的经验以及人类行动者自身的算计能力的影响，以至于每个人（普遍地）都被隐含在真实生命事务中的风险焦虑所淹没。‘不受伤害性’的感受，即那种排除负面可能性而选择希望的普遍态度是来源于基本信任的。”① 这种对社会的稳定和安全的基本信任有助于缓解个体存在的焦虑，从而使之有可能获得日常生活中一致性的信念。通常来看，日常生活主体对社会价值观的接受和认可，要经历过滤掉威胁因素并在此基础上确立信任关系并获得安全感的过程。

信任感是与人们的日常实践体验紧密相关的。为此，整肃社会的陈规陋习，惩治贪污腐败，确立对个体生命权、财产权等基本权利的保护，保持政策的连续性，完善社会保障体系，重塑政府的公信力等，都是我们在探讨培育日常生活主体对社会主义核心价值观认同路径的过程中需要关注的问题。

从一定意义上说，社会主义核心价值观日常生活化的过程，应该也是我们的民生不断改善的过程。富强、民主、文明、和谐既是国家层面的价值目标，也是党在社会主义初级阶段的奋斗目标。而正如习近平总书记在2018年春节团拜会上所指出的，“国家富强，民族复兴，最终要体现在千千万万个家庭都幸福美满上，体现在亿万人民生

---

① ［英］安东尼·吉登斯：《现代性与自我认同》，生活·读书·新知三联书店1998年版，第44页。

活不断改善上”。只有为民生工程奠定雄厚的基础，体现广大人民群众的利益诉求和意愿，才能使得社会主义核心价值观对普通民众具有吸引力、亲和力和感召力。

三 日常生活主体价值观认同的社会依赖机制

日常生活主体不仅有生存的物质层面的需求，而且有精神上的追求。他的精神需求的满足，主要是在其社会关系中实现的。这也使得日常生活主体对价值观的判断和选择包含双重维度：主观维度涉及的是什么东西对“我”有价值，而客观维度则关注什么东西对“我们”有价值。由于价值观的认同是人作为社会存在物的需求之一，是个体在社会化的过程中所形成的对社会价值观的认可和接受，在价值观认同过程中，个体的主观维度考量往往会服从于其客观维度考量。可以说，“认同这个观念已经被构筑进对自我创造和社会性之间复杂的相互依赖性的认识中了。”① 对日常生活主体来说，价值观的认同在一定意义上来自与他人的价值观共享，这主要从三个方面体现出来。

首先，对群体传统的认同是主体价值观认同中归属感的主要来源。

在日常生活主体价值观认同的塑造上，传统认同是一个不能忽视的重要方面。人们的传统和风俗习惯不仅蕴含着社会的稳定性，决定了他们的安全感和归属感，而且决定了他们对我们是谁、我们的价值是什么，以及这些价值要求我们做什么等问题的回答。

在日常生活世界中，个体的经验都是在特定的、经过解释的意义框架下发生的。“我们在某一个给定的时刻所具有的关于一个客体的知识，都不过是我们以前用来构成它的各种精神过程的积淀而已。”② 传统作为是积淀在日常经验中的以往经验的结晶，是日常生活主体在处理各种事务、应付各种情况及与他人沟通过程中参照、解释和确定

① ［美］夸梅·安东尼·阿皮亚：《认同伦理学》，张容南译，译林出版社 2013 年版，第 32—33 页。

② ［奥］阿尔弗雷德·许茨：《社会实在问题》，霍桂桓译，浙江大学出版社 2011 年版，第 115 页。

取向的基本框架，在人们的日常生活中扮演着主导性的角色。人们以它为技巧在日常情境中活动，就可以付出较小的努力而获得较好的效果。可以说，传统作为每一个日常生活主体的未来预期的基础，实际上构成了他的独特的知识背景和理解模式，在他的生活中发挥着参照图式的作用。

在全球化的背景下，人们的价值观在日益趋向于多元。而价值观的多元化容易导致社会中的一些人对核心价值观重要性的认识不足，甚至会出现一定的价值观的分化现象。社会主义核心价值观是在对优秀传统文化的继承、创新和发展的基础上提出的，正因为它与大众的心理意识、生活实践、风俗习惯等方面相契合，才得以在价值观多元的背景下成为中国人的价值归依。我们也只有充分挖掘和展现它与中华民族传统、习惯的内在契合，才能使它在日常生活主体心中引起共鸣。

其次，对群体的情感依赖是日常生活主体价值观认同中自尊感的主要来源。

心理学家埃里克森的研究表明，当某个人认为某个团体能满足他的某种情感时，他会倾向于认同这个团体的价值观。在社会主义核心价值观日常生活主体认同的建构过程中，情感认同同样是一个不能忽略的环节，它是日常生活主体与社会价值观连接的纽带。正如穆勒在《功利主义》一书中指出，人们的价值观的认同总是与各种自然感情要素有关联，“这些关联来自同情、爱，尤其是恐惧，来自各种形式的宗教感情，来自儿童时期和过去生活的记忆，来自自尊和渴望获得他人的尊重”。[①] 从社会心理学视角看，个体对社会价值观的认同经历着一个由外而内的过程。在此过程中，从认知所获得的对价值观的认识只有经过情感认同，才能够化为个体决心践行社会价值观的坚定意志。因为从个体层面看，情感是人性不可或缺的组成部分，也是个体存在的重要标识；从社会层面看，情感是维系人与人之间关系的关键纽带，也是自尊感的重要源泉。因此，情感认同是实现社会主义核心价值观日常生活主体认同的关键。

---

① ［英］约翰·穆勒：《功利主义》，徐大建译，商务印书馆2014年版，第34页。

在社会主义核心价值观的主体认同的动力因素中，我们之所以强调情感认同，就在于暖人心才能铸同心，维护自尊心才能推动主体性的发挥。只有造成和谐、友善的氛围，并以大众喜闻乐见的方式将社会主义核心价值观转化为日常生活主体的情感认同，才能使社会主义核心价值观由外在的他律转化为日常生活主体的自觉践履。而这不仅要求社会主义核心价值观在内容上实实在在地反映民众的真实情感需求，而且要求我们建立多种情感体验机制，以情动人，强化民众对社会主义核心价值观的积极情感体验。

最后，对群体价值目标的认同是日常生活主体价值观认同中自豪感的主要来源。

看似朴素、简单的日常生活主体活动中包含了复杂的动机。仅从心理感受层面看，就不只包括社会成员的归属感以及作为消极面的自尊感，还包括作为积极面的自豪感，它们共同构成了一个日常生活主体的行为推动力。而在社会生活中，造成这些主体感受产生的一个重要衡量因素，就是个体的行为是否与社会共同体的目标保持一致。在这些感受中，自豪感的维护对价值观认同尤其具有深远的影响。因为“它的作用并不局限于自我认同的保护或激励，因为在自我的连贯性、自我与他人的关系以及更为普遍的本体安全感之间存在着内在的关系”①。一种让个人生活符合共同体价值目标的认同意识，会为个人的成就赋予意义，这构成了个人自豪感的来源。因为从共同体视角来看，共同目标不仅使群体内部的有较强的凝聚力，而且是构成群体成员间产生善意、友好、和睦的原因。党的十九大报告指出，“社会主义核心价值观是当代中国精神的集中体现，凝结着全体人民共同的价值追求”。社会主义核心价值观就是社会主义中国这个共同体共同的价值追求的反映，它是由个人利益和集体利益的辩证统一所形成的利益共同体，在社会个体的权利和群体的完整性之间找到了恰当的平衡。日常生活主体只有对社会主义核心价值观产生深刻的目标认同，才能对遵从和践行社会主义核心价值观的行为产生深切的自豪感，而

---

① ［英］安东尼·吉登斯:《现代性与自我认同》，生活·读书·新知三联书店 1998 年版，第 73 页。

这会成为推动社会主义核心价值观日常生活化的内在动力。

上面几方面机制的共同作用，构成了社会主义核心价值观日常生活化的主体认同的合力和助推力，并贯穿于社会主义核心价值观践行过程的始终。习近平总书记 2014 年 2 月 24 日在中央政治局集体学习时指出，“一种价值观要真正发挥作用，必须融入社会生活，让人们在实践中感知它、领悟它，在落细、落小、落实上下功夫”。只有充分把握这些机制的发挥及其对日常生活主体价值观认同的影响，才能制定出相应的切实可行的对策，以有效推进社会主义核心价值观日常生活化的进程。当然，由于日常生活主体的诉求主要是个体自身的感性经验考量，要想使之摆脱偏私狭隘，放远眼光，提高境界，就需要使核心价值观的影响“像空气一样无所不在、无时不有”，即通过社会主义核心价值观的日常生活化来引导人们理性地作出价值需求上的改变和实践上的调整。社会主义核心价值观为人们的日常生活提供了一个总的标准和参照，只有从日常生活主体这里找到社会主义核心价值观落地生根的土壤，使它真正与日常生活彼此交融，它才能真正成为人们日常生活时刻奉行的行为准则，成为引领和凝聚社会的价值共识，也才能成为实现中华民族伟大复兴的中国梦的精神动力。

四　国外马克思恩格斯哲学思想研究

论马克思地理唯物主义思想的出场语境及内在逻辑

王文东*

170多年来，有关历史唯物主义的研究，已经形成了学术共识和广泛认同，这里笔者不再赘述。但是在马克思理论逻辑中，有没有形成一个完备的地理唯物主义思想体系，或者有没有历史地理唯物主义，在学术界还没有形成共识和认同，还有待我们进一步研究和探讨。“地理”维度建构唯物主义的视角长期以来被忽视，直至20世纪60年代，社会科学研究的“空间转向”发生之后，列斐伏尔、哈维、索亚等西方左派学者才“发现”了地理唯物主义者的马克思。

一 马克思地理唯物主义思想的历史遮蔽

尽管马克思在科学世界观诞生的过程中，在资本的空间生产逻辑中间接阐发了地理唯物主义的理论逻辑，隐含着丰富的地理唯物主义思想，但是长期以来，理论界却只关注了“历史”唯物主义意义上的马克思，而没有发现“地理”唯物主义或空间唯物主义意义上的马克思，从而形成对马克思空间观的遗忘或忽视，这既与马克思当年的理论事实不符，也不符合马克思的当代性价值的体现。究其根源，主要是因为马克思的地理唯物主义思想曾经遭遇三次历史遮蔽。

* 王文东（1975— ），男，哲学博士，天水师范学院马克思主义学院教授，主要从事马克思主义哲学的教学和研究工作。

（一）“历史”观的重视与“空间”观的遮蔽

任何理论既有其产生的时代根基，同时也有其特定的出场语境、出场方式和出场形态，都是在特定的时代语境以其特定的方式出场，历史唯物主义也不例外。马克思是在批判性地超越前人理论成果的基础上创立其科学理论，德国古典哲学、英国古典政治经济学和英法空想社会主义等都是马克思主义思想产生的理论基础，其理论产生的路径依赖必然影响着马克思的理论创建。

近代以来，由于受自然科学特别是伽利略和牛顿机械力学和机械宇宙观的影响，哲学上产生了机械唯物主义或形而上学唯物主义，他们以静止、孤立、片面的态度看问题，直到黑格尔唯心辩证法的出现，才结束了机械世界观的历史。马克思在创立唯物史观的过程中，深受黑格尔哲学的影响。恩格斯指出：“黑格尔第一次——这是他的伟大功绩——把整个自然的、历史的和精神的世界描写为一个过程，即把它描写为处在不断的运动、变化、转变和发展中，并企图揭示这种运动和发展的内在联系。”[①] 科学的任务就是“在自己的特殊领域内揭示这个不断的转变过程的运动规律”[②]。也就是说，在哲学史上，黑格尔第一个将世界、事物、精神等的存在看作一个历史性的、不断转变的和不断发展的过程。马克思无疑继承了黑格尔的这一思维方式，终结了“形而上学式地”看待世界的旧哲学，从历史性、过程性的角度看待一切。特别是恩格斯将马克思创立的新世界观称为“唯物史观”或历史唯物主义，这就进一步凸显了马克思研究问题的“历史性”视域。索亚对长期以来空间观的遮蔽有着精彩的评述，他说：“历史决定论下空间性的失语”，使得长期以来“时间和历史在西方马克思主义和批判社会科学的实践意识和理论意识中，已占据了宠儿的地位”[③]。索亚的看法同样适用于对马克思空间理论遭遇遮蔽的现状。由于人们循着黑格尔历史主义的逻辑，在注重历史主义时有

---

① 《马克思恩格斯文集》第9卷，人民出版社2009年版，第26页。

② 同上。

③ ［美］爱德华·苏贾：《后现代地理学——重申批判社会理论中的空间》，王文斌译，商务印书馆2004年版，第1页。

意无意忽视了马克思的空间观。所以，在相当长的一段时期，学界只看到了一个“历史”观的马克思，而没有看到“空间”观的马克思，直到20世纪60年代列斐伏尔引发的“空间转向”为止。

（二）后现代主义在批判时间观中对空间观的凸显

福柯是后现代主义阵营中重视并且系统阐述空间观的代表性人物。他总结道：“19世纪沉湎于时间和历史，空间被当作是死亡的、刻板的、非辩证的和静止的东西”，“空间遭到贬值，因为它站在阐释、分析、概念、死亡、固定还有惰性的一边。”① 在他的倡导下，现代性的线性历史观逐渐遭到质疑。他还从知识史的视角对过去关于空间观的不合理的理解进行了批判。他敏锐地意识到，以往对于空间的描述和剖析充其量只能罗列空间存在者的清单，而绝对不可能促成“关于空间的知识”，空间也被同质化。因此，他特别强调空间的异质性，认为作为异质的空间，可以安置各种个体和事物。福柯还大量使用空间的隐喻：位置、移位、地点、区域、领土、领域、土壤、地平线、群岛、地理政治、地区和景观等来说明这种现象。在他看来，空间既非了无一物由我们的认知去填充的空白，亦非物质形式的容器，而是实实在在、活生生的社会建构而成的空间之维。由于福柯颠覆式地批判现代历史观和过去对时间的过度迷恋而在认知上忽视空间视角，引起了学界的高度关注，继而引发了西方新马克思主义和社会科学界的“空间转向”的空间理论思潮。这使得人们将空间理论归功于福柯等人，自然就忽视了马克思在空间观上的原创性贡献。

（三）西方马克思主义地理唯物主义观的显性遮蔽

尽管不少学者在研究空间理论时偶尔重提马克思的名字，但多年来，学界几乎以“集体无意识”方式将空间理论的原创地位不是给予卡尔·马克思，而是给予亨利·列斐伏尔，从而在空间理论领域内造成马克思原创地位的缺失。亨利·列斐伏尔是当代西方马克思主义

---

① ［法］米歇尔·福柯：《权力的眼睛——福柯访谈录》，严锋译，上海人民出版社1997年版，第152—153页。

者中最早对空间和地理唯物主义问题进行理论阐释的学者，他的代表作《空间的生产》（*The Production of Space*）被认为是对空间分析的经典之作。列斐伏尔系统考察了空间的理论发展史，提出了“社会空间”和“空间的生产”范畴，论证了空间与社会的关系，对资本空间生产非正义性从政治经济学视角作了深入批判。在列斐伏尔看来，伴随着从空间中物的生产到空间本身的生产之转向，空间和空间的生产已经成为当代资本主义社会实现生产关系的再生产，以延续资本主义生存与发展的根本路径。然而，空间是被占据了、被管理了的具有政治性和意识形态性的对象，尽管从其表现形式上来看是中立的、公平的；空间的生产也并非无任何价值倾向的一般生产，而是统治阶级或某个政治集团基于自身利益所造就的生产关系再生产的过程。基于此，列斐伏尔从城市空间、国家空间和全球空间三个维度对资本主义空间生产进行了批判。尽管列斐伏尔没有对地理唯物主义的内涵作出明确具体的界定，但他对城市权利的呼吁为地理唯物主义的探索提供了有益的思路和可能性路径。列斐伏尔之后，大卫·哈维直接提出并论证了历史地理唯物主义概念。他在《地理学中的解释》（1969 年）中以实证主义方法阐释地理学问题，在《社会正义和城市》（1973 年）中实现了一个大的转折，从实证主义转向空间地理学批判，将科学性和人文性双重地体现在空间地理问题的研究中，将社会正义引入了地理学的研究中。《资本的界限》（1984 年）从空间角度重构马克思主义政治经济学。在这一基础上，1984 年他提出“人民的地理学”，1996 年《正义、自然和差异地理学》中系统阐发了城市空间的公正问题，到《希望的空间》（2000 年）一书中正式对马克思《共产党宣言》中的地理学思想进行了系统深入解读，并提出了“历史地理唯物主义”概念。列斐伏尔、哈维、索亚等在地理唯物主义上的凸显，在一定程度上遮蔽了马克思空间理论的地位。

今天，我们即使不能把马克思的历史唯物主义定性为历史地理唯物主义，但也不能不承认马克思在空间观上的原创性贡献。但可惜的是，由于学术史上有意或无意地遮蔽，使得马克思的空间理论被边缘化和碎片化。我们今天只看到了马克思在空间观上的个别观点和只言片语，而看不到整体的、一贯的、系统的空间理论。这既影响了作为

"时代精神精华"的马克思主义哲学在当代空间生产时代的在场性，也影响了马克思主义哲学在空间生产实践问题域中的应答力、解释力和话语权。

二 马克思地理唯物主义出场的理论语境：对各种空间意识形态的批判

马克思的地理唯物主义思想不是凭空产生的，而是有内在的出场语境。理论语境源自当年马克思对空想社会主义、唯心主义和费尔巴哈人本学唯物主义、小资产阶级社会主义思潮和无政府主义空间观的批判，现实语境是对空间生产问题的诊断、批判与解答，在批判中形成了马克思以空间实践为根基的地理唯物主义思想。

随着资本主义大工业生产的发展，城市如雨后春笋般崛起，资本主义进入一个空间崛起的时代，城市的快速发展同时带来了城乡差距拉大、城市对乡村的剥夺、城乡矛盾激化等现实问题。空想社会主义者就如何实现城乡和谐发展，提出了他们的解答方案。托马斯·莫尔主张回归田园，建立带有乡村性质的城乡共同体，以实现城乡融合的策略；圣西门提出施行实业制度，以工业的方式组织农业；傅立叶提出建立农业法郎吉组织，即通过工农业结合和工农相互促进以消除城乡对立的正确主张；罗伯特·欧文提出建立"新和谐公社"和农业新村的设想。遗憾的是，由于时代和世界观的局限，空想社会主义者仅站在狭隘的传统理性主义和抽象人性论的立场，把解决城乡矛盾、实现城乡结合的希望寄托在工厂主和资本家身上，指望依靠他们的慷慨捐助和良心投资，这是脱离了社会历史实际的空想，只是他们的一厢情愿，最终是不能实现的。

当年德国的唯心主义思想家们把人从奴役、压迫、束缚中获得解放和实现自由作为一个重要的理论课题加以研究。对此，马克思在《论犹太人问题》及马恩合著的《神圣家族》中都有所揭示，并在《德意志意识形态》中对其不科学的方法作了系统深刻的清算。在马克思看来，唯心主义者从"哲学的基地""现实的宗教"和"真正的神学"出发解释现实的问题，因而他们把解放看作思想观念活动，而没有看作历史的活动。如对于像“家庭”这一社会空间来说，德国的玄想家们是“根据‘家庭的概念’来考察家庭和阐明家庭”，而没有从“根据现有的经验材料来考察和阐明家庭”。[①] 也就是说，德国的唯心主义玄想家们没有从现实家庭的产生、变迁的历史出发解释家庭这一生活的基本空间，而是用头立地的方式，用概念来阐释家庭。马克思还特别提到，唯心主义者把历史向世界历史的转变所形成的全球化看作“自我意识”和宇宙精神的抽象活动的产物，把异己力量的支配及压迫想象为“宇宙精神”等神秘力量的圈套，把“威慑和驾驭人们的异己的力量”同样也幻想为“类的自我产生”。[②] 总结起来，唯心主义“在自己的想象中用宗教的幻想生产代替生活资料和生活本身的现实生产”[③]，也即现实生活的生产和财富的集聚等被看作理论问题，所以，社会空间的生产在他们那里是一个理论的形而上学问题、概念的逻辑问题，而不是一个真实的空间实践问题。

和唯心主义相比，费尔巴哈人本学唯物主义的进步之处在于，它已经能够自觉地立足客观世界来看待周围的感性空间，但是费尔巴哈对周围感性空间世界仅限于单纯的直观和单纯的感觉。在费尔巴哈看来，空间是自然形成的、一成不变的、始终如一的和永远如此的，他看不到空间的历史性、实践性和变化性。他没有意识到，他周围的空间世界“绝不是某种开天辟地以来就直接存在的、始终如一的东西”，而是空间生产实践的产物，是工业和社会状况的产物，是人类空间生产实践改造的结果。他看不到自然空间和社会空间得以产生、分离及其统一的基础就是人类的空间生产实践行为，所以，自然和社会是两个互不相干的空间。费尔巴哈的优点在于承认空间这一感性对象，但他谈论的空间是尚未置于人的统治之下的自然空间，是抽象的、内在的、无声的空间，而不是看作感性的实践空间。故而，马克思对费尔巴哈所谓的先在自然空间的非人性、与人无关性作了批驳，

① 《马克思恩格斯文集》第1卷，人民出版社2009年版，第532页。

② 同上书，第542页。

③ 同上书，第546页。

认为，社会空间作为一种关系性空间是为我而存在的，那种先于人类历史而存在的自然空间，不是费尔巴哈生活于其中的空间，这对人来说是“无”。所以，纯粹自然的空间除去“在澳洲所出现的一切珊瑚岛以外今天在任何地方都不再存在的，因而对于费尔巴哈来说也是不存在的”自然空间。

与唯心主义思辨的、神秘的和费尔巴哈人本学唯物主义直观的解释方式不同，马克思对社会空间实践中产生的问题是从现实的客观前提出发加以揭示和说明。“在思辨终止的地方，在现实生活面前，正是描述人们实践活动和实际发展过程的真正的实证科学开始的地方。”[①] 根据现实物质生产及生活实践来解释社会空间观念，是马克思主义地理唯物主义思想形成的基本路径。也就是，不是从观念出发解释空间生产实践，而是从空间生产实践出发解释空间观念。

唯心主义从概念出发解释现实的生活实践，人本学唯物主义从直观出发看待周围的空间世界，因此，社会空间的历史“总是遵照在它之外的某种尺度来编写的”，要么在“头脑的天国”，要么在“与人无关的自然”。空间被看成是某种非历史的东西，而现实真实历史的东西则被看成是某种脱离日常生活的东西，某种处于世界之外（自然）和超乎世界之上（神灵或概念）的东西。这样，唯心主义和旧唯物主义“就把人对自然界的关系从历史中排除出去了，因而造成了自然界和历史之间的对立，”[②] 也即自然空间和社会空间及其人和空间的对立。

三　马克思地理唯物主义出场的现实语境：对空间生产时代的深层反思

时代是理论之母，实践是理论之源，任何真正的哲学都是时代精神的精华。马克思所表达的地理唯物主义思想正是来自资本主义大工

① 《马克思恩格斯文集》第1卷，人民出版社2009年版，第526页。

② 同上书，第545页。

业生产实践，来自工业社会超越农业社会的革命变革，来自工人无产阶级的斗争实践，来自资本全球化浪潮。索亚也曾经指出，“都市地理语境与社会过程和空间形式相互关系的语境中为不公平累积的加重创造了一个肥沃的土壤”。[①] 马克思对现实资本的空间生产、全球化、资本的空间积累、空间殖民等重大问题的揭示和解答中阐述了其地理唯物主义理论。

空间生产是马克思地理唯物主义思想产生的实践根基。列斐伏尔指出：“哪里有空间，哪里就有存在。”“资本占有空间，并生产出一种空间。”[②] 资本主义生产方式为了实现自我防御和维持自身的存在，必须不断进行生产关系的再生产。在列斐伏尔看来，生产关系的再生产与生产方式的再生产不再同步，前者需要“通过整个的空间来实现”[③]。马克思所处的时代正是资本主义上升时期，资本在世界范围内占有、生产空间及空间关系。资本的空间生产改变了以前自然的占有和自然的空间关系。资本的空间生产使得自然空间大规模地被转移为社会空间，自然地理被社会地理所取代。这种占有、生产和扩张空间，改变了人与人的关系，自然关系逐渐被资本关系所代替，资本也造就了新的空间不平等。马克思正是在解放的逻辑上看待资本的空间生产。一方面，资本的空间生产给社会创造了巨大的生产力，推进了社会的快速发展；另一方面，资本的空间生产也带来了不平等的资本关系。地理唯物主义就是资本空间生产时代的哲学逻辑，是对资本空间时代的哲学表达和理论批判。

全球化是马克思地理唯物主义思想形成的空间场域和时代地平线。全球化是我们这个时代避不开的“谜语和咒语”，是马克思科学世界观形成的历史地平线，是我们思考问题的一个重要的空间语境，也是实践发展的重要空间维度。马克思所处的时代，正是资本全球化加速扩张、资本的全球生产与转移快速推进、全球空间日趋

---

① ［美］爱德华·苏贾：《后大都市》，李钧等译，上海教育出版社 2006 年版，第 135 页。

② Henri Lefebvre, *The Survival of Capitalism*: *Reproduction of the Relation of Production*, Translated by Frank Bryant, Allison & Busby, 1976, p. 21.

③ ［法］列斐伏尔：《空间与政治》，李春译，上海人民出版社 2015 年版，第 26 页。

成型的时代。这一地理空间的大变革，自然成为马克思当年思考问题和进行资本批判的重要论域。当年马克思恩格斯在《德意志意识形态》《共产党宣言》《共产主义原理》《资本论》等经典文本中唯物辩证地对资本全球化所进行的系统分析，蕴含着“地理唯物主义”的分析维度。在高度全球化的今天，重读马克思的全球化理论，挖掘马克思当年的全球地理唯物主义观，无疑对解决今天全球发展不公、全球资本扩张、全球问题等具有重要的现实意义。

资本的空间积累是马克思地理唯物主义思想形成的问题视域。资本积累是资本主义生产的一般规律。资本就是用剥削来的剩余价值继续当作资本用于剥削新的剩余价值，用于扩大生产规模。没有积累就没有资本主义的扩大再生产。资本主义就是在资本积累的客观逻辑中得到发展的，追求剩余价值的资本积累是“资本主义生产的直接目的和决定性动机。”[①] 随着资本积累的不断进行，必然伴随着资本集中、资本积聚和资本扩张。资本集中导致工厂、公司等资本的空间生产载体的分解、兼并、重组，资本积聚使得资本和生产规模不断扩大。资本的生产力越大，产品越多，市场的空间扩张就成为其必然逻辑。在《共产党宣言》中，马克思恩格斯以气势磅礴和精彩的语言，描述了资产阶级建立全球化的过程，描述了资本主义开辟世界市场和殖民地的过程，描述了大工业在世界的扩张过程。也就是说，随着资本积累规模的扩大，其后果必然是空间的再生产和地理扩张。这一事件也使得资本的矛盾随之扩大，造成更广范围的不平等、剥削和压迫。这正是地理唯物主义所要回应和解答的。

空间革命是马克思地理唯物主义思想产生的价值目标。马克思恩格斯在《德意志意识形态》《哲学的贫困》《共产党宣言》《共产主义原理》《反杜林论》《资本论》《论住宅问题》等论著中都特别谈到了城乡差别、城乡对立等空间对立问题，并站在共产主义革命的立场，提出了消灭三大差别是实现共产主义的前提条件，共产主义社会不可能再存在三大差别特别是城乡空间差别。恩格斯在《反杜林论》中指出：“第一次大分工，即城市和乡村的分离，立即使农村居民陷

① 《马克思恩格斯文集》第7卷，人民出版社2009年版，第272页。

于数千年的愚昧状况，使城市居民受到各自的专门手艺的奴役。它破坏了农村居民的精神发展的基础和城市居民的肉体发展的基础。”①城乡分离之后，造成了城市工人和农村农民身份的异化，人的主体性被分割了，成为人为社会分工的奴隶。但这又是历史发展的必然趋势，也是生产力发展的必然结果，所以，恩格斯说：“德国为了实现城乡分离这第一次大分工，整整用了三个世纪。城乡关系一改变，整个社会也跟着改变。”② 城乡对立关系一旦形成，就形成了城市对农村的优势，这种优势就体现在人口的聚集和推动历史与社会文明的进步。当然，城乡对立也具有矛盾性和两面性，它“又破坏着人和土地之间的物质变换……破坏城市工人的身体健康和农村工人的精神生活……同时破坏了一切财富的源泉——土地和工人。”③ 在马克思看来，空间对立和异化的消灭不是主观的、人为的，而是空间生产力高度充分发展的必然结果。首先要实现城乡分离，没有城市和乡村的分离及矛盾的全面展现，我们就不可能发现其隐藏的弊端，也就不可能在更高的水平上去扬弃它。这就需要提高城乡生产力水平，并使城乡对立中形成的问题充分暴露，在城乡对立中孕育出解决问题的新因素，并通过空间革命，以解决城乡压迫和城乡对立。马克思在批判与超越的双重语境下揭示城乡对立和空间异化，不是为了“实证”地研究现实，而是为了革命变革。因此，在《共产主义原理》等文献中，马克思恩格斯提出了城乡融合路径以实现共产主义的思想。

四 马克思地理唯物主义思想的发展历程

马克思的地理唯物主义或者说空间观，不是自然产生的，也不是一步到位或成熟的，而是有一个由不成熟到成熟，由不科学到科学，由零星到系统的发展过程。

---

① 《马克思恩格斯选集》第3卷，人民出版社2012年版，第679页。

② 《马克思恩格斯文集》第1卷，人民出版社2009年版，第618页。

③ 《马克思恩格斯文集》第5卷，人民出版社2009年版，第579—580页。

（一）理性主义语境下的社会空间观

在1841年3月，马克思完成的题为《德谟克利特的自然哲学和伊壁鸠鲁的自然哲学的差别》的博士论文中，通过对公民与城邦空间身份关系、公民自我意识的觉醒与追求的论述，隐含着地理唯物主义的伦理志趣。但因马克思站在“自我意识”的理性主义世界观维度和追求自由的民主主义立场分析公民在政治国家、共同体等社会空间中的地位与关系问题，因而带有明显的传统理性主义色彩，这种有益的探索为后来马克思从现实社会空间关系出发探讨地理唯物主义打下了基础。当马克思站在理性主义立场对城邦空间的关系进行反思的同时，恩格斯也在追求民主进步的过程中写下第一篇政论性文章《乌培河谷来信》。在该文章中，恩格斯满怀着对劳动人民的同情，对乌培河谷工厂工人们可怕的贫困境遇和悲惨的生活状况进行了描述和揭示，并对资本主义非人的剥削制度表达了强烈的控诉。恩格斯在对劳动人民极其恶劣的生活、居住等状况进行揭示的过程中显现出他对地理唯物主义的价值诉求。在这一时期，马克思恩格斯在世界观上处于理性主义阶段，他们以理性为出发点和思维前提，对现实不合理的空间关系进行道义的谴责和理性的批判，总体来看，在方法论上还是不科学的，带有明显的传统理性主义特点。但不可否认，马克思恩格斯的空间观也正是在具体的共同体、国家及剥削工厂等问题的接触中逐渐走向科学的，其理论的有益探索为其科学理论的建构准备了条件。

（二）走向科学地理唯物主义的前夜

在《莱茵报》工作期间，马克思一方面在理论上接触到了费尔巴哈的人本学唯物主义哲学，另一方面遇到了“极其重要的现实生活问题”，这使得马克思发现了黑格尔纯粹理性主义哲学的弊端，它无法与现实结合起来，是一种“以头立地”的哲学。在费尔巴哈哲学和现实环境的双重影响下，马克思在《关于林木盗窃法的辩论》《摩塞尔记者的辩护》《区乡制度改革和〈科隆日报〉》和《1844年经济学哲学手稿》等论著，恩格斯在《国内危机》《国民经济学批判大纲》《英国工人阶级状况》《英国状况：十八世纪》中，旗帜鲜明地捍卫政治上、社会上受压迫的贫苦群众的利益，说明马克思在哲学观上逐渐转向唯物主义，在政治立场上转向共产主义，其空间伦理的观念也开始从理念转向现实，在现实中诉求地理唯物主义的价值取向。特别是，《英国工人阶级的状况》是马克思恩格斯走向科学的地理唯物主义理论前夜最重要的理论著作。恩格斯通过对工业城市特别是大工业城市中普遍存在的居住隔离现象、两极化的居住状况及城市空间的不合理发展使人畸形发展等问题的批判和揭示，指出居住空间不是单纯的住宅问题，它表征着人的存在身份和尊严。本来代表着历史发展方向具有进步取向的城市化割断了人对农村土地的依附，造就了人们之间广泛普遍交往的条件，为人的个性发展、精神生活的丰富、能力和健康的提升创造了客观前提，但在现代化的资本逻辑中，人的个性、能力、健康却受到压抑和宰制，人在单一性方面畸形发展，人成为“单向度的人”，人被片面化和肢解为碎片式的生存个体。恩格斯通过对资本主义居住隔离、居住空间极化、居住与人性发展、身心健康、人的尊严等关系的揭示与论述，表达了居住正义的思想，极大地深化了地理唯物主义思想。

（三）历史地理唯物主义的形成

1845 年，马克思在《关于费尔巴哈的提纲》《德意志意识形态》等论著中，通过对唯心主义和费尔巴哈唯物主义的批判和清算，与之前的理性主义和人本学唯物主义世界观实现了决裂，完成了哲学观的革命变革，创立了新的哲学世界观——历史地理唯物主义。新哲学观的创立不是偶然的，而是其理论逻辑和时代逻辑发展的必然结果。新哲学观中包含着科学的地理唯物主义，大卫·哈维也因此把马克思主义的唯物主义看作“历史地理唯物主义”。新哲学观创立之后，马克思在其科学的世界观和方法论的指导下，通过对形形色色的错误思想的批判及其对资本主义社会的研究，从客观的资本空间生产的现实逻辑出发，构建了其科学的地理唯物主义思想。

《德意志意识形态》和《共产党宣言》是马克思科学的地理唯物主义思想的奠基之作，也是历史地理唯物主义的形成之作。马克思恩格斯在《形态》和《宣言》中尽管没有以显性的逻辑话语专门论述社会空间问题，但对城乡关系、全球化、资本扩张、殖民地、住宅、家庭—市民社会—国家等问题的批判和揭示，隐性表达了地理唯物主义思想。《共产主义原理》是恩格斯从正面阐述城乡空间关系及建构地理唯物主义的经典之作。恩格斯认为，在共产主义社会，随着私有制和城乡对立、体脑差别及工农差别的消灭，城市和乡村将实现真正的和谐。之后，恩格斯在《反杜林论》中论述了城乡融合的必要性与可行性。《资本论》是马克思解剖资本主义社会空间问题最为经典的著作。在《资本论》中，马克思在对前资本主义社会、资本积累、国际市场、对外贸易、殖民主义、地租等问题的分析中包含着对资本空间维度的考察。资本的空间生产是资本存在的基本方式，如果没有资本的空间扩张，资本就会停止，就会死亡，正如列斐伏尔所指出的，空间“是资本主义生产方式的产物和一种资产阶级经济政治手段”①，“资本占有空间，并生产出一种空间。”② 资本占有地理空间，地理空间是人存在的前提和基础；资本还生产空间，如城市、住宅等，同时还生产出资本的生产关系和空间意识形态。

从马克思的空间理论形成与发展的逻辑可以看出，地理唯物主义贯穿马克思思想发展的始终，是马克思自始至终关注的一个重要问题，其思想无疑是丰富的。马克思的地理唯物主义思想的形成不是随意的，也不是偶然的，也有一个思想史维度的生成过程，是在批判唯心主义哲学、旧唯物主义哲学和德国主流意识形态时，基于对劳苦大众利益辩护的过程中，对农村农民和城市工人的疾苦关心中逐渐形成的；也是在关注现实问题的过程中，对社会发展空间实践中暴露出的问题进行反思和批判中完善的。可以说，马克思的地理唯物主义思想经历了由隐性逻辑上升为显性逻辑，由自发到自觉，由零星到系统的建构过程。

历史地理唯物主义视域或范式的提出，源自美国新左派学者大卫·哈维的贡献。他在《希望的空间》（2000 年）一书中对马克思

---

① Henri Lefebvre, The Production of Space, tran. by D. n. Smith, MA: Blackwell Publishing, 1991, pp. 38 – 39.

② Ibid. , p. 21.

《共产党宣言》中的地理学思想进行了系统深入解读，并提出了“历史地理唯物主义”概念。正因为大卫·哈维不满意以前马克思主义研究地理或空间文本的不足，因而通过解读《共产党宣言》中的地理学以“升级”历史唯物主义。我们暂且不论其“升级”的合法性或可行性，但就哈维从当代性出发，基于空间时代崛起引发的社会问题角度看，哈维试图建构一种历史的地理的唯物主义，这种理论自觉应答时代问题的指向无疑是可取的，正如胡大平所评价的，“哈维把地理学（空间视角）与马克思主义结合起来的做法对于左派政治学或马克思主义政治学的探索具有直接的理论意义和价值。”①

“似乎只有回到马克思才是正确的和恰当的。”② 在当代中国发展语境中开启马克思的地理唯物主义视域，具有重大的理论意义和时代价值。对于应对全球发展危机和国内发展不平衡不充分问题，对于应对西方马克思主义的空间生产理论，对于应对后现代主义的空间观具有重要的理论和实践意义。特别是西方马克思主义对全球城市危机和资本的空间生产的深刻分析，列斐伏尔、大卫·哈维和索亚等西方马克思主义对当年马克思的空间理论遗产的“重新发现”，后现代主义者福柯对马克思空间思想的忽视，这就为我们如何在21世纪中国特色社会主义进入新时代的语境中，科学考察马克思与当代各种社会思潮的关系中创新和发展21世纪马克思主义提供了新的理论支点。

---

① ［美］大卫·哈维：《希望的空间》，胡大平译，南京大学出版社2006年版，“译序”，第10页。

② 同上书，第3页。

理论和实践的辩证法、意识形态批判、从抽象到具体的时代思考

——柯尔施与政治经济学批判

周嘉昕*

本文的主题是站在21世纪马克思主义发展的理论高地上，回望卡尔·柯尔施有关马克思主义的理论阐释。结合当代中国马克思主义哲学研究的最新进展、20世纪西方马克思主义的逻辑演进及其当代转型、马克思恩格斯经典文本特别是《资本论》手稿传播和研究的问题反思，本文尝试从柯尔施有关政治经济学批判的分析入手，梳理这位西方马克思主义的早期思想旗手，从《马克思主义和哲学》到《卡尔·马克思》的学术思想历程，证明他在唯物主义辩证法阐发、资产阶级意识形态批判、无产阶级革命可能性探索三个问题上的内在关联。在此基础上，笔者力图回应西方学界对柯尔施思想中存在经验主义倾向的批评，进而发现柯尔施有关政治经济学批判论述的当代意义和价值。

一 从理论和实践的辩证法到政治经济学批判

作为西方马克思主义的早期代表人物，柯尔施在西方马克思主义的兴起过程中扮演了重要的角色。然而，在既有的研究中，对柯尔施的关注远不及他的同时代人卢卡奇和葛兰西。如果说，卢卡奇的声名

---

* 周嘉昕（1982— ），男，山东潍坊人，博士，南京大学哲学系副教授，马克思主义社会理论研究中心研究员。研究方向：马克思主义哲学史、马克思主义哲学文本。

远播源于其《历史与阶级意识》对西方马克思主义理论主题和路径的奠基，那么葛兰西在西方学术语境中的凸显则在很大程度上得益于20世纪70年代文化研究及80年代后马克思主义对其霸权理论的重新发现。相较之下，柯尔施研究似乎要没落得多。对于这一情况的解释，或许可以挪用索恩·雷特尔的自嘲来解释：对于资产阶级学者来说，柯尔施的理论太过马克思主义，而对于苏联东欧的马克思主义研究者来说，柯尔施的理论又太过唯心主义。即便如此，回顾20世纪20年代的思想史发展，柯尔施有关理论和实践的辩证法的探讨，与卢卡奇的历史辩证法一道，构成了西方马克思主义兴起的方法论奠基。

与卢卡奇的《历史与阶级意识》相类似，柯尔施在其1923年出版的《马克思主义和哲学》中，将主要的批判矛头指向了19世纪下半叶以来出现的以新康德主义为代表的资产阶级哲学思潮，以及受其影响的第二国际的庸俗马克思主义理解。其显著的理论特征是重新发现黑格尔，强调哲学与现实、理论与实践之间的辩证关系。在此基础上，柯尔施强调马克思的辩证唯物主义科学是对资产阶级唯心主义哲学乃至全部哲学的根本超越和取代，与此同时也为资产阶级社会批判和无产阶级革命提供了科学的论证。

正如《马克思主义和哲学》开头所提到的那样，“在19世纪后半期的资产阶级学者中，存在着对黑格尔哲学的极度漠视，这与完全不理解哲学对现实、理论对实践的关系相一致，但这种关系却构成了黑格尔时代的全部哲学和科学的生存原则。另外，马克思主义者们同时也以完全同样的方式日益倾向于忘记辩证法原则的原初意义”①。在此基础上，柯尔施批判了19世纪下半叶资产阶级哲学史的三个局限性，即“纯粹哲学的”局限性、“地域的”局限性和“资产阶级立场的”局限性。更进一步，柯尔施强调，通过马克思和恩格斯在19世纪40年代发现和系统论述的“科学社会主义理论”，“德国古典哲学，这一资产阶级革命运动的意识形态表现，并未退场，而是转变成

① ［德］卡尔·柯尔施：《马克思主义和哲学》，王南湜、荣新海译，重庆出版社1989年版，第5页。

了一种新的科学，这种科学以后作为无产阶级革命运动的一般表现而出现在观念的历史上”①。在以“马克思主义和哲学”的关系为主题，通过援引黑格尔，强调辩证唯物主义或历史唯物主义坚持了理论与实践的辩证法原则，并为资产阶级社会批判和无产阶级革命进行论证的过程中，有三个方面的问题值得我们关注。

第一个方面是马克思主义和哲学之间的关系问题，即马克思主义是对包括资产阶级哲学在内的一切哲学的超越这一观点。马克思主义和哲学之间的关系问题是既有研究中最为关注的问题之一。大多数研究从柯尔施有关该问题的叙述出发，展开有关马克思主义哲学本质的探讨。回到马克思恩格斯的文本中去，马克思恩格斯自身的理论方法对资产阶级哲学或就哲学的超越，的确可以找到相关的依据作为印证。但是结合《马克思主义和哲学》发表的历史语境，有关马克思主义超越哲学的观点，主要是在批判19世纪下半叶以来以新康德主义为代表的资产阶级哲学回避社会现实，甚至是沦为资产阶级生产方式的意识形态再现的意义上进行的。

也正是在这个意义上，柯尔施专门强调：“我们之所以可以谈论超越哲学的观点，理由有三条。首先，马克思在这里的理论观点，不是部分地反对全部现存德国哲学的结论，而是完全反对它的前提。其次，马克思反对的恰恰不是仅仅作为现存世界的头脑或者观念上补充的哲学，而是整个现存世界。再次，最重要的，这个反对不仅是在理论上的，而且也是在实践上和行动上的。”② 这就深刻地涉及理论和实践的辩证法原则。

第二个方面是理论和实践之间的辩证关系问题，即马克思主义是对现实世界的根本超越，同时也是对作为现实世界反应的特定意识形式的克服。强调哲学与现实、理论与实践之间的辩证关系，是柯尔施回到黑格尔的首要动因。在他看来，在黑格尔那里仍然保留着的，但是在19世纪下半叶以来的资产阶级庸俗哲学，以及第二国际的正统

---

① ［德］卡尔·柯尔施：《马克思主义和哲学》，王南湜、荣新海译，重庆出版社1989年版，第13页。

② 同上书，第36页。

马克思主义那里丧失了的，是理论和实践的辩证关系。但是，黑格尔是通过将现实纳入哲学，以唯心主义的方式实现了二者的辩证统一。作为资产阶级革命哲学的批判性继承和无产阶级革命的论证，马克思恩格斯的方法是一种辩证的、历史的唯物主义的方法。用柯尔施的话说，“对于马克思主义来说，前科学的、超科学的和科学的意识，不再超越于和对立于自然的和社会历史的世界而存在”。“它们作为世界的真实的和客观的组成部分而存在于这个世界之中”。相应地，“如果在整个资产阶级社会中的全部真实的现象有不可分割的联系，那么它的诸意识形式就不能仅仅通过思想而被消灭。这些形式只有在迄今通过这些形式被理解的物质生产关系自身在客观—实践上被推翻的同时，才能够在思想和意识上被消灭”①。

第三个方面是辩证唯物主义或历史唯物主义与政治经济学批判之间的关系问题，即政治经济学批判是在更深刻、更彻底的方向上发展了马克思和恩格斯的哲学批判的观点。在前两个方面的讨论中，柯尔施主要援引的是《关于费尔巴哈的提纲》《德意志意识形态》和《共产党宣言》等早期著作，这势必涉及一个理解马克思主义的关键问题。这个问题就是马克思早期的哲学批判与晚期的政治经济学批判之间的关系问题。与此相关，柯尔施还曾把马克思的辩证唯物主义原则运用于马克思主义的整个历史，并区分了三个主要的发展阶段，即1843 年到 1848 年，1848 年至 19 世纪末，20 世纪初至《马克思主义和哲学》写作的时代。柯尔施强调，科学社会主义这一“革命理论的唯一整体”，在马克思恩格斯的后期著作中，作为体系组成部分的经济的、政治的、意识形态的因素，开始以更大的科学精确性结合发展起来，并在政治经济学批判的基础上建立起来。

柯尔施明确指出：“政治经济学批判——马克思主义社会理论的最重要的理论的和实践的组成部分——不仅包括对资本主义时代的物质生产关系的批判，而且还包括对它的社会意识的特殊形式的批

---

① ［德］卡尔·柯尔施：《马克思主义和哲学》，王南湜、荣新海译，重庆出版社 1989 年版，第 50—51 页。

判。"① 甚至于说，"对资产阶级社会的彻底批判，它必须从在资产阶级社会的政治经济学中已经找到了其科学表现的意识的特定形式开始。因此，政治经济学批判在理论上和实践上都是首位的"②。对于这一问题的理解，不仅有助于恢复政治经济学批判的充分的革命意义，而且有助于澄清其在马克思的社会批判体系中的地位，说明政治经济学批判同意识形态批判之间的内在关联。近年来，随着马克思《资本论》和政治经济学方法研究的推进，柯尔施有关辩证的、历史的唯物主义同政治经济学批判之间关系问题的思考开始得到学界的关注。回到柯尔施自己的思想探索中去，我们可以看到：他日后完成的《卡尔·马克思》一书，在很大程度上延续、拓展了这一理论主题。

二　政治经济学批判与意识形态批判

1933 年，迫于法西斯主义的压力，柯尔施开始了自己的流亡生涯。1934 年，应金兹堡和华库哈逊的约请，柯尔施为《现代社会学家》丛书撰写马克思卷。作为其成果，就是《卡尔·马克思》一书。该书共包括三个部分，第一部分"资产阶级社会"对马克思的社会研究的理论方法进行了概括，第二部分"政治经济学"和第三部分"历史"分别论述了马克思的两个伟大发现，即剩余价值理论和唯物史观。在既有研究中，或许是出于更加聚焦"西方马克思主义"早期发展的缘故，《卡尔·马克思》一书并未如《马克思主义和哲学》一样引发广泛的反响。甚至在某种程度上说，该书在西方学术语境中更多被视为一部西方"马克思学"的，而非"西方马克思主义"的著作。在笔者看来，《卡尔·马克思》一书延续了《马克思主义和哲学》的基本理论主旨，结合"政治经济学批判"对于马克思唯物主义这种"我们时代真正的社会科学"进行了更为细致的论证，同时为意识形态批判这一"西方马克思主义"的经典理论主题增添了新

① ［德］卡尔·柯尔施：《马克思主义和哲学》，王南湜、荣新海译，重庆出版社 1989 年版，第 45 页。

② 同上书，第 44—45 页。

的内容。

由于《卡尔·马克思》一书是应约为《现代社会学家》丛书而作，柯尔施在第一部分“资产阶级社会”的开头就提出了马克思主义理论同现代社会科学的关系问题，并且认为：“马克思新的、社会主义和无产阶级的科学，以适应变化了的历史情况的方式继续发展了社会学说古典创始者的革命理论。马克思的这种新科学是我们时代真正的社会科学。”① 这一立论的基础是：柯尔施发现，马克思在资产阶级社会即市民社会解剖的基础上，发现了资产阶级社会的内在对立。“马克思从资产阶级社会的历史特殊性上去理解它的一切制度与关系。他批判了在其中抹煞这种特殊性的资产阶级社会理论的一切范畴。”② 借用列奥纳多·凯帕的话说，历史具体性原则构成了《卡尔·马克思》一书的理论基石。

在第一部分中，柯尔施以《资本论》为例详细阐述了马克思“对一切社会关系作历史论述的原则”，并在批判以资产阶级的社会进化论为代表的“虚假的发展”观念基础上，强调了马克思主义理论视域中历史变化的现实性，“它作为关于资产阶级社会的理论，同时也是无产阶级革命的理论”。这是因为：“对作为一定历史发展时代特别关系的现存资产阶级社会一切关系进行论述，包含了科学地批判这种特殊的社会形态和在实际上对它进行彻底变革的基础。”③ 从资产阶级社会或市民社会的理论总结和批判反思出发，柯尔施不仅强调了黑格尔的重要性，而且也专门提到了以斯密、李嘉图为代表的政治经济学的重要性。“在李嘉图的经济学体系和黑格尔哲学中，资产阶级社会达到了批判的自我认识不超出它自己的原则可能达到的最高程度。”④

即便在《卡尔·马克思》写作时，包括《政治经济学批判大纲》在内的大量《资本论》准备手稿还没有被整理发表出来，但是依据

---

① ［德］卡尔·柯尔施：《卡尔·马克思》，熊子云、翁廷真译，重庆出版社 1993 年版，第 5 页。

② 同上书，第 6 页。

③ 同上书，第 28 页。

④ 同上书，第 32 页。

《资本论》三卷、《剩余价值理论》《〈政治经济学批判大纲〉导言》等公开发表的著作，以及梅林、梁赞诺夫、迈耶尔、科尔纽等人的马克思恩格斯生平和文献研究，柯尔施在第二部分政治经济学中，对马克思政治经济学批判的历程、《资本论》特别是商品拜物教批判的理论变革、政治经济学批判与“现代经济学”的关系进行了详细的论述。

在第二部分的开头，柯尔施就结合《〈政治经济学批判〉序言》指出，“青年马克思赋予政治经济学研究对于研究资产阶级社会来说首要的意义”。在政治经济学批判中，“他通过使价值理论进一步发展成价值和剩余价值的学说，在形式上只不过把在古典资产阶级经济学中内容上几乎已完成的现有概念统一地综合起来”①。紧接着，柯尔施回顾了古典政治经济学的发展，以及 19 世纪下半叶以来庸俗经济学的发展。在此基础上，柯尔施强调：“政治经济学批判不是从资产阶级经济学的立场对资产阶级经济学的个别结论的批判。它是从一种在理论与实践上超出资产阶级经济学的社会阶级的新立场，在决定性的观点上对‘政治经济学的前提’的批判。”②

就马克思对政治经济学展开批判的思想历程来说，柯尔施强调了马克思从哲学唯心主义向科学唯物主义的转变，《资本论》对古典政治经济学原则的贯彻到底和革命批判，以及马克思对“庸俗经济学”倒退的、肤浅的和辩护性掩饰的概念批判。值得注意的是，对“庸俗经济学”的批判，不仅涉及马克思《资本论》的理论阐释，而且与柯尔施对 20 世纪 30 年代之后资本主义新变化的理解直接相关。面对带有资本主义的“计划经济”色彩的“有组织的资本主义”，柯尔施认为其积极意义仅仅在于将资本主义生产关系的无组织性更清晰地表现出来。这并未超出马克思价值规律和剩余价值理论的分析框架。柯尔施借用列宁的话说，马克思主义研究的“直接目的”在于“揭露在现今资本主义社会存在的一切对抗和剥削的形式，以便帮助无产阶

① ［德］卡尔·柯尔施：《卡尔·马克思》，熊子云、翁廷真译，重庆出版社 1993 年版，第 52—53 页。

② 同上书，第 61 页。

级摆脱它们"[①]。

在柯尔施对马克思政治经济学批判的理论阐释中，最为引人注目的一点是他对商品拜物教批判的分析和运用。考虑到《马克思主义和哲学》中对于理论和实践、哲学和现实辩证关系的考察，卢卡奇《历史与阶级意识》中对物化现实和物化意识的批判，我们有理由将柯尔施对商品拜物教批判的说明，一方面视为他自身思考的延伸和拓展，另一方面也看作"西方马克思主义"物化和意识形态批判的理论展开。就柯尔施对马克思商品拜物教批判以及政治经济学批判的阐发而言，值得我们注意的有以下三个方面的问题：

第一，与卢卡奇借用商品拜物教问题引出物化批判相类似，柯尔施将商品拜物教批判看作政治经济学批判最为核心的内容。他说，"关于'商品的拜物教性质及其秘密'的研究，不仅包含了马克思的政治经济学批判的核心，从而也同时包括了在《资本论》中含有的全部理论的核心以及对整个唯物主义社会学说的理论与历史的观点最明确和最精辟的表述"[②]。更进一步，在柯尔施看来，商品拜物教批判构成了资产阶级意识形态批判的基础。"由于完全揭露商品生产的拜物教现象和由此产生的阶级对立，由革命的资产阶级意识形态代言人提出的'市民社会'新的基本概念才获得其充分的意义。"因此，"资产阶级社会的这样的最高理想，例如自由的与自我决定的个人，一切公民在行使其政治权利中的自由与平等以及一切人在法律面前的平等，现今仅仅表现为来源于商品交换的对商品拜物教的补充概念。它们同商品拜物教一切构成了对生产关系一定类型的表现，即构成在意识形态上对有缺陷的社会生产调节的美化"。[③]

第二，由于《卡尔·马克思》写作和发表时，马克思的《1844年经济学哲学手稿》已经公开出版，所谓的"异化"问题已经开始成为马克思主义理论研究中新的焦点问题。与其有关历史唯物主义

① ［德］卡尔·柯尔施：《卡尔·马克思》，熊子云、翁廷真译，重庆出版社1993年版，第98页。

② 同上书，第89页。

③ 同上书，第102—103页。

和政治经济学批判关系的论述相关联，柯尔施专门论述了马克思对经济的“自我异化”同后来对同一问题的科学论述之间的区别：“马克思在《资本论》及《政治经济学批判》（1859 年）中，通过把经济学所有其他的异化范畴归结为商品的拜物教性质，而赋予他的经济批判以更深刻和更普遍的意义。”“雇佣劳动与资本”“后面隐藏着资产阶级生产方式的阶级性质的商品劳动力的特殊拜物教，在马克思经济理论的最后表述中仅表现为在商品本身形式中已包含的一般拜物教的派生形式”。①

第三，与一般意义上所理解的“自由的批判理论家”不同，柯尔施在《卡尔·马克思》一书中坚持了对无产阶级革命立场的论证。正如他在总结《资本论》的经济学理论时提到的，“剩余价值的一般形式”“商品二重性与劳动二重性”“工资作为隐藏在它后面的一种关系的不合理的表现形式”“所有这些根本性的创新，对于我们称之为马克思理论的革命核心的东西——在关于物质生产和阶级斗争的发展的、直接的历史的社会的科学中，批判地扬弃经济学——来说，具有决定性的意义”②。作为全书第二部分的总结，柯尔施进一步强调，“在《资本论》里所开始的对政治经济学的理论批判，只有通过无产阶级革命才能进行到底；这个革命在改变资产阶级生产方式的同时也改变着从属于它的意识形态。在完全进行这种革命后才开始的共产主义社会的发展中，随同商品生产的拜物教一起政治经济学的拜物教将消溶于联合起来的生产者直接的社会理论与实践之中”③。

三　政治经济学批判：在经验具体和历史建构之间

在《卡尔·马克思》的最后一部分，围绕马克思对社会研究的贡献，柯尔施强调了三个方面的内容：第一，“把社会的生活过程的一切现象溯源于经济”；第二，“从社会角度去理解经济”；第三，“历

① ［德］卡尔·柯尔施：《卡尔·马克思》，熊子云、翁廷真译，重庆出版社 1993 年版，第 87 页。

② 同上书，第 77 页。

③ 同上书，第 104 页。

史地判定一切社会现象，也就是说判定为革命的发展，它的客观基础在于人们的物质生产力的发展，而它的主体承担者是社会的阶级”。马克思政治经济学批判“在方法上的出发点，通过研究资产阶级的生产方式及其历史的变化，就已经研究了一切在当前社会经济形态的结构与发展中，能构成严格经验的、在方法上‘真实于自然科学的’社会科学的对象的东西”。因此，“马克思的唯物主义的社会科学不是社会学，而是经济学”。相应地，“历史唯物主义从其主要倾向来看不再是一种‘哲学的’方法，而是一种经验科学的方法”。①

更进一步，在柯尔施看来，这样一种以经验科学的方法为基础，具体历史地判定一切社会现象的科学，在其理论发展的任何新的转变中，都精确而有力地反映出社会的现实历史的新阶段和无产阶级斗争的新经验。“马克思和恩格斯从无产阶级运动的真实历史中以理论的观点与概念为形式所获得的东西，他们随即以直接参与当时的斗争的形式，并以对这种斗争的展开与提高迄至今日历史地继续产生影响强大的推动作用，把它们又交还给历史。”② 简言之，在柯尔施所理解的政治经济学批判中，理论和实践的辩证法、资产阶级意识形态批判、无产阶级革命是内在关联在一起的。

然而，在很多西方学者看来，柯尔施对马克思主义的理解，存在一个无法解决的难题。这就是经验具体与历史建构之间的关系，或辩证与科学的关系问题。正如凯帕所说，“为了总结柯尔施的思想发展并表明其理论局限性，有必要指出特别重要的两点：（1）自然科学和社会科学的认识论建构问题；（2）作为主要方法论原则的历史具体性原则。这里，一方面是逻辑和认识环节的抽象—真实层面，另一方面是由起源决定的经验层面，对这二者的混淆，也就是说，对叙述的综合辩证环节（叙述方式）和经验研究的分析环节（研究方式）之间的区别的忽视，导致在经验‘具体’的实证主义结构中推翻了历史‘建构’的辩证结构，因而通过库尔特·勒温（Kurt Lewin）带

① ［德］卡尔·柯尔施：《卡尔·马克思》，熊子云、翁廷真译，重庆出版社1993年版，第178、182、179页。

② 同上书，第183页。

来了黑格尔和维特根斯坦之间的一种悖论式结合”[①]。道格拉斯·凯尔纳从另外一个角度也提到，“事实上，柯尔施的一个从未很好解决的严重问题是，辩证与科学的关系。柯尔施不断地反思黑格尔与辩证法，以及它们是如何被马克思吸收并转化的。柯尔施努力淡化辩证法与科学之间的矛盾，他在黑格尔那里寻求更多的唯物主义与经验主义，在科学中寻求辩证法，以及马克思对它们的成功糅合”[②]。

在直接的意义上，上述难题指向的是柯尔施“把生产的总体形式归结为阶级斗争的现实”，因而得出了其思想“既缺乏真正的意识形态批判，又缺乏真正的组织问题探讨”的批评性结论[③]。在我们看来，理解并解决上述问题的根本和关键是对柯尔施所阐发的政治经济学批判，以及马克思主义政治经济学批判的历史性反思。其中，一个焦点问题就是如何在变化了的资本主义生产方式中，准确理解抽象和具体的辩证法。在这个意义上，下文尝试提出并论证的观点是：柯尔施所遭遇的理论难题，首先并非源于其思维中的经验主义倾向，而是由其逻辑中缺乏从抽象到具体的辩证转化而导致的。

首先，必须承认：有关历史唯物主义和政治经济学批判的关系、政治经济学批判与资产阶级意识形态批判之间的关系、理论与实践的辩证法与无产阶级革命的关系，柯尔施的论述在总体上是准确的，并且对于当下的马克思主义哲学研究仍然具有一定的启发意义。

回到马克思的探索历程中去，两个伟大发现本身就是内在关联在一起的。按照马克思1859年《〈政治经济学批判〉序言》的说法，唯物史观本身就是政治经济学研究中发现的，用来指导自己工作的总的结果。因此，政治经济学批判首先是以历史唯物主义为方法论前提和基础的。同时，政治经济学批判在更深刻、更彻底的方向上发展了马克思和恩格斯的哲学批判，即历史唯物主义的观点。政治经济学批判不仅是对资产阶级古典政治经济学、庸俗经济学的前提批判，而且是对资产阶级社会或者说资本主义生产方式的批判。其中必然包括对

---

① 列奥纳多·凯帕：《柯尔施的马克思主义》，周凡、黄伟力主编《新马克思主义评论：哲学的政治及其辩证法》，生活·读书·新知三联书店2015年版，第18页。

② 同上书，第59页。

③ 同上书，第21页。

作为资产阶级社会辩护的意识形态的批判。对此，柯尔施通过商品拜物教批判的分析给出了专门的说明。在此基础上，政治经济学批判不仅坚持、实现了理论和实践的辩证法原则，而且将为资本主义生产方式内在对抗性矛盾的揭示，以及无产阶级革命现实可能性的说明奠定科学的基础。

其次，所谓柯尔施思想中辩证与科学的紧张关系，或者说经验具体与历史建构之间的裂隙，在很大程度上折射了西方马克思主义早期理论发展中存在的普遍困境。这就是面对资本主义生产方式发展所带来的物化现实，如何通过恢复、强调辩证法的批判性的方式，寻求无产阶级革命的可能性。

以卢卡奇为例，通过颠倒性地挪用马克斯·韦伯的合理化概念，这位西方马克思主义的鼻祖开启了资本主义物化批判的先河。在物化和物化意识的批判中，卢卡奇通过强调主客体统一的历史辩证法，尝试克服物化现实所造成的分裂，通过无产阶级阶级意识重塑总体性的历史主体。与物化批判相并行，柯尔施强调了政治经济学批判，特别是商品拜物教批判的理论和实践意义。如上所述，其中的要点有三：一是对经济范畴背后的社会关系的发现，特别是劳动力商品背后的资本主义生产关系的揭示；二是资产阶级意识形态作为商品拜物教的补充；三是商品拜物教与资本主义物化现实，即资本主义生产总过程“三位一体公式”的关联。可以说，柯尔施对商品拜物教批判的分析构成了卢卡奇物化批判的必要补充。然而，与卢卡奇相类似，由于缺乏从商品和价值这一抽象到资本主义生产过程中的具体的辩证展开，柯尔施的理论要么显得太过唯心主义，要么看起来太过经验主义。

最后，对照马克思批判政治经济学、写作《资本论》的思想历程，以及马克思《资本论》手稿的出版经过，我们有理由发现：之所以在柯尔施的理论逻辑中存在从抽象上升到具体的逻辑缺憾，除与他对现实资本主义的理解不够充分外，还存在一个重要因素。这就是柯尔施无法把握马克思在《资本论》写作过程中，围绕从抽象到具体的叙述方式，所进行的艰苦探索，在抽象和具体的辩证法理解中跳过了许多必要的中介性环节。

众所周知，自《1857—1858年经济学手稿》（《政治经济学批判大纲》）开始，马克思先后写作了《政治经济学批判·第一分册》《1861—1863年经济学手稿》《1863—1865年经济学手稿》，才于1867年出版了《资本论》第一卷第一版。其后，《资本论》第一卷又经过多次修改形成了多个版本。马克思去世后，恩格斯先后编辑出版了《资本论》第二卷和第三卷，后者的依据是《1864—1865年经济学手稿》。考茨基编辑出版了《剩余价值理论》，其依据是《1861—1863年经济学手稿》。在柯尔施写作《卡尔·马克思》的时代，除《导言》已经发表外，《政治经济学批判大纲》等相关手稿尚未公开出版。因此，虽然柯尔施敏锐地意识到商品拜物教部分的讨论与《资本论》第三卷的内容有直接的相关性，但是他无法明确把握马克思对于从抽象上升到具体的叙述方式的探索和调整，如“资本一般”概念的制定和放弃，“六册计划”向“三卷四册计划”的转变等。这样就不难解释，为什么当柯尔施论述政治经济学批判时，他更多将注意力集中在商品拜物教批判和资产阶级意识形态批判，而对剩余价值的生产和实现形式缺乏足够的关注了。其结果之一，就是柯尔施的理论中似乎呈现出经验具体与历史建构、对象的科学分析与革命的实践诉求之间的二元分立。

作为本文的结论，柯尔施有关政治经济学批判的分析对于我们更加全面地理解西方马克思主义的逻辑演进，更加深入地把握马克思主义的理论体系仍然具有重要的参考价值。回顾柯尔施本人从《马克思主义和哲学》到《卡尔·马克思》的微观思想历程，可以看到他对政治经济学批判的关注是同理论和实践的辩证关系阐发、资产阶级意识形态批判和无产阶级革命的论证紧密结合在一起的。其中，有关两个伟大发现之间的关系、政治经济学批判与意识形态批判的同一、资产阶级社会研究与社会主义运动内在关联的阐述，不仅具有历史的价值而且具有现实的意义。然而，由于在政治经济学批判的分析中，柯尔施缺乏对从抽象上升到具体的辩证展开环节的详细阐述，他的理论显得过于经验主义或过于唯心主义。这一缺憾不仅是困扰柯尔施的难题，而且构成了西方马克思主义早期发展的总体困境。时至今日，面对不断变化着的资本主义现实，依托马克思《资本论》及其手稿文本研究的不断推进，我们有理由期待政治经济学批判的新的理论成果，在抽象和具体的辩证转化中科学叙述当代资本主义现实及其超越的现实路径。

（已发表于《马克思主义理论学科研究》2018 年第 6 期）

生产范式的效力与边界*

——马尔库什与哈贝马斯的争论及其启示

孙建茵**

依照马克思在1859年公开发表的《〈政治经济学批判〉序言》中的经典表述，众多马克思主义研究者将马克思的理论范式理解为"生产范式"，并据此来表述马克思哲学思想的实质。然而，第二国际理论家、西方马克思主义学者对此的不同理解，使"马克思的生产范式在解读和批判资本主义社会现实时是否仍具有有效性"这一问题成为20世纪后半叶马克思主义理论中争论的重要议题，也由此在马克思主义阵营中掀起了围绕"生产范式"而进行的"重建历史唯物主义"的思潮。其中，作为法兰克福学派的旗手、当代最有影响力的哲学家之一的哈贝马斯与布达佩斯学派成员、东欧新马克思主义中极具原创性的代表人物马尔库什①，就"生产范式"问题曾经进行过一场公开的学术争论。20世纪的70、80年代开始，两人都致力于从马克思的哲学思想出发构建一种新的哲学理论，著名的"科尔丘拉夏令学园"又给两人提供直接交流的契机。两人不仅熟悉对方的基本观点，而且均通晓黑格尔和马克思的哲学思想，从而就"生产范式"

* 本文系国家社科基金项目"东欧新马克思主义历史观研究"（项目编号：13BKS068）阶段性成果。

** 孙建茵（1980— ），女，黑龙江省哈尔滨市人，黑龙江大学马克思主义学院教授、博士生导师，哲学博士，研究方向：国外马克思主义。

① 《现代性的哲学话语》的中译本（曹卫东等译，译林出版社2004年版）按照英文的发音把György Márkus译为"马尔库斯"，如果按照匈牙利语的发音，也译为"马尔库什"。

展开了激烈的讨论。随着东欧新马克思主义文献的译介，这场曾经鲜为人知却极其重要的争论开始进入学界视野。这场争论不仅标志着双方理论旨趣和走向的分野，对于深入思考和理解马克思哲学思想的实质、理解20世纪马克思主义的分化和演进格局，更具有十分重要的理论意义。本文试图借助该争论的分析框架，澄清马克思生产范式的理论效力与边界并对进一步阐明马克思思想中范式性的框架提出思考的路径。

一 马克思的生产范式及其理论视域

20世纪60年代，托马斯·库恩在《科学革命的结构》一书中提出了“范式”概念，在人文社会科学中，用以表示某种理论标示性的概念、范畴或分析方法等。此后不久，在库恩“范式”的意义上，哈贝马斯在相关著述中对马克思的思想实质进行了界定。1967年，哈贝马斯在《劳动和相互作用——评黑格尔耶拿时期的〈精神哲学〉》一文中指出，马克思在社会实践的标题下将相互作用都理解为劳动和生产，因此在马克思那里，生产这种工具性活动“成了一切范畴产生的范式；一切都溶化在生产的自我活动中。”[①] 由此，生产被马克思赋予了一种广泛的意义，成为一切社会活动和马克思所使用的概念框架的起点。哈贝马斯对马克思理论范式的界定得到了广泛认可。20世纪80年代，布达佩斯学派的马尔库什和赫勒率先将“生产范式”（paradigm of production）作为专门术语用来表述马克思理论的内涵。[②] 此后，人们广泛使用生产范式来理解与阐释马克思哲学思想的实质。虽然表述方式略有差别，如哈贝马斯和马尔库什等将之称为“生产范式”，鲍德里亚称之为“生产之镜”“生产图式”，德勒兹称之为“生产逻辑”等，此外还有生产主义、生产理论等提法，但是其中的共识性理解是明显的：马克思和恩格斯以生产为视角和基础理

---

① ［德］尤尔根·哈贝马斯：《作为“意识形态”的技术与科学》，李黎、郭官义译，学林出版社1999年版，第33页。

② Heller, A., 1981, “Paradigm of Production: Paradigm of Work”, in Dialectical Anthropology 6 (1), pp. 71－79.

解历史、观察社会，以“生产”概念为核心组成了一个完整的范畴体系，同时具有认识论和方法论的解释功能。

正如吉登斯在《历史唯物主义的当代批判：权力、财产与国家》中所说的：“根据《〈政治经济学批判〉序言》所勾勒的轮廓，生产力与生产关系的辩证关系在马克思的‘唯物主义历史观’中扮演了基本的角色……作为一般性理论观点，马克思试图把生产置于社会生活的所有其他因素之上。”[①] 生产范式能够更优越地表现出马克思哲学思想的连续性和一致性，并贯穿马克思早晚期的著述之中。早在《1844 年经济学哲学手稿》中，马克思就已经认识到，“宗教、家庭、国家、法、道德、科学、艺术等等，都不过是生产的一些特殊的方式，并且受生产的普遍规律的支配”。[②] 这就揭示了生产与其他社会意识形式之间的关系，生产概念已经具有解释的优先性，其中就蕴含着生产范式的萌芽。在《神圣家族》中，生产范式已见端倪，马克思和恩格斯在批判鲍威尔等人的自我意识哲学时指出：“正像批判的批判把思维和感觉、灵魂和肉体、自身和世界分开一样，它也把历史同自然科学和工业分开，认为历史的诞生地不是地上的粗糙的物质生产，而是天上的迷蒙的云兴雾聚之处。”[③] 因而，“生产”就成为马克思考察历史发展的实证性起点。马克思和恩格斯在《德意志意识形态》中将生产范式系统化，他们指出，理解历史就必须从现实生产出发，“因此第一个历史活动就是生产满足这些需要的资料，即生产物质生活本身，而且，这是人们从几千年前直到今天单是为了维持生活就必须每日每时从事的历史活动，是一切历史的基本条件”[④]，他们尤其将历史冲突的根源理解为“生产力和交往形式的矛盾”，由此奠定了生产范式的基本理论结构，唯物史观的哲学视域基本形成。

生产范式一经形成就成为马克思后期经济学研究和政治经济学批判所使用的深层次的方法论。马克思在《1857—1858 年经济学手稿》

---

① ［英］安东尼·吉登斯：《历史唯物主义的当代批判：权力、财产与国家》，郭忠华译，上海译文出版社 2010 年版，第 89 页。

② 《马克思恩格斯文集》第 1 卷，人民出版社 2009 年版，第 186 页。

③ 同上书，第 350—351 页。

④ 同上书，第 531 页。

的“导言”中明确指出，生产总是在一定社会发展阶段上的生产，生产的出发点当然是个人，然而在哲学层面或者在历史观的意义上，并非要将历史各个阶段上的生产一一加以研究，也并非要专门研究资本主义生产，而是揭示出各个世代生产的一种共同规定，或称为合理地抽象出的“生产一般”，这就是马克思后期经济学研究中运用生产范式的证明。马克思指出，“对生产一般适用的种种规定所以要抽出来，也正是为了不致因为有了统一（主体是人，客体是自然，这总是一样的，这里已经出现了统一）而忘记本质的差别。那些证明现存社会关系永存与和谐的现代经济学家的全部智慧，就在于忘记这种差别”①。马克思后来写作的《资本论》也多次重复了这个观点，并进一步在经济学语境中细致解析了生产力和生产关系的辩证法。由此，用生产范式来概括和标示马克思的研究模式是具有合理性的。

总体而言，在马克思那里，生产范式为理解人类社会历史进程提供了广阔的前提假设和方法论框架。正是凭借生产范式，马克思才从自身的思想母体中脱胎而出，超越了黑格尔、青年黑格尔派的理论视域，将现实世界理解为生产的结果，或称生产的历史性序列。也即是说，从马克思的生产范式来看，改变构成特定存在方式的实际物质生产活动，才能改变个人的生活。个体或主体概念的批判性重构也只有在生产范式中才成为可能，从而实现对社会历史进程的重新诠释。

然而，在马克思和恩格斯之后，对生产范式“改造”的一个重要方面来自第二国际的理论家。例如，拉法格在批判历史唯心主义把历史理解为神的预见和理智的结果时指出，马克思对于社会的组织力量以及人类社会物质财富积累和变化的根本决定力量有明确的论述：“马克思回答说：生产方式。”② 由此，他把马克思所论述的生产方式带来的社会变革直接称为经济决定论。第二国际理论家确信生产力的发展为资本主义转向社会主义提供了物质保障，由此，生产范式被简化为劳动过程，或者人和自然之间的技术交换过程，经济决定论得到

① 《马克思恩格斯文集》第 8 卷，人民出版社 2009 年版，第 9 页。

② ［法］拉法格：《思想起源论——卡尔·马克思的经济决定论》，王子野译，生活·读书·新知三联书店 1963 年版，第 35 页。

强化，并造成了实际客观进程与革命想象之间的断裂，使历史成为一个无主体的过程。然而，随着马克思《1844 年经济学哲学手稿》的发表及对其研究的深入，以卢卡奇为代表的早期西方马克思主义者通过将“主体性”“主客体辩证法”和“阶级意识”重新纳入理论框架，开启了批判经济决定论和教条主义，重新阐释马克思思想的全新路径。此后，“重建历史唯物主义”成为马克思主义研究中历久不衰的议题。

二 重建历史唯物主义之超越生产范式

“重建历史唯物主义”是西方马克思主义的主要理论指向之一，他们重建的重要途径就是对马克思历史唯物主义的核心和基础性概念进行重新解读和再思考。其中，围绕“生产范式”展开的理论论争尤为醒目。一种趋势是，生产范式作为解读马克思全部思想的标志性范畴受到质疑，陷入了确定性和合法性的双重危机。众多思想家纷纷指出其存在的“瑕疵”和缺陷，试图通过改造、修补甚至彻底放弃的方式完成对生产范式的超越。例如，吉登斯质疑了生产范式的限度：“生产力与生产关系的辩证关系并不是一套神奇的装置，可以在总体上为社会变迁的源泉提供答案，同时，它们也不能成为理解社会结构性矛盾的角度——除非是在资本主义的条件下。”① 由此他认为，有必要对生产范式的有效性和作用机制进行进一步的研究和阐释。赖特随后著文呼应了吉登斯的批判，阐释了生产力对于社会物质形式的积累和推动社会从低级向高级更替中发挥的作用，但同样反对过于夸大生产范式在社会发展中的力量。② 科恩对生产范式中关于生产力与生产关系、经济基础与上层建筑的基本命题进行了全新的功能解释。艾伦·梅克森斯·伍德在重建历史唯物主义理论中也通过对生产方式、劳动等基本概念的重新说明完成了对生产范式的重构。在众多理

① ［英］安东尼·吉登斯：《历史唯物主义的当代批判：权力、财产与国家》，郭忠华译，上海译文出版社 2010 年版，第 90 页。

② 参见 Wright，E. O.，1983，“Giddens's Critique Marxism”，in New Left Review 1/138，pp. 11 – 35。

论运思中，有三种超越生产范式的路径最具典型性和代表性。

首先，德勒兹站在坚持生产范式的立场上，弥合了弗洛伊德和马克思思想的鸿沟，用精神分析的方法改造、修补了生产范式。1972 年德勒兹与加塔利合作出版了将弗洛伊德精神分析与马克思理论结合在一起建构的唯物主义精神病学的研究著作《反俄狄浦斯：资本主义与精神分裂症》，并提出了以“欲望生产”（desiring-production）概念为核心的理论范式。德勒兹反对精神分析学的唯心主义把“欲望生产简化为一套被称作无意识的表现的系统，简化为谈话、表达或相应理解的形式”。[①] 不仅如此，德勒兹认为，马克思单纯从劳动出发对资本主义进行的政治经济学批判也是不够的，欲望也是重要的生产力，因此应该将两种理论进行结合，“将生产引入欲望之中，并且反过来将欲望引入生产之中”。[②] 由此，德勒兹试图通过重构欲望与生产的关系来弥补马克思单一的经济维度，并进一步论证了欲望生产关于生产、刻录和消费的三种逻辑综合，完成了欲望生产范式的理论建构。

其次，鲍德里亚通过对当代资本主义社会“消费社会”“符号社会”的指认，宣告了马克思生产范式的终结，并最终提出了以“象征”“拟真”为核心的理论图式。1973 年，鲍德里亚出版了《生产之镜》，在此书中他延续了符号政治经济学批判逻辑对生产范式的削弱，进而更进一步反对从生产的角度出发把历史解读为有序存在的逻辑幻象。鲍德里亚认为，马克思的生产范式在当代资本主义批判中已经不合时宜。主要是因为，生产范式仅仅在“交换价值体系”中才具有有效性，而面对资本主义社会消费与生产的新变化却丧失了批判功能。因此，马克思的错误在于，将生产范式泛化为“人类生成的一般模式”，形成了一种虚假的生产之镜：“生产力领域的延伸，等于是这个概念的激进化，这可能是这个概念不得不走的道路……也许，政治经济学无法同物质生产的决定论分离开来，在这种理论中，马克思

---

① ［法］吉尔·德勒兹：《哲学与权力的谈判——德勒兹访谈录》，刘汉全译，商务印书馆 2000 年版，第 19 页。

② 同上书，第 20 页。

主义的政治经济学无法扩展为普遍化的理论。”[①] 由此，鲍德里亚坚决地走出马克思的生产逻辑，从而彻底否定了生产范式。

最后，哈贝马斯从根基处颠覆了生产范式，主张用交往范式重建历史唯物主义。1965 年至 1975 年间，哈贝马斯在一系列著作中明确批判了马克思的生产范式。第一，批判生产范式在当代已丧失革命性维度。在哈贝马斯看来：“第一位的生产力——国家掌管着的科技进步本身——已经成了［统治的］合法性的基础”，“当科学技术的进步变成了一种独立的剩余价值来源时……马克思本人在考察中所得出的剩余价值来源，即直接的生产者的劳动力，就愈来愈不重要了”。[②] 这样，生产力已经不再是变革社会的决定性力量，也不再具有革命或解放的潜力。从生产的视角出发，恰恰得出的是晚期资本主义合法性的结论，于是，生产范式的革命性维度就丧失了。第二，批判生产范式在当代已丧失批判性维度。在哈贝马斯看来，历史唯物主义的认识论批判只具有经验性质的兴趣，而无关“先验性质”的兴趣。“在马克思那里，政治经济学批判代替了唯心主义中的形式逻辑批判”[③]，这具体表现在，马克思摒弃了德国唯心主义的反思传统，使生产范式只具有一种“生产模式”的反思性，这种反思只能导致一种技术旨趣或技术理性，而关于“实践的”和“解放的”旨趣与理性却无从获得，因而缺乏一种批判的精神。第三，批判生产范式在当代已丧失价值维度。哈贝马斯指出，生产范式把人的科学和自然科学等同看待，把自然科学的逻辑和人的价值逻辑混淆，或称混淆了工具理性和价值理性的差异，“把交往活动归之为工具活动”[④]，存在着工具理性甚至技术还原主义的倾向。这样的生产范式忽视了文化、道德、规范在社会进化中的作用，只适

---

① ［法］鲍德里亚：《生产之镜》，仰海峰译，中央编译出版社 2005 年版，第 103 页。

② ［德］尤尔根·哈贝马斯：《作为“意识形态”的技术与科学》，李黎、郭官义译，学林出版社 1999 年版，第 69、62 页。

③ ［德］尤尔根·哈贝马斯：《认识与兴趣》，郭官义、李黎译，学林出版社 1999 年版，第 27 页。

④ ［德］尤尔根·哈贝马斯：《作为“意识形态”的技术与科学》，李黎、郭官义译，学林出版社 1999 年版，第 33 页。

合解释人与自然的关系，不适合解释人与人的关系。因此，马克思的生产范式必然陷入价值维度缺失的理论困境。

于是，哈贝马斯力图用“交往”的合理性置换“劳动”的合理性，用交往范式取代生产范式，用交往行为理论重建历史唯物主义，从而得出了劳动/生产和交往是人类行动的两种相互补充却不可还原的范式的结论。哈贝马斯随后在《交往行动理论》中进一步区分了社会劳动和符号交往的各自逻辑，并研究这二者的相互作用。他的这些理论努力引起了国际学界的广泛关注。马尔库什与哈贝马斯围绕“生产范式”展开的争论就是在这一语境下展开的。

三 马尔库什对哈贝马斯的批判

哈贝马斯用“交往”的角度重建历史唯物主义的思路产生了深远影响，也受到了颇多质疑。质疑之一就是哈贝马斯对马克思的种种误读。值得一提的是，马尔库什在1980年发表的《人的对象世界》一文以及写于20世纪70年代末，于80年代初出版的《语言与生产——范式批判》一书中集中对哈贝马斯的观点进行了批驳。概括地说，马尔库什简明地指出了以下三点：

第一，哈贝马斯混淆了生产和劳动。马尔库什指出，哈贝马斯在《认识与兴趣》中阐释马克思的早期著作《1844年经济学哲学手稿》和《德意志意识形态》时，将哲学人类学语境下的劳动（Arbeit）概念等同于马克思在晚期经济学手稿中的劳动概念。在马尔库什看来，这是致命的错误。他认为，马克思在早期作品中有时把劳动和生产（Produktion）当作同义词互换使用，但是从《1857—1858年经济学手稿》开始就在二者之间进行了明确的区分，“劳动”被界定为人与自然之间的过程，是“生产”的总体过程中的一个方面。或者说，在马克思的晚期著述中，“劳动”这个概念对应社会再生产过程中的全部物质过程，如果要涵盖精神性的内容则通过“生产”概念，通过生产力和生产关系的辩证法来表述。因此，哈贝马斯混淆了马克思的生产与劳动概念，他基于这种混淆而进行的批判以及任何对马克思哲学方法论的指责都是无效的。

第二，哈贝马斯混淆了技术领域与社会领域。马尔库什断然拒绝哈贝马斯将马克思的哲学等同于技术主义的做法，他指出，“当哈贝马斯用作为单纯的目的理性的工具性活动的劳动来诠释马克思的生产范式时，他本人完成了一个不应强加给马克思的技术主义还原”。[①]马尔库什认为，马克思的生产范式并未将历史还原为人主宰自然的、单向的技术进步，相反，马克思对历史过程的界定既包括技术进步的一面，又涉及社会相互作用的形式，既包括人与自然的关系，也包括人与人之间的相互作用过程。也就是说，经由生产范式“在全部历史之中，我们发现技术方面与社会方面总是不可分离地结合在一起”[②]。因此，哈贝马斯的错误就是没有看到在马克思那里这两个不同的领域是统一在一起的。他将技术领域与社会领域的混淆归咎为一种技术主义还原，这种责难是难以令人信服的。

第三，哈贝马斯混淆了阶级和类。马尔库什认为，经历过第二次世界大战、大屠杀、大清洗等历史后，哈贝马斯经过反思意识到，通过“生产力的逻辑”而解放性地变革社会的理论策略不仅是无效的，而且还存在着所“蕴涵的独裁主义和极权主义的危险”[③]。因此，哈贝马斯将论题从“阶级利益”转向了“类的利益”，希望借此既保证革命事业的可能性又能避免阶级冲突带来的灾难后果。然而，马尔库什把哈贝马斯的这种理论方案界定为一种知识人类学。因为“知识人类学的核心在于工具性行为与沟通性相互作用的区别”[④]。哈贝马斯想通过这样一种替换既保留社会发展的客观标准又为人的生活理想提供规范。但是，这种做法不仅只是一种人类学意义上对阶级利益两分法的重新阐释，而且借助类的利益构建的理想的共同体“把解放的潜能重新定位在人类的类概念之中，打破了马克思激进历史主义所暗含的‘可实现性’与‘可欲性’之间的直接统一[⑤]”。由此，也彻底抑

① ［匈牙利］马尔库什：《语言与生产——范式批判》，李大强等译，黑龙江大学出版社2011年版，第123页。

② 同上书，第90页。

③ 同上书，第120页。

④ 同上书，第122页。

⑤ 同上书，第121页。

制了马克思理论的革命和解放潜能。

在此基础上，马尔库什进一步对哈贝马斯的交往范式进行了深刻批判，认为这种范式存在着把理想的言语的条件等同于“激进对话”的条件，在用道德意识阐明社会关系时存在着对辩证法因素的削弱，以及把民主行为的主体等同于批判话语主体等内在的冲突和矛盾。由此，马尔库什得出的结论是，哈贝马斯用交往范式补充生产范式的理论尝试并未解决生产范式的难题。此后，马尔库什正面阐释了他本人的看法：

生产范式是理论性与实践性的统一。马尔库什指出，生产范式体现了马克思对人类历史和现实世界构建方式的一种全新的诠释模式。“人类经验的共同的、有意义的世界的建构，并不表现为（个人的或先验的）意识的成就，而是表现为物质实践活动的社会历史结果。”① 正是借由这个模式马克思实现了对社会生活的全新理解和阐释。不仅如此，生产范式还发挥了社会再组织的实践作用。按照生产范式来理解，人类的未来被描绘为具有解放可能的图景。这一范式与马克思唯物主义的实践属性相契合，人们可以借此“把历史视为针对实践的合理性和意义如何在有限的人类生活中渐次展开而进行的社会斗争的领域”。②

生产范式是劳动过程和社会关系再生产过程的统一。马尔库什把这两种属性的统一当作马克思范式的本质：生产的各种历史形式是人与自然之间的劳动过程同特定历史时期人与人之间的生产关系再生产过程的统一，也就是技术方面与社会方面的统一。马尔库什在此强调的是，生产不能仅仅归结于技术规则，生产者的传统习惯、客观需求都可能转化为愿望和技能发挥作用，这也是所谓的社会性。因此，在马克思的理论中，生产范式为这双重过程的统一体提供了一个有效的范畴框架。

生产范式是人的内在的“自我创造”性与自然—社会外在控制的统一。在马尔库什看来，人通过不断的自我创造可以超越自身有限性

---

① ［匈牙利］马尔库什：《语言与生产——范式批判》，李大强等译，黑龙江大学出版社2011年版，第61页。

② 同上。

的这一观念与生产范式是联系在一起的。由于人不得不依赖并受制于历史的变化和潜在的社会控制，因此人的新的需要和能力被不断地创造出来，从这个意义上讲，“人类需要的这种原则上无限的拓展和创造，被生产范式设定为整个人类历史的核心”。[①] 在这个过程中，人类不断拓展自身行动和相互作用的领域并由此逐渐削弱对直接的、外部自然和社会环境的依赖所造成的束缚。由此，生产范式表达了对历史动态性的肯定，也是对人类解放这一目标最终得以实现的肯定。

在正面阐述生产范式理论效力的同时，马尔库什并没有否认生产范式存在的困境和必须面对的问题。最终，他提出了“应该从事生产范式激进化的尝试”[②]，即“回归源头”，回归马克思批判理论的前提和目标——经验性的、活生生的现实。

四 哈贝马斯对马尔库什的回应

马尔库什的著作出版不久，哈贝马斯便在《现代性的哲学话语》中专门著文《论过失的生产范式》，作出了正面回应。在哈贝马斯看来，卢卡奇、法兰克福学派的一些思想家继承了韦伯的传统，没有沿用生产范式继续对异化展开分析而是转变为对合理化的批判。与此不同，后期的马尔库塞和萨特则是根据胡塞尔的现象学解读马克思的早期著作，通过阐释“实践”概念的规范性内涵重新为生产范式注入活力。东欧新马克思主义者就是沿着后一条路线前进的。

哈贝马斯认为，马尔库什和赫勒完成了生产范式在解读日常生活上的运用，而实际上是将青年马克思的实践概念与胡塞尔晚年的实践概念视为同一。而这样一来，生产范式将面临三个难题：第一，“生产范式严重束缚了实践概念”[③]。在哈贝马斯看来，实践概念的内涵要大于劳动活动或产品制造。于是，在生产范式中，如果劳动是具有

① ［匈牙利］马尔库什：《语言与生产——范式批判》，李大强等译，黑龙江大学出版社 2011 年版，第 112 页。

② 同上书，第 135 页。

③ ［德］尤尔根·哈贝马斯：《现代性的哲学话语》，曹卫东等译，译林出版社 2004 年版，第 91 页。

范式意义的活动类型，那么，具有言说和行为能力的主体的其他一切文化形式上的活动应该怎样定位呢？显然，资本主义条件下的劳动是一种异化劳动，完全丧失了美学和道德性质，这种劳动与实践相去甚远，也不可能涵盖实践的全部内涵。而马尔库什却把制度和语言表达形式也看作人的对象化，把它们视为和严格意义上的劳动产品是一样的，这就模糊了二者的界限。第二，“生产范式在一种自然主义意义上决定了实践概念”[①]。哈贝马斯认为，实践在意识哲学那里被理解为先验的主体性的劳动，必然包含着自我反思的规范性。然而世界形成过程一旦被仅仅理解为生产过程，那么实践哲学就会从自然主义的角度被进行定义转化。于是出现了这样的问题：在社会与自然之间的交换过程中，自然主义的规范是否能够解释社会生活的一切？在这两者的关系中是否存在一种规范内涵？从自然主义的角度该如何理解艺术家与科学家具有自我反思意识的生产活动？第三，“生产范式赋予实践概念以一种明确的经验意义”[②]。如果按照生产范式来理解人类社会形态的发展的话，在可以预见的未来，技艺性的传统手工劳动将演变为“奢侈品”，劳动社会将走向终结，那么，生产范式会不会因此而失去其说服力呢？

哈贝马斯重点对马尔库什的范式理论展开了批判性分析。他认为马尔库什对于他所提出的生产范式的三个难题中的前两个已经作出了论述。然而，马尔库什重新阐释生产范式效力的理论尝试是失败的，这源于他自身理论逻辑的内在冲突。

一方面，马尔库什所理解的生产范式内在地包含着两个领域统一/分裂的冲突。哈贝马斯认为，马尔库什在力图回答生产范式遭遇的第一个难题时暴露出他自身理论中的一种内在矛盾，主要反映在他对生产范式“技术领域”与“社会领域”两个实践过程关系的态度上。哈贝马斯认为，为了说明生产范式的解释效力，马尔库什从三个方面论证了不仅生产的产品，而且所有的社会生活都能够被视为劳动

---

① ［德］尤尔根·哈贝马斯：《现代性的哲学话语》，曹卫东等译，译林出版社 2004 年版，第 91 页。

② 同上。

的对象化和客观化。首先，一切产品和占有过程只有与人的活动发生关系时才是一种对象化，因此，通过技术规则和社会需求的规则的双重转化，不仅生产中劳动力的消耗，而且消费占有的社会可能性都在客体中得到了对象化。其次，社会实践具有两面性：生产和占有标示了社会与自然交换的水平，体现了生产力发展的状况；同时，社会实践也是一个互动的过程，在社会规范的中介调解下体现了生产关系中需求和愿望的满足程度。最后，生产范式把社会实践理解为“技术领域”和“社会领域”二元过程的统一。对于这三重论证，哈贝马斯指出了其中的矛盾，也就是马尔库什把生产同时理解为人与人以及人与自然的互动过程。他指出：“这一论断是惊人的，因为马尔库斯本人最大的愿望就是明确区分生产和产品利用的技术—功利规则与社会互动的规则……相应地，他还明确区分了‘技术领域’和‘社会领域’。”[①] 哈贝马斯引用马尔库什在《人的对象世界》一文中的论述来证明，马尔库什的自我矛盾体现在他一边区分了两种规则，认为社会规范为主导的互动意义上的实践不能依据人与自然之间的劳动力的生产消耗和使用价值的消费模式来分析，而另一边却认为技术领域与社会领域是牢牢结合在一起的同一过程。因此，哈贝马斯把这种对生产范式的辩护归纳为“绕了一个弯子”[②]，认为马尔库什的论证只能说明一个结论：生产范式只适合于解释劳动，而不适合于解释互动。

另一方面，解放视角源于生产范式/源于交往范式的冲突。哈贝马斯认为，关于生产范式能否为人类反思性、超越性的活动提供规范性内涵的难题，马尔库什通过对两种实践的区分作出了回答。马尔库什认为人的实践处于在两种规则的控制下，因此，一种实践致力于超越外部自然约束的技术控制，另一种实践则是通过兴趣、价值取向和愿望的达成冲破主观自然的控制。“作为实践目标，马尔库斯从制度上区分了技术领域和社会领域，也就是区分了外在必然性领域和最终一切‘必然性’都要自己负责的领域。”[③] 哈贝马斯认为，马尔库什

① ［德］尤尔根·哈贝马斯：《现代性的哲学话语》，曹卫东等译，译林出版社 2004 年版，第 93 页。

② 同上。

③ 同上书，第 94 页。

的这种区分蕴含着对人类解放视角的理解。虽然，马尔库什认为生产范式与人的超越性思维是联系在一起的，然而，在他的两种领域的划分中则指向了一种相反的结论，那就是解放的视角不是源于生产范式而是源于交往范式的。哈贝马斯进一步引证了马尔库什的论述，指出马尔库什将社会成员摆脱生存环境束缚的途径指向了表达自身需求从而改变社会价值的对话互动过程。由此，哈贝马斯得出结论，这种解放的实践道路“是一种单纯诉诸生产范式的理论所无法回答的”①。

五 争论的实质及其启示

瑞克·罗德里克（Rick Roderick）认为，“马克思的生产范式的资源远没有穷尽”②。曼德尔也在《晚期资本主义》中继续力证马克思生产范式的批判效力。因此，马尔库什与哈贝马斯的争论是马克思主义阵营中围绕“生产范式”这一主题两种不同的代表性声音的对话与碰撞。鉴于哈贝马斯的回应已经大大扩展了争论的论域，从如何看待马克思的生产范式转为生产范式与实践哲学的关系，马尔库什也就不再正面回应哈贝马斯的“反批判”，而是随后在《意识形态批判的批判》《瓦尔特·本雅明或作为幻象的商品》等著述中，从文化的视角阐释交往范式的缺陷，并认为哈贝马斯的理论要取代马克思的政治经济学批判还有很长的路要走。两人的争论就此告一段落，然而，争论背后的一些理论问题仍有待思考。二人就“生产范式”引发争论的实质是什么？这场争论的启示意义应如何理解？本文试图针对这些问题作出进一步分析。

首先，马尔库什与哈贝马斯围绕生产范式展开的争论代表了东欧新马克思主义和西方马克思主义在如何理解和对待历史唯物主义上的不同立场。可以发现，西方马克思主义在重建历史唯物主义的过程中，对于生产范式，更多是站在反对的立场上。除了哈贝马斯和鲍德

① ［德］尤尔根·哈贝马斯：《现代性的哲学话语》，曹卫东等译，译林出版社 2004 年版，第 95 页。

② Roderick，R.，1986，Habermas and the Foundations of Critical Theory，Hampshire Macmillan，Preface.

里亚决绝地放弃，其他试图修补、改造生产范式的理论尝试实际上也都是不同程度上对马克思的背离。在这些“反生产范式”和去经济化的潮流中，马尔库什的观点显得卓尔不群，尤其代表了东欧新马克思主义的独特立场。马尔库什经历了东欧新马克思主义反思教条主义的思想过程：对马克思主义与马克思本人的哲学思想的明确区分一直是东欧新马克思主义理论的重要内容。像其他东欧新马克思主义思想家那样，马尔库什认为包括生产范式在内，后来的正统马克思主义理论家对马克思重要概念与理论的“客观化”与“科学化”的表述与马克思本人的主旨相去甚远，因此要祛除对马克思的歪曲理解，回到马克思基本的范畴及其语境中考察生产范式。不仅如此，东欧新马克思主义立足东欧社会主义现实，不会选择轻易放弃和背离生产范式的立场，而是在坚持马克思历史唯物主义的前提下，用更加严谨的态度阐释马克思思想，全力挖掘生产范式的当代有效性。这不仅作为基本立场成为东欧新马克思主义在复兴和研究马克思思想中一以贯之的理论诉求，而且一直延续到各学派在社会主义建设与改革的诸多主题上，如社会主义的国家理论、社会主义的自治理论等。

其次，马尔库什与哈贝马斯范式之争实质上是历史唯物主义基之争。两人争论最根本的源头来自于他们对马克思“生产范式”身的不同理解。哈贝马斯断言，在现代性条件下，生产范式对于现资本主义社会发展中的文化传统承袭、宗教作用、价值失落、社会范的形成等问题难以作出令人满意的解答。因此，哈贝马斯对历史物主义的重建本质上是用语言和伦理来替换生产这一根基，从某种义上也就是否定了历史唯物主义。与此不同，马尔库什认为，马克的生产绝不仅仅是一种技术性的活动，他把“作为两个过程——作需要和能力的客体化的劳动的‘技术’过程，以及作为社会形式‘物质化’的社会经济关系的再生产过程——的统一体的生产概念做生产范式的核心”。[①] 从这个意义上，生产范式必然内在地包含与人之间合作、交往和互动的过程。马克思的生产不仅包括物质生产

① ［匈牙利］马尔库什：《语言与生产——范式批判》，李大强等译，黑龙江大学出版社 2011 年版，第 104 页。

劳动，而且还包括社会个体的理论学习和认识活动，对意识形态的认同、认识和批判过程，那么，道德实践和认识过程就都涵盖在马克思的生产范式中。哈贝马斯与马尔库什的这场争论实际上是他们对生产力与生产关系是否统一这一问题理解上的明显分歧。

最后，二人就生产范式的争论对于我们理解生产范式的效力与边界，对于反思马克思思想中具有范式性意义的实践概念具有重要的启示意义。围绕生产范式展开的争论是西方马克思主义重建历史唯物主义的重要内容，马尔库什与哈贝马斯的争论是其中非常重要的理论事件。随着争论的深入，他们在生产范式的内涵、批判指向、生产与劳动、生产与实践的关系等问题上作出了深刻而详尽的阐释，这些阐释可能带有他们个人的理论色彩，然而对于我们反思和理解马克思思想具有重要的意义。应该说，把马克思的生产范式归结为技术还原主义的路径是值得商榷的。毫无疑问，马克思的生产范式是对人类活动的一种规范性表述，这些活动必然包含着生产中人与人相互作用的过程。马克思的生产力和生产关系的辩证法中就已经包含了交往行为的核心内容，即交往关系的核心是生产关系，它既从属于工具活动，又表达着人类共同的意愿。然而，生产范式本身具有的理论效力并不意味着这一范式没有其自身的边界。这也是马尔库什提出“生产范式激进化”的原因。生产范式的边界也为我们进一步思考马克思思想中更具范式意义的范畴提供了理论空间。对于这个问题，我国学界从20世纪70、80年代开始就展开了深入思考并得出了结论。在马克思那里，实践是一种总体性的范式，实践除了生产之外，还包括如政治实践、意识形态实践等。实践作为人的自由自觉的活动，不仅能体现人与自然的交换过程也包含人与人之间的互动过程，不仅在主客体之间建立关系也能反映主体间的关系。更为重要的是，这样的活动及其成果不仅构成了世界总体，也体现了人之为人的所有特征。在实践中，人的自由性、创造性、社会性、目的性便可以得到最终的实现。一言以蔽之，实践是一种体现认识论、价值论、人本学和本体论的范畴。正是基于这种认识，我国学者把马克思的哲学界定为实践唯物主义、实践哲学、实践思维方式和新唯物主义等。如此来理解的实践不存在对道德、价值缺乏解释效力的边界，也更具有范式性的意义。

哈贝马斯与马尔库什的这场学术争论在国际学术界也引起了重要影响，法国学者洛克莫尔在研究哈贝马斯早期思想时着重提到了这场争论并借此获得了阐释历史唯物主义的启示。由此，无论对于研究哈贝马斯的思想，抑或是对于反思新马克思主义重建历史唯物主义的理论思潮，如果错过这场学术争论，无疑都是一种遗憾的理论缺失，从而无法洞察思想的实质。我们是否可以从这场争论中得出这样的结论：在马克思的思想中，实践范式不仅包含着生产范式对人类技术性和社会性活动的一切的解读方式，对于包含人的需要、能力、意愿、价值理想和超越性意识的活动更具解释力。由此，实践范式不仅仅是一种理论上的诠释模型，它同时也是社会活动的行动方案，它能具体地和感性地描绘出未来的解放途径，从而使充分理解人类历史成为可能。

（已发表于《哲学研究》2018 年第 6 期）